Michael Wellhausen

Baltikum

Litauen · Lettland · Estland

50 ausgewählte Touren

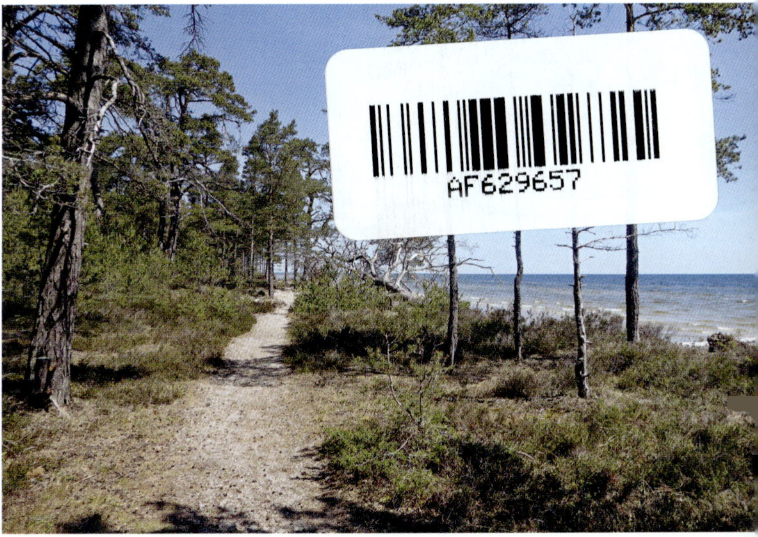

ROTHER
BERGVERLAG

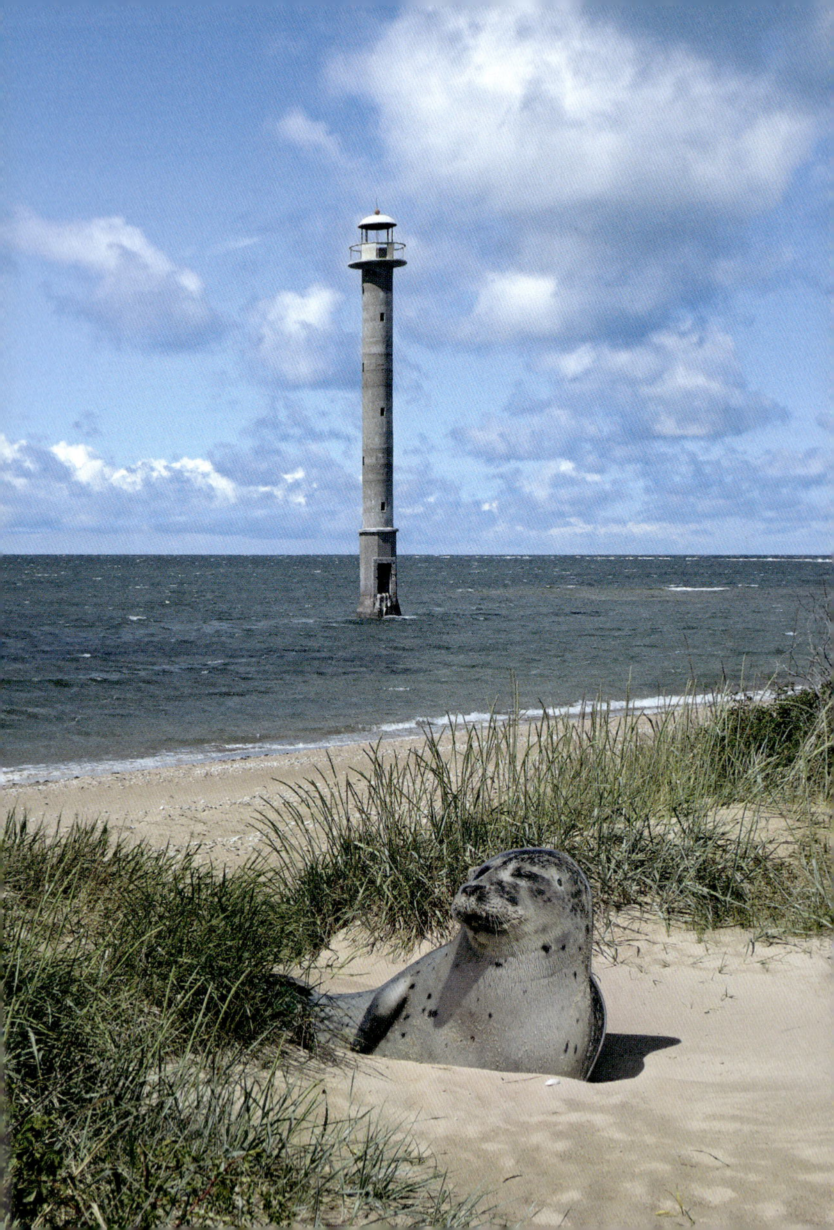

VORWORT

Die drei Länder Litauen, Lettland und Estland sind eindeutig auf der Gewinnerseite der jüngeren Geschichte. Als die Sowjetunion 1991 in sich zusammenfiel, wurden die baltischen Staaten eigenständig und blühten innerhalb weniger Jahre auf. Wer heute ins Baltikum reist, erlebt ein Europa des jungen 21. Jahrhunderts von seiner Schokoladenseite. Das pulsierende Leben in den wunderschönen Stadtkernen von Vilnius, Kaunas, Riga oder Tallinn wäre alleine schon eine Reise wert. Doch auch die Natur hat magische Momente zu bieten, die man oft nur zu Fuß erleben kann.
In der letzten Eiszeit haben dort Urgewalten Landschaften mit kleinen Tälern und Hügeln geformt. Heute durchströmen zahlreiche Flüsse Mischwälder; Moorflächen werden erhalten und mit viel Aufwand für Besucher zugänglich gemacht. Wasser ist im Baltikum ein bestimmendes Element, unzählige Seen bereichern im Hinterland das Landschaftsbild.
Wenn es um Naturerlebnisse geht, steht die Ostseeküste mit ihren weißen Stränden oft im Fokus. Alleine Estlands Küstenlinie ist fast 4000 Kilometer lang. Das liegt einerseits daran, dass sie nicht geradlinig verläuft, sondern zerklüftet ist. Andererseits zählen auch die Ufer der rund 2000 estnischen Inseln dazu. Auf vier dieser Inseln werden in diesem Wanderführer Touren beschrieben: auf dem kleinen Eiland Naissaar vor der Hauptstadt Tallinn, auf Kihnu südlich der Bucht von Pärnu, auf dem Naturparadies Hiumaa sowie auf der größten Insel des Landes, Saaremaa.
In Lettland sind für Wanderungen vor allem zwei Ziele sehr interessant: die Bilderbuchküste und das Tal der Gauja in der »Livländischen Schweiz«. Entlang der Küste erstreckt sich ein endloser heller Sandstrand, an den ein ebenso gigantischer Kiefernwald grenzt. Eine ideale Kennenlerntour führt über das Kap Kolka, wo an der Rigaer Bucht zwei Meeresströmungen aufeinandertreffen. Das Tal der Gauja ist Teil eines großen Nationalparks, wo man Ordensritter- und Bischofsburgen in einer pittoresken Kulisse besuchen kann.
Litauen ist die südlichste der drei Baltenrepubliken. Das wohl beliebteste Ziel für Ausflüge in die Natur ist natürlich die Kurische Nehrung. Die schmale Landzunge verläuft parallel zur Küste und ist von großen Dünen mit Kiefernwäldern geprägt. In dem kleinen Ort Nida (dt.: Nidden) hatte Thomas Mann sein Sommerhaus mit dem »Italien-Blick«. Heute beherbergt es ein Museum.
Ich kenne die drei Länder seit ihrer Unabhängigkeit in den frühen Neunzigerjahren. Hoffentlich kann Sie meine Begeisterung anstecken, viel Vergnügen dabei!

Frankfurt am Main, Januar 2024

Michael Wellhausen

Die Robbe vor dem Leuchtturm Kiipsaare ist (leider) nicht echt (Tour 43).

INHALTSVERZEICHNIS

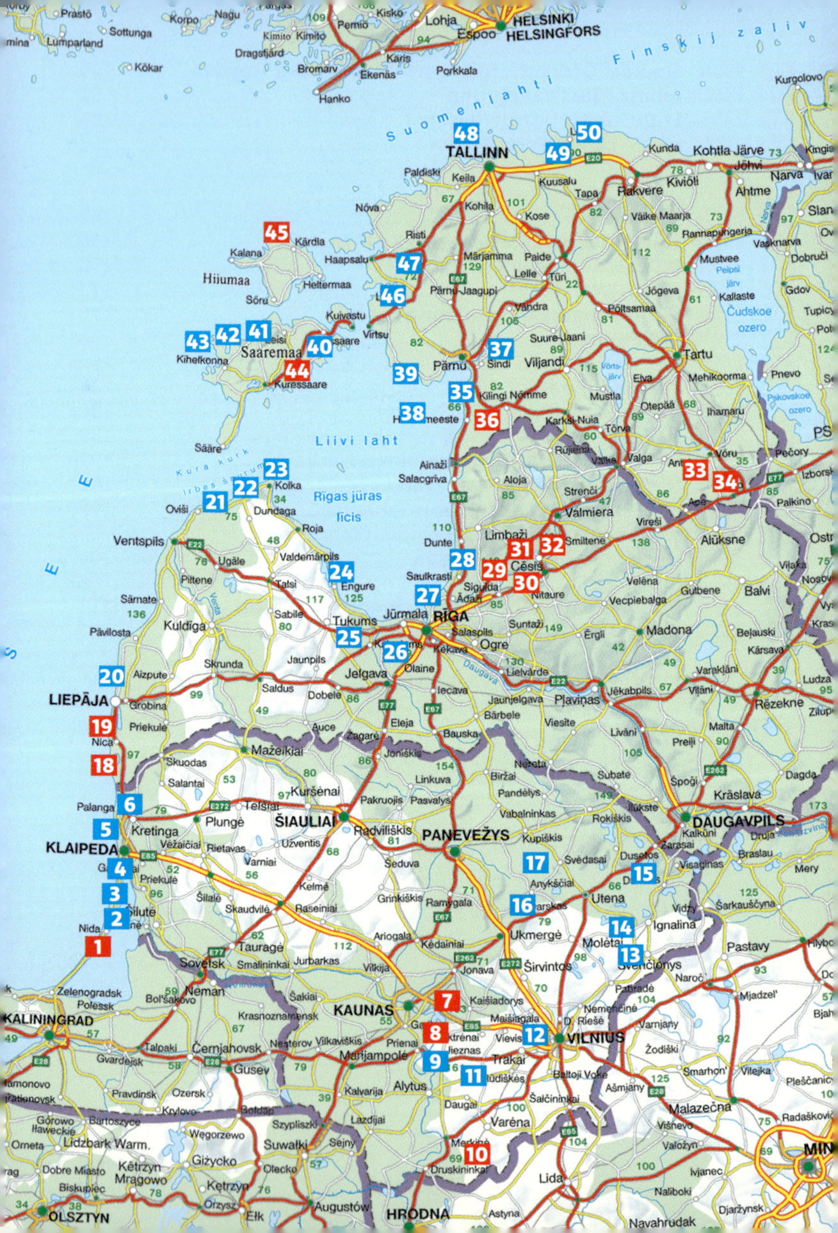

HELSINKI
HELSINGFORS
Espoo
Lohja
Kisko
Pernio
Kimito
Dragsfjärd
Karis
Ekenäs
Bromarv
Hanko
Porkkala
Prastö
Korpo
Nagu
Sottunga
Lumparland
Kökar
Finskij zaliv
Suomenlahti
Kurgolovo
1
2
3
4
5
6
7
8
9
10
11
12
13
14
15
16
17
18
19
20
21
22
23
24
25
26
27
28
29
30
31
32
33
34
35
36
37
38
39
40
41
42
43
44
45
46
47
48
49
50
TALLINN
Paldiski
Keila
Kohila
Kose
Kuusalu
Tapa
Rakvere
Kunda
Kohtla Järve
Jõhvi
Narva
Kiviõli
Ahtme
Väike Maarja
Rannapungerja
Vasknarva
Mustvee
Peipsi järv
Čudskoe ozero
Kallaste
Gdov
Dobruči
Jõgeva
Põltsamaa
Tartu
Elva
Mehikoorma
Pnevo
Pskovskoe ozero
Otepää
Ihamaru
Võru
Pečory
Izborsk
Nõva
Risti
Haapsalu
Märjamaa
Paide
Lelle
Türi
Pärnu-Jaagupi
Vändra
Suure-Jaani
Viljandi
Võrtsjärv
Mustla
Karksi-Nuia
Tõrva
Valga
Valka
Pärnu
Sindi
Kilingi Nõmme
Häädemeeste
Virtsu
Kuivastu
Kuressaare
Saaremaa
Kihelkonna
Hiiumaa
Kärdla
Kalana
Heltermaa
Sõru
Sääre
Liivi laht
Kura kurk
Irbes šaurums
Rīgas jūras līcis
Ainaži
Salacgrīva
Aloja
Rūjiena
Strenči
Valmiera
Limbaži
Smiltene
Cēsis
Sigulda
Ādaži
Nītaure
Vireši
Alūksne
Ape
Palkino
Ostrov
Vilaka
Balvi
Gulbene
Velēna
Vecpiebalga
Madona
Ērgli
Belauski
Kārsava
Varakļāni
Viļāni
Rēzekne
Zilupe
Ludza
Kolka
Dundaga
Roja
Oviši
Ventspils
Ugāle
Piltene
Valdemārpils
Talsi
Engure
Saulkrasti
Dunte
Sārnate
Kuldīga
Sabile
Tukums
Jūrmala
RĪGA
Salaspils
Ogre
Suntaži
Ķekava
Olaine
Jelgava
Jaunpils
Skrunda
Pāvilosta
Aizpute
LIEPĀJA
Grobiņa
Saldus
Dobele
Iecava
Lielvārde
Jaunjelgava
Pļaviņas
Jēkabpils
Daugava
Bārbele
Viesīte
Līvāni
Preiļi
Malta
Špoģi
Dagda
Krāslava
Priekule
Nīca
Auce
Eleja
Bauska
Zagare
Joniškis
Mažeikiai
Skuodas
Salantai
Kuršėnai
Palanga
Kretinga
Plungė
Telšiai
ŠIAULIAI
Radviliškis
Pakruojis
Linkuva
Pasvalys
Biržai
Pandėlys
Nereta
Subate
Ilūkste
DAUGAVPILS
Kalkūni
Druja
Braslau
Mery
KLAIPĖDA
Vėžaičiai
Rietavas
Užventis
Varniai
Šeduva
PANEVĖŽYS
Vabalninkas
Rokiškis
Kupiškis
Svėdasai
Dusetos
Zarasai
Visaginas
Priekulė
Šilalė
Skaudvilė
Kelmė
Raseiniai
Grinkiškis
Ramygala
Anykščiai
Utena
Vidzy
Šarkaučyna
Ignalina
Šilutė
Nida
Tauragė
Ariogala
Kėdainiai
Ukmergė
Molėtai
Švenčionys
Pastavy
Sovetsk
Smalininkai
Jurbarkas
Vilkija
Jonava
Širvintos
Naroč
Pabradė
Mjadzel'
Zelenogradsk
Polessk
Neman
Bol'šakovo
Šakiai
KAUNAS
Kaišiadorys
Maišiagala
Nemenčinė
D. Riešė
VILNIUS
Vamjany
Žodiški
KALININGRAD
Krasnoznamensk
Talpaki
Černjahovsk
Nesterov
Vilkaviškis
Prienai
Elektrėnai
Vievis
Trakai
Lentvaris
Gvardejsk
Gusev
Marijampolė
Rūdiškės
Baltoji Vokė
Smarhon'
Vilejka
Pravdinsk
Ozersk
Kalvarija
Alytus
Šalčininkai
Ašmjany
Daugai
Malazečna
Krylovo
Goldap
Lazdijai
Varėna
Višnevo
Radaškovič
Górowo Iławeckie
Bartoszyce
Węgorzewo
Szypliszki
Sejny
Valožyn
Orneta
Lidzbark Warm.
Suwałki
Merkinė
MINSK
Dobre Miasto
Kętrzyn
Mrągowo
Giżycko
Olecko
Druskininkai
Lida
Ivjanec
Biskupiec
Kętrzyn
Orzysz
Ełk
Augustów
Naliboki
Djaržynsk
OLSZTYN
HRODNA
Astyna
Navahrudak
E20
E67
E22
E77
E262
E272
E85
E28

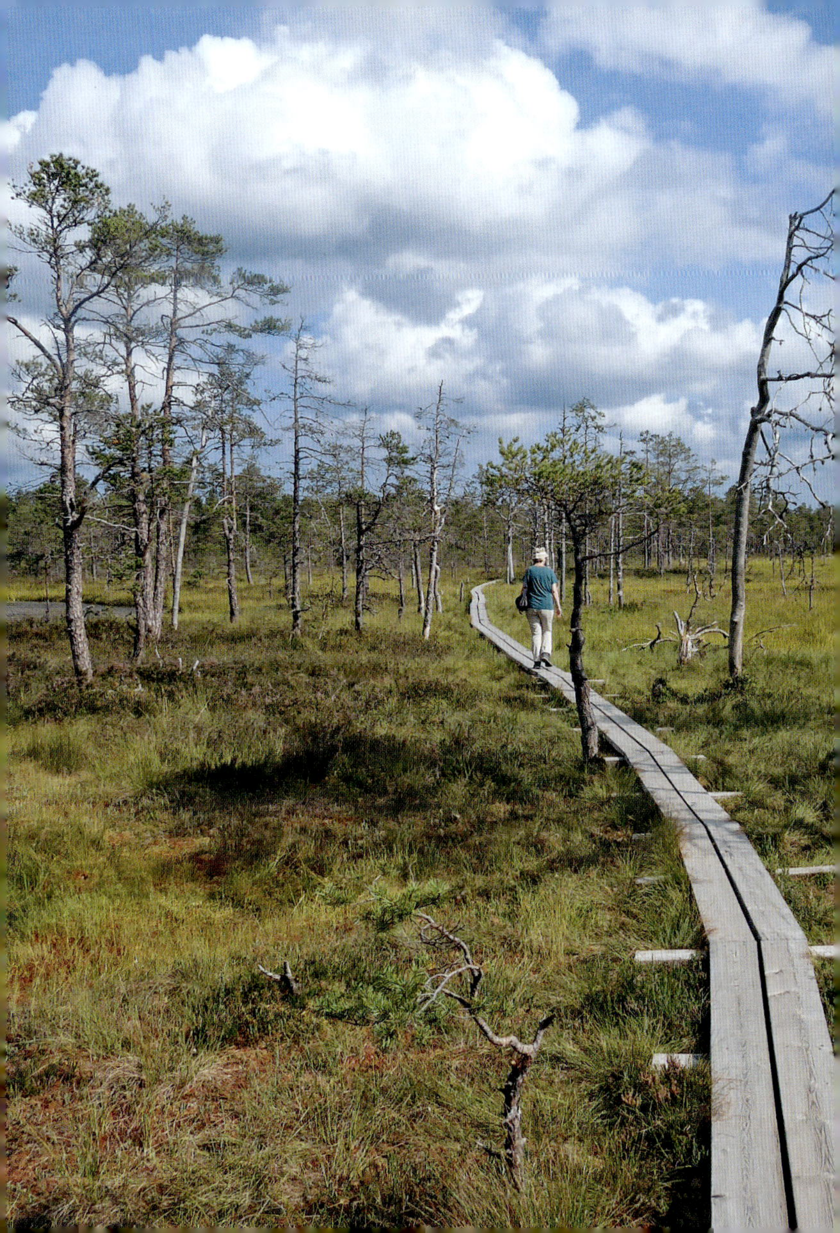

TOP-TOUREN IM BALTIKUM

Damit Sie eine schnelle Vorauswahl treffen können, sind hier zehn der schönsten Wanderungen aufgeführt, die in diesem Band vorgestellt werden. Das entscheidende Kriterium der folgenden Wanderungen ist eine für die jeweilige Region charakteristische Eigenschaft. Dies bedeutet allerdings nicht, dass die restlichen Touren weniger attraktiv sind.

Kurische Nehrung: Parnidis-Düne
Alle Höhepunkte der Kurischen Nehrung in einer Tour: eine gewaltige Wanderdüne, weißer Ostseestrand, ein alter Leuchtturm und das ehemalige Sommerhaus von Thomas Mann mit dem »Italien-Blick« *(Tour 1, 3.30 h).*

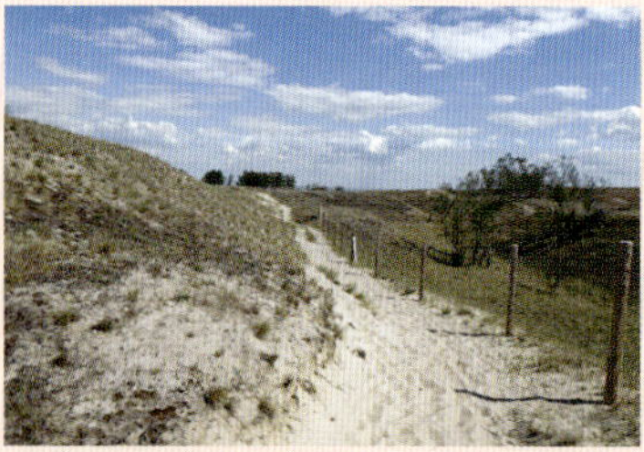

Nationalpark Dzūkija: Skroblus-Tal
Die Tour führt durch ein in der Eiszeit geformtes Tal mit einem uralten Dorf, wo die Zeit stehen geblieben zu sein scheint. Am Ende trifft man auf einen See, der in ein Moor eingebettet ist *(Tour 10, 3.15 h).*

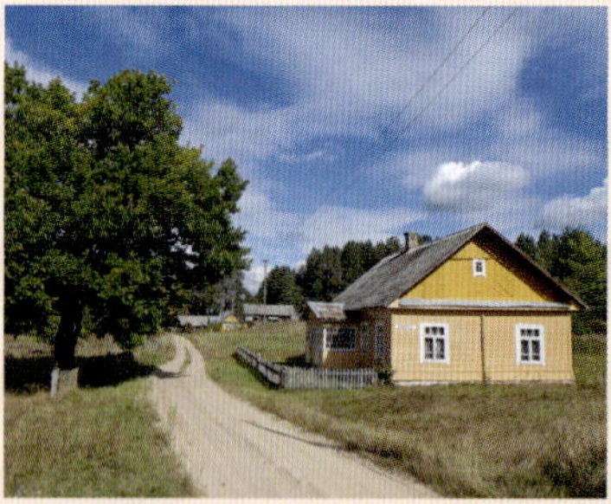

Nationalpark Aukštaitija: Ginučiai

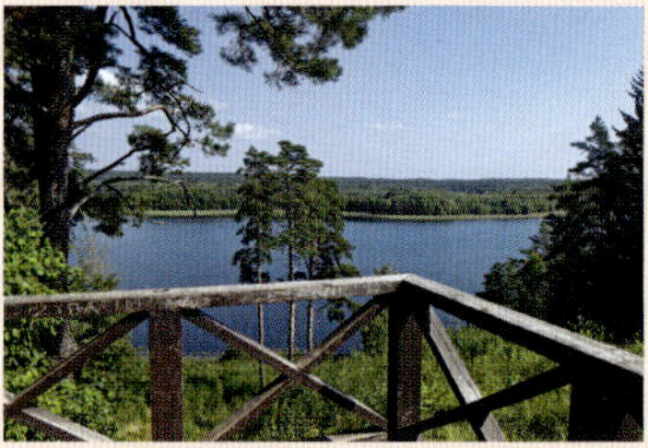

Diese Rundtour im Nationalpark mit den 127 Seen ist an Abwechslung kaum zu überbieten: Von einer großen Wassermühle geht es zu mittelalterlichen Wallhügeln, zu Aussichtspunkten über die Seenlandschaft und zu uralten Dörfern mit bunten Holzhäusern *(Tour 14, 3.30 h).*

Naturpark Pape-See
Wilde Wisente und Konik-Pferde leben in dem Naturreservat um den großen Dünensee im äußersten Südwesten Lettlands. Ein langer Wanderweg umrundet das Gewässer mit seinen vielen Inseln *(Tour 18, 7.15 h).*

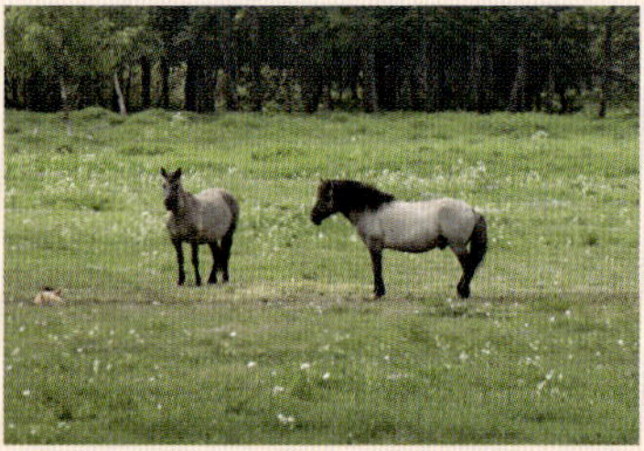

Nationalpark Slītere: Kap Kolka

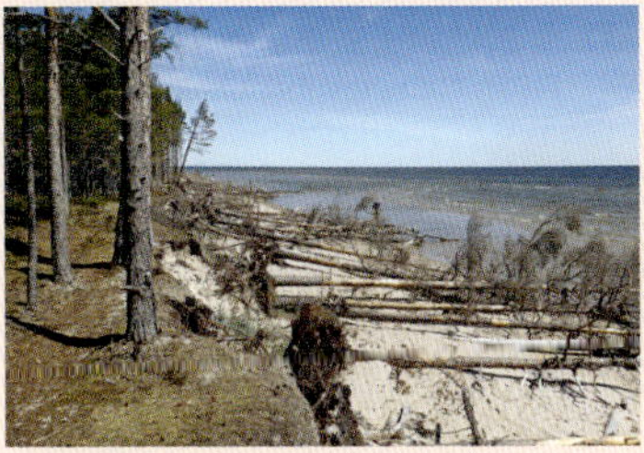

Am Kap Kolka treffen zwei Meeresströmungen aufeinander, die Ostsee und die Rigaer Bucht. Der Ort selbst ist bei Ausflüglern sehr beliebt, ein paar Schritte weiter ist man wieder allein in der großartigen Natur *(Tour 23, 3.00 h)*.

Nationalpark Gauja: Sigulda

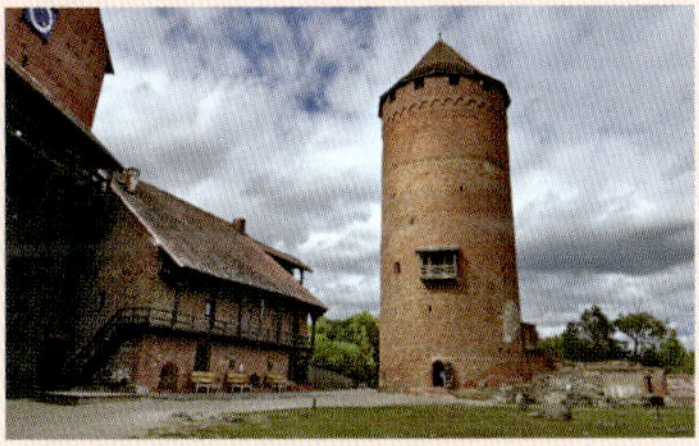

Zwei Burgen und ein Schloss verbindet die Tour in der »Livländischen Schweiz«. Dabei kommt man ganz schön ins Schwitzen, denn die Auf- und Abstiege der Hänge führen über nicht weniger als 1000 Holzstufen *(Tour 29, 3.30 h)*.

Suur Munamägi (Eierberg)
Bei der Überschreitung der beiden höchsten Erhebungen des Baltikums kommen zwar nur bedingt alpine Gefühle auf, dafür gibt's einige Überraschungen, wie ein kleines Moor oder einen besonderen Aussichtsturm *(Tour 34, 2.45 h)*.

Nationalpark Sooma
Nicht weit von der schönen Küstenstadt Pärnu führen Wanderwege auf Holzbohlen über Bilderbuchmoore. Von Aussichtstürmen entfaltet sich ein sagenhaftes Panorama über die naturbelassene Landschaft *(Tour 37, 1.15 h)*.

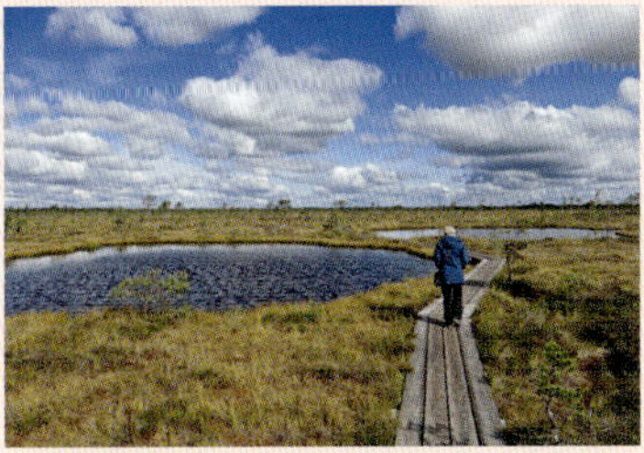

Insel Hiiumaa: Leuchtturm Tahkuna
Der 150 Jahre alte Leuchtturm ist das Wahrzeichen des Nordkaps der Insel Hiiumaa vor der estnischen Westküste. Diese Wanderung verläuft entlang traumhafter Küstenabschnitte und durch einen Wald mit Relikten der Roten Armee *(Tour 45, 2.45 h)*.

Nationalpark Lahemaa: Käsmu
Umrundung der Halbinsel Käsmu am nördlichsten Ende Estlands auf einem abwechslungsreichen Küstenpfad. Unterwegs begegnet man einem riesigen Felsen, der dort in der Eiszeit angespült wurde *(Tour 50, 3.45 h)*.

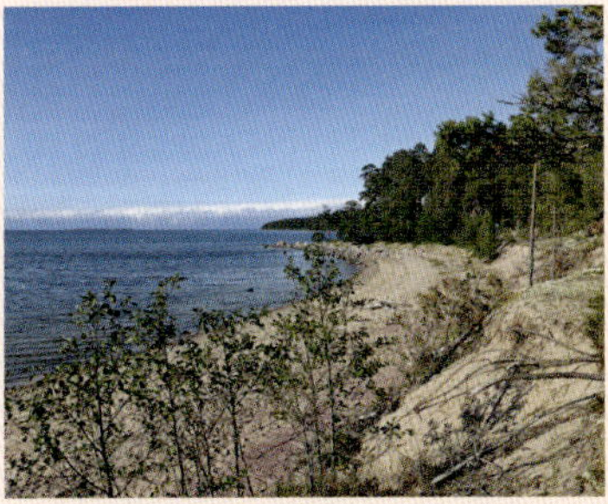

WICHTIGE HINWEISE FÜR UNTERWEGS

Anforderungen

Das Spektrum der in diesem Buch vorgestellten Touren reicht von ausgedehnten Spaziergängen auf breiten Wegen bis zu mäßig schweren Wanderungen auf schmalen Pfaden. Das Maß an benötigter Kondition lässt sich an der Gesamtgehzeit und dem Höhenunterschied schnell ablesen. Unter dem Stichpunkt »Anforderungen« werden die technischen Schwierigkeiten genauer erläutert. Bei ungünstigen Wetterbedingungen können sich diese allerdings erhöhen! Ausgesprochen schwierige (»schwarze«) Touren gibt es jedoch nicht.
Zur besseren Übersicht wurden die Tourennummern mit Farben gekennzeichnet, die für den Gesamteindruck der Anforderungen stehen:

SCHWIERIGKEITSKATEGORIEN

■ = Leicht

Leichte Wanderungen, die hauptsächlich über breite Wege verlaufen. Die Orientierung und Wegfindung bereiten keine großen Schwierigkeiten, solange man der beschriebenen Route folgt.

■ = Mittel

Mittelschwere Touren, die auch über schmale Pfade oder wegloses Gelände führen. Etwas Trittsicherheit kann erforderlich sei. Ausdauer und Orientierungsvermögen sind von Vorteil, gutes Schuhwerk ebenso.

Gehzeiten und Höhenunterschiede

Die angegebenen Gehzeiten beinhalten keine Pausen und verstehen sich vor allem als Vergleichswerte. Die tatsächlich benötigte Zeit kann von den Angaben abweichen. Das individuelle Tempo spielt für die Dauer der Tour natürlich eine große Rolle, größere Gruppen müssen mehr Zeit einplanen als z. B. ein eingespieltes Zweierteam. Außerdem hängt der Zeitaufwand nicht zuletzt vom Zustand der Wege und den Wetterbedingungen ab.
Im Baltikum prägt flaches oder leicht hügeliges Gelände die Topografie. Deswegen sind die bei den Touren zu bewältigenden Höhenunterschiede relativ gering. Die bei jeder Tour angegebenen Werte sind jeweils die Summe aller An- und Abstiege.

Ausrüstung

Sehr zu empfehlen ist strapazierfähige Outdoorbekleidung, die im Sommer nicht zu dick ausfallen sollte. Das Wichtigste sind natürlich gute Schuhe, am besten halbhohe Trekkingschuhe, die guten Halt bieten und auch bei einer längeren Wanderung keine Blasen an den Füßen verursachen. Für die mit dem Schwierigkeitsgrad »blau« gekennzeichneten Touren reichen

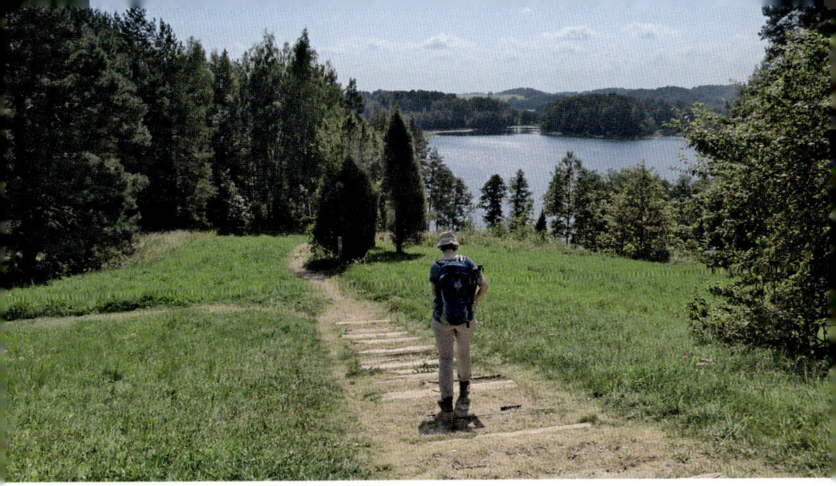

Abstieg vom Ladakalnis (Tour 14).

normalerweise leichte Sportschuhe aus. Ein Paar Ersatzschuhe im Gepäck ist sinnvoll, weil bei Regentouren durchnässte Exemplare meistens nicht am nächsten Morgen wieder trocken sind.
Zur Standardausrüstung zählen weiterhin ein Rucksack, Ersatzkleidung, ein Kopftuch oder Mütze, eventuell Wanderstöcke, Kartenmaterial (digital oder auf Papier), Wanderführer, Plastikbeutel für Abfälle und ein Erste-Hilfe-Set mit Verbandszeug, Pflastern, Taschentüchern und Desinfektionsmittel.

SYMBOLE

Symbole im Tourenkopf

- mit Bahn/Bus erreichbar
- Einkehrmöglichkeit
- für Kinder geeignet

Symbole im Höhenprofil

- Ort mit Einkehrmöglichkeit
- Einkehrmöglichkeit
- Parkplatz
- Bushaltestelle
- Bahnhof / S-Bahn-Haltestelle
- Fähranleger, Hafen
- Campingplatz
- Gipfel
- Kirche, Kapelle
- Burg, Schloss, Ruine
- Leuchtturm
- Aussichtsturm
- Höhle
- archäologische Stätte
- Aussichtsplatz
- Brücke
- Rastplatz
- Strand
- besonderer Baum

Mindestens genauso wichtig ist ein hochwirksames Insektenschutzmittel.
Da es bei vielen Touren weder Einkehrmöglichkeiten noch Wasser zum Nachfüllen gibt, sollte daran nicht gespart werden. An sonnigen Tagen gilt die Faustregel: Ein Liter Wasser reicht für zwei bis drei Stunden.
Bei langen Touren ist es sinnvoll, einen Reserveakku bzw. eine Powerbank mitzunehmen, vor allem wenn man das Smartphone zur Navigation nutzt.

Karten, Kompass und GPS

Für eine gute Gesamtübersicht bietet sich die Autokarte »Baltische Staaten« von Freytag & Berndt im Maßstab 1:400.000 an.
Außerdem gibt es von Freytag & Berndt für jeden der drei baltischen Staaten jeweils zwei detailgenaue Übersichtskarten im Maßstab 1:150.000: Litauen Nord und Litauen Süd; Lettland West und Lettland Ost; Estland Nord und Estland Süd.
Wanderkarten in unterschiedlichen Maßstäben bekommt man auch z. B. in den Besucherzentren der Nationalparks oder bei der Touristinformation der nächstgelegenen Stadt. Wenn für eine Tour Karten erhältlich sind, wird im Tourensteckbrief unter dem Punkt »Karte« darauf hingewiesen.
Auf vielen Infotafeln am Beginn der Wanderwege sind detailgenaue Karten abgebildet. Wenn man sie mit dem Smartphone fotografiert, kann man während der Tour jederzeit einen Blick darauf werfen.
Wer es gerne klassisch mag, deckt sich mit den verfügbaren Karten ein und hat einen Kompass griffbereit. Zusammen mit den Tourenbeschreibungen sollte es dann bei der Wegfindung meistens keine Probleme mehr geben.
Eine sehr gute Orientierungshilfe bietet die Rother App, mit der sich auf dem Smartphone eine digitale Wanderkarte, der aktuelle Standort sowie der Routenverlauf darstellen lassen. Außerdem kann man seine eigene

Parkplatz mit Infotafel am Startpunkt von Tour 47.

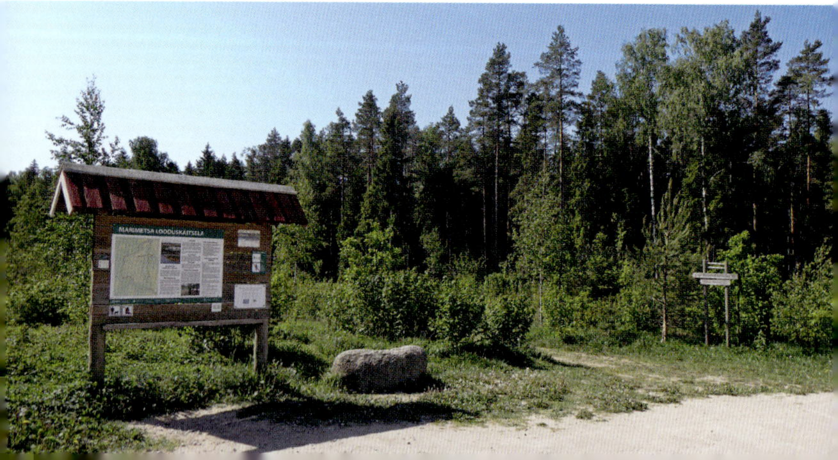

GPS-TRACKS UND KOORDINATEN DER AUSGANGSPUNKTE

Auf **gps.rother.de** stehen zu diesem Wanderführer GPS-Tracks und die Koordinaten der Ausgangspunkte zum kostenlosen Download bereit. Dieser QR-Code führt direkt zum Download.
1. Auflage, Passwort: **474501krx**
Die GPS-Tracks können in die **Rother App** importiert werden. In der App kann man unterwegs stets sehen, wo man gerade ist und wo es langgeht. **Anleitungen dazu: rother.de/gps**
Trotz sorgfältiger Prüfung können wir Fehler und zwischenzeitliche Veränderungen nicht ausschließen. Verlassen Sie sich für die Orientierung niemals einzig und allein auf die GPS-Daten, sondern beurteilen Sie die Verhältnisse vor Ort.

Tour aufzeichnen und findet so immer wieder zurück zum Ausgangspunkt. Die App ist leicht zu installieren, auch Neulinge finden sich mit der Bedienung schnell zurecht. Am besten übt man vor dem Wanderurlaub die Handhabung bei einem Sonntagsspaziergang.
Noch professioneller sind spezielle GPS-Geräte für Wanderungen. Verschiedene Hersteller bieten eine breite Palette an Outdoorgeräten an, die im Vergleich zum Smartphone präziser sind und auch bei Feuchtigkeit und Regen noch funktionsfähig bleiben.

Gefahren

Das Baltikum gilt als sichere Region. Zwar leben in abgelegenen Wäldern Wölfe und Braunbären, jedoch ist eine Begegnung äußerst unwahrscheinlich. Falls man trotzdem unerwartet einem Bären gegenübersteht, sollte man sich so ruhig wie möglich verhalten und sich langsam von dem Tier entfernen. Bei unerwünschtem Kontakt mit Wölfen wird von Fachleuten empfohlen, mit resolutem Gang auf die Tiere zuzugehen, Lärm zu machen und Steine auf sie zu werfen.
Auch im Baltikum muss vor allem in den Wäldern mit Zecken gerechnet werden, die gefährliche Krankheitserreger übertragen können. Eine FSME-Schutzimpfung ist deswegen sehr zu empfehlen.

Beste Jahreszeit

Die Monate Mai bis September sind grundsätzlich für Wanderungen am besten geeignet. Im gesamten Baltikum gilt generell: An der Küste ist es milder als im Landesinneren, wo es im Sommer heißer und im Winter noch kälter ist. Die Niederschläge verteilen sich mehr oder weniger gleich über das ganze Jahr, in der Summe sind es etwa so viele wie z. B. in Frankfurt und weniger als in München.

Der Umwelt zuliebe ...

Auch beim Wandern hinterlassen wir einen ökologischen Fußabdruck, aber im Einklang mit der Natur unterwegs zu sein, ist gar nicht so schwer!

VORBEREITUNG UND ANFAHRT

- Sich vorab informieren, worauf in Bezug auf Natur und Umwelt in der jeweiligen Wanderregion besonders zu achten ist.
- Soweit möglich mit Bahn und Bus anreisen, Wander- und Rufbusse nutzen.
- Ist eine Anfahrt mit dem Auto nötig, Fahrgemeinschaften bilden.
- Bei weiten Anfahrten Mehrtagestouren planen oder von einem Quartier vor Ort aus mehrere Touren absolvieren.
- Flugreisen möglichst reduzieren und durch Beiträge zu Klimaschutzprojekten kompensieren.

KLEIDUNG UND AUSRÜSTUNG

- Beim Kauf von Outdoor-Kleidung auf umweltfreundliche und faire Herstellung achten und Kleidungsstücke möglichst viele Jahre nutzen.
- Ausrüstung kann man eventuell auch gebraucht kaufen oder ausleihen.
- Reparieren statt neu kaufen.

VERPFLEGUNG

- Beim Einkauf Bio-Ware, regionale und saisonale Erzeugnisse bevorzugen.
- Hütten und Gasthäuser auswählen, die regionale Produkte verwenden.
- Auf Einwegflaschen und Plastikverpackungen verzichten, stattdessen wiederverwendbare Trinkflaschen und Brotzeitboxen benutzen.

ÜBERNACHTUNG

- Bei lokalen Anbietern buchen, damit Menschen vor Ort profitieren.
- Auf Hütten und in anderen Unterkünften Strom und Wasser sparen.

UNTERWEGS

- Wege benutzen und Abkürzer vermeiden.
- Sperrungen von Wegen und Schutzgebieten respektieren.
- Keine Blumen pflücken und keine Pflanzen entnehmen.
- Waldbrandgefahr beachten.
- Müll wieder mit nach Hause nehmen und dort entsorgen.
- Toilettengänge in freier Natur möglichst vermeiden.
- Lärm vermeiden.
- Hunde an die Leine nehmen.

ROTHER
BERGVERLAG

Die **Winter** bringen von Dezember bis Februar oft klirrende Kälte, Nächte mit zweistelligen Minusgraden sind keine Seltenheit. An den Küsten wird der harte Frost meistens etwas abgemildert, dafür ist es dort oft windiger. Über längere Zeit sind die Landschaften von einer Schneedecke überzogen, was höchstens mit Schneeschuhen zu einem Wandervergnügen führt. Außerdem sind im Winter die Tage noch kürzer als in Deutschland oder im Alpenraum. In Tallinn sind die Tage Ende Dezember knapp 18 Stunden dunkel und nur 6 Stunden leidlich hell, im weiter südlich gelegenen Vilnius ist es in dieser Zeit immerhin eine Stunde weniger dunkel.

Im **Frühling** beginnt die Schneeschmelze normalerweise Mitte März, wobei dann die Wege noch geraume Zeit matschig sein können. In Teilen Estlands stehen sogar immer wieder ganze Landstriche unter Wasser, was dort als »fünfte Jahreszeit« bezeichnet wird. Anfang Mai liegen die Tageshöchstwerte in Estland um die 15°C und in Litauen etwas darüber, für Wanderungen also passend. Außerdem ist der Mai zumindest an der Küste der Monat mit den wenigsten Niederschlägen. Im Landesinneren gibt es keine großen Unterschiede bei der Anzahl der monatlichen Regentage.

Der **Sommer** von Juni bis August ist grundsätzlich eine gute Zeit zum Wandern, denn normalerweise liegen die Tageshöchstwerte zwischen 20°C und 25°C. Allerdings ist auch im Baltikum der Klimawandel zu spüren, Hitzewellen mit Temperaturen von 30°C und mehr treten immer häufiger auf. Auch die Niederschlagswahrscheinlichkeit steigt zumindest in Küstennähe an. Juli und August ist Hauptsaison, Hotels können dann ausgebucht sein, die Preise sind relativ hoch.

Der **Herbst** beginnt normalerweise im September, also etwas früher als in Deutschland. Spätestens ab Oktober wird es dann deutlich frischer, tagsüber klettern die Temperaturen auf nur noch 10°C in Estland bzw. etwas darüber in Litauen. Mit etwas Glück hat man aber im September gute Wetterbedingungen, ruhige Städte ohne großen Touristenrummel und im Vergleich zur Hauptsaison preiswertere Unterkünfte und Restaurants.

Einkehr und Unterkunft

Das Angebot an Unterkünften aller Art, von einfachen kleinen Holzhütten im Wald über Pensionen bis zu Hotels und Apartments, ist in den drei baltischen Ländern seit deren Unabhängigkeit und den steigen-

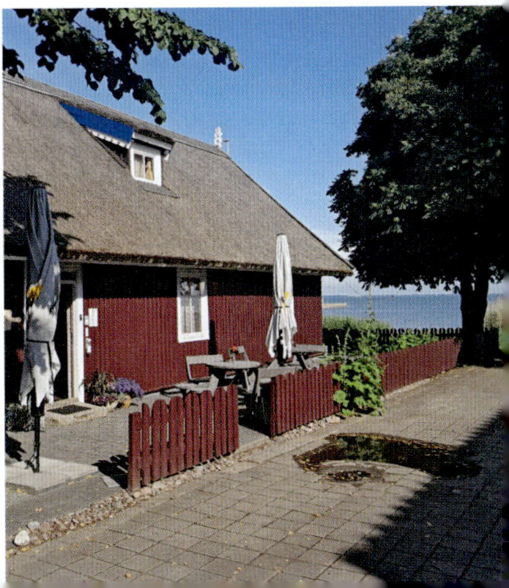

Café in Pervalka (Tour 2).

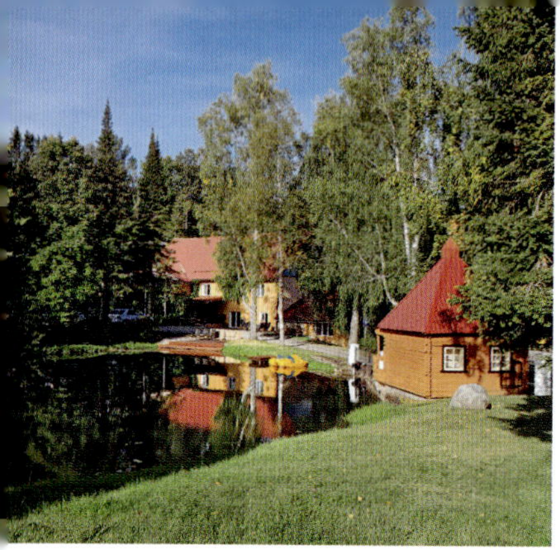

Einfache, aber schöne Pension in Rõuge (Tour 33).

den Besucherzahlen explosionsartig in die Höhe geschnellt.

Praktisch alle Unterkünfte kann man auf den üblichen Portalen im Internet finden. In der Hauptsaison im Juli und August sollte man besser im Voraus buchen. Das Preisniveau ist mittlerweile auf einem ähnlichen Niveau wie in Deutschland, wobei es saisonbedingt etwas größere Schwankungen gibt als in deutschen Städten. Grundsätzlich sind die Übernachtungspreise in Estland etwas höher, gefolgt von Litauen und Lettland.

Für einen mehrtägigen Aufenthalt an einem Ort ist es keine schlechte Idee, ein Apartment zu mieten. Auch dies ist problemlos über die gängingen Internetportale möglich. Wegen der einmaligen Reinigungspauschale wird der Preis pro Nacht günstiger, je länger man bleibt.

Eine kleine Besonderheit stammt noch aus der Sowjetzeit: Die Zählweise der Stockwerke in baltischen Häusern ist anders als im Westen. Der erste Stock entspricht dem Erdgeschoss in Deutschland, der zweite Stock unserem ersten Obergeschoss usw.

Anreise

- **Auf dem Landweg:** Ob ab Österreich, Deutschland oder der Schweiz, der Weg ins Baltikum führt immer über Polen. Die meisten Fernstraßen kosten dort keine Maut und sind gut ausgebaut. Nördlich von Suwalki überquert die E67 die litauische Grenze. Ein weiterer Grenzübergang auf einer Landstraße befindet sich rund 30 km weiter östlich. Von der Grenze sind es etwas mehr als 100 km bis Kaunas. Von dort kann man über eine Autobahn nach Vilnius (100 km) oder Klaipėda (220 km) gelangen. Nach Riga und von dort weiter nach Tallinn führen meist gut ausgebaute Landstraßen. Alle Straßen sind mautfrei. Entfernungen: Berlin–Vilnius: knapp 1100 km; Frankfurt–Riga: rund 1700 km; München–Tallinn: 2000 km; Wien–Tallinn: 1650 km.
- **Mit der Fähre:** Eine durchaus überlegenswerte Alternative zur langen Anfahrt mit dem Auto über Polen sind die Fährverbindungen von der deutschen Ostseeküste ins Baltikum.

  Die Reederei DFDS (dfds.com) bietet tägliche Verbindungen von Kiel nach Klaipėda (Litauen) an. Die Überfahrt dauert rund 21 Std. Abfahrt abends, Ankunft am folgenden Tag am frühen Abend. Richtpreis für zwei Personen, einen Pkw in normaler Größe plus Übernachtung in einer Kabine sind etwa 350 € für die einfache Passage.

Stena Line (stenaline.com) fährt ebenfalls täglich von Travemünde nach Liepaja (Lettland). Die Abfahrts- und Ankunftszeiten sind ähnlich wie bei der Verbindung von Kiel nach Klaipėda, auch die Preise unterscheiden sich kaum.

Direktverbindungen von Deutschland nach Estland gibt es aktuell keine, man müsste von Travemünde nach Helsinki fahren und weiter nach Tallinn.

- **Mit dem Zug:** Die Anreise mit der Bahn ist noch relativ umständlich, da in den baltischen Staaten die Spurweite größer ist als in Mittel- und Westeuropa. Die Fahrt z. B. von Berlin nach Kaunas ist zwar mit mehrmaligem Umsteigen möglich, aber zeitintensiv.

  Allerdings wird derzeit von den europäischen Bahngesellschaften ein Großprojekt umgesetzt, damit Züge aus dem Westen direkt bis ins Baltikum fahren können. Deswegen empfiehlt es sich, z. B. bei rome2rio.com die aktuellen Verbindungen abzufragen. Früher oder später wird man mit einem Hochgeschwindigkeitszug von Paris, Wien oder Berlin ohne Umsteigen in alle baltischen Hauptstädte reisen können.
- **Mit dem Bus:** Linienbusse verkehren zwischen deutschen Großstädten und Litauen, dabei muss meistens unterwegs umgestiegen werden. Die Fahrt von Berlin nach Kaunas dauert knapp 15 Std. Die Ticketpreise schwanken wie bei der Bahn je nach Buchungstermin und Anbieter.
- **Flüge:** Von mehreren deutschen Flughäfen gibt es Direktverbindungen ins Baltikum. Der größte Flughafen dort ist in Riga, der Flug ab Frankfurt dauert etwas mehr als 2 Std. Auf den bekannten Portalen im Internet gibt es eine Übersicht der aktuellen Flugpläne.

Lettischer Zug am Bahnhof von Sigulda.

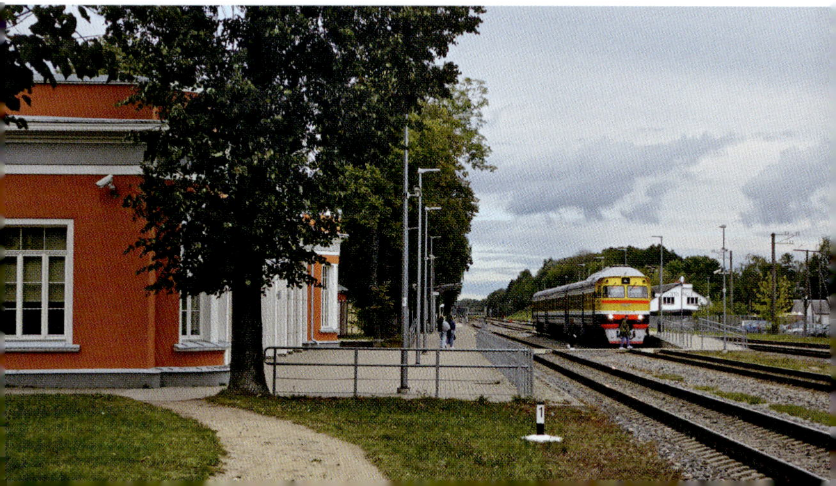

Transportmittel im Baltikum

Das Bus- und Bahnnetz ist in den baltischen Staaten relativ gut ausgebaut. In den Großstädten verkehren oft auch Trolleybusse und Straßenbahnen. In Tallinn ist der öffentliche Nahverkehr kostenlos, allerdings nur für Einwohner Tallinns! Touristen müssen ein Ticket kaufen oder mit einer App bezahlen.
Um von einer Stadt zur nächsten zu gelangen, nutzt man am besten einen Bus. Fast alle größeren Städte haben einen größeren Busbahnhof. Auf der Seite rome2rio.com gibt es für praktisch alle Verkehrsmittel Fahrpläne, oder zumindest einen Link zum jeweiligen Betreiber. In den Tourensteckbriefen wird unter »Ausgangspunkt« angegeben, ob und wie die Tour mit ÖPNV erreicht werden kann.

Fahrten zwischen den Hauptstädten: Von Vilnius nach Riga gibt es täglich mehrere Direktverbindungen mit dem Bus. Die Fahrt dauert knapp 4 Std. und kostet rund 25 €.
Von Riga nach Tallinn fahren tgl. zwei Züge, die aber mehr als 7 Std. brauchen. Deutlich schneller geht es mit dem Bus. Stündlich startet am Busbahnhof in Riga (rīgas starptautiskā autoosta) ein Linienbus und ist gut rund 4 Std. später in Tallinn. Der Ticketpreis liegt etwas über 30 €.

WICHTIGE TEL.-NR.

Vorwahlen
nach Litauen +370
nach Lettland +371
nach Estland +372

Notruf
112: Internationaler Notruf für Rettungsdienst, Polizei und Feuerwehr

Litauen
Deutsche Botschaft Vilnius
+370 52106400
Österreichische Botschaft Vilnius
+370 52660580
Schweizer Generalkonsulat Vilnius
+370 52031360

Lettland
Deutsche Botschaft Riga
+371 67085100
Österreichische Botschaft Riga
+371 67216125
Schweizer Botschaft Riga
+371 67338351

Estland
Deutsche Botschaft Tallinn
+372 6275300
Österreichische Botschaft Tallinn
+372 6278740
Schweizer Generalkonsulat Tallinn
+372 5236329

Telefon und Internet

Die drei baltischen Staaten sind EU-Mitglieder, somit entfallen für alle Gespräche mit einer deutschen oder österreichischen Nummer die Roaminggebühren. Schweizer haben das gleiche Problem wie überall in der EU und kennen hoffentlich einen guten Trick, um die Urlaubskasse bei der Nutzung des Mobilfunknetzes nicht unnötig abschmelzen zu lassen.
Netzabdeckung und Verbindungsgeschwindigkeit beim mobilen Internet sind im Baltikum meistens besser als in Deutschland. Auch das in den Unterkünften üblicherweise bereitgestellte WLAN/WIFI ist oft sehr schnell und stabil.

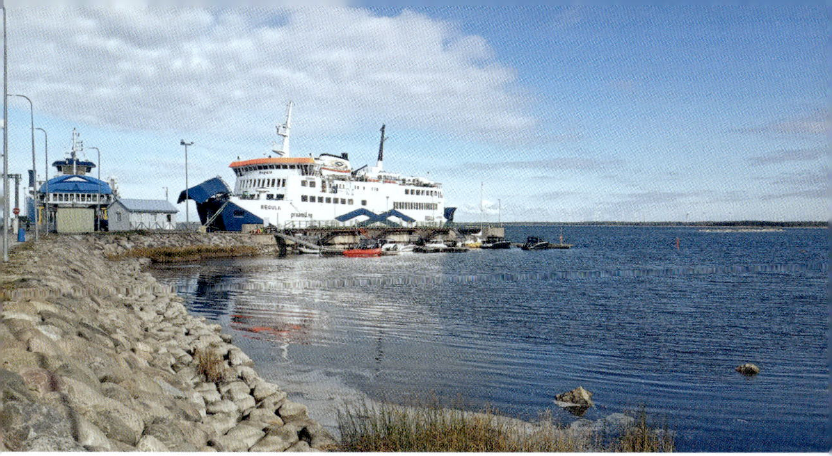

Die Fähre vom estnischen Festland zur Insel Saaremaa.

Empfehlenswerte Internetadressen

Alle Länder

- Küsten- und Waldfernwanderwege: baltictrails.eu

Litauen

- Gute Quelle für Fakten und Hintergründe: litauen.info
- Tipps für Reiseziele: lithuania.travel
- Interessante Infos über den Nationalpark Aukštaitija: aparkai.lt
- Homepage des Nationalparks Kurische Nehrung: nerija.lrv.lt
- Litauischer Jakobsweg: caminolituano.com

Lettland

- Reisetipps und mehr: latvia.travel
- Homepage des Nationalparka Gauja: entergauja.com
- Lettischer Jakobsweg: caminolatvia.com

Estland

- Beste Infoseite über Natur und Kultur: visitestonia.com
- Infos über alle Nationalparks: visitestonia.com und rmk.ee
- Estnischer Jakobsweg: caminoestonia.com

Zahlungsmittel

Die drei baltischen Staaten sind Teil des Euro-Währungsgebiets. Wer aus Deutschland oder Österreich kommt, muss sich also nicht mit Wechselkursen beschäftigen. Nur Reisende aus der Schweiz sollten zumindest einen kleinen Vorrat an Bargeld umtauschen. Die allermeisten Geschäfte,

Unterkünfte etc. akzeptieren Kartenzahlung. Besonders in Estland ist die Bezahlung mit Bargeld eher die Ausnahme als die Regel.
Bei der Anreise mit dem Auto durch Polen sollte man bedenken, dass dort weiterhin der Złoty die Landeswährung ist. An den Grenzübergängen oder in vielen Städten kann man in einem »Kontor« Geld wechseln. 1 € entspricht ungefähr knapp 5 Złoty. Bei der Bezahlung mit Euro wird oft ein sehr ungünstiger Wechselkurs zugrunde gelegt.

Medizinische Hilfe

In allen drei baltischen Staaten ist das Gesundheitswesen auf einem relativ hohen Niveau, in praktisch jeder Stadt gibt es zumindest eine Poliklinik (Litauen: Centro poliklinika, Lettland: poliklinika, Estland: polikliinik). Mit der deutschen (bzw. EU-)Versicherungskarte hat man Anspruch auf Behandlung, die Kostenübernahme durch die eigene Krankenversicherung ist garantiert. Etwas Vorsicht ist trotzdem angebracht, da diese Regelung nicht unbedingt auch für Privatkliniken gilt. Deswegen sollte man vor der Behandlung abklären, ob die Übernahme der Kosten gewährleistet ist.
Auch das Netz an Apotheken ist in allen drei Ländern relativ dicht. Auf Litauisch heißt Apotheke »vaistinė«, auf Lettisch »aptieka« und auf Estnisch »apteek«.

Sprache und Verständigung

Litauen

Die Landessprache Litauisch hat sich aus einem Dialektbereich der indogermanischen Ursprache entwickelt. Ähnlichkeiten zu slawischen, romanischen oder germanischen Sprachen gibt es nicht, die einzige verwandte Sprache ist Lettisch. Während der Zeit als Sowjetrepublik mussten in Litauen alle Schüler Russisch lernen, später wurde Englisch die weitaus beliebtere Fremdsprache.
Im Reisealltag kommt man meistens mit Englisch sehr gut weiter, Deutsch hingegen wird nur sehr selten verstanden oder gesprochen. Ein paar Brocken Russisch helfen gelegentlich, insbesondere wenn man mit älteren Menschen zu tun hat.

Lettland

Die Landessprache Lettisch hat die gleichen Wurzeln wie Litauisch,

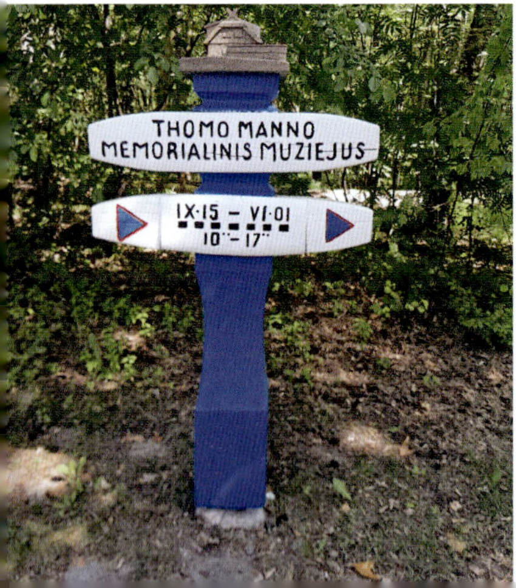

Wegweiser zum Thomas-Mann-Haus (Tour 1).

viele Begriffe klingen sehr ähnlich. Wie in dem südlichen Nachbarland, hat auch in Lettland mittlerweile Englisch als Fremdsprache in den Schulen eine wichtige Bedeutung gewonnen. Allerdings gibt es vor allem in den östlichen Regionen einen viel größeren Anteil an Menschen mit russischen Wurzeln, deswegen spielt die russische Sprache in einigen Städten eine sehr wichtige Rolle.

Für Reisende gilt praktisch das Gleiche wie in Litauen, wobei man in Lettland häufiger auf ausschließlich Russisch sprechende Menschen trifft. Daugavpils ist die größte Stadt außerhalb Russlands mit überwiegend russischer Bevölkerung.

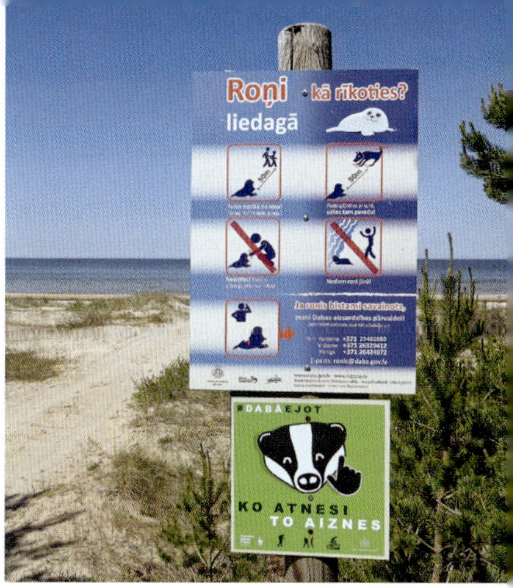

Hinweise zum Verhalten gegenüber Robben (Tour 22).

Estland

Estnisch ist im Gegensatz zu Lettisch oder Litauisch eine finno-ugrische Sprache und eng mit Finnisch verwandt. Esten und Finnen können sich in ihren Muttersprachen miteinander verständigen, einige Begriffe sind aber unterschiedlich. Auch in Estland leben vor allem im Osten noch viele Menschen mit russischen Wurzeln, der Anteil ist nur etwas geringer als in Lettland.

Estland hat nach der Unabhängigkeit schnell damit angefangen, im nordischen und westlichen Ausland Geschäftspartnerschaften einzugehen. Englisch ist deswegen als erste Fremdsprache relativ weit verbreitet, besonders bei den jüngeren Generationen.

Auf den Seiten 216/217 finden Sie ein kleines Glossar mit einigen für den Wanderurlaub wichtigen Begriffen in den drei Landessprachen.

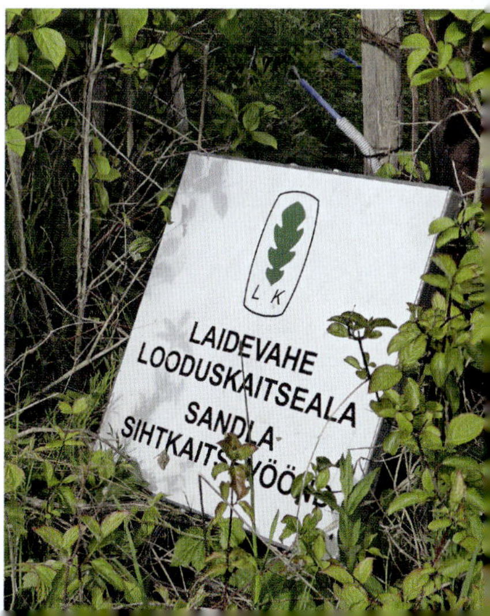

Am Eingang zum Naturschutzgebiet Laidevahe (Tour 44).

DIE WANDERREGION BALTIKUM

Die drei Ostseeanrainerstaaten Litauen, Lettland und Estland bilden zusammen das Baltikum. Nicht eindeutig definiert bleibt, ob diese Region Teil von Nord-, Mittel- oder Osteuropa ist.
Die drei Baltenrepubliken nehmen zusammen eine Fläche von 175.000 km² ein, was knapp der Hälfte der Größe Deutschlands entspricht. Allerdings leben im Baltikum nur rund 6 Mio. Menschen, die Bevölkerungsdichte ist mit etwa 35 Ew./km² also rund siebenmal geringer als in Deutschland (233 Ew./km²). Entsprechend mehr Raum bleibt der Natur erhalten.

Geografie

Litauen

Der südlichste baltische Staat ist etwa genauso groß wie der nördliche Nachbar Lettland, hat aber mit rund 2,8 Mio. Einwohnern (43 Ew./km²) die größere Bevölkerung. Außer der Hauptstadt Vilnius (590.000 Ew.) gibt es noch drei weitere Großstädte mit mehr als 100.000 Einwohnern: Kaunas, Klaipėda und Šiauliai.
Im Süden bildet über eine weite Strecke die Memel die Staatsgrenze zum russischen Kaliningrader Gebiet (ehemals das nördliche Ostpreußen), daran schließt sich die nur 90 km lange Grenze zum EU-Nachbarland Polen an. Im Südosten und Osten grenzt Belarus an Litauen, im Nordosten und Norden Lettland. Im Westen endet Litauen an der Ostseeküste. Eine Besonderheit ist die Kurische Nehrung (Kuršių nerija), eine parallel zur Küste verlaufende Landzunge. Das Gewässer zwischen der Nehrung und dem Festland ist das Kurische Haff (Kuršiū marios).

Auf dem breiten Dünenweg, im Hintergrund erkennt man die Ostsee (Tour 2).

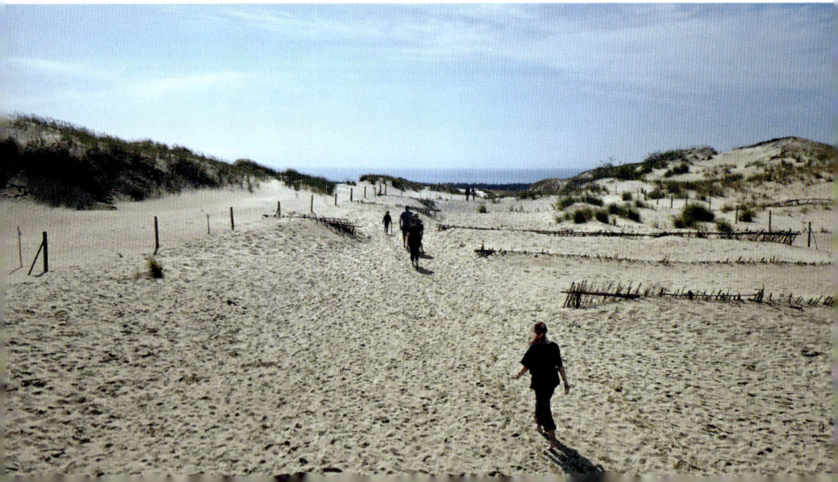

Die Topografie wurde in der letzten Eiszeit geformt, gewellte und flache Landschaften wechseln einander ab. Die höchste Erhebung ist der 294 m hohe Aukštojas-Hügel östlich von Vilnius. Deutlich mehr Bedeutung haben die Gewässer in Litauen: Es gibt 2800 Seen und 800 Flüsse; natürlich sind auch die Ostseeküste und das Kurische Haff relevant in dieser Disziplin.
Der wichtigste Fluss des Landes ist die Memel (Litauisch: Nemunas), die aus Belarus kommend in Schleifen Litauen im Süden durchströmt, dann die Grenze zum Kaliningrader Gebiet bildet und schließlich in einem breiten Delta in das Frische und Kurische Haff mündet. Vilnius liegt nicht an der Memel, dafür aber Kaunas. Der größte See des Landes ist der 50 km² große Drūkšiai-See an der Grenze zu Belarus.

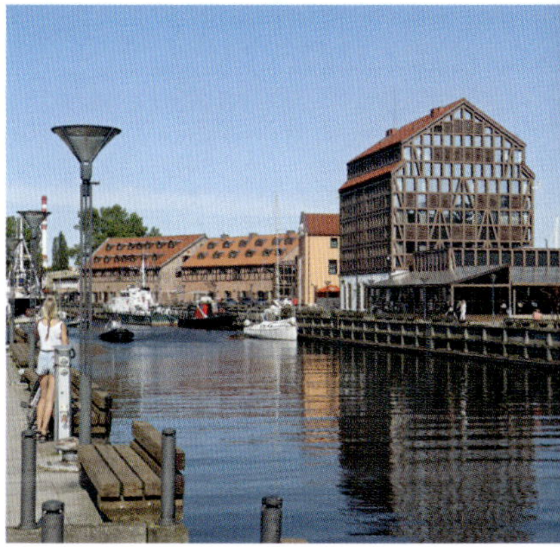

Der Fluss Dangė bildet die zentrale Ader der Großstadt Klaipėda.

Lettland

Nördlich an Litauen schließt sich Lettland an. Dort leben etwas weniger als 2 Mio. Menschen (29 Ew./km²). Damit ist Lettland derzeit das am dünnsten besiedelte Land im Baltikum. Die Hauptstadt Riga ist mit 600.000 Einwohnern die größte Metropole im gesamten Baltikum. Nur zwei weitere größere Städte gibt es in Lettland: Liepāja an der Ostseeküste und im Südosten des Landes Daugavpils, die größte Stadt mit mehrheitlich russischer Bevölkerung außerhalb Russlands.
Im Süden des Landes verläuft die Staatsgrenze zu Litauen, wobei es dort nur noch selten Grenzkontrollen gibt. Mit einer Länge von knapp 600 km ist dies die längste Grenze zu den vier Nachbarstaaten. Im Südosten schließt sich die kürzeste Grenze an zum etwas schwierigen Nachbarn Belarus. Die lettische Ostprovinz Lettgallen liegt an der Grenze zu Russland, im Norden setzt sich der Schengenraum mit dem Nachbarland Estland fort.
Der Großteil Lettlands besteht aus relativ flachem Gelände, nur im Zentrum, in der »Livländischen Schweiz«, wird es etwas hügeliger. Die höchste Erhebung ist mit 312 m der Hügel Gaizinkalns. Die beiden wichtigsten Flüsse sind die Daugava und die Gauja, in deren Tal mehrere Touren in diesem Band vorgestellt werden. Der größte See ist mit rund 82 km² der Luban-See (lv.: Lubān) im dünn besiedelten Osten des Landes.
Die große Rigaer Bucht sieht auf der Landkarte wie eine tiefe Kerbe aus, die das Land in zwei Hälften teilt: Im Westen liegt die historische Provinz Kurland (lv.: Kurzemes), im Osten das ehemalige Livland (lv.: Vidzeme), daran

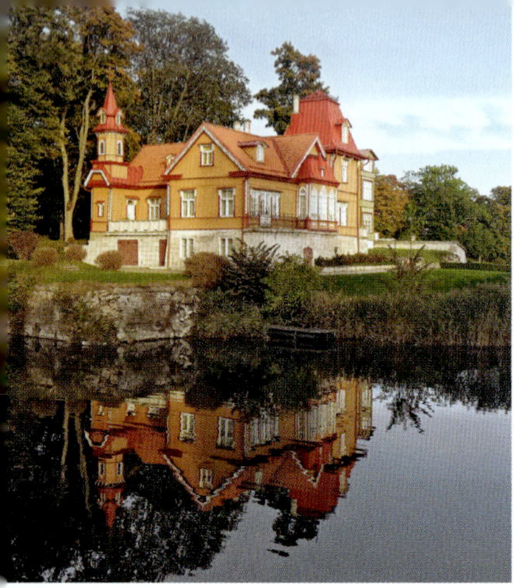

In der Inselhauptstadt Kuressare.

schließt sich im Südosten Lettgallen (lv.: Latgale) an. Der schmale Streifen zwischen der litauischen Grenze und der Daugava ist die Region Semgallen (lv.: Zemgale).

Estland

Die nördlichste der drei Baltenrepubliken ist etwa ein Drittel kleiner als Litauen oder auch Lettland. Mit rund 45.000 km² ist Estland etwas größer als die Schweiz, hat aber nur 1,3 Millionen Einwohner (30 Ew./km²), das Alpenland dagegen rund 9 Millionen. In der Hauptstadt Tallinn leben rund 430.000 Menschen, also etwa ein Drittel der gesamten Bevölkerung. Die zweitgrößte Stadt Tartu liegt mit 95.000 Einwohnern knapp unter der definierten Marke für Großstädte.

Nur zwei Staaten grenzen an Estland: im Süden Lettland und im Osten Russland. Vor allem nahe der russischen Grenze im Nordosten mit der Provinzhauptstadt Narva leben überwiegend Menschen mit russischen Wurzeln. Über ein Drittel der Grenzlinie zu Russland liegt nicht auf dem Land, sondern in der Mitte des riesigen Peipus-Sees. Die längste Grenze Estlands verläuft an der Ostsee. Die zerklüftete Küstenlinie ist knapp 4000 km lang, wozu auch die mehr als 2000 Inseln beitragen.

Auch Estland ist durch überwiegend flaches oder leicht hügeliges Gelände charakterisiert. Im gesamten Land gibt es große Wälder und Moore, die oft geschützt werden. Im Südosten Estlands bildet der 318 m hohe »Große Eierberg« Suur Munamägi den Kulminationspunkt des gesamten Baltikums. Auf dem höchsten Punkt steht ein Aussichtsturm, der bei guten Sichtverhältnissen einen weiten Ausblick verspricht.

Obwohl es zahlreiche Flüsse gibt, erreicht keiner eine wirklich beachtliche Länge. Der Võhandu im Osten Estlands ist mit 162 km der längste Fluss. Dafür verteilen sich rund 1500 Seen über das ganze Land. Der Peipus-See an der russischen Grenze ist mit 3550 km² der größte See im Baltikum und fast siebenmal größer als der Bodensee in Süddeutschland.

Flora und Fauna

Im Vergleich zu den dicht besiedelten Staaten Mitteleuropas gibt es im Baltikum noch viel Raum für unberührte Natur. Knapp die Hälfte der Fläche ist mit Wald bedeckt, dazu kommen große Moor- und Sumpfgebiete sowie zahllose Seen und Flüsse.

An der Küste wachsen auf dem sandigen Boden ausgedehnte Kiefernwälder, die gesünder wirken als die oft kränkelnden Nadelwälder Deutschlands. Im Hinterland überwiegen Mischwälder mit Birken, Espen, Kiefern, Ahorn und anderen Arten. Entfernt man sich von der Küste, dann ändert die Natur je nach Jahreszeit sehr deutlich ihr Gesicht: Im Sommer präsentieren sich die Landschaften in einem grünen Farbton, in den Wäldern reifen Beeren und die Moore sind mit einem dicken Polster aus Sumpfgras bedeckt. Im Herbst wird man immer wieder auf Menschen treffen, die mit Körben unter dem Arm auf Pilzsuche sind.

Im Winter mit oft wochenlangem Dauerfrost versteckt sich die Vegetation unter einer Schneedecke, die im Frühling langsam schmilzt, wenn die Natur in ihrem Jahresrhythmus wieder zum Leben erwacht. Dies führt zu einer Besonderheit im Baltikum, der sogenannten »fünften Jahreszeit« im April: wenn nach der Schneeschmelze weite Landstriche unter Wasser stehen. Insbesondere die Moore kann man dann nur mit einem Boot besuchen. Große Flächen in allen drei baltischen Ländern sind von Mooren bedeckt. Der Torfabbau ist auch weiterhin ein wichtiger Wirtschaftsfaktor. Fast 5 Milliarden Tonnen Torf gibt es im Baltikum, den größten Anteil davon in Estland. Während mehrere Moorgebiete als Naturschutzgebiet ausgewiesen sind, kann man manchmal direkt daneben Bagger beim Abtragen der Torfschicht beobachten, am besten im lettischen Tirul-Moor (Tour 26), wo ein Abschnitt des Wanderwegs an der Trennlinie zwischen Abbaugebiet und geschützter Fläche verläuft.

Während Sumpfgras ein dichtes Polster über der Torfschicht bildet, wachsen fast unbemerkt zahlreiche Pflanzen in dieser sehr speziellen Umge-

Höckerschwäne am Kap Kolka.

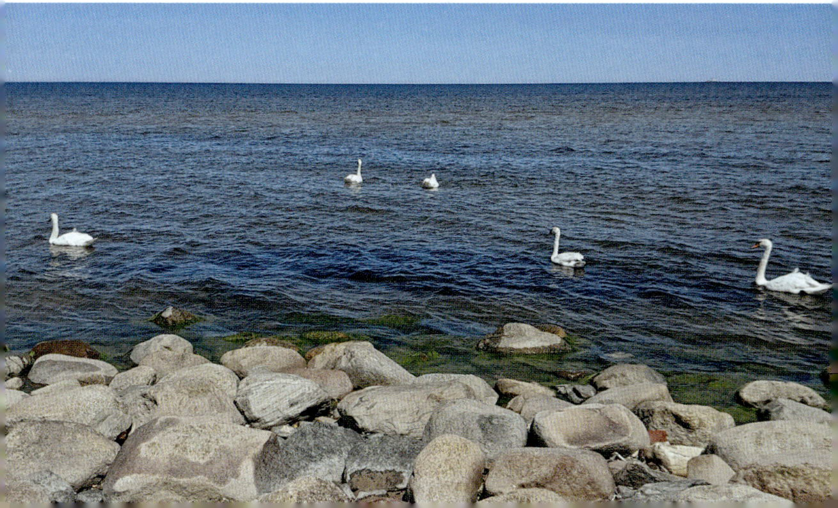

bung. Zum Beispiel Wollgras mit Köpfen wie ein Wattebausch oder der fleischfressende Sonnentau, der Insekten anlockt und mit einem Verdauungssekret tötet. Auf Infotafeln erfährt man oft interessante Details über die bemerkenswerte Moorflora. Sehr auffällig sind die einzeln stehenden Kiefern, die selbst nach Jahrzehnten wie Bonsaibäume nur wenige Meter hoch werden. Gründe für das extrem langsame Wachstum sind der nährstoffarme Boden und der hohe Grundwasserspiegel, der die Entwicklung der Kiefern, die es eher trocken mögen, zusätzlich stark bremst.
In den Wäldern leben noch Raubtiere, die in Deutschland längst ausgerottet sind. Allein in Estland gibt es schätzungsweise 1000 Braunbären, die für Menschen allerdings nur im Frühjahr gefährlich werden können, wenn Mütter ihre Jungtiere schützen. Auch der Wolf ist in allen baltischen Ländern beheimatet. Der Bestand wird durch die Jagd in festgelegten Grenzen gehalten, auch wenn es seit Jahrzehnten keine Angriffe von Wölfen auf Menschen gegeben hat. Das dritte bemerkenswerte Raubtier ist der Luchs, von dem in Estland und Lettland jeweils noch rund 500 Exemplare leben. In den Nationalparks Lahemaa und Alutaguse (beide in Estland) gibt es geführte Exkursionen, um Bären und Luchse zu beobachten. Wer sich für das Thema interessiert, findet im Internet oder in den Besucherzentren der Nationalparks weitere Infos. Das größte Säugetier im Baltikum ist der Elch. Zehntausende Elche leben in den Wäldern, der Bestand ist stabil und sogar leicht wachsend. Am ehesten beobachten kann man sie in den Auen- und Schilfwäldern im estnischen Matsalu-Nationalpark (Tour 46).
Im nahen Hinterland der litauischen Küste nördlich des Kurischen Haffs lebt eine große Herde Koniks, eine aus Polen stammende Ponyart, die den letzten europäischen Wildpferden ähnelt. Die Tiere haben einen hellen Körper und dunkle Mähne und Schweif. Sie leben völlig frei und sollen verhindern, dass die Vegetation aus Schilf und Gräsern das Gelände überwuchert.

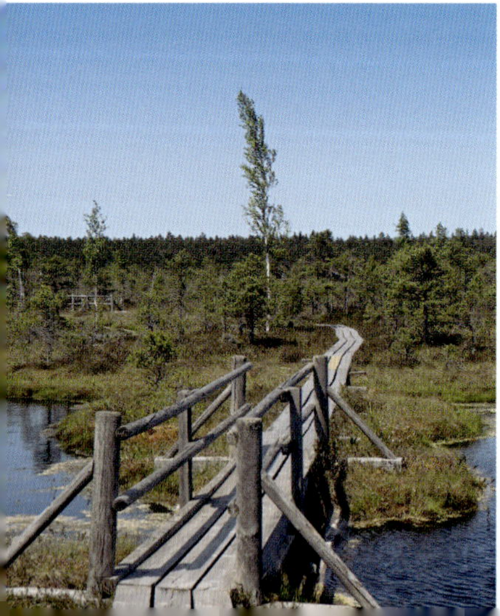

Über 400 Vogelarten werden im Baltikum gezählt, ein großer Teil davon sind Zugvögel. Am besten beobachten kann man sie im Frühjahr, von März bis Mitte Mai. Die geeignetsten Orte zur Vogelbeobachtung findet man an der Küste. Aber auch im lettischen Gaujatal gibt es gute Möglichkeiten, Vögel zu beobachten. Die Kurische Nehrung in Litau-

Bohlenweg im Kemeri-Moor (Tour 25).

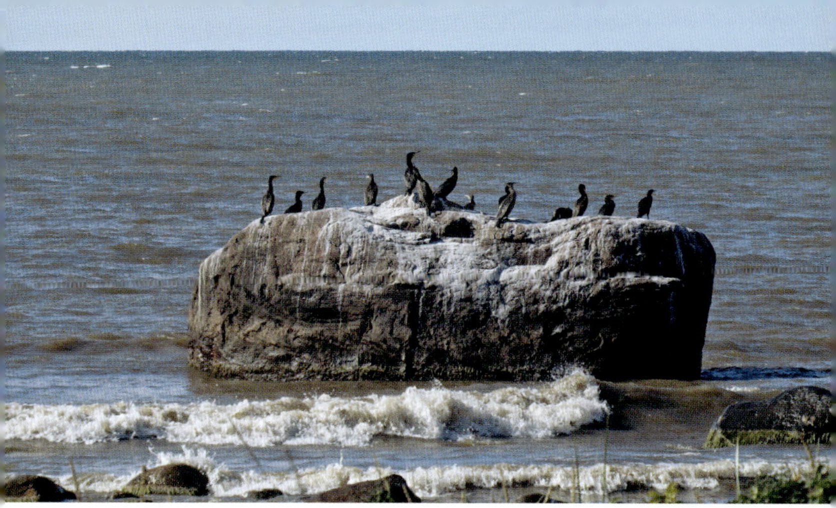

Auf der Insel Hiiumaa können Vögel ungestört leben.

en liegt auf der Transitroute Zehntausender Zugvögel wie Finken, Goldhähnchen oder Drosseln. Auf der südlichen Seite der Nehrung wurde im Jahr 1901 die Vogelwarte Rossitten (heute: Rybatschi) errichtet, wo heute noch immer Zugvögel beobachtet und gezählt werden.
Rund 23.000 Storchenpaare nisten im Sommer in den baltischen Ländern, allen voran der Weißstorch. Für die Einheimischen gilt ein brütendes Storchenpaar auf dem Dach als Glücksbringer und Fruchtbarkeitssymbol. Mit etwas Glück begegnet man in den Wäldern einem Auerhahn; dessen Vertreter können bis zu einen Meter groß werden. Am häufigsten wird man natürlich Möwen sehen, die sich auch in den Küstenorten sehr wohl fühlen. Höckerschwäne sind in den Küstengewässern weit verbreitet.
Die eindrucksvollsten Vertreter unter den Vögeln sind die verschiedenen Adler, wie der Seeadler oder der Steinadler mit einer Spannweite von bis zu drei Metern. Nur etwa 20 Paare leben in Lettland, ihre Bindungen sind oft dauerhafter als bei Menschen. Im Gegensatz zu den ständig hier heimischen Steinadlern, nutzen Schreiadler das Baltikum nur als Brutgebiet, ein Fünftel der weltweit vorkommenden Exemplare halten sich im Sommer im zentralen Lettland auf. Den Winter verbringen sie 10.000 km entfernt in Südafrika.
In und an den Flüssen leben außer zahlreichen Fischarten Libellen und Fischotter, auch Biber sind noch häufig anzutreffen bzw. zumindest deren Bauten. Im estnischen Nationalpark Soomaa (Tour 37) gibt es die Möglichkeit, auf einem speziell angelegten Pfad dem Lebensraum der Biber nahezukommen.

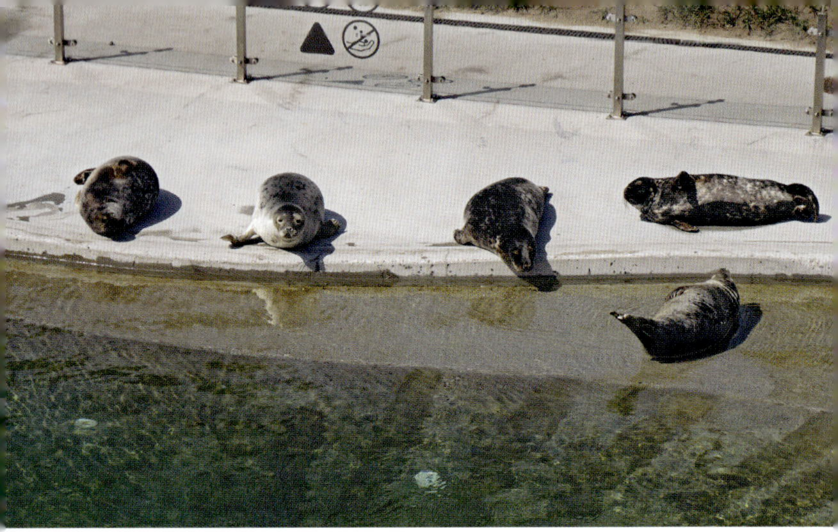

Eine Gruppe Robben nimmt im Delfinarium von Kopgalis ein Sonnenbad (Tour 4).

Die Küstengewässer Estlands sind Heimat für rund 4000 Kegelrobben, die schon vom Aussterben bedroht waren. Die Raubtiere können bis zu 300 kg schwer werden. Außerdem gibt es noch eine mittelgroße Population an Ringelrobben, deren Bestand allerdings als gefährdet gilt. Von Tallinn oder der Insel Saaremaa aus kann man an Bootsexkursionen zur Robbenbeobachtung teilnehmen.

Wanderwege im Baltikum

Das überwiegend flache Gelände im Baltikum hat den seit Jahrtausenden siedelnden Menschen das Anlegen von Feld- und Waldwegen erleichtert. Erst in den letzten Jahrzehnten sind spezielle Wanderpfade und -wege entstanden, überwiegend in den Natur- und Nationalparks. Insbesondere das Anlegen von Lehrpfaden durch Moorgebiete ist mit viel Aufwand verbunden, dort führen oft kilometerlange Bohlenwege über den sumpfigen Untergrund. Auch an steilen Hängen in Flusstälern begegnet man häufig Holzstufen, die das Gehen erleichtern.

In allen drei Ländern gibt es Wanderorganisationen, die der europäischen Wandervereinigung (EWV) angeschlossen sind: in Litauen die Lietuvos kaimo turizmo asociacija; in Lettland die Lauku Celotajs und in Estland die Eesti Matkaliit. Für das Netzwerk der Wanderwege sind aber meistens die Kommunen verantwortlich.

Viele Wanderwege sind mittlerweile beschildert und markiert, dabei gibt es aber deutliche Unterschiede zwischen den drei baltischen Staaten.

In Litauen sind die Verwaltungen der Nationalparks und die Kommunen für das Wegenetz in ihren Bereichen zuständig. Meistens klappt dies sehr gut, die Konzepte sind ähnlich wie in Deutschland oder in den Alpen. In den Touristinformationen oder Besucherzentren liegen oft Broschüren und Karten aus, häufig steht am Startpunkt der Touren eine Infotafel. An wichtigen Knotenpunkten sind in der Regel Wegweiser aufgestellt und Farbmarkierungen erleichtern die Orientierung. Natürlich gilt das nicht für alle Routen, die in diesem Wanderführer vorgestellt werden.
Auch in Lettland hat sich seit dem Ende der Sowjetunion nicht nur politisch viel verändert, auch dem gestiegenen Interesse der Menschen an der Natur wurde Rechnung getragen. Am besten organisiert ist das Wegenetz sicherlich im Nationalpark Gauja, wo Tausende Treppenstufen aus Holz in den Talflanken hoch- bzw. hinabführen. In der Touristinformation trifft man manchmal auch auf englischsprachiges Personal, wobei dies noch immer nicht selbstverständlich ist.
Wie in vielen anderen Disziplinen hat auch beim Thema Wanderwege Estland die Nase weit vorn. Die staatliche Waldbehörde RMK (Riigimetsa Majandamise keskus) ist dabei die Dachorganisation für alle National- und Naturparks. Der Standard der Wanderrouten ist sehr hoch. Im Internet gibt es für praktisch alle interessanten Gebiete in Estland ausführliche und nützliche Infos, die Besucherzentren sind oft besser als in Deutschland und die Wege meistens perfekt beschildert und markiert.

Fernwanderwege

Baltischer Küstenwanderweg

Zwischen Nida auf der Kurischen Nehrung (Kuršių nerija) und dem Hafen der estnischen Hauptstadt Tallinn verläuft der über 1400 km lange Baltische Küstenwanderweg. Die Route ist der nördliche Abschluss des Europäischen Fernwanderwegs E9, der vom Cabo de São Vicente (Kap St. Vincent) in Portugal durch zehn Länder entlang der Atlantikküste, dem Ärmelkanal und der Nord- und Ostsee bis ins Baltikum führt.
In Litauen teilt sich der Streckenverlauf zunächst in zwei Arme: über die Kurische Nehrung bzw. entlang der Küste des Festlands. Bei Klaipėda

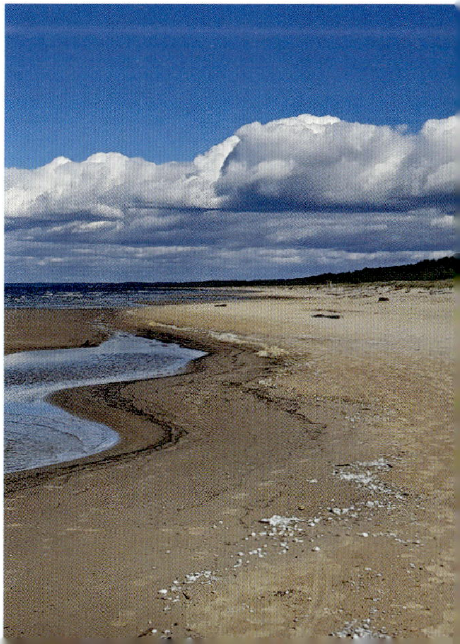

Ostseestrand im Naturpark Pajūrio (Tour 5).

treffen sich die beiden Zweige, anschließend verläuft die Route in nördlicher Richtung durch den Ferienort Palanga bis zur lettischen Grenze und setzt sich in Lettland fort. Dort beschreibt der Fernweg vom Kap Kolka einen großen Bogen durch die Rigaer Bucht, um dann über die endlosen Sandstrände vor den riesigen Kiefernwäldern die lettisch-estnische Grenze zu überschreiten. In Estland endet der Fernwanderweg in Tallinn, weit vor der russischen Grenze bei Narva. Die estnische Küste ist allerdings abschnittsweise sehr zerklüftet, außerdem sind noch mehrere Inseln Teil der Route. Deswegen ist auch der estnische Teil des E9 durchaus zeitintensiv.
Die insgesamt weit über 1 Mio. Schritte für den gesamten Baltischen Küstenwanderweg verteilt man je nach Kondition auf 40–70 Tagesetappen. Natürlich ist eine gute Planung wichtig, um abends ein Dach über dem Kopf und eine warme Mahlzeit zu haben.
Weitere Infos: baltictrails.eu/de/coastal

Baltischer Waldwanderweg
Von der polnisch-litauischen Grenze bei Lazdijai bis nach Tallinn verläuft der rund 2140 km lange Baltische Waldwanderweg. Die Route ist die östliche Hälfte des Europäischen Fernwanderwegs E11, der in den Niederlanden bei Den Haag an der Nordsee beginnt und über Deutschland und Polen ins Baltikum führt.
Der Verlauf des baltischen Teils des E11 ist keineswegs geradlinig. In Litauen geht es über die waldreiche Hügellandschaft in der Nähe der Memel bis nach Kaunas, dann weiter über das Žemaitija-Hochland im Landesinneren

Auf dem Baltischen Waldwanderweg.

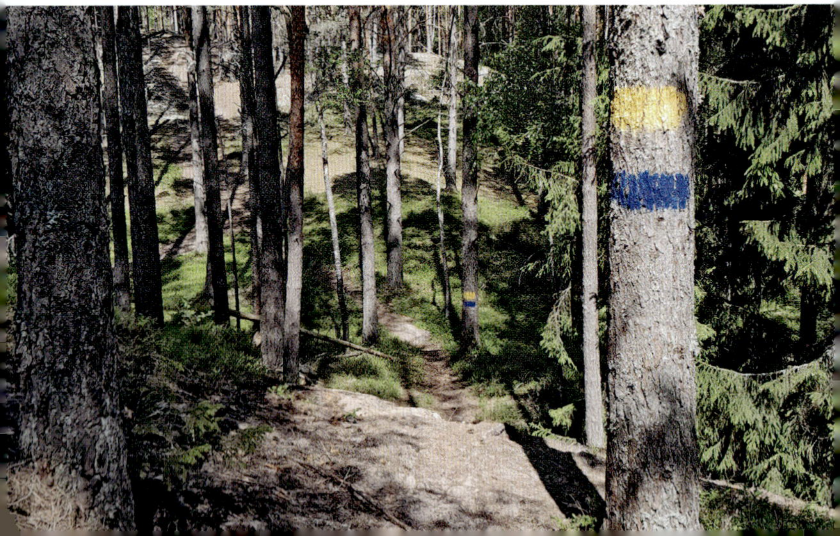

bis zur lettischen Grenze nördlich von Skuodas. In Lettland führt die Route über Riga, um sich dann zunächst durch den Korridor in der Nähe der Gauja bis in den äußersten Nordosten des Landes zu ziehen. In Estland geht es weit im Osten, oft nahe der russischen Grenze, in Richtung Norden, um schließlich nahe der Küste von Osten kommend in Tallinn zu enden.
Der Baltische Waldwanderweg lässt sich in rund 100 einzelne Etappen aufteilen, wobei sich die gesamte Route in ähnlich große Teilstrecken auf die drei Staaten verteilt.
Weitere Infos: baltictrails.eu/de/forest

Baltischer Jakobsweg
Für Pilger mit oder ohne religiöse Ambitionen wurden in den drei baltischen Staaten mittlerweile Routen als Jakobsweg definiert. Der Startpunkt ist der Dom in Tallinn, das Ziel in Santiago de Compostela in Nordwestspanien ist allerdings noch rund 5000 km Fußmarsch entfernt. Auf dem Jakobsweg gelangt man über direktere Routen als bei den anderen Fernwanderwegen von Estland über Lettland nach Litauen und schließlich zur polnischen Grenze. Die rund 250 km in Estland (Eesti Jaakobitee) verlaufen in relativ direkter Linie von der Hauptstadt Tallinn in zehn Etappen über Pärnu bis zur lettischen Grenze an der Ostseeküste. Jede Tagestour endet bei der Pfarrkirche des Etappenziels. Eine Alternativroute zweigt nördlich von Pärnu ab und überquert weit im Landesinneren die Grenze nach Lettland bei Valka.

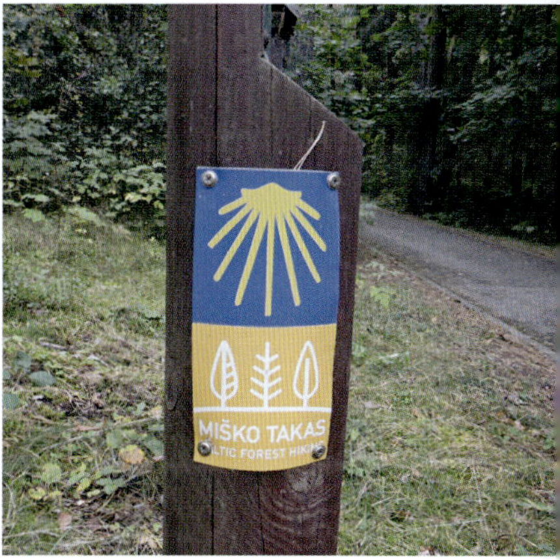

Markierungen des Baltischen Waldwanderwegs und auch Jakobswegs (Tour 9).

In Valka beginnt die Hauptroute in Lettland. In zwölf Tagesetappen (280 km) gelangt man über das Gaujatal bis in die Hauptstadt Riga. Von dort gibt es wiederum zwei Alternativen, um weiter nach Litauen zu wandern, wobei beide Routen nach sechs Etappen (133 bzw. 149 km) die litauische Grenze erreichen.
Auch in Litauen stehen mehrere Routen zur Auswahl. Aber selbst für den relativ direkten Weg von einer der beiden lettischen Grenzen sind es 21 Etappen bzw. 500 km bis zur polnischen Grenze bei Sejny. Der Weg führt über Kaunas und Alytus durch schöne Landschaften im Süden der Baltenrepublik.
Weitere Infos: caminoestonia.com; caminolatvia.com; caminolituano.com

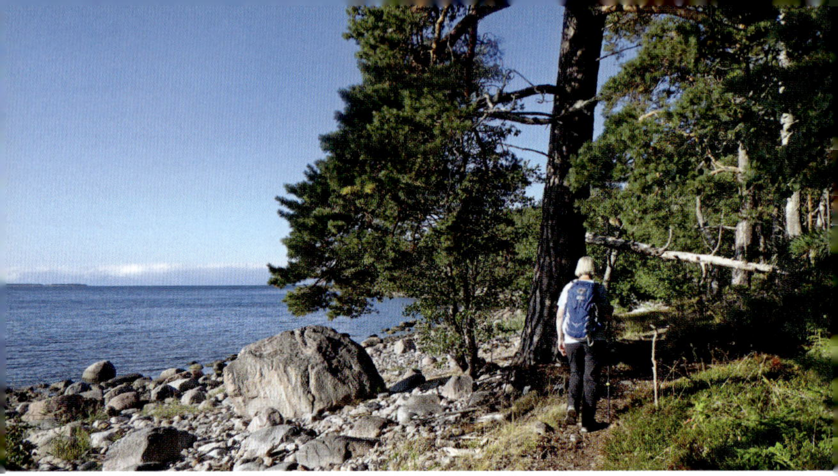

Auf dem westlichen Abschnitt des Küstenwanderwegs (Tour 50).

Oandu-Ikla-Trail

Die 375 km lange Route des Oandu-Ikla-Trails verläuft ausschließlich in Estland. Der Weg beginnt in Oandu an der estnischen Nordküste, im Nationalpark Lahemaa, und endet in Ikla. Der Zielort befindet sich an der Ostküste, direkt an der Staatsgrenze mit Lettland. Der Wanderweg führt durch weitläufige Waldgebiete und Moore. Die gesamte Strecke ist bestens mit rot-weißen Markierungen und Wegweisern ausgestattet, auf großen Infotafeln erfährt man viel über die jeweiligen Regionen. Wer mit guter Kondition antritt, kann die Weitwanderung auf rund zehn einzelne Etappen verteilen, dabei durchquert man zwei National- und zwei Naturparks. Entlang der gesamten Strecke gibt es ausreichend Unterkünfte, die aber sicherheitshalber im Voraus gebucht werden sollten.
Weitere Infos: loodusegakoos.ee/hiking-route/oandu-ikla-375-km

Die Nationalparks im Baltikum

Die interessantesten Landschaften im Baltikum haben im Laufe der letzten Jahrzehnte den Status eines Nationalparks erhalten. Ziel sind der Erhalt und Schutz von Flora und Fauna, aber auch die Schaffung einer Infrastruktur bzw. Zugangsmöglichkeiten für die Bevölkerung. Insgesamt gibt es 15 Nationalparks in den drei baltischen Staaten, außerdem werden mehrere Gebiete als Naturpark oder Naturreservat unter besonderen Schutz gestellt.
Für Wanderurlaube spielen die National- und Naturparks eine wichtige Rolle, ein großer Teil der vorgeschlagenen Touren findet in einer dieser Landschaften statt.

Litauen

- **Nationalpark Kuršių nerija/Kurische Nehrung** (Touren 1 bis 4)
  Die Landzunge mit ihren großen Dünen und Kiefernwäldern ist der am häufigsten besuchte litauische Nationalpark, zu dem auch Teile der Ostsee und des Kurischen Haffs zählen. Die Südhälfte der Kurischen Nehrung ist Teil des russischen Kaliningrader Gebiets, auch dort steht die Landschaft unter Naturschutz.
- **Nationalpark Dzūkija** (Tour 10)
  Im dünn besiedelten Süden des Landes erstreckt sich auf einer Fläche von knapp 600 km² der größte Nationalpark des Landes. Große Moore, aber auch bewaldete Täler prägen hier die Natur. Verwunschene alte Dörfer mit Holzhäusern bereichern die Landschaft.
- **Nationalpark Trakai** (Tour 12)
  Nicht weit von der Hauptstadt Vilnius wird hier vor allem das kulturelle Erbe von Trakai, der ehemaligen Hauptstadt Litauens mit der berühmten Wasserburg, geschützt. Im kleinsten Nationalpark des Landes mit lediglich 82 km² dominieren Seen und Wälder die Natur.
- **Nationalpark Aukštaitija** (Touren 13 und 14)
  Im seen- und waldreichen Osten Litauens befindet sich der älteste Nationalpark der Baltenrepublik. Kleine Dörfer mit Holzhäusern und Wassermühlen sind die kulturellen Höhepunkte dieser Region. Die engagierte Verwaltung mit Sitz in Palūšė hat ein gutes Wanderwegenetz angelegt.
- **Nationalpark Žemaitija**
  Im Nordwesten Litauens führt dieser Nationalpark ein relativ ruhiges Dasein. Über die gesamte Fläche verteilen sich zahlreiche Seen und Moore, das Gelände ist meist sehr hügelig.

Oft sind die Ostseestrände menschenleer (Tour 3).

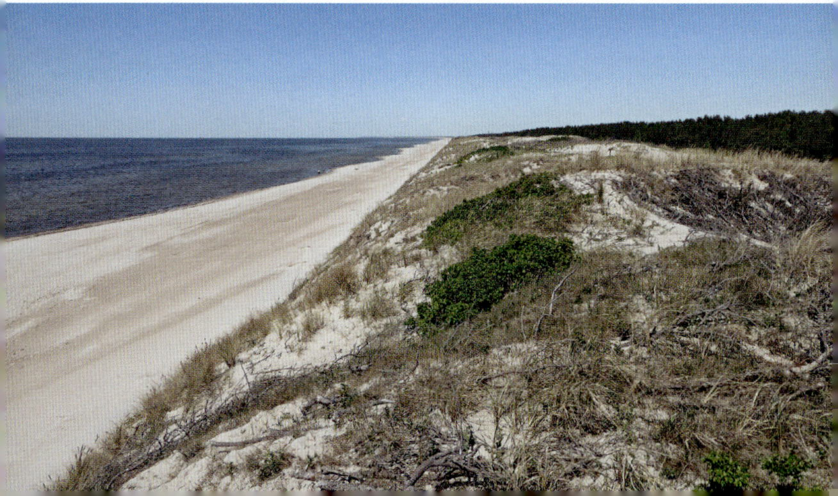

Lettland

- **Nationalpark Slītere** (Touren 21 bis 23)
  Der mit 264 km² kleinste Nationalpark Lettlands befindet sich im Übergang der Ostseeküste zur Rigaer Bucht. Charakteristisch sind die mit Kiefern bewachsenen Dünen, davor verläuft der schier endlose helle Sandstrand. Zu den 125 hier nistenden Vogelarten gehören Uhus, Steinadler und Auerhühner. Wölfe und Elche streifen durch die Wälder.
- **Nationalpark Kemeri** (Tour 25)
  Westlich der Hauptstadt Riga wurde 1997 aus einem großen Gebiet mit Sumpf- und Moorflächen, aber auch großflächigen Wäldern ein Nationalpark. Es gibt mehrere Quellen mit mineralhaltigem Wasser, aus dem Städtchen Kemeri ist deswegen ein Kurort geworden. Zu den bemerkenswerten Tieren zählen Wasserfledermäuse, Otter und Fischreiher.
- **Nationalpark Gauja** (Touren 29 bis 32)
  Der älteste (gegründet 1973) und mit rund 920 km² auch größte Nationalpark des Landes befindet sich im Zentrum und wird vom Fluss Gauja durchflossen. Die »Livländische Schweiz« hat nicht nur landschaftlich viel zu bieten, sondern auch kulturell, wie z. B. die mittelalterlichen Burgen. Für Wanderungen gibt es ein gutes Wegenetz.
- **Nationalpark Rāzna**
  Dieser Nationalpark liegt ganz im Osten Lettlands in der historischen Landschaft Lettgallen. Er erfährt etwas weniger Aufmerksamkeit als die anderen Naturschutzgebiete. In der hügeligen Gegend gibt es große Seen, darunter den Ežezers-See mit seinen rund 35 Inseln und einem Eichenwald am Ufer.

An der Abbruchkante der Ērgļu klintis (Tour 31).

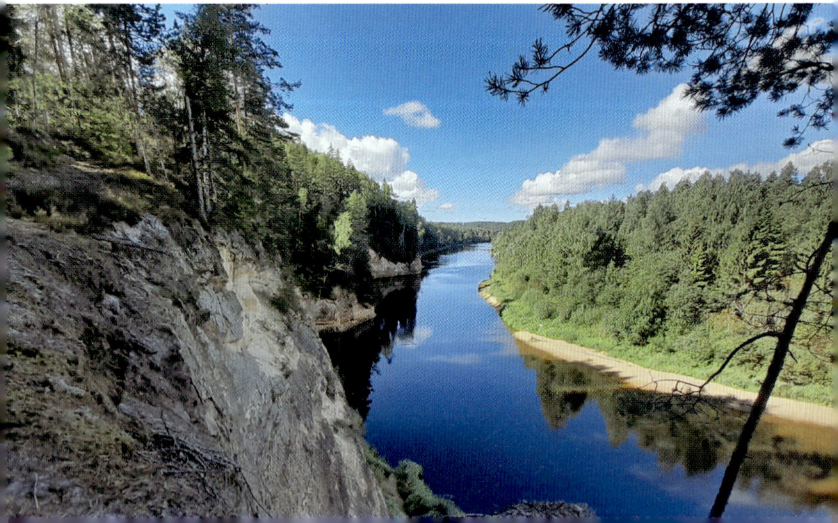

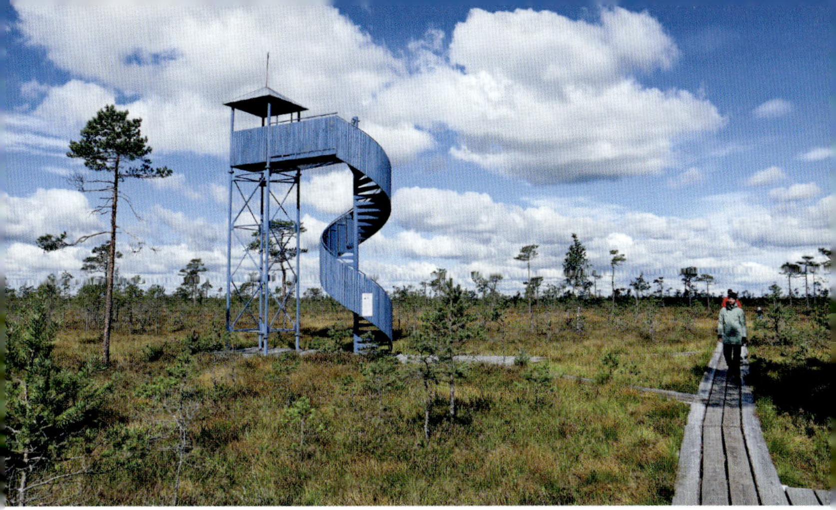

Der Aussichtsturm auf dem Ingatsi-Rundweg (Tour 37).

Estland

- **Nationalpark Karula**
  Mit rund 110 km² ist dieser Nationalpark im Südosten Estlands der kleinste des Landes. Über zwei Drittel der Fläche sind bewaldet, aber auch Moore und Seen bestimmen das Landschaftsbild. Schrei- und Fischadler, Fledermäuse und Fischotter sind hier beheimatet. Harmonisch fügen sich alte Bauernhöfe in die etwas abgelegene Region ein.
- **Nationalpark Soomaa** (Tour 37)
  In der Nähe von Pärnu wurde dieser Nationalpark ins Leben gerufen, um die weitläufigen Moore und die Tierwelt zu schützen. Braunbären, Wölfe und Luchse leben dort, allerdings wird man diese Wildtiere bei einer Wanderung eher selten sehen können. Am ehesten kann man Bibern begegnen, oder zumindest deren Bauten an einem Flusslauf.
- **Nationalpark Vilsandi** (Tour 43)
  An der Westküste von Estlands größter Insel Saaremaa befindet sich der Nationalpark Vilsandi. Rundgeschliffene Felsbrocken liegen am Übergang von Land zum Meer, ein letzter Gruß aus der Eiszeit vor mehr als 10.000 Jahren. Dutzende unberührte Inseln vor der Küste sind Brutstätten für zahlreiche Vögel, am häufigsten vertreten ist die Eiderente.
- **Nationalpark Matsalu** (Tour 46)
  An der estnischen Westküste gibt es am Unterlauf des Flusses Kasari und um die ausgeprägte Matsalubucht einen Nationalpark mit mehr als 50 Inseln. In dem gesamten Gebiet leben knapp 300 Vogel- und fast 50 Säugetierarten, darunter Elche und Wölfe.

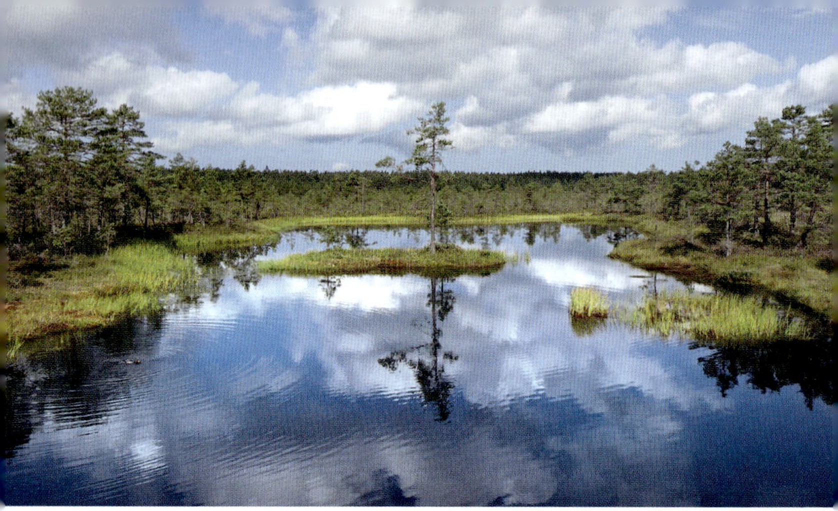

Das Moorgelände des Viru raba ist durch viele kleine Seen geprägt (Tour 49).

- **Nationalpark Lahemaa** (Touren 49 und 50)
  Wie ausgestreckte Arme ragen an der Nordküste vier Halbinseln ins offene Meer. Dort erstreckt sich Estlands größter und ältester Nationalpark auf einer Fläche von 720 km². Er war auch der erste Nationalpark der Sowjetunion und blickt somit auf mehr als ein halbes Jahrhundert in diesem Status zurück. Die Natur ist überwältigend: Moore, Wälder, Seen und eine lange Küstenlinie mit riesigen Findlingen formen eine einzigartige Landschaft. Zahlreiche Braunbären und Elche haben dort ihren Lebensraum, auf Begegnungen mit Menschen legen die Tiere allerdings keinen Wert.
- **Nationalpark Alutaguse**
  Im äußeren Nordosten des Landes, teilweise direkt an der russischen Grenze, befindet sich der noch junge, aber eher wenig bekannte Nationalpark Alutaguse. Etwa zu gleichen Anteilen gibt es Moor- und Waldflächen in dem relativ flachen Gelände. Dort leben Gleithörnchen, Schneehühner, Schwarzstörche, Luchse, Wölfe und Braunbären. Außerdem sind fünf verschiedene Adlerarten im Park beheimatet, die man mit etwas Glück beobachten kann.

Die Wandergebiete in Litauen

Kurische Nehrung und Ostseeküste

Wie ein gewaltiger Naturdamm erstreckt sich vor der baltischen Ostseeküste die Kurische Nehrung. Die nördliche Hälfte der knapp 100 km langen Landzunge gehört zu Litauen, die südliche zum russischen Kaliningrader Gebiet. Das breite Becken zwischen der Nehrung und dem Festland ist das

Kurische bzw. Frische Haff, das vom Abfluss der Memel durchströmt wird. Von Klaipėda verkehren zwei Fähren zur Nehrung: eine für Fußgänger vom Hafen vor der Altstadt und weiter südlich eine Autofähre.
Ursprünglich war die Kurische Nehrung mit dichtem Nadelwald bewachsen, doch bereits im Mittelalter begannen die Menschen mit der Rodung, im Nordischen Krieg im 17. Jh. kam es zu einem regelrechten Kahlschlag. In der Folge bildeten sich Wanderdünen, die ganze Dörfer unter sich begruben. Mittlerweile gibt es wieder Tausende Kiefern und Birken, die den Boden stabilisieren. Nicht weit von der russisch-litauischen Grenze erhebt sich die rund 50 m hohe Parnidis-Düne, die höchste auf der Kurischen Nehrung und nach der Dune du Pilat in Südwestfrankreich die zweithöchste Wanderdüne Europas.
Die wenigen kleinen Dörfer fügen sich harmonisch in das Landschaftsbild ein. Der am häufigsten besuchte Ort ist Nida, wo sich das ehemalige Sommerhaus von Thomas Mann befindet. Heute kann man das Haus besichtigen und von innen den »Italien-Blick« genießen (Tour 1). Für Wanderungen gibt es auf der Kurischen Nehrung zahlreiche Pfade, ob an der meist recht windigen Ostseeküste, am Ufer des Haffs oder über die bewaldeten oder kahlen Dünen im Inneren der Landzunge.
Nördlich der Kurischen Nehrung zwischen Klaipėda und der lettischen Grenze besteht die Küste über weite Strecken aus einem Sandstrand mit angrenzenden Nadelwäldern. Die Orte liegen meistens nicht direkt am Meer. Für viele Ortschaften gibt es neben den litauischen auch noch deutsche Namen, die teils etwas skurril klingen, wie z. B. Polangen oder Nimmersatt.

Im Süden: Das Memel-Land

Auf einer Länge von mehr als 900 km durchströmt die Memel den Nordosten Europas: Von der Quelle unweit der belarussischen Hauptstadt Minsk bewegt sich der Fluss durch das ehemalige Weißrussland und tritt dann ganz im Süden Litauens über die Grenze. Dort heißt der Fluss Nemunas und hat für das Land eine ähnliche Bedeutung wie für Deutschland der Rhein. Ob in alten Sagen, Volksliedern oder als Name für Geschäfte und Hotels, der Fluss Nemunas prägt die nationale Identität und natürlich auch die Landschaften.

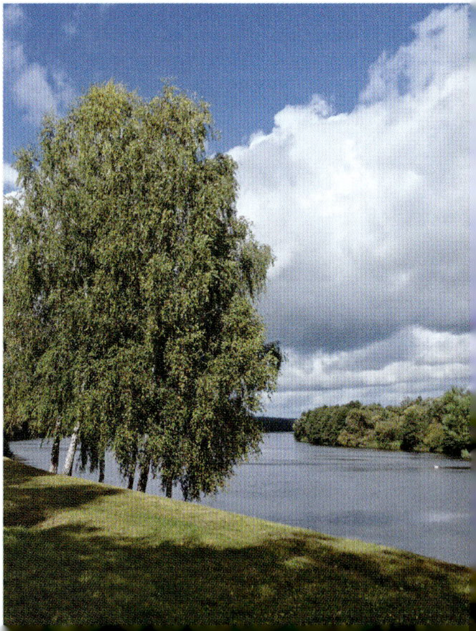

Spazierweg am Ufer der Memel (Tour 9).

Die Memel durchfließt auf ihrem langen Weg einige litauische Städte, wie Alytus oder Kaunas. Um die Hauptstadt Vilnius macht der Fluss allerdings einen sehr weiten Bogen. Auf ihrem letzten Abschnitt markiert die Memel die Grenze zwischen Litauen und der russischen Exklave Kaliningrader Gebiet. Am Ende verzweigt sich das Gewässer in zahlreiche kleine Arme und mündet am Memeldelta ins Kurische und Frische Haff. Bei Klaipėda befindet sich schließlich der Übergang vom Haff in die Ostsee.

Die Tourenmöglichkeiten im Süden Litauens beginnen im Nationalpark Dzūkija im belarussischen Grenzgebiet mit sehr naturbelassenen Landschaften und uralten Dörfern. Wie eine Zeitreise fühlt es sich an, wenn man an alten Holzhäusern vorbeigeht, manche sind restauriert und bewohnt, andere werden dem Verfall überlassen (Tour 10).

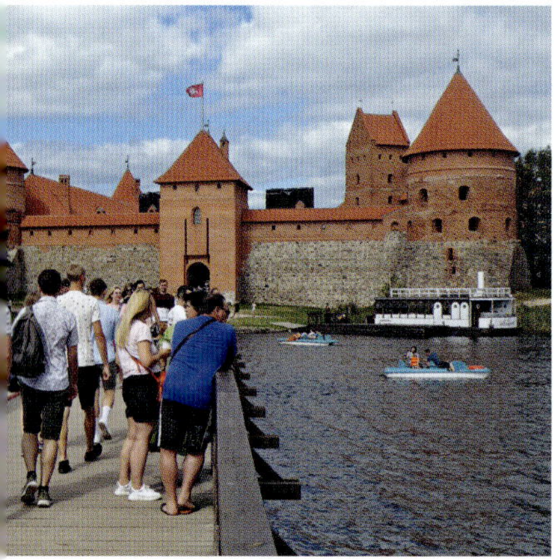

An Wochenenden ein beliebtes Ausflugsziel: Inselburg Trakai (Tour 12).

Der zweite Nationalpark in diesem Tourengebiet wird von der alten Wasserburg Trakai geprägt (Tour 12). Ein großer Teil des weitläufigen Gebiets besteht aus Seen, dazwischen fügen sich dichte Wälder ein. Einsam ist vor allem der Ort Trakai mit der Wasserburg jedoch nicht, denn die Hauptstadt Vilnius ist nicht weit entfernt, Züge pendeln stündlich hin und her.

Die Memel beschreibt zwischen Alytus und Kaunas mehrere ausgeprägte Schleifen, der alte Kurort Birštonas ist dort ein guter Ausgangspunkt für eine Wanderung am Flussufer und durch die Wälder (Tour 9).

Vor den Toren von Litauens zweitgrößter Stadt Kaunas wird aus der Memel ein riesiger Stausee. Das »Kaunasser Meer« ist nicht nur für die städtische Energieversorgung von großem Nutzen, sondern auch ein lohnendes Ziel für Wanderungen am Ufer (Tour 7 und 8).

Im Osten: Oberlitauen

Entlang der West-Ost-Achse von Klaipėda über Kaunas nach Vilnius schlägt das noch relativ dicht besiedelte industrielle Herz Litauens. Nördlich davon überwiegen eher menschenleere Landschaften mit unterschiedlichen Akzenten.

Eine der interessantesten Regionen im Osten der Baltenrepublik ist der Nationalpark Aukštaitija. In der hügeligen Gegend gibt es je nach Zählweise um die 120 Seen. Hier befinden sich auch die ältesten Kulturlandschaften

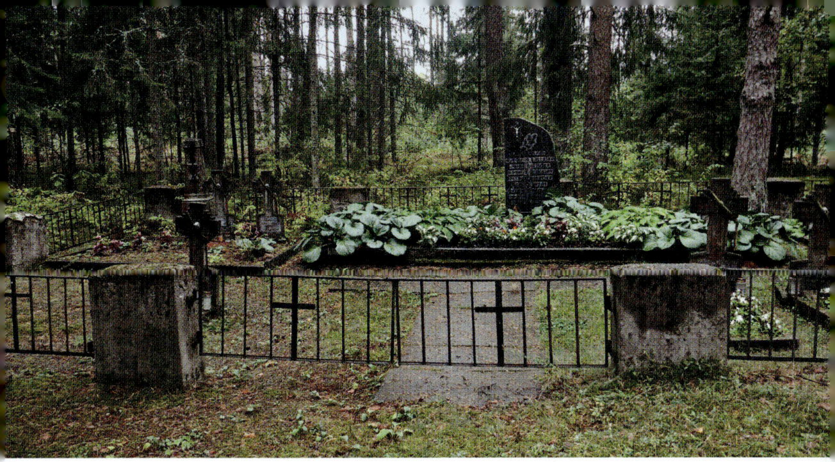

Der kleine Friedhof im Partisanenwald (Tour 17).

des Landes mit alten Dörfern und Wassermühlen. Über 4000 verschiedene Tier- und Pflanzenarten wurden im Bereich des Nationalparks gezählt, entsprechend viel gibt es auf Wanderungen zu entdecken (Tour 13 und 14). Etwas weiter nördlich davon bietet Oberlitauen mit dem Stausee Antalieptės Marios einen weiteren landschaftlichen Höhepunkt. Obwohl es gut angelegte Wege und Pfade gibt, wird man während der Touren nur selten Wandergruppen begegnen (Tour 15).
Der für den Norden wichtigste und gleichzeitig längste ausschließlich in Litauen verlaufende Fluss ist der Šventoji; nahe der Provinzhauptstadt Anykščiai gibt es gute Wanderwege (Tour 16).
Ein weiterer Tourenvorschlag (Tour 17) im Osten Litauens spricht ein völlig anderes Thema an: Es geht um Widerstandskämpfer gegen die sowjetische Besatzungsmacht. Im sogenannten »Partisanenwald« kann man auf deren Spuren wandern und erfährt dabei viel über die bewegte Geschichte von überwiegend jungen Männern, die am Ende für ihren Mut mit dem Leben bezahlen mussten.

Die Wandergebiete in Lettland

Kurländische Ostseeküste

Etwas vereinfacht betrachtet gehört der westliche Teil Lettlands zur historischen Landschaft Kurland. Deren Küstenlinie verläuft von der litauischen Grenze aus noch rund 250 km relativ geradlinig in Richtung Norden und Nordwesten, um dann an einer Landspitze, dem Kap Kolka (Tour 23), in die sehr tief ausgeschnittene Rigaer Bucht überzugehen.
Der weitaus größte Teil der Küste besteht aus einem schier endlosen Sandstrand, an den sich ein dichter Wald anschließt. Es ist schwieriger, einen

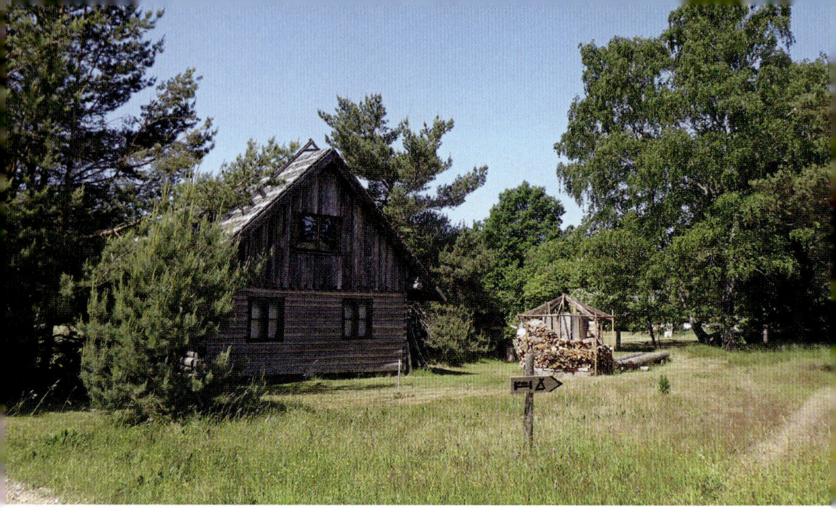

Haus in klassischem Baustil in Saunags (Tour 22).

belebten als einen völlig einsamen Strand vorzufinden. Die Gezeiten sind nicht so stark ausgeprägt wie am Atlantik oder an der Nordsee, mit sehr viel Glück findet man nach einem stürmischen Tag am nächsten Morgen sogar Bernstein im Sand.

Zwei etwas größere Städte unterbrechen die ansonsten fast unberührte Küstenlinie: Etwa 50 km nördlich der litauischen Grenze befindet sich Liepāja, mit knapp 70.000 Einwohnern die drittgrößte Stadt Lettlands. Wer mit der Fähre von Deutschland nach Lettland reist, wird von Travemünde nach Liepāja fahren. Rund 100 km nördlich davon befindet sich die halb so große Stadt Ventspils. Beide sind schon wegen ihrer schönen historischen Stadtkerne einen Besuch wert.

Für Wanderungen gibt es mehrere interessante Gebiete an und hinter der Kurländischen Küste: Nur wenige Kilometer nördlich der litauischen Grenze breitet sich der sumpfige Pape-See aus (Tour 18). Um das flache Gewässer leben große Herden Wisente, Heckrinder und Konik-Pferde. Diese gleichen eher Ponys und fallen durch ihr helles Fell und schwarze Mähnen auf. Weiter nördlich, bereits an der Nordspitze Kurlands, lohnt sich unbedingt der Besuch des Nationalparks Slītere (Tour 21 bis 23). An den »blauen Bergen« fallen die Sanddünen steil bis an die ehemalige Küste herab, die sich im Laufe der Zeit deutlich verschoben hat und heute 5 km weiter westlich verläuft. Eine Besonderheit ist der mehr als 170 Jahre alte Leuchtturm, der etwas untypisch rund 5 km vom Meer entfernt errichtet wurde. Aus über 30 m Höhe entfaltet sich von oben ein weiter Blick über die naturbelassene Landschaft.

Rigaer Bucht

Die auch als Rigaer Meerbusen bekannte Bucht vor der lettischen Hauptstadt Riga ist ein tiefer Einschnitt der Ostseeküste mit gewaltigen Dimensionen: Die umfasste Fläche ist etwa doppelt so groß wie die Insel Korsika. Alle wichtigen Flüsse Lettlands münden in die Rigaer Bucht: Daugava, Gauja und Venta sowie zahlreiche andere. In der Bucht gibt es mehrere Inseln, die aber alle bereits zu Estland zählen. Am Übergang zum offenen Meer liegt Saaremaa, die viertgrößte Insel der Ostsee und Ort mehrerer Touren in diesem Wanderführer.

Riga ist die Hauptstadt Lettlands und mit mehr als 600.000 Einwohnern die größte Stadt der drei Baltenrepubliken. Rechnet man alle Vororte in der Peripherie hinzu, dann leben in diesem Ballungsraum eine Million Menschen. Riga ist nicht nur für Politik und Wirtschaft das Herz und der Motor für das Land, die ehemalige Hansestadt zieht Besucher auch wegen der vielen Jugendstilbauten im historischen Zentrum an. Wer nur einen Tag in der Stadt bleibt, wird ab dem Rathausplatz mit der Petrikirche einen Rundgang durch die Altstadt machen. Es lohnt sich.

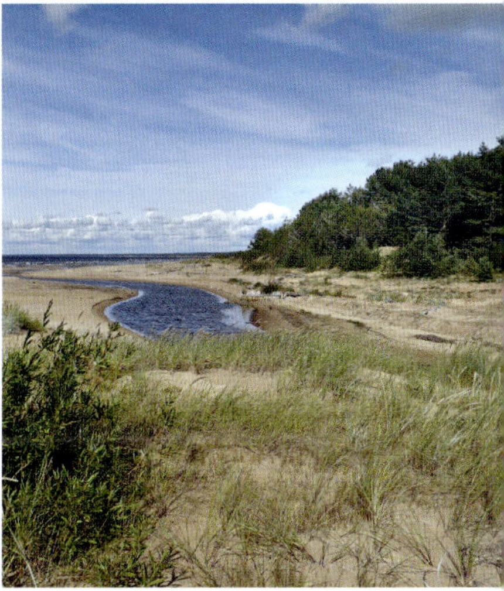

Mündung der Lilaste, eines kurzen Abflusses aus dem gleichnamigen See (Tour 28).

Im Westen der lettischen Metropole erstrecken sich große Sumpfgebiete und Moore. Während das unwegsame Gelände in Kriegszeiten als natürliches Hindernis eine Schutzfunktion für die Stadt hatte, dienen die Moore heute zwei völlig unterschiedlichen Zwecken: Einerseits wird dort industriell Torf abgebaut und zum Teil exportiert; andere Flächen wiederum stehen unter Naturschutz und können teilweise über Wege aus Holzbohlen erkundet werden, wie z. B. im Nationalpark Kemeri. Im Cenas tīrelis (»Tirul-Moor«) liegen Torfabbau- und Naturschutzgebiet direkt nebeneinander, die Wanderung führt anfangs direkt über die Trennlinie (Tour 26).

Folgt man der Küstenlinie von Riga nach Norden, dann ist es nicht weit bis zu einem besonders interessanten Abschnitt mit großen Dünen und Kiefernwäldern. Der »Sunset Trail«, ein Wanderweg von Saulkrasti bis zur »Weißen Düne« (Tour 28), erschließt diesen Landstrich; auch der sich anschließende Naturpark Piejūra bietet landschaftliche Höhepunkte, wie z. B. mehrere versteckte Seen und die Mündung der Gauja (Tour 27).

Entlang der Gauja in Lettlands Osten

Nach der Daugava ist die Gauja mit rund 450 km der zweitlängste Fluss Lettlands. Ihre Quellen befinden sich etwa in der Mitte der historischen Landschaft Livland, die wiederum etwa die östliche Hälfte des Landes ausmacht. In einem weit ausholenden Linksbogen durchströmt die Gauja hügelige Landschaften, um sich dann von der estnischen Grenze relativ geradlinig in Richtung Riga zu bewegen und etwas nördlich der lettischen Hauptstadt in die Rigaer Bucht zu münden.

Der landschaftlich schönste Abschnitt der Gauja ist zweifellos der Mittellauf, wo der Fluss ein Tal geformt hat, das an mehreren Abschnitten von Sandsteinfelsen flankiert wird. Die Hänge können durchaus steil sein und sind meistens mit einem dichten Mischwald bewachsen. In der auch als »Livländische Schweiz« bekannten Region wurde bereits 1973 während der Zeit als Sowjetrepublik ein Nationalpark ins Leben gerufen. Außer Kanu- und Bootsfahrten kann man hier auch sehr gut Wanderungen unternehmen. Neben Wegweisern und Farbmarkierungen sind es vor allem Tausende von Holzbohlen, die das Wandern deutlich erleichtern.

Ein wichtiger Ort im Nationalpark Gauja ist Sigulda, wo im Mittelalter nach Kriegen immer wieder neue Herrscher die Stadt kontrollierten. Mehrere Burgen sind auch heute noch erhalten und prägen das Stadtbild: die Bischofsburg Treyden über dem rechten Flussufer und auf der linken Seite am Rand der Altstadt die teilweise restaurierte Schwertordensritterburg Segewold, in deren Außenmauer das Kreuz der Templer eingearbeitet ist. Wenige Schritte davor steht das »Neue Schloss«, ein Gebäude in neugotischem Stil aus dem späten 19. Jh.

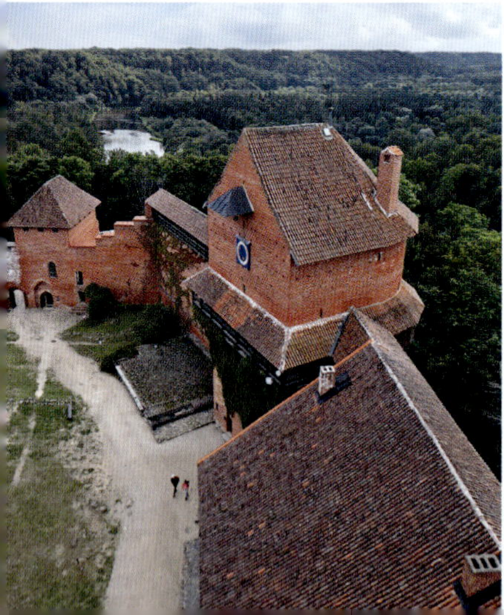

Auf dem Burgfried von Treyden reicht der Blick weit ins Tal der Gauja (Tour 29).

Um die Burgen auf beiden Flussseiten zu erwandern, muss man über rund 1000 Stufen aus Holz die steilen Hänge hinab- und aufsteigen. Alternativ bietet sich auch eine Seilbahn an, die beide Seiten der Gauja auf Höhe der Altstadt von Sigulda miteinander verbindet (Tour 29).

Ein Stück weiter flussaufwärts liegt Cesis, eine weitere Stadt mit historischen Bauten. Auch dort gibt es sowohl eine Burg aus der Zeit der Ordensritter als auch ein »Neues Schloss«. In dem ehemaligen Herrenhaus aus dem 18. Jh. ist heute ein Museum untergebracht. In der Nähe

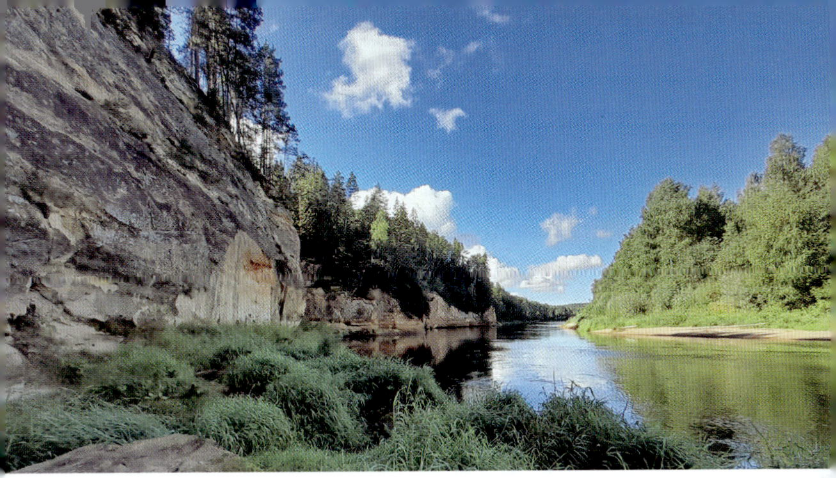

Die 700 m lange Wand der Ērgļu klintis, der Orgelfelsen (Tour 31).

von Cesis sind die »Orgelfelsen« (Ērgļu klintis) für einen Ausflug in die Natur sehr interessant. Die lange Mauer aus Sandstein am Ufer des Flusses kann über beschilderte Wanderwege erreicht werden (Tour 31).

Die Wandergebiete in Estland

Estlands Süden

Die Küste im südlichen Teil von Estland verläuft zum größten Teil noch in der Rigaer Bucht, wodurch das Meer in diesem Bereich relativ ruhig ist. In einer eigenen Bucht innerhalb der Rigaer Bucht liegt Pärnu, die für diese Region wichtigste Stadt. Das hübsche Städtchen mit seinen vielen Holzhäusern in der Altstadt ist ein guter Ausgangspunkt für Unternehmungen in der Gegend.
Etwa eine Autostunde von Pärnu entfernt befindet sich der Nationalpark Soomaa mit dem größten Sumpf- und Moorgebiet Estlands (Tour 37). Die engagierte Parkverwaltung hat dort mehrere Wanderwege eingerichtet, sodass man über Holzbohlen durch das Moor gehen oder an einem Flusslauf verschiedene Biberbauten entdecken kann. Aber Vorsicht: In der »fünften Jahreszeit« im April können nach der Schneeschmelze weitläufige Flächen vorübergehend unter Wasser stehen.
Folgt man von Pärnu der Küste in westliche Grundrichtung, dann kann man mit der Fähre zur relativ kleinen Insel Kihnu übersetzen. Die Wanderung (Tour 38) um das Eiland lässt sich inklusive An- und Rückfahrt ab Pärnu und Überfahrt an einem Tag schaffen. Etwas weiter nördlich an der estnischen Küste gibt es weitere interessante Abschnitte, wie z. B. am Strand Matsi Rand (Tour 39).

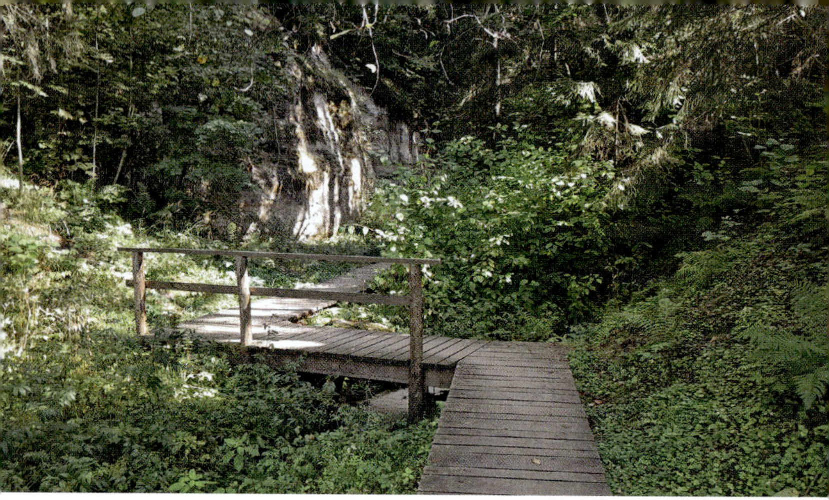

Bohlenweg in der Hinni-Schlucht (Tour 33).

Weiter im Landesinneren der nördlichsten Baltenrepublik wird das Gelände etwas hügeliger, um schließlich mit dem 318 m hohen Suur Munamägi (»Großer Eierberg«) den Kulminationspunkt des gesamten Baltikums zu erreichen (Tour 34). Der Aussichtsturm auf dem Gipfelplateau ist sowohl mit einer Treppe als auch einem Aufzug ausgestattet, um die Besucherplattform zu erreichen, von der sich ein weiter Blick in die dünn besiedelte Landschaft eröffnet.

Nicht weit vom Suur Munamägi entfernt lohnt sich eine Tagestour in dem urzeitlichen Rõuge-Tal (Tour 33). Ein See reiht sich dort an den nächsten, am Ende wartet noch eine kleine Schlucht, um das Naturerlebnis abzurunden.

Die Inseln Saaremaa und Hiiumaa

Vor der estnischen Westküste ragen die Moonsund-Inseln aus dem Meer, wobei die allermeisten der rund 500 Eilande sehr klein und unbewohnt sind. Einige haben jedoch eine beachtliche Größe und sind seit Jahrtausenden von Menschen besiedelt und kultiviert, vor allem die beiden Inseln Saaremaa und Hiiumaa.

Saaremaa ist die mit Abstand größte Insel Estlands, in der Ostsee gibt es nur drei Inseln, die noch größer sind: Seeland (Dänemark), Gotland (Schweden) und Fünen (Dänemark). Fast die Hälfte der 36.000 Bewohner Saaremaas lebt in der Inselhauptstadt Kuressare an der Südküste. Um vom Festland auf die Insel zu gelangen, muss man mit der Fähre von Virtsu nach Kuivastu auf der Insel Muhu übersetzen und von dort über einen Verbindungsdamm an die Ostküste von Saaremaa fahren. Die Fährverbindungen sind eng getaktet und nicht teuer, deswegen kann man ohne große Planung von Tallinn aus starten und ist wenige Stunden später auf Saaremaa. Die für Wanderungen lohnendsten Gegenden auf der Insel Saaremaa befinden sich überwiegend nahe der rund 1300 km langen Küstenlinie. Meistens ist die Küste flach, an vielen Stellen ragen Findlinge aus dem Wasser. Im Norden gibt es aber auch Steilküsten mit mehr als 20 m hohen Felsabbrüchen, z. B. an der Küdemabucht oder bei der Halbinsel Tagamõisa im Nordwesten (Tour 41). Historische Leuchttürme sind weithin sichtbare Landmarken bei den Küstentouren. Im Inneren der Insel trifft man noch auf alte Windmühlen. Eine Besonderheit ist der Kaali-Meteoritenkrater in einem bewaldeten Gebiet nördlich von Kuressare. Vor etwa 4000 Jahren ist dort ein Meteorit eingeschlagen und hat einen noch immer deutlich sichtbaren Krater hinterlassen, umgeben von einem Erdwall. In unmittelbarer Nähe gibt es noch einige Nebenkrater.

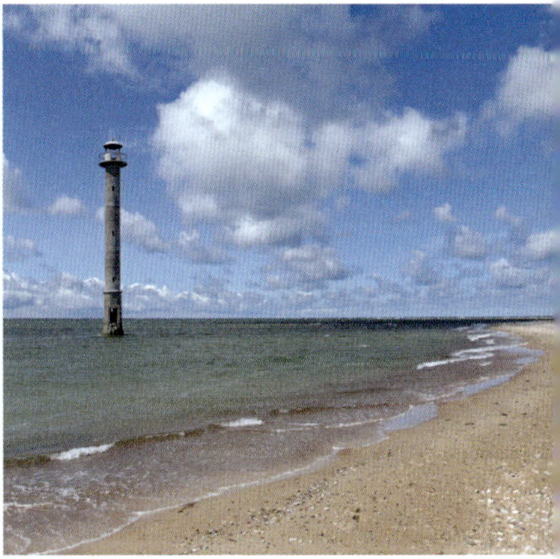

Auf dem Weg zum Leuchtturm Kiipsaare tuletorn (Tour 43).

Im äußersten Westen von Saaremaa erstreckt sich der Nationalpark Vilsandi (Tour 43), eines der wichtigsten estnischen Schutzgebiete für Vögel. Wer möchte, kann mit einem Boot einen Ausflug unternehmen, um vor der Küste Kegelrobben zu beobachten. Hiiumaa liegt nördlich von Saaremaa und ist die zweitgrößte Insel Estlands. Dort ist das Leben noch ruhiger als auf der großen Nachbarinsel. Der größte Ort von Hiiumaa heißt Kärdla und ist mit rund 3000 Einwohnern eigentlich nur ein Dorf von überschaubarer Größe. Die Überfahrt mit der Fähre vom Festland ab Rohuküla nach Heltermaa dauert etwas länger als bei der Insel Saaremaa.

Das wertvollste Kapital von Hiiumaa ist die unberührte Natur. Große Wälder bedecken das Innere, vor der Küste liegen Tausende Findlinge. Vor allem die Halbinsel Tahkuna im Norden ist für Wanderungen sehr interessant, dort begegnet man außer einer wilden Natur auch einem fotogenen Leuchtturm und im Wald Relikten aus der Zeit des Kalten Krieges (Tour 45).

Die West- und Nordküste

In der estnischen Hauptstadt Tallinn konzentrieren sich das wirtschaftliche, politische und gesellschaftliche Leben des Landes. Die Hafenstadt mit rund

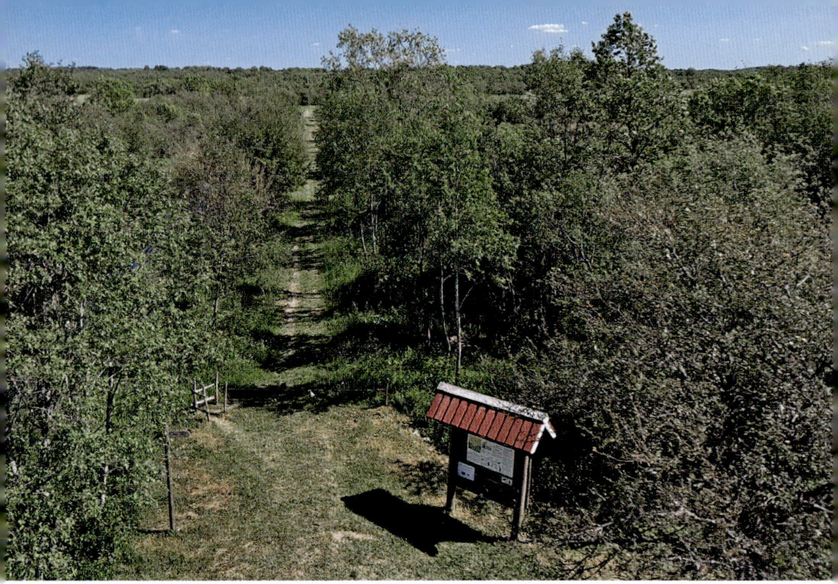

Blick zum Wanderweg vom Aussichtsturm Penijõe (Tour 46).

450.000 Einwohnern zieht mit ihrer mittelalterlichen Altstadt unzählige Touristen an, von denen sich viele vor allem im Sommer auf dem großen Platz vor dem Schwarzhäupterhaus aufhalten. Nicht weit davon erhebt sich der Domberg, auf dem man die Stadt wunderbar überblicken kann.
Am Hafen legen außer bei schlechten Wetterbedingungen täglich Fähren nach Stockholm und zu den Ålandinseln ab, natürlich gibt es auch eine eng getaktete Linie mit der finnischen Hauptstadt Helsinki, die sich von Tallinn in einer zweistündigen Überfahrt erreichen lässt. Deutlich schneller gelangt man vom alten Hafen aus auf die Insel Naissaar, auf der es mehrere Wanderrouten gibt (Tour 48).
An der Westküste, auf Höhe der Insel Saaremaa, befindet sich im Mündungsgebiet des Flusses Kasari der Nationalpark Matsalu (Tour 46), wo jährlich über zwei Millionen Vögel über die größten Auwiesen Europas ziehen. Neben unzähligen weiteren Tierarten gibt es einen großen Bestand an Elchen. Der Dokumentarfilm »Die Elche von Matsalu« (WDR, 2019) vermittelt eindrucksvoll Details über das Leben dieser sogenannten Stirnwaffenträger. Mit etwas Glück findet man online einen Link zu dieser Sendung oder sieht sogar vor Ort die Tiere mit eigenen Augen.
Die gesamte West- und Nordküste Estlands ist mit vielen Buchten und Halbinseln stark zerklüftet. Am auffälligsten zeigt sich dies etwa eine Autostunde östlich von Tallinn, wo mehrere besonders lange Halbinseln ins

offene Meer übergehen. In dieser Gegend wurde noch zur Zeit als Sowjetrepublik der Nationalpark Lahemaa gegründet, der außer der Küstenlinie auch Gebiete im Hinterland mit einschließt. Dort leben Elche, Braunbären, Luchse und Wildschweine, allerdings wird man beim Wandern wohl nur äußerst selten eines dieser Wildtiere sehen können.

Die Halbinsel mit der besten Infrastruktur für Wanderungen ist Käsmu (Tour 50). Neben dem gut ausgebauten Netz aus Wanderwegen überrascht der gleichnamige Ort mit einer angenehmen Atmosphäre. Ein paar Kilometer weiter landeinwärts bietet das Hochmoor Viru raba die Möglichkeit, über Holzbohlen diese Landschaftsform aus der Nähe zu erleben (Tour 49). Ebenfalls im Nationalpark Lahemaa befindet sich der breiteste Wasserfall Estlands. Wer im Winter dort ist, sollte sich das Naturschauspiel nicht entgehen lassen, wenn die Wassermassen des Jägala-Wasserfalls zu Eis erstarren. Folgt man der Küste weiter nach Osten, dann nähert man sich der estnisch-russischen Grenze. Der Fluss Narva trennt dort die beiden Staaten, wobei auch auf der estnischen Seite fast ausschließlich Menschen mit russischen Wurzeln leben. Trotzdem ist das Verhältnis zum riesigen Nachbarland oft schwierig, schon wegen der langen Phasen in der Vergangenheit, als Estland unter russischer Herrschaft war.

Auf der Halbinsel Käsmu: Uralte Kiefern stehen bis ans Ufer der Küste (Tour 50).

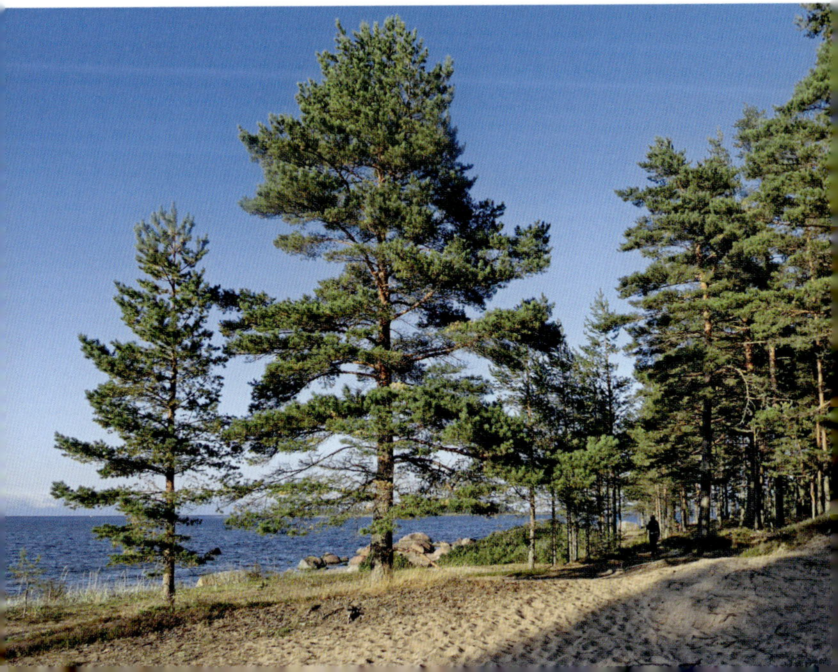

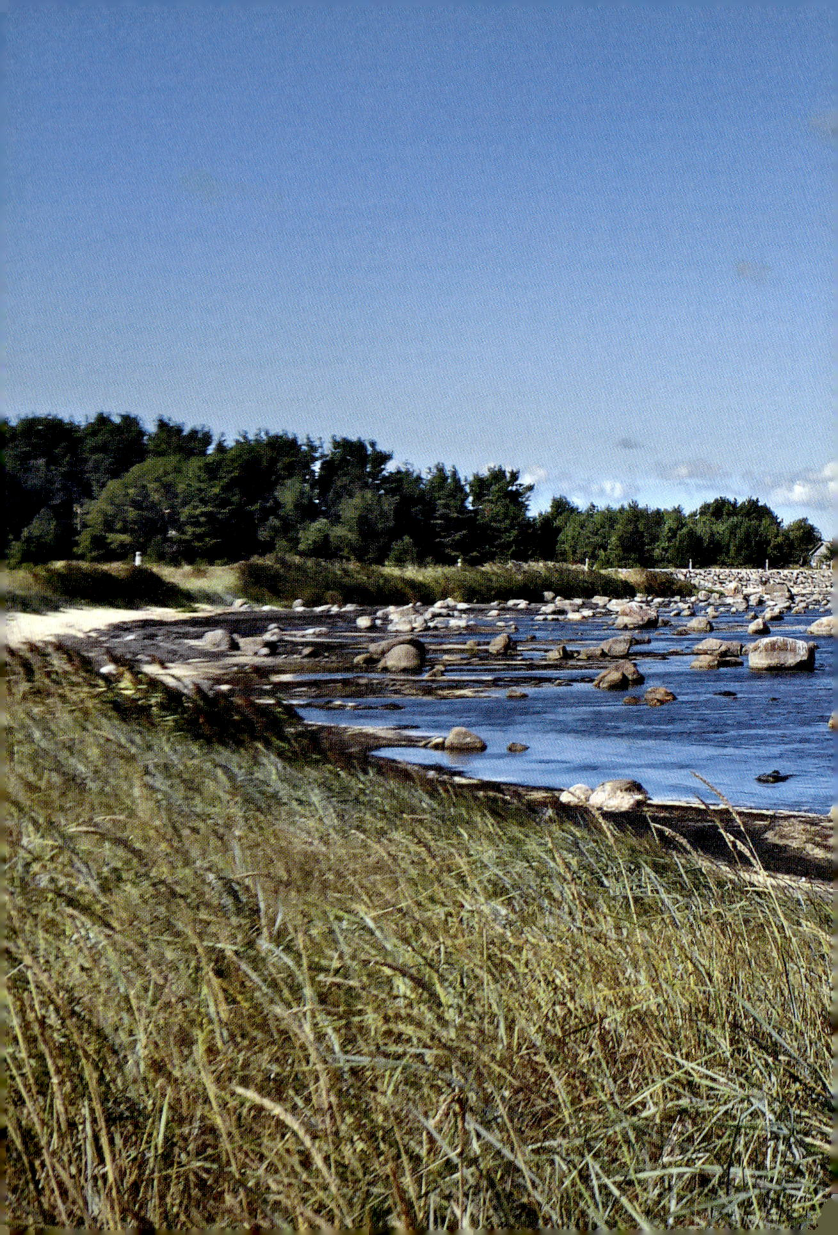

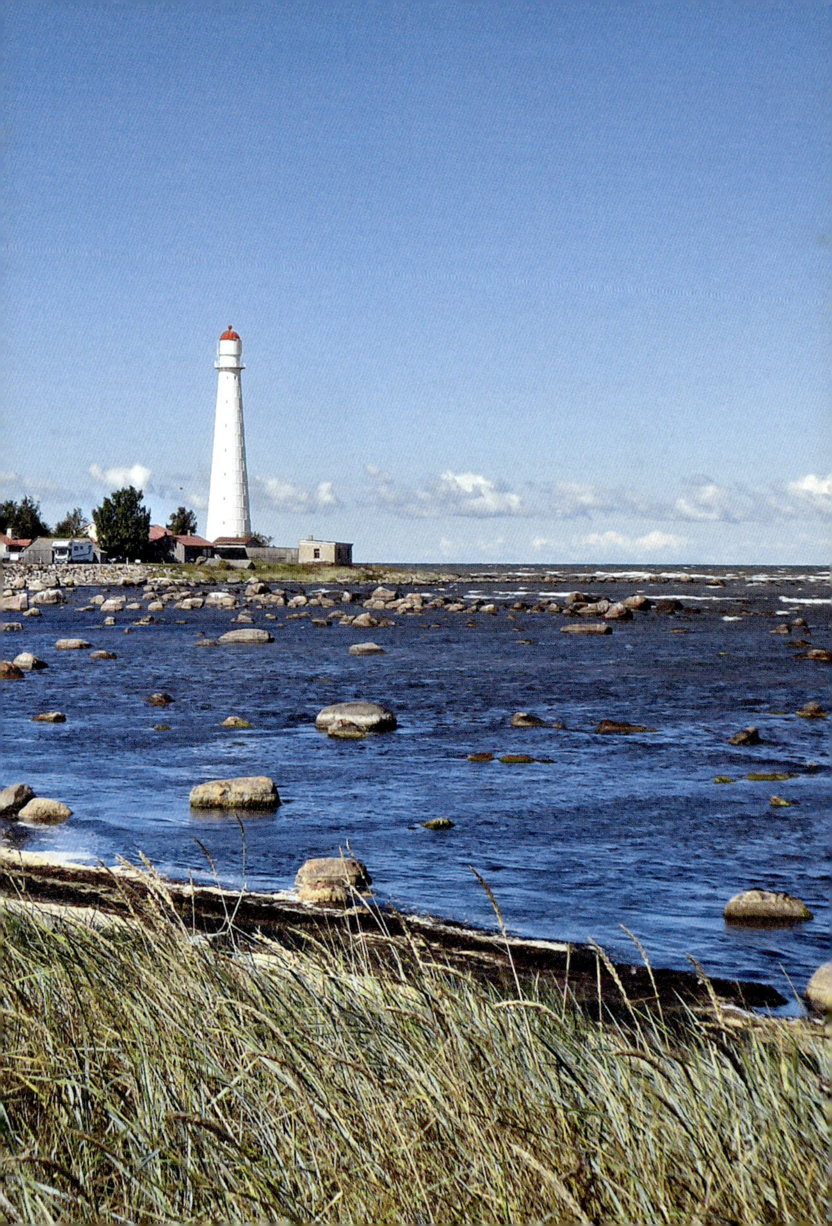

TOP 1

↗ 150 m | ↘ 150 m | 12.1 km

Kurische Nehrung: Parnidžio kopa (Parnidis-Düne)

3.30 h

Die abwechslungsreichste Tour auf der Kurischen Nehrung

Am südlichen Ende des litauischen Teils der Kurischen Nehrung, kurz vor der Staatsgrenze zum russischen Kaliningrader Gebiet, erhebt sich eine der höchsten Wanderdünen Europas. Nur die Dune de Pilat in Südwestfrankreich ist noch höher. Das Gelände im Bereich der Parnidis-Düne (Parnidžio kopa) erinnert eher an die Sahara als an die Natur Nordosteuropas.

Am Fuß der Düne liegt Nida, das wohl interessanteste Dorf auf der Kurischen Nehrung. Vor allem das ehemalige Sommerhaus von Thomas Mann ist einen Besuch wert, die Wanderroute führt direkt daran vorbei. Der Schriftsteller hat dort von 1930 bis 1932 mit seiner Familie drei Sommer verbracht. Das Haus ist heute ein Museum, von dort kann man auch den »Italien-Blick« über Kiefernwald und das Kurische Haff nachempfinden.

Auch der Leuchtturm auf einer Anhöhe oberhalb von Nida ist wirklich sehenswert. Das 27 m hohe Bauwerk wurde erst 1953 errichtet, denn der alte Leuchtturm aus Backstein wurde im Zweiten Weltkrieg zerstört. Die Aussicht vom Rundbalkon ist großartig, aber die Öffnungszeiten sind außerhalb der Hauptsaison etwas eingeschränkt. Neben den drei genannten Highlights sorgen auch ein Abschnitt an der Ostseeküste sowie Wanderwege durch den Kiefernwald für einen erlebnisreichen Wandertag.

Ausgangspunkt: Nida, 1 m, Hafen in der Ortsmitte. ÖPNV: von der Anlegestelle bei der Altstadt von Klaipėda (Adresse: Nemuno Gatve 8, Klaipėda) mit der Personenfähre nach Smiltynė auf der Kurischen Nehrung übersetzen (Fähre in Richtung Nehrung üblicherweise tagsüber immer zur vollen und halben Stunde, Rückfahrt immer um Viertel vor bzw. nach der vollen Stunde. Im Sommer ist die Taktung enger; Fahrpreis rund 70 Cent pro Person und Fahrt, Tickets an der Kasse am Hafen). Ab Smiltynė tagsüber stdl. ein Bus direkt nach Nida bis kurz vor den Hafen und zurück. Fahrtdauer rund 1 Std., Ticket 6 €; Fahrplan: rome2rio.com.
Anfahrt mit Pkw: ab Klaipėda zur Pkw-Fähre südlich der Stadt und nach Smiltynė auf der Kurischen Nehrung übersetzen (tagsüber in der Regel alle 20 Min. eine Überfahrt pro Richtung. Preis für Pkw: rund 20 € hin und zurück. Fahrplan: keltas.lt). Auf der Kurischen Nehrung auf Landstraße 167 (führt von Norden nach Süden bis zur Staatsgren-

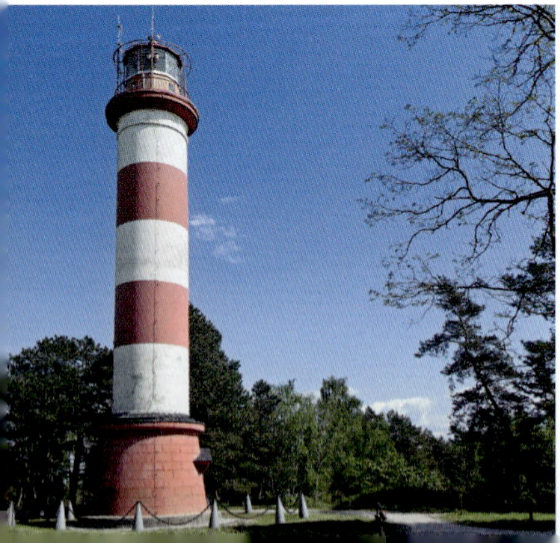

Die Signale des Leuchtturms sind nachts in einem Radius von 40 km sichtbar.

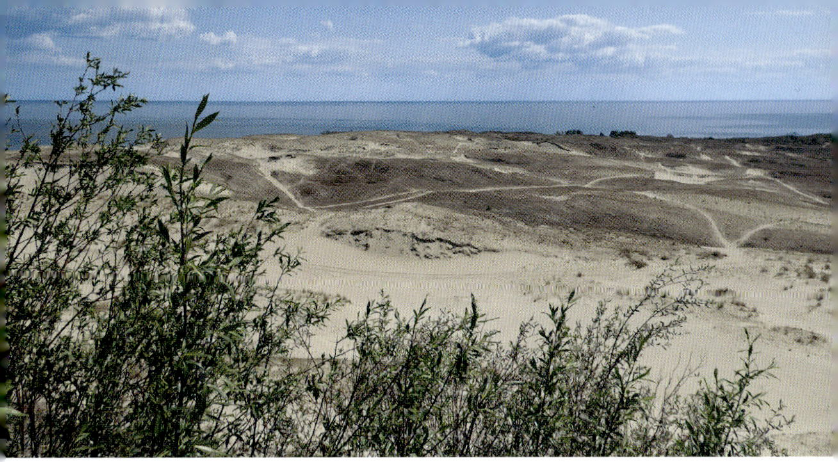

Wie eine Wüste an der Ostsee: die Parnidis-Düne.

ze zum Kaliningrader Gebiet) ab Anlegestelle rund 45 km in Richtung Süden (nach ca. 5 km Mautstelle, Preis saisonabhängig bis zu 30 €) bis Nida fahren, dort am Hafen oder auf einem anderen Parkplatz gebührenpflichtig parken.
Anforderungen: Auf der Parnidis-Düne ist das Gehen im weichen Sand stellenweise etwas beschwerlich.
Orientierung: Obwohl es mehrere Wegweiser gibt, ist die Wegfindung abschnittsweise etwas knifflig. Deswegen evtl. zusätzlich zur Wegbeschreibung GPS-Unterstützung nutzen.
Einkehr/Unterkunft: Nida hat ein großes Angebot an Restaurants und Unterkünften. Am Ostseestrand gibt es ein saisonal geöffnetes Lokal mit Terrasse.
Hinweise: 1. Die Staatsgrenze zur russischen Exklave Kaliningrader Gebiet ist vom südlichsten Punkt der Tour nur 1,5 km entfernt. Deswegen keinesfalls über den Zaun steigen, der neben der Route im »Tal des Todes« eigentlich zum Schutz der empfindlichen Dünenflora angebracht ist.
2. Auf der Seite visitneringa.com gibt es aktuelle Infos über Veranstaltungen in den Orten auf der Kurischen Nehrung.
Tipps: 1. Der Ausblick vom Leuchtturm ist einer der besten auf der Kurischen Nehrung (allerdings eingeschränkte Öffnungszeiten: außerhalb der Hauptsaison nur Fr 15–18 Uhr, Sa 12–18 Uhr, So 12–15 Uhr. Juni–Aug. tgl. 10–19 Uhr).
2. Das Thomas-Mann-Haus ist unbedingt einen Besuch wert (Infos: thomas-mann-haus.de).
Karte: »Kurische Nehrung« von Briedis im Maßstab 1.50.000; online erhältlich.

Vom Hafen in der Ortsmitte von **Nida** ❶ folgt man dem Uferweg in Richtung Norden. Nach 1,8 km steht links ein Wegweiser (»Thomo Manno Memorialinis Muziejus«). Über mehrere Treppenstufen gelangt man an das Thomas-Mann-Haus mit dem **Thomo Manno kultūros centras** ❷. Der Eingang ist auf der linken Seite.
Vom Eingang geht es über die davon wegführende kleine Straße hinab bis zu einer größeren Straße. Dort auf dem Gehweg 200 m nach links, dann

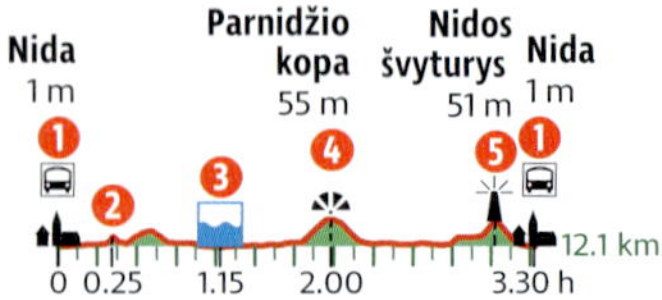

rechts über die Straße und über den Parkplatz bis zu einem Waldweg, der in relativ direkter Linie leicht bergauf führt. Nach 10 Min. ist der höchste Punkt erreicht, anschließend geht es in angenehmem Gefälle in gleicher Grundrichtung weiter. Die Hauptverkehrsstraße der Kurischen Nehrung wird überquert, einige Minuten später erreicht man den Zugang zum Strand und wandert dort nach links am Ufer weiter; nach rund 600 m befindet sich links eine Einkehrmöglichkeit am **Nida papludimys** ❸, dem Strand von Nida. Nach weiteren 1,4 km führen mehrere Holztreppen nach links Richtung Wald: Auf der letzten der kurz hintereinander folgenden Treppen verlässt man den Strand und gelangt über Holzbohlen bis kurz vor die Straße. Auf der anderen Seite schließt sich ein breiter Weg an. Dieser führt geradlinig erst eben, dann in eher leichter Steigung hinauf bis zum höchsten Punkt der **Parnidžio kopa** ❹ (Parnidis-Düne) mit einer großen Sonnenuhr und einer Aussichtsterrasse.

Anschließend geht man wieder wenige Meter zurück und zweigt bei einer auffälligen Skulptur (»Mann im Wind«) schräg links ab. Schmale Pfade ziehen sich über die Düne hinab. In einem großen Linksbogen gelangt man schließlich bis an das Ufer des Kurischen Haffs und folgt am Fuß der Düne dem Uferverlauf. Im flachen Bereich vor der nördlichen Seite der Düne erkennt

Am Ostseestrand von Nida.

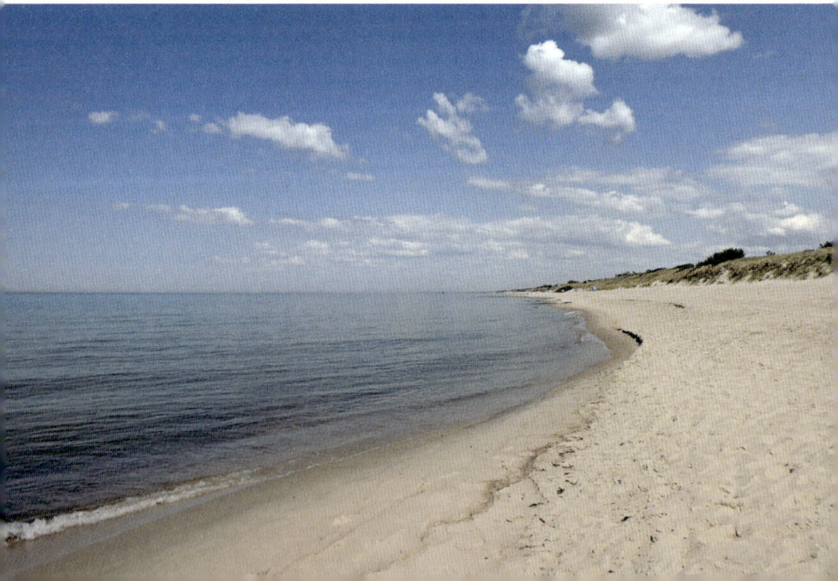

man bald eine Skulptur in Form eines Throns. Dort links abbiegen und an der Skulptur vorbeigehen. Die Wegfindung in diesem Bereich ist nicht ganz einfach. Nach einem leichten Anstieg zweigt man rechts ab, geht durch das bewaldete Gelände und überquert ein kleines Sträßchen. Auf der anderen Straßenseite schließt sich ein Pfad an (nicht auf die befestigte Straße gehen) und führt hinauf bis zum **Nidos švyturys** **5**, dem Leuchtturm von Nida.
Nun folgt man nach rechts in östlicher Richtung dem breiten Spazierweg, der schließlich in eine Straße in Nida mündet. Hier nach rechts über einen Parkplatz und am Ende links über die Taikos Gatve zurück bis zum Hafen in **Nida** **1**.

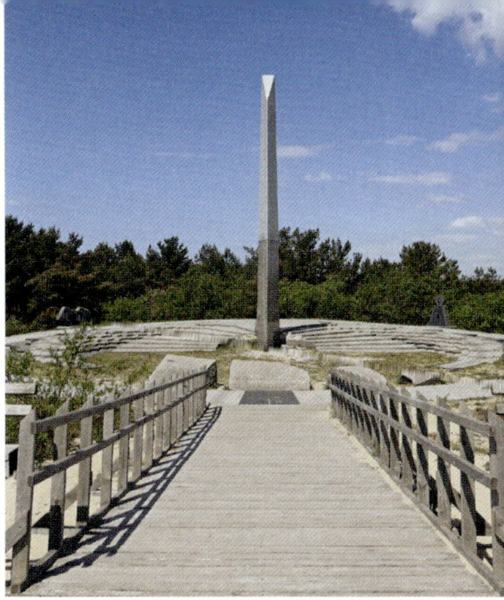

Der höchste Punkt der Parnidis-Düne.

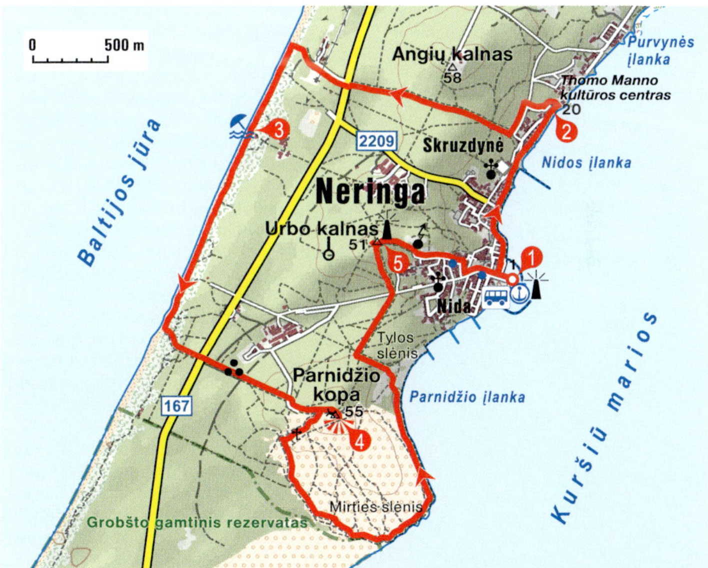

↗ 130 m | ↘ 130 m | 13.1 km

2 Kurische Nehrung: Negyvosios kopos (Negelnscher Berg)

3.15 h

Im Naturreservat mit den »Toten Dünen« über verschütteten Dörfern

Zwischen den Orten Juodkrantė und Pervalka am Kurischen Haff erheben sich mehrere Wanderdünen mit einer dramatischen Geschichte. Bereits vor mehr als 400 Jahren wurden dort einige Dörfer von den Sandmassen begraben. Die Menschen siedelten um, von ihren Häusern ist nichts mehr zu sehen. Heute führt ein Wanderweg von der Durchgangsstraße bis zum Rand der Toten Dünen (»Negyvosios kopos«), wo sich eindrucksvolle Tiefblicke über das Ufer und das Kurische Haff eröffnen. Um die fragile Natur zu schützen, darf in diesem Bereich der Weg nicht verlassen werden.
Um an das Ufer mit dem kleinen Dorf Pervalka zu gelangen, muss also ein Umweg in Kauf genommen werden. In dem Ort sind noch einige alte Häuser aus dem späten 19. Jh. erhalten, die meisten Gebäude sind neueren Datums. Auf dem Rückweg über den Hügel Skirspto kalno kommt man an einer großen Holzskulptur vorbei, die den litauischen Gelehrten Liudvikas Rėza darstellt, wie er auf seinen unter den Dünen begrabenen Geburtsort Karvaičiai blickt.

Ausgangspunkt: Parkplatz Naglių gamtinis rezervatas, 5 m. Anfahrt mit Pkw: ab Klaipėda zur Pkw-Fähre südlich der Stadt und nach Smiltynė auf der Kurischen Nehrung übersetzen (tagsüber in der Regel alle 20 Min. eine Überfahrt pro Richtung. Preis für Pkw: rund 20 € hin und zurück. Fahrplan: keltas.lt). Auf der Kurischen Nehrung auf Landstraße 167 (führt von Norden nach Süden bis zur Staatsgrenze zum Kaliningrader Gebiet) ab dem einzigen Kreisverkehr nahe der Anlegestelle 28 km in Richtung Süden (Nida), dort befindet sich auf der linken Seite ein kostenloser Parkplatz.
Anforderungen: Leichte Wanderung, die Wege über die Dünen sind nur auf kurzen Abschnitten etwas mühsam.
Orientierung: Der Weg auf den Negelnschen Berg ist selbsterklärend, die restliche Route ist weder beschildert noch markiert. Mithilfe der Wegbeschreibung sollte der Weg aber relativ einfach zu finden sein.
Einkehr: In Pervalka nahe dem Ufer Café-Rest. Kavinė Marių akis (im Sommer tgl. 10–22.30 Uhr; außerhalb der Saison sollte man vorab die Öffnungszeiten abrufen). Direkt daneben gibt es ein weiteres Lokal (Vėjopačio užeiga).

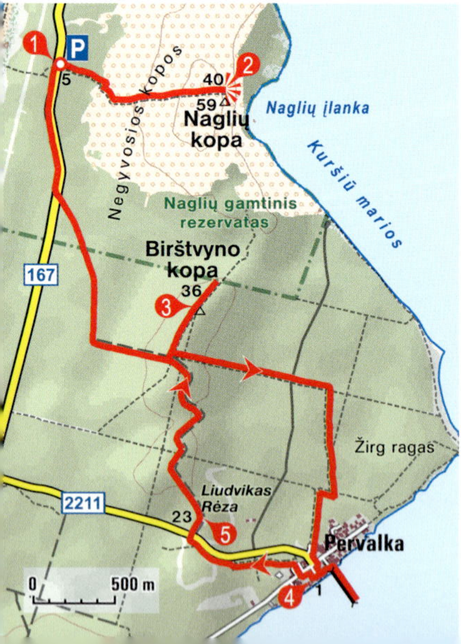

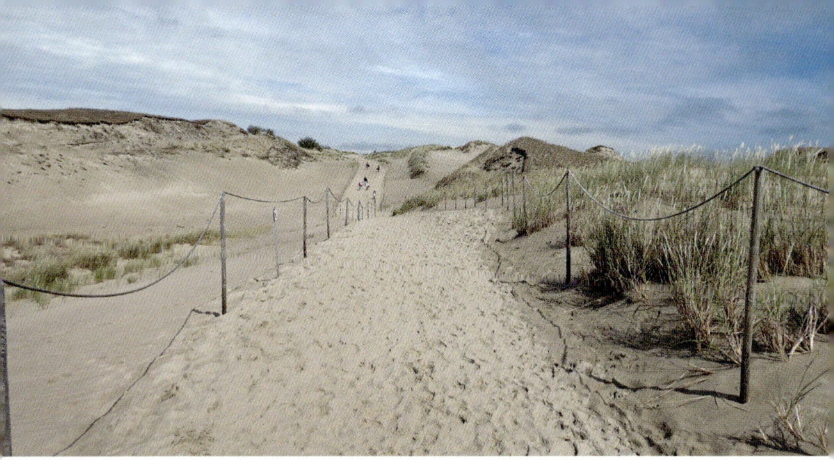

Aufstieg zum Negelnschen Berg.

Hinweise: 1. Für den Weg auf den Negelnschen Berg muss am Parkplatz eine Gebühr von 5 € pro Person bezahlt werden.
2. Im Naturreservat darf der Weg auf die Düne nicht verlassen werden, worauf an mehreren Stellen ausdrücklich hingewiesen wird. Vom Parkplatz gibt es keinen – auf manchen Karten eingezeichneten – Zugang an das Ostseeufer. Rund 1 km südlich des Ausgangspunkts endet das Reservat. Jenseits davon gibt es keine Einschränkungen mehr.
3. Im Sommer kann es an Wochenenden und Feiertagen auf dem Weg zu den »Toten Dünen« voll werden, außerdem muss dann vor der Fähre u. U. Wartezeit eingeplant werden.
Karte: »Kurische Nehrung« von Briedis im Maßstab 1.50.000; online erhältlich.

Am Parkplatz **Naglių gamtinis rezervatas** ❶ beginnt hinter einem Kassenhäuschen ein breiter Weg in Richtung der Dünen. Ein langer Abschnitt führt über Holzbohlen, der Rest über sandigen Boden. Zwischendurch kommt man an der Düne Agilos kopa vorbei (Hinweisschild). Schließlich steht man auf der Düne **Naglių kopa** ❷ vor der Abbruchkante. Sie ist die höchste Stelle der **Negyvosios kopos**, des Negelnschen Bergs. Auf einem Treppengestell kann man die Aussicht noch etwas optimieren, der Blick reicht dann über die bewaldete Uferzone und über das Kurische Haff bis zum 10 km entfernten Festland. Anschließend auf demselben Weg zurück zum Parkplatz. Von dort verläuft die weitere Route über einen schmalen, aber befestigten Weg parallel zur Landstraße 167 in südlicher Richtung. Nach rund 700 m knickt der Weg schräg links ab und entfernt sich von der Straße. Nach nochmals 1 km biegt man links auf einen breiten Weg ab und gelangt auf einen bewaldeten Dünenkamm. Nach 500 m bietet sich an einer Kreuzung links ein kleiner Abstecher auf den höchsten Punkt der Düne **Birštvyno kopa** ❸ an. Ein kurzes Stück darf man danach noch auf diesem Weg weiterwandern,

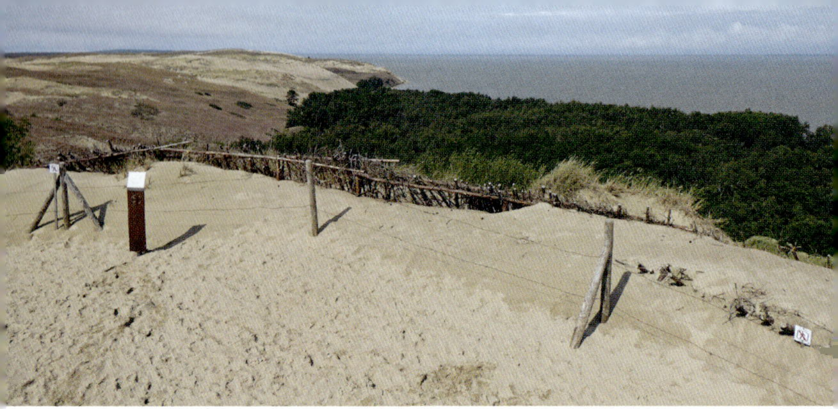

An der Abbruchkante der Düne mit Blick zum Haff.

dann beginnt wieder die gesperrte Zone des Naturreservats. An einigen Stellen kann man zwischen den Bäumen auf die »Toten Dünen« blicken. Nach dem Abstecher geht es wieder zurück zur Kreuzung. An dieser zweigen links zwei Wege ab, über den linken verläuft die weitere Route. Teils in freiem, teils in mit Kiefern und Birken bewaldetem Gelände führt der Weg leicht bergab. Nach 1 km biegt man an einer Kreuzung rechts ab. Bei der nächsten Kreuzung nach 600 m geht es nach rechts und kurz darauf wieder nach links. Bei der Bushaltestelle geht man links, an der Hauptstraße rechts und gleich wieder links zum kleinen Hafen von **Pervalka** ❹. Dort gibt es die beiden Lokale und etwa 100 m weiter links eine 250 m lange Mole.
Dann geht man auf dem kurzen Sträßchen zurück, am Ende links und nach 50 m wieder nach rechts ab. Nach wenigen Schritten auf der Straße schließt sich ein Fußweg an, der nach 30 m links abzweigt. Nun folgt man diesem Weg nahe der Verbindungsstraße nach Pervalka bergauf. Nach etwa 1 km wird diese Straße überquert, auf der anderen Seite schließt sich bei einer Infotafel ein Weg an. Kurz darauf erreicht man das auffällige **Denkmal** für **Liudvikas Rėza** ❺.
Anschließend folgt man dem kurvigen Verlauf des Weges über die bewaldete Düne, bis man wieder auf den Weg bei der Abzweigung zur Düne Birštvyno kopa trifft. Nun geht es auf bekannter Route zurück zum Parkplatz **Naglių gamtinis rezervatas** ❶.

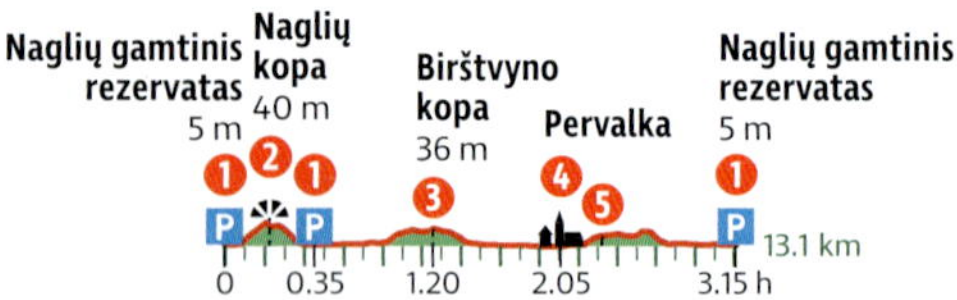

↗ 150 m | ↘ 150 m | 9.6 km

2.45 h

Kurische Nehrung: Raganų kalnas (Hexenhügel)

3

Auf dem Dünenweg über den Blocksberg und durch einen verwunschenen Wald

Im Bereich von Juodkrantė wachsen die ältesten Kiefern der Kurischen Nehrung. Während nach der großflächigen Abholzung in den vergangenen Jahrhunderten der Boden immer mehr an Halt verlor und in der Folge Wanderdünen ganze Ortschaften unter sich begruben, blieb dem kleinen Dorf Juodkrantė mit dem alten deutschen Namen Schwarzort dieses Schicksal erspart. Das Gelände oberhalb des Orts ist sehr hügelig, einige Erhebungen tragen mystische Namen wie Blocksbergo kalnas (Blocksberg) oder Raganų kalnas (Hexenhügel). Schon im 19. Jh. wurden hier Wanderwege angelegt, um die wilde Natur zugänglich zu machen.
Vom kleinen Hafen in Juodkrantė führt die Route am Ufer zur Bernsteinbucht: Im 19. Jh. wurden hier große Vorkommen des Schmucksteins entdeckt. Anschließend geht es durch den Wald hinauf zum »Blocksberg«, auf dem ein etwas altersschwacher Aussichtsturm steht. Nach einem Abschnitt an der Ostseeküste folgt wieder ein Auf und Ab durch den Wald, in dem am »Hexenhügel« Dutzende imposanter Holzskulpturen am Wegesrand stehen.

Ausgangspunkt: Juodkrantė, 1 m, kleiner Ort am haffseitigen Ufer der Kurischen Nehrung, etwa auf halber Strecke zwischen der Nordspitze Kopgalis und der Staatsgrenze südlich von Nida. ÖPNV: mit der Personenfähre von der Anlegestelle bei der Altstadt von Klaipėda (Adresse: Nemuno Gatve 8, Klaipėda) nach Smiltynė auf der Kurischen Nehrung übersetzen (Fähre in Richtung Nehrung üblicherweise tagsüber immer zur vollen und halben Stunde, Rückfahrt immer um Viertel vor bzw. nach der vollen Stunde. Im Sommer ist die Taktung enger; Fahrpreis rund 70 Cent pro Person und Fahrt, Tickets an der Kasse am Hafen). Ab Smiltynė tagsüber stdl. ein Bus in Richtung Nida, nach etwa 20 Min. in Juodkrantė aussteigen. Juni–Aug. zusätzlich eine Personenfähre von Dreverna (südlich von Klaipėda) direkt nach Juodkrantė; Fahrplan und Preise: dreverna.lt, Fahrplan: rome2rio.com. Anfahrt mit Pkw: ab Klaipėda zur Pkw-Fähre südlich der Stadt und nach Smiltynė auf der Kurischen Nehrung übersetzen (tagsüber in der Regel alle 20 Min. eine Überfahrt pro Richtung. Preis für Pkw: rund 20 € hin und zurück.

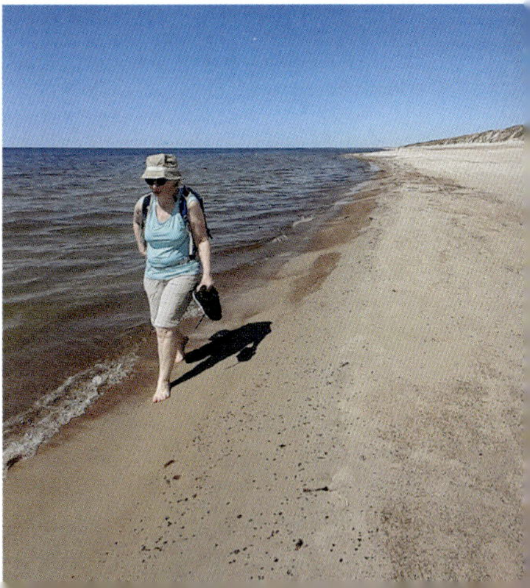

Der oft menschenleere Ostseestrand.

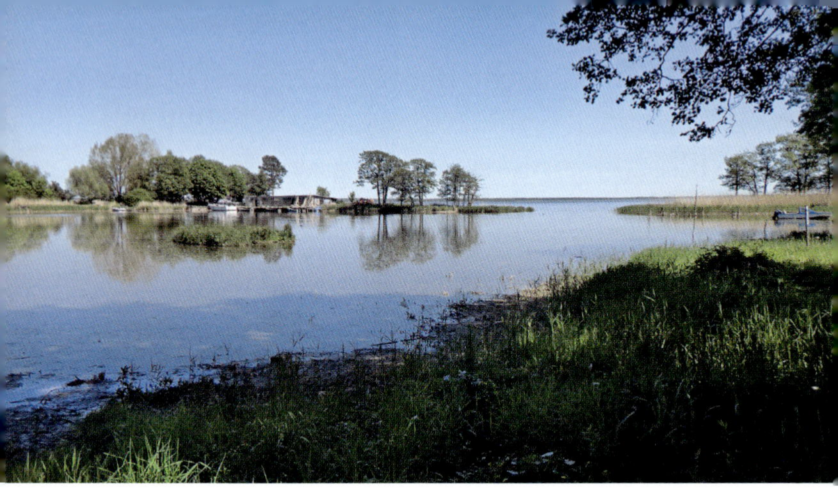

Im 19. Jh. wurden in der Bernsteinbucht große Vorkommen an Bernstein gefunden.

Fahrplan: keltas.lt). Auf der Kurischen Nehrung auf Landstraße 167 (führt von Norden nach Süden bis zur Staatsgrenze zum Kaliningrader Gebiet) rund 16 km nach Süden bis Juodkrantė, dort kostenlose Parkmöglichkeiten an der Hauptstraße am Ufer.
Anforderungen: Der schmale Pfad vor dem Hexenhügel Raganų kalnas quert auf einer Länge von rund 200 m einen relativ steilen Hang (leicht bis mittelschwer); ansonsten ist die Tour einfach.
Orientierung: An vielen Verzweigungen stehen Wegweiser, ein Teil der Route ist blau/weiß markiert. Nur die Wegfindung vor dem Hexenhügel Raganų kalnas auf einem schmalen Pfad ist kurzzeitig etwas unübersichtlich.
Einkehr/Unterkunft: In Juodkrantė entlang der Durchgangsstraße mehrere Restaurants und Unterkünfte (Übernachtung auf jeden Fall vorab reservieren). Die Strandbar ist nur saisonal geöffnet.
Hinweis: An Sonn- und Feiertagen kann es bei schönem Wetter zu Wartezeiten an der Pkw-Fähre zurück zum Festland kommen, insbesondere zwischen 16 und 18 Uhr.
Karte: »Kurische Nehrung« von Briedis im Maßstab 1.50.000; online erhältlich. Entlang der Route Hinweisschilder mit großen Übersichtskarten.

Vom kleinen Hafen in **Juodkrantė** ❶ folgt man der Uferpromenade in Richtung Norden. Nach 1,2 km kommt man nach rechts zur deutlich ausgeprägten **Gintaro įlanka** ❷ (Bernsteinbucht); eine Infotafel klärt über die Historie der Bucht auf. Rund 100 m nach dem Abzweig zur Bucht beginnt auf der linken Straßenseite ein Wanderweg (Wegweiser: »Sound Catcher«). Er steigt durch dichten Wald bergan, bei einer Verzweigung nach wenigen Minuten hält man

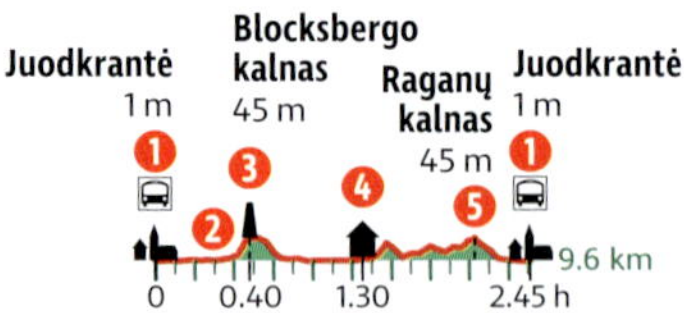

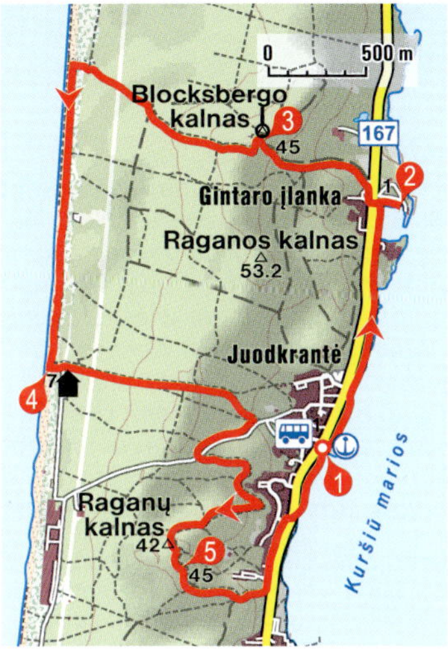

sich rechts (»Blocksbergo«). Der höchste Punkt befindet sich auf der rechten Seite in einigen Metern Abstand zum Hauptweg. Pfade führen hinauf zum **Blocksbergo kalnas** ❸ (Blocksberg) mit einem wenig vertrauenerweckenden Aussichtsturm. Anschließend geht es zurück zum Hauptweg und auf diesem nach rechts (Westen) weiter; Hinweisschilder erleichtern die Wegfindung auf der Route zum Meer (Jūras Takas). Am Strand wandert man nach links in Richtung Süden. Nach 1,5 km verlässt man bei einer **Strandbar** ❹ (Litauisch: baras) die Küste wieder und folgt dem relativ breiten Weg nach links (Osten).

Nahe dem höchsten Punkt erkennt man eine alte Bunkeranlage. Rund 500 m weiter zweigt man bei einem Wegweiser (»kalnu promenada«) nach rechts auf einen befestigten Weg ab. Nach nochmals 400 m schlägt man bei einem weiteren Wegweiser nach links einen Waldpfad ein. Wenige Minuten danach kommt man an einem Rastplatz vorbei, dann schlängelt sich der Pfad durch die teils steilen Flanken der bewaldeten Dünen. In diesem Bereich wird die Wegfindung auf einem kurzen Abschnitt etwas schwierig. Am Ende links abbiegen und sofort wieder rechts. Dort steht eine auffällige Holzskulptur. In der Folge kommt man an Dutzenden dieser originellen Figuren vorbei, die Motive sind häufig mystisch, wie z. B. Hexen oder Dämonen. Hier bewegt man sich auf dem **Raganų kalnas** ❺ (Hexenhügel), dessen höchster Punkt auf 53 m Höhe šlykmano aukštuma (»Schlieckmann's Höhe«) heißt.

Anschließend führt der Weg wieder hinab bis an die Küste und nach links über die Uferpromenade zurück zum Hafen in **Juodkrantė** ❶.

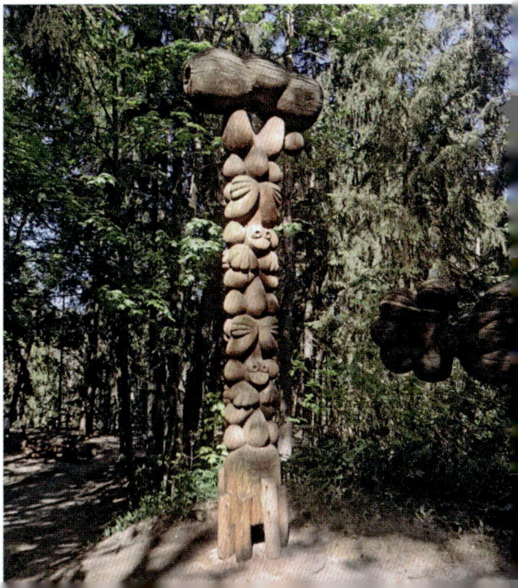

Eine von über 70 Holzskulpturen auf dem »Hexenhügel«.

↗ 30 m | ↘ 30 m | 8.2 km

2.00 h

4 Kurische Nehrung: Kopgalis

Schnuppertour an der Nordspitze der Nehrung

»Ende der Dünen« bedeutet Kopgalis übersetzt, gemeint ist damit die nördliche Spitze (alte deutsche Bezeichnung: Süderspitze) der Kurischen Nehrung. Hier befindet sich das Tor für den Schiffsverkehr von Klaipėda bzw. dem Kurischen Haff in die Ostsee. Tatsächlich gibt es in diesem Bereich der Nehrung außer Strand, Dünen und Wald auch noch mehrere Gebäude, wie das Litauische Schifffahrtsmuseum oder das Delfinarium. Besonders an Wochenenden im Sommer sind dies beliebte Ausflugsziele, vor allem für junge Familien.
Die hier vorgestellte Wanderung bietet praktisch alles in einem: den Blick vom Ostufer auf Klaipėda mit den vielen Kränen des Industriehafens und natürlich auf die Stadt selbst. Dann folgen ruhige Wanderwege im Misch- und Kiefernwald und schließlich der schier endlose Strand am offenen Meer.

Ausgangspunkt: Smiltynė, 1 m, Anlegestelle der Personenfähre auf der Nordseite der Dangė-Mündung. ÖPNV: von der Anlegestelle bei der Altstadt von Klaipėda (Adresse: Nemuno Gatve 8, Klaipėda) nach Smiltynė übersetzen (Fähre in Richtung Kurische Nehrung üblicherweise tagsüber immer zur vollen und halben Stunde, Rückfahrt immer um Viertel vor bzw. nach der vollen Stunde. Im Sommer ist die Taktung enger; Fahrpreis rund 70 Cent pro Person und Fahrt, Tickets an der Kasse am Hafen).
Anforderungen: Einfache Wanderung.
Orientierung: Vereinzelt Wegweiser.
Einkehr/Unterkunft: Im Bereich der Anlegestelle in Smiltynė mehrere Restaurants, Cafés und Unterkünfte. Außerhalb der Saison von Mai bis August sind nicht alle Betriebe geöffnet. Im Delfinarium bekommt man an zwei Theken Kaffee und Snacks. Am Strand gibt es auf dem unteren Drittel der Route einen Imbiss (nur während der Saison geöffnet).
Varianten: 1. Geht man am Ostseeufer weiter in Richtung Süden, so gibt es noch mehrere parallel verlaufende Querwege, sodass man die Tour praktisch beliebig verlängern kann.
2. Knapp 200 m nach den Holzstufen 3 am Strand zweigt im Wald rechts ein beschilderter Weg ab. Auf diesem 2 km in Richtung Süden, bei der dritten Abzweigung nach links (Osten) und immer geradeaus über die Anhöhe Hageno Kalnas (»Hagen's Hoh«) bis zur Anlegestelle der Pkw-Fähre. Dort links am Ufer entlang bis zur Hauptroute (Mehraufwand: rund 1.15 Std./5,5 km).
Hinweis: An Wochenenden und Feiertagen, insbesondere bei schönem Sommerwetter, kann es schon einmal recht voll werden.
Tipp: Besuch des Litauischen Meeres-

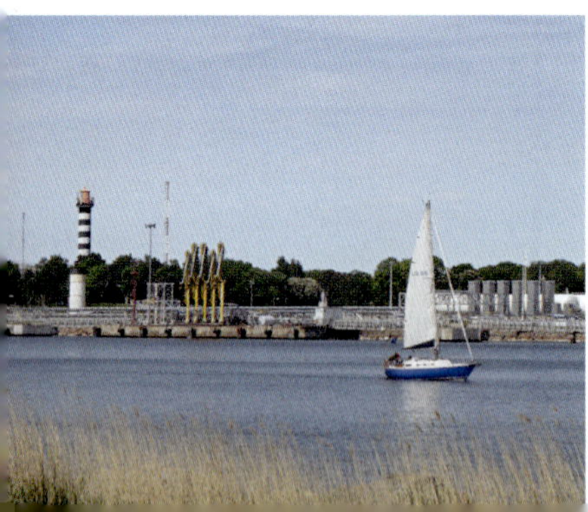

Industrie und Freizeitboote nutzen den Zugang ins Kurische Haff.

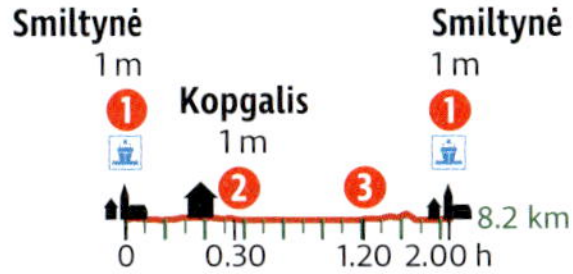

museums und/oder des Delfinariums (beide befinden sich direkt an Kopgalis, der Nordspitze der Kurischen Nehrung. Kernöffnungszeiten: 10–17 Uhr, Info: muziejus.lt).
Karte: »Kurische Nehrung« von Briedis im Maßstab 1.50.000; online erhältlich. Nahe der Anlegestelle Infoschild mit großer Übersichtskarte.

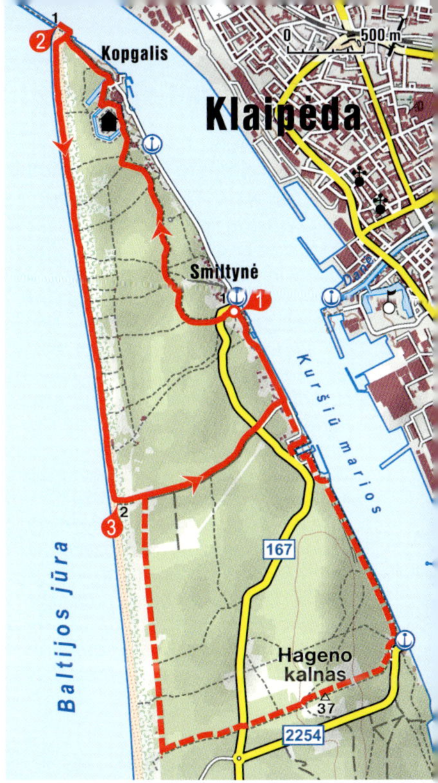

Vom Fähranleger in **Smiltynė** ❶ entfernt man sich vom Ufer und geht über den Parkplatz; dahinter schließt sich ein Wanderweg in westlicher Richtung an. Nach knapp 5 Min. hält man sich bei einer Gabelung rechts, nach weiteren 250 m bei der nächsten Gabelung geradeaus. Der Weg führt durch dichten Wald, nach ca. 20 Min. biegt man rechts ab und erreicht die ersten Gebäude im Bereich der Nordspitze der Nehrung, dann das Schifffahrtsmuseum und das Delfinarium. An diesem geht es rechts vorbei, dahinter führen Wege bis zu einer Absperrung am nördlichen Ende der Kurischen Nehrung, **Kopgalis** ❷.
Knapp 4 km wandert man nun über meist festen und gut begehbaren Sand am Ufer des langen Ostseestrands entlang. Auf der linken Seite ermöglichen an mehreren Stellen Holztreppen den Zugang zum leicht erhöhten Gelände im Inneren der Nehrung. Die erste Gelegenheit, nicht über eine Treppe, sondern über in den Sand verlegte **Holzstufen** ❸ in den Wald zu gelangen, bildet das südliche Ende dieser Tour. Natürlich kann diese noch verlängert werden (siehe Variante 1).
Nun immer auf dem Weg in östlicher Richtung bleiben (unterwegs nach rechts Variante 2). Wenige Minuten nach Überquerung der Straße erreicht man das östliche Ufer der Nehrung mit freiem Blick auf Klaipėda und die vielen Kräne des Industriehafens. Nun einfach nach links immer dem Weg am Ufer bis zur Anlegestelle in **Smiltynė** ❶ folgen.

↗ 80 m | ↘ 80 m | 12.4 km

5 Naturpark Pajūrio

3.15 h

An der Steilküste über die »Holländermütze« zum Kalotės-See

Über die Hälfte des knapp 6000 ha großen Naturparks Pajūrio zwischen der Großstadt Klaipėda und dem Kurort Palanga erstreckt sich über Küstengewässer. Auf dem Land überwiegen große Mischwälder, dort leben auch Hirsche und Wildschweine, wobei man diese Wildtiere auf einer Wanderung selten zu Gesicht bekommt. Mit viel Glück kann man einen Seeadler in der Luft kreisen sehen. Eine Besonderheit ist die Steilküste, an der sandiger Waldboden abrupt zum 20 m tiefer gelegenen Strand abbricht. Vor 150 Jahren konnte man vom Meer aus eine nur dort von Bäumen bestandene Anhöhe sehen. Da sie mit etwas Fantasie an eine Mütze holländischer Herkunft erinnerte, bekam sie den Namen Olando skepurės skardis (»Holländermütze«). Heute ist der gesamte Küstenabschnitt bewaldet, deswegen fällt diese obskure Form vom Meer aus betrachtet nicht mehr auf.

Am Küstenweg stößt man auf weitere Besonderheiten, wie z. B. die deutsche Wehranlage »Memel Nord« aus dem Zweiten Weltkrieg. Außerdem gab es dort in der späten Bronzezeit vor rund 2500 Jahren eine kleine Siedlung, deren Relikte erst 2016 entdeckt wurden. Eine Infotafel am Wegesrand verrät die Details. Mehrere Kilometer weiter im Landesinneren erstreckt sich auf einer Fläche von knapp 1,8 km² der landschaftlich außerordentlich hübsche Kalotės-See, wo sich auf einer schwimmenden Plattform sehr gut eine Pause einlegen lässt.

Am Kalotės-See.

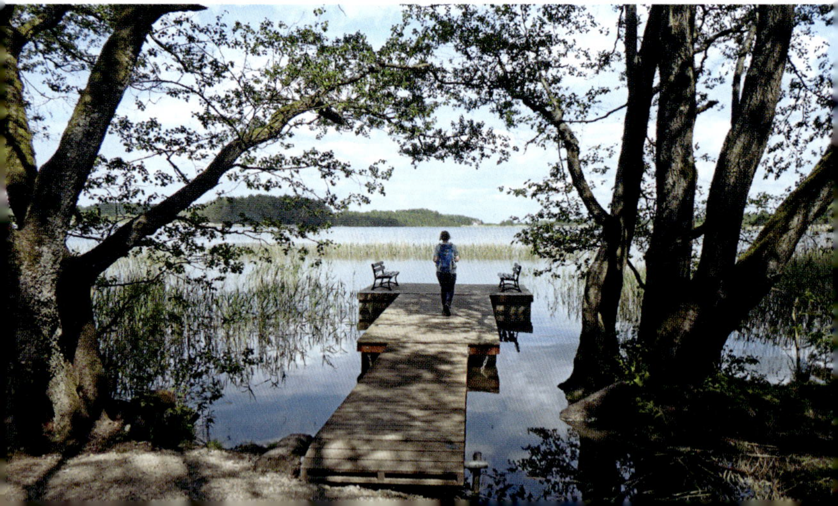

Ausgangspunkt: Karklė, 10 m, kostenloser Parkplatz vor dem Besucherzentrum. Anfahrt mit Pkw: ab Klaipėda über die küstennahe Landstraße in Richtung Palanga. Die Straße zum Besucherzentrum des Naturparks zweigt noch vor der Ortsmitte von Karklė links von der Durchgangsstraße ab. Ab Klaipėda rund 20 Min./15 km. Eingabe bei Google Maps: »Seaside Park and Visitor Center Karklė«.
Anforderungen: Relativ einfache Wanderung, überwiegend sandige Waldwege.
Orientierung: Der Küstenweg ist mit mehreren Symbolen markiert, anschließend genau auf die Wegweiser mit blauem Pfeil und auf die Wegbeschreibung achten.
Einkehr: In Karklė gibt es nahe dem Besucherzentrum ein Café (allerdings nicht immer geöffnet).
Hinweise: 1. Die Anfahrt mit ÖPNV ist sehr umständlich und auf dem letzten Abschnitt nur mit Taxi machbar.
2. Besonders am Kalotės-See gibt es im Sommer tagaktive Stechmücken. Deswegen dort besser mit Insektenschutzmittel geschützt pausieren.
Tipp: Das gut ausgestattete Besucherzentrum des Naturparks Pajūrio am Ausgangspunkt lohnt einen Besuch (Di–Fr 9–18 Uhr, Sa/So 10–15 Uhr; pajuris.info).

Auf der westlichen Seite des Besucherzentrums in **Karklė** ❶ verläuft ein Gehweg, der nach 100 m in eine Straße mündet. Auf dieser nach links und immer geradeaus gelangt man am Ende auf einen Fußgängerweg, der über eine Treppe hinab bis zum Strand führt. Hier geht man nach links und nach 600 m, noch vor der Steilküste, über eine Treppe hinauf in den bewaldeten Bereich. Schon 50 m weiter zweigt rechts der Küstenwanderweg ab; auf diesem sollte man gut auf die Markierungen achten, die sich in verschiedenen Farben und Formen zeigen. Nach 600 m auf dem Pfad steht man schließlich auf der Anhöhe **Olando skepurės skardis** ❷ (Holländermütze) mit einer Aussichtsplattform.

Im weiteren Verlauf gibt es mehrere Verzweigungen und parallel verlaufende Pfade. Gut auf die Farbmarkierungen achtend erreicht man rund 45 Min. nach der »Holländermütze« die historische Wehranlage **Memel Nord** ❸ aus dem Zweiten Weltkrieg. Anschließend geht es auf dem Pfad kurz weiter in südlicher Richtung.

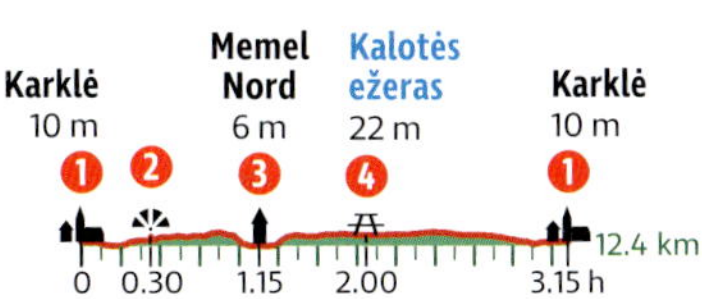

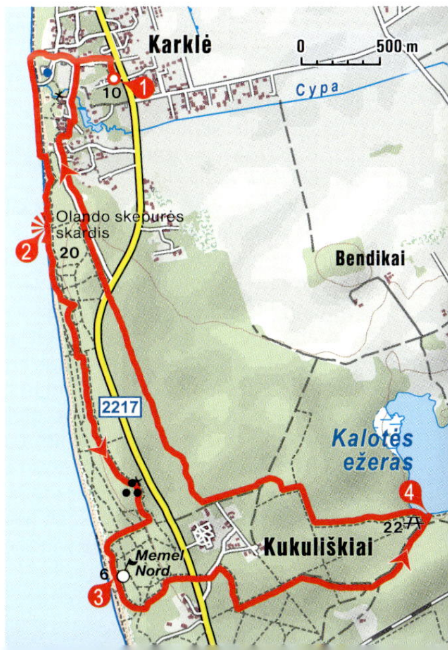

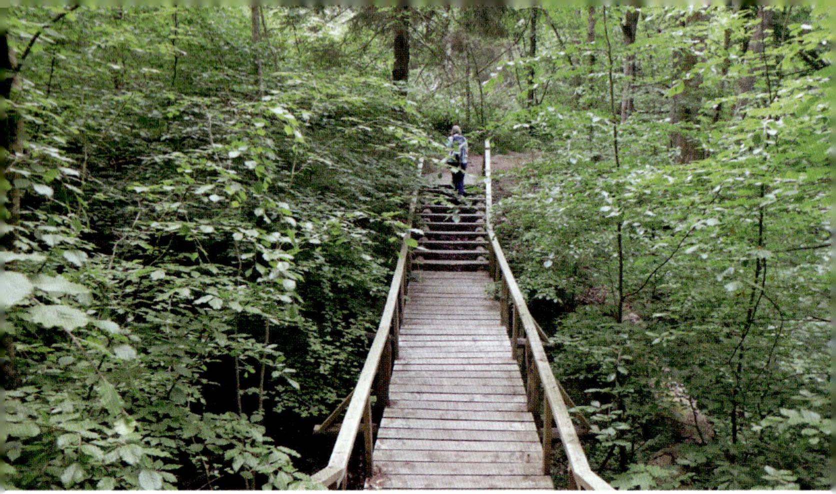

Der Küstenweg führt z. T. über Holzbohlen durch dichte Vegetation.

Vor dem Tor einer Apartmentanlage biegt man links in einen schmalen Pfad ein und folgt ihm etwa 5 Min. in gleicher Grundrichtung. Nach einer kleinen Geländestufe wird es wieder eben, kurz darauf überquert man die Verkehrsstraße; auf der gegenüberliegenden Seite schließt sich ein Weg an. Im gesamten Bereich sollte man auf die Wegweiser mit einem blauen Pfeil achten, um ohne Umwege zum Kalotės-See zu gelangen. Vorher geht es noch über einen breiten Weg, an einer Gabelung hält man sich rechts (blauer Pfeil). Schließlich erreicht man einen Rastplatz, dahinter befindet sich das Ufer des **Kalotės ežeras** 4 mit einer schwimmenden Plattform, auf der zwei Bänke stehen.

Anschließend wandert man über einen schmalen Pfad nach links (Westen) weiter. Anfangs verläuft er in nur rund 20–30 m Entfernung zum Ufer, dann entfernt sich die immer noch mit blauen Pfeilen markierte Route über Waldwege vom See. Nachdem man auf einem breiten, geradlinigen Weg einen Radweg gequert hat, zweigt 100 m weiter rechts ein Weg ab, nun aber mit einem gelben Pfeil als Markierung. Er trifft nach 1,5 km auf die Verkehrsstraße. Auf der anderen Seite befindet sich ein Rast- und Parkplatz, von dessen Mitte ein Pfad in gleicher Richtung weiterführt. Am Ende wechselt man nach rechts und gleich wieder links auf die parallel verlaufende Fahrradroute. Gut 10 Min. darauf kommt man rechts an der alten Ferienanlage Zilvitis vorbei. Das Sträßchen überquert auf einer kleinen Brücke einen Bach, 200 m weiter stößt man auf eine quer verlaufende Straße. Auf dieser nach rechts und nach weiteren 200 m erneut nach rechts ist der Ausgangspunkt in **Karklė** 1 wieder erreicht.

↗ 20 m | ↘ 20 m | 10.7 km

2.30 h

Palanga: Wanderweg »Labrytys« 6

Strand und Wanderwald vor dem Kurort Palanga

Zwischen Klaipėda und der lettischen Grenze liegt die Kleinstadt Palanga, einer der beliebtesten Bade- und Kurorte Litauens. Die ehemalige Ostblock-Ästhetik solcher Orte hat Palanga weitgehend abgeschüttelt, heute bestimmen neben einigen Holzhäusern und der 120 Jahre alten Kirche moderne Bauten das Stadtbild. Die meisten Gäste zieht es abends im Zentrum auf die lange Flaniermeile (Basanavičiaus Gatve), an deren Ende man den Spaziergang auf einer 400 m langen Seebrücke über der Wasseroberfläche fortsetzen kann.

Sobald man die Stadt mit dem etwas skurrilen alten deutschen Namen Polangen nahe der Küstenlinie verlässt, wird es schnell ruhiger. Im Kiefernwald hinter dem Strand hat die Stadt einen Fitnessweg mit dem Namen »Labrytys« eingerichtet. Neben dem Pfad stehen in einigem Abstand Sportgeräte, um z. B. Klimmzüge zu machen. Hier bewegt man sich auch auf dem baltischen Küstenwanderweg, der rund 1400 km weiter nördlich in Tallinn endet.

Ausgangspunkt: Palanga, 6 m, an der von Weitem sichtbaren katholischen Backsteinkirche in der Stadtmitte. ÖPNV: ab Busbahnhof Klaipėda tagsüber stdl. mind. ein Bus direkt nach Palanga (Fahrzeit 30 Min.). Vom dortigen Busbahnhof rund 15 Min. über die Kretingos Gatve in Richtung Westen/Küste zur kath. Kirche. Fahrplan: autobusubilietai.lt. Anfahrt mit Pkw: ab Klaipėda über die Transitroute A13 in Richtung Norden und vor Palanga der Beschilderung folgen (30 Min./25 km). Fast alle Parkplätze in Palanga sind kostenpflichtig.

Die Ronžė fließt sehr ruhig durch Palanga.

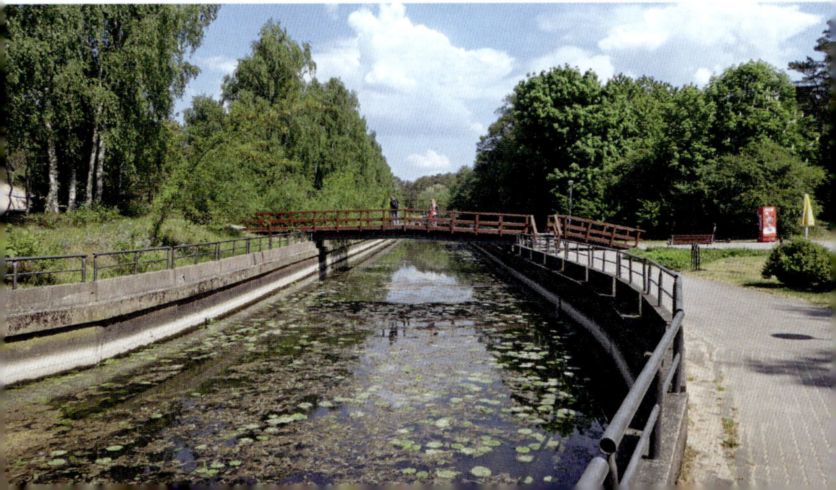

Anforderungen: Leichte Wanderung, überwiegend entlang des Strandes und auf Waldwegen.
Orientierung: Die Wegfindung ist sehr leicht: Am Strand kann man sich nicht verlaufen; im Wald ist der Wanderweg Labrytys weiß-gelb markiert.
Einkehr/Unterkunft: In Palanga gibt es Dutzende Hotels, Ferienapartments, Restaurants und Cafés. Insbesondere ab der Seebrücke entlang der Flaniermeile (Basanavičiaus Gatve) in Richtung Stadt reiht sich ein Lokal an das nächste. Am Ostseeufer gibt es mehrere Strandbars (nur saisonal geöffnet).
Variante: Bis zu 3 km weiter in Richtung Norden am Strand entlang wandern; der Rückweg verläuft weiter im Landesinnern auf einem Waldpfad parallel zur Küste (zusätzlich rund 1.30 Std./7 km).
Hinweis: Palanga ist ein beliebtes Ausflugs- und Urlaubsziel, entsprechend viele Gäste tummeln sich in der Hauptsaison am Strand und auf der Flaniermeile. Von September bis Mai geht es deutlich ruhiger zu.

Vor der katholischen Kirche in **Palanga** ❶ geht man etwa 100 m auf dem Gehweg neben der Straße (Vytauto Gatve) nach links (in Richtung Süden), dann zweigt rechts ein Spazierweg neben dem schmalen Fluss ab, dem man knapp 2 km bis zur Mündung der **Ronžė** ❷ in die Ostsee folgt.
Nun wandert man am Strand in nördlicher Richtung weiter. Nach knapp 3 km führt hinter einer Strandbar ein breiter Weg nach rechts in Richtung Wald (geradeaus: Variante). Zunächst geht es an einem Parkplatz (rechts des Wegs; von links: Variante) vorbei, etwa 100 m weiter zweigt rechts ein Weg ab, der sich nach wenigen Schritten gabelt: Der rechte Zweig ist das nördliche Ende des **Labrytys** ❸ genannten Wegs. Nun folgt man über 3 km dem mit weiß-blauen Markierungen versehenen Waldpfad bis zu seinem südlichen Ende am Stadtrand von Palanga. Dort rechts auf die Straße abbiegen und nach 50 m schräg links den Fahrrad- und Fußgängerweg einschlagen. Nach 250 m kreuzt man den Hinweg, überquert den Ronžė und erreicht wenige Minuten später die Fußgängerzone und Flaniermeile

Der beliebte Badestrand vor Palanga.

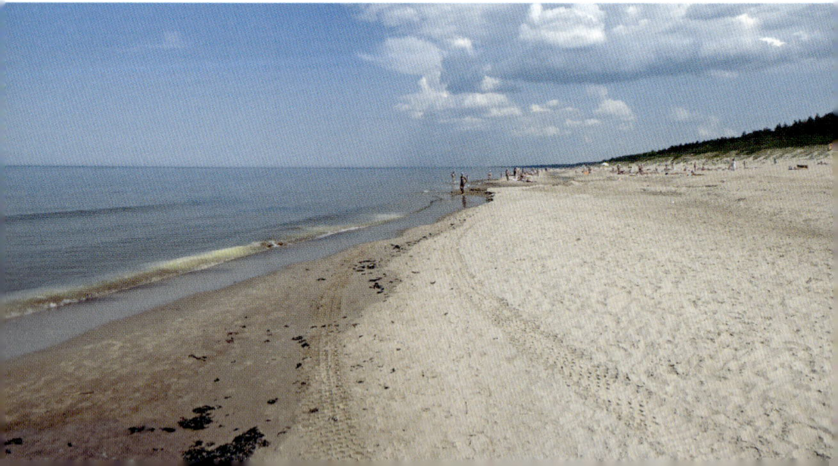

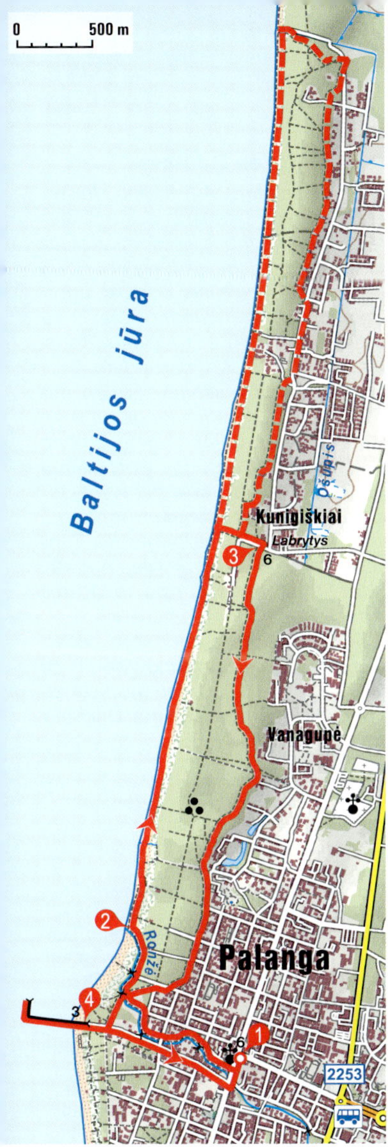

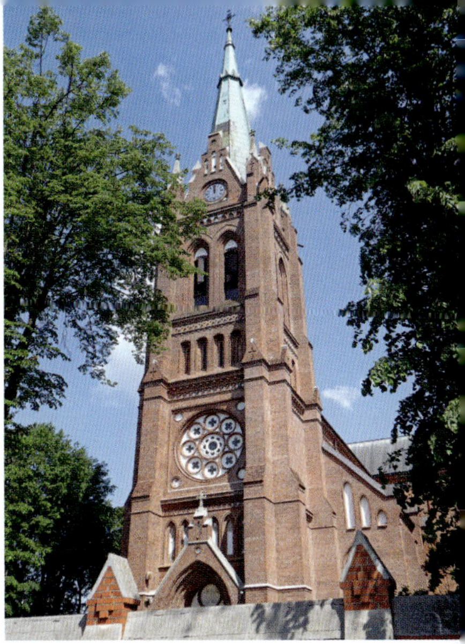

Rund 120 Jahre alt: die katholische Kirche von Palanga.

Basanavičiaus Gatve. Nach rechts gelangt man schnell auf die 400 m lange **Seebrücke** ④, wo sich außer Ausflugsgästen und Urlaubern abends gerne Angler aufhalten. Anschließend geht es über die Seebrücke zurück und geradeaus auf der Flaniermeile bis zu deren Ende nach knapp 1 km. Nach links gelangt man mit wenigen Schritten wieder zur katholischen Kirche von **Palanga** ①.

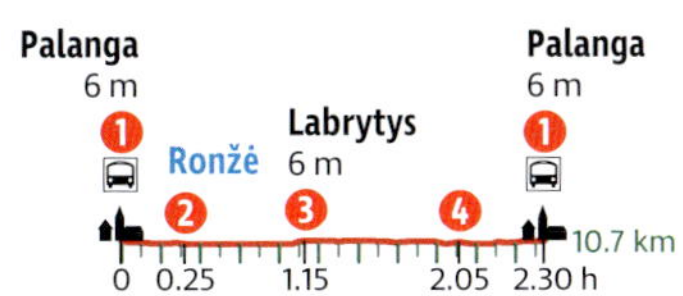

↗ 100 m | ↘ 100 m | 10.4 km

7 Kaunasser Meer: das Nordufer

3.15 h

Entlang der steilen Küste am Nordufer des großen Stausees

»Lagune von Kaunas« lautet die wörtliche Übersetzung von Kauno Marios, des großen Stausees der Memel vor den Toren von Litauens zweitgrößter Stadt. Die gebräuchliche deutsche Bezeichnung »Kaunasser Meer« beruht eigentlich auf einem Übersetzungsfehler. Weite Bereiche entlang des Ufers stehen als regionaler Naturpark (Kauno marių regioninis parkas) unter Schutz, es gibt allerdings nur relativ wenige markierte Wanderwege. Etwa in der Mitte des lang gestreckten Stausees – westlich des kleinen Städtchens Rumšiškės – bietet sich jedoch eine interessante Wanderung an. Dort wechseln flache Abschnitte, wo sich kleine Sandstrände gebildet haben, mit steil abfallenden, wobei Letztere auf dieser Tour die deutlich längeren sind. Zuflüsse in den See haben in dem dicht bewaldeten Gelände tiefe Gräben geformt, die man durchqueren muss. Während es anfangs noch einen deutlichen Pfad gibt, der sogar stellenweise markiert ist, wird der Weg später zu einer undeutlichen Spur an der Abbruchkante des steilen Uferhangs. Die rund 32 m hohe Waldeiche von Rumšiškės am Umkehrpunkt der Tour hatte ursprünglich zwei Stämme, von denen einer entfernt werden musste. Trotzdem kommt der Baum noch auf 4 m Stammumfang und sticht aus der Umgebung mit anderen Eichen und auch Nadelbäumen hervor.
Auf dem Rückweg kommt man an der 400 Jahre alten und 32 m hohen Waldkiefer von Rumšiškės vorbei. Ihr Stamm hat einen Umfang von bis zu 5 m, der Baum ist mit einigen Narben aus Kriegen und Bränden gezeichnet. Kurz vor dem Ende der Tour wandert man durch ein verlassenes Dorf mit Dutzenden Holzhäusern, die sich die Natur wieder einverleibt.

Ausgangspunkt: Grabučiškės, 44 m, Parkplatz rund 600 m südlich des Ortes. ÖPNV: ab Busbahnhof Kaunas (Kauno autobusų stotis) im Osten der Stadt tagsüber mehrere Buslinien – im Schnitt alle 30 Min. – in Richtung Vilnius mit Halt bei Grabučiškės. Von Kaunas kommend befindet sich die Haltestelle nahe der südlichen Ausfahrt, ab dem kleinen Kreisverkehr (braunes Schild »Kauno marių regioninis parkas«) knapp 500 m zum Parkplatz; die Haltestelle für die Rückfahrt liegt auf der gegenüberliegenden Seite an der Auffahrt auf die A1. Fahrplan und Tickets: autobusubilietai.lt. Anfahrt mit Pkw: ab Kaunas über die A1 in Richtung Vilnius (Stadtzentrum Kaunas bis zur Abfahrt Grabučiškės: 20 km). Der Ort liegt nördlich der Autobahn, der Parkplatz/Ausgangspunkt südlich, hinter einem kurzen Abschnitt durch den Wald.

Anforderungen: Etwas Trittsicherheit auf dem teils etwas abschüssigen Uferpfad; an einem Aufschwung ist eine Seilsicherung angebracht. Außerdem ist auf einem weglosen Abschnitt etwas Orientierungsvermögen von Vorteil.

Orientierung: Auf dem ersten Abschnitt entlang des Ufers sporadisch gelbe Punkte, entlang des Gastilioniai-Lehrpfads blaue Punkte. Einige Wegweiser helfen etwas weiter, dennoch ist vor allem auf dem quasi weglosen Abschnitt am Ufer

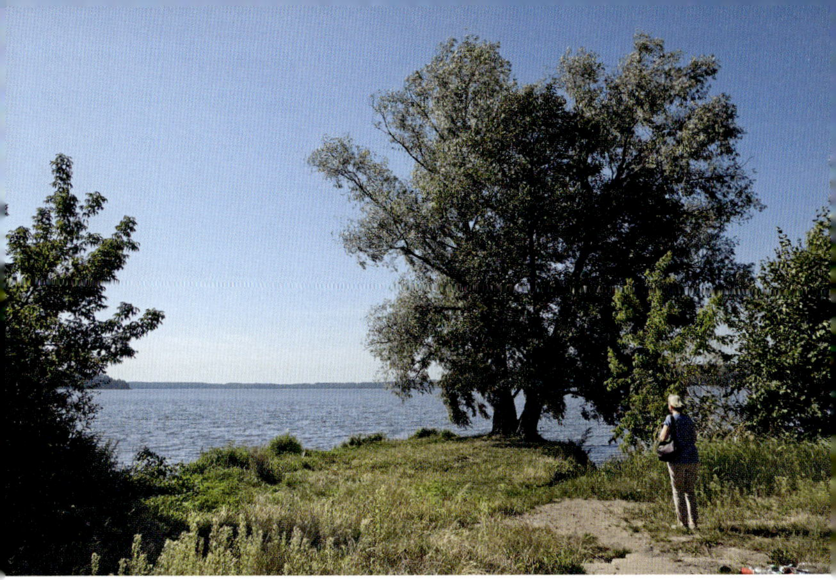

Ein Sommertag am Kaunasser Meer.

etwas Spürsinn für die beste Route gefragt.
Einkehr/Unterkunft: Keine.
Hinweis: In diesem Gebiet wird vor Zecken gewarnt, außerdem gibt es im Sommer viele tagaktive Stechinsekten, deswegen sollte man besser ein wirksames Insektenschutzmittel mitnehmen.

Vom südöstlichen Ende des Parkplatzes **Grabučiškės** ❶ schlängelt sich ein Waldpfad durch die dichte Vegetation (der Einstieg ist nicht auf den ersten Blick zu sehen). Bei Verzweigungen hält man sich immer auf dem Weg, der dem Ufer näherkommt. Nach rund 15 Min. erreicht man einen Rastplatz, kurz darauf einen kleinen Strand. Sporadisch weisen gelbe Punkte auf Baumstämmen den richtigen Weg. Nach etwa 30 Min. ab Tourstart entfernt sich der Pfad etwas vom Ufer und trifft auf eine Kreuzung: Hier zweigt man rechts ab und folgt kurz dem Forstweg, um dann wieder auf schmalen Pfaden in Ufernähe weiterzuwandern.
Nach weiteren 15 Min. trifft man auf den mit blauen Punkten markierten Gastilioniai-Lehrpfad. Ein etwas steilerer Aufschwung ist mit einem Seil gesichert, etwas schwieriger wird allerdings bald die Wegfindung: Durch einen Graben entfernt man sich wieder vom Ufer und trifft dann auf einen Forstweg. Diesem folgt man nach rechts gut 400 m bis zu einer Kreuzung mit Wegweiser (von geradeaus und nach links: der spätere Rückweg): Hier geht es rechts wieder ans Ufer und an diesem nach links weiter.

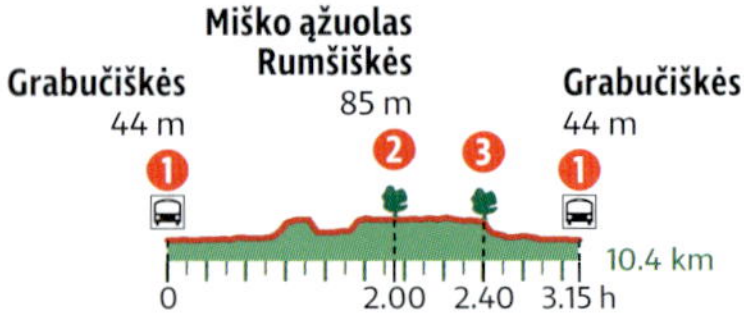

Auf dem nun folgenden Abschnitt gibt es nur eine oft undeutliche Spur, teilweise wandert man weglos parallel zur Uferlinie. Nach 1 km verlässt man das Ufer wieder und geht in nordöstlicher Richtung durch den Wald, bis man auf einen breiten Forstweg trifft. Diesem folgt man nach rechts und dann nach links haltend. Nach 300 m biegt der Weg nach rechts ab, kurz darauf geht es rechts weglos zur **Miško ąžuolas Rumšiškės** 2, der Waldeiche von Rumšiškės.

Entweder kehrt man auf demselben kurzen Abschnitt wieder auf den Forstweg zurück oder man geht direkter durch dichte Vegetation. Nach 15 Min. auf dem Forstweg schlägt man an seinem Ende nach links einen breiteren Weg ein. Auf diesem gelangt man wieder zur Kreuzung mit Wegweiser, die man bereits vom Hinweg kennt. Nun biegt man nach rechts ab, nach knapp 200 m steht auf der rechten Seite die große **Paprastoji pušis Rumšiškės** 3, die Waldkiefer von Rumšiškės, mit einer Infotafel.

Seilsicherung an einem etwas steileren Aufschwung.

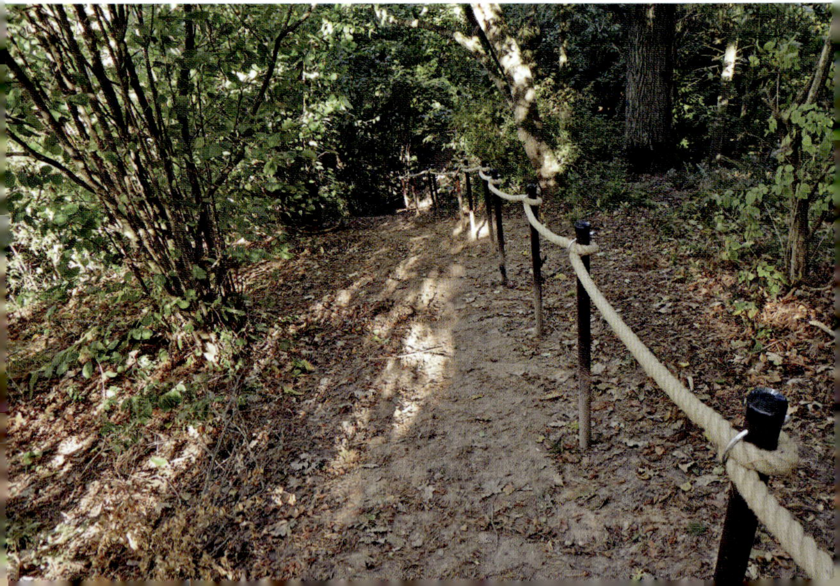

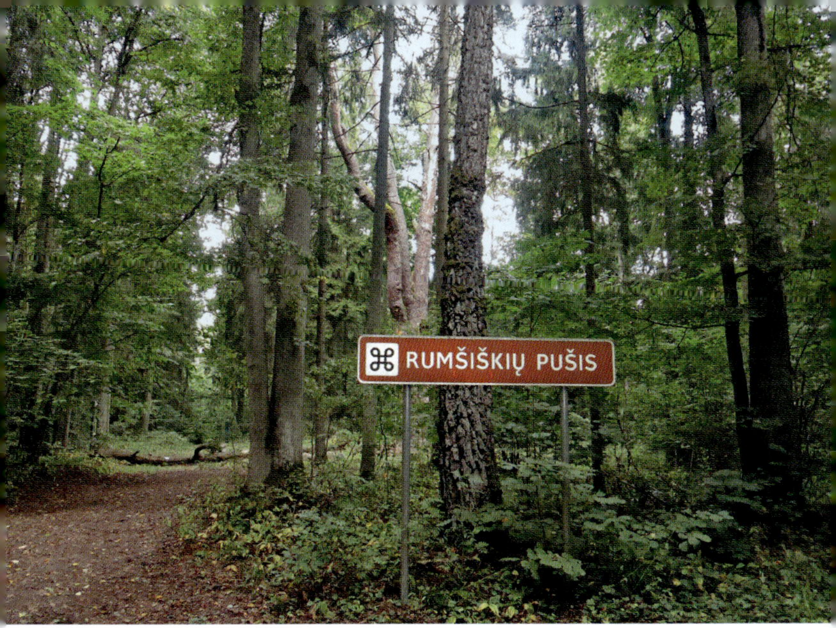

Die alte Waldkiefer von Rumšiškės versteckt sich in einem dichten Wald.

Anschließend geht man geradeaus weiter. Der Weg verjüngt sich zu einem Waldpfad und führt bergab. Am Ende rechts – dort nicht den Markierungen folgen! – und zwischen verfallenen Holzhäusern eines verlassenen Ortes auf der Hauptroute weiter. Diese endet an einem rostigen Tor, das man einfach umgehen kann. Anschließend wandert man über das alte Zufahrtssträßchen weiter, bis man nach etwa 1,2 km auf eine Straße trifft. Diese wird überquert, dann geht es über den schräg rechts abzweigenden Waldpfad weiter. Nach wenigen Minuten ist der Parkplatz **Grabučiškės** ❶ erreicht.

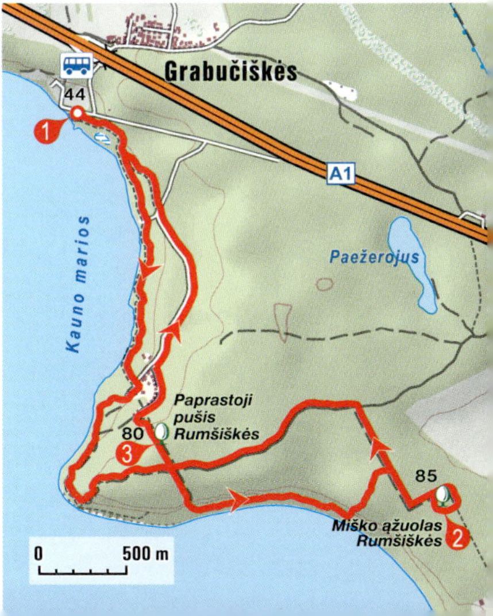

↗ 160 m | ↘ 160 m | 14.7 km

8 Kaunasser Meer: Felswand Žiegždria

4.15 h

Auf ruhigen Pfaden durch den Naturpark

Als die Sowjets Ende der 1950er-Jahre die Memel südwestlich von Kaunas aufstauten, wurden nicht weniger als 45 Dörfer überflutet. Während die Menschen ungefragt umgesiedelt wurden, sind die allermeisten Bauwerke in dem stellenweise 3 km breiten See verschwunden. Heute nutzen die Litauer den mehr als 60 km² großen Stausee gerne für Wochenendausflüge, bei schönem Sommerwetter sieht man Segelboote auf dem Wasser und an den kleinen Stränden sonnen sich Menschen. Wandern hingegen ist nicht deren allergrößte Leidenschaft, deswegen werden die in Ufernähe entstandenen Pfade nur wenig frequentiert.

Dieser Weg hat den Vorteil, beim Blick über den See die Sonne die meiste Zeit des Tages im Rücken zu haben. Deswegen lässt sich sogar auf der gegenüberliegenden Seite des Stausees das katholische Kloster Pažaislis gut erkennen und fotografieren. Das Bauwerk aus dem 17. Jh. steht auf einer Anhöhe und beeindruckt mit einer der schönsten Barockkirchen Litauens.

Auf dem Hügel Pakalniškių piliakalnis am Beginn der Wanderung gab es vor vielen Jahrhunderten eine Festung. Holztreppen und -stufen erleichtern die kurze Besteigung, später sind die Pfade an etwas steileren Abschnitten nur noch selten gesichert, auch bei der Wegfindung ist dann mehr Konzentration nötig.

Am Ausgangspunkt ist das Wappen des regionalen Naturparks Kauno Marios zu sehen.

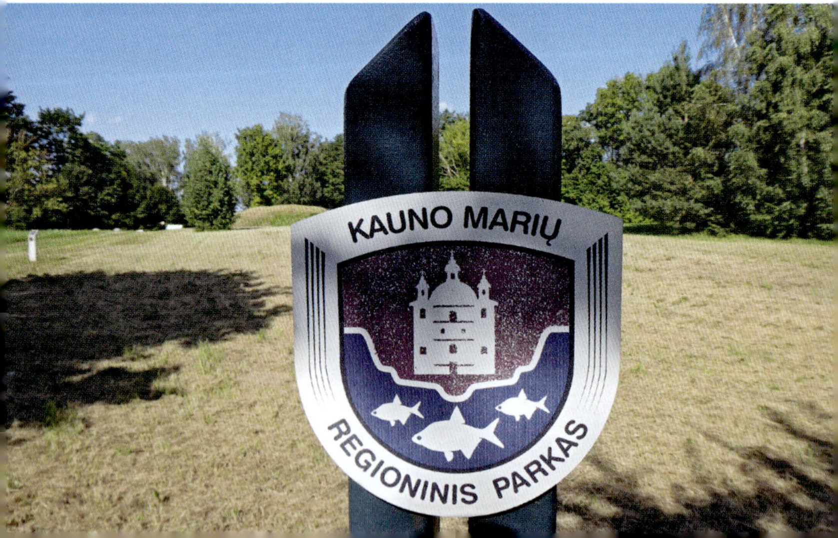

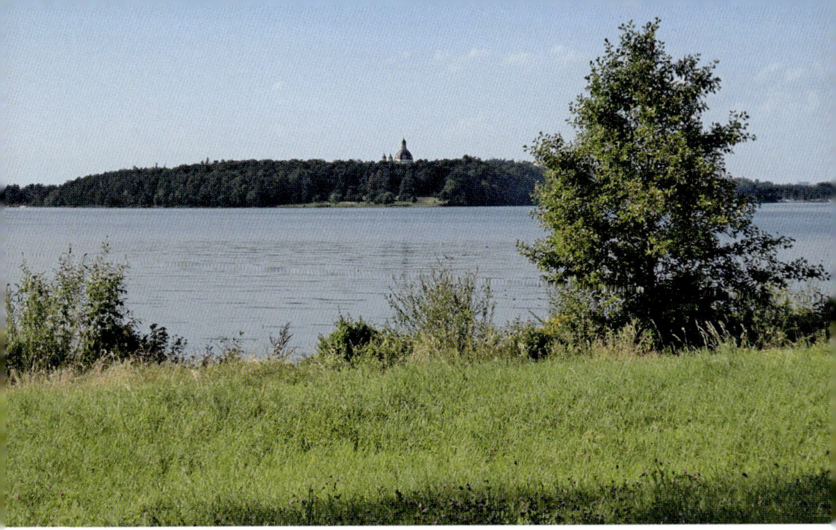

Auf der gegenüberliegenden Seite sticht das alte Kloster Pažaislis ins Auge.

Ausgangspunkt: Vaišvydava, 73 m, Parkplatz vor dem kleinen Hügel Pakalniškių piliakalnis. ÖPNV: ab Kaunas/Zentrum mit Buslinie 46 oder 48 in Richtung Vaišvydava, bei der Haltestelle »Piliuonos G.« aussteigen, rund 100 m zurück und beim Hinweisschild »Pakalniškių piliakalnis« rechts abbiegen (gleich links der Parkplatz). Fahrplan: rome2rio.com. Anfahrt mit Pkw: ab Kaunas in Richtung des südöstlich des Zentrums gelegenen Vororts Vaišvydava. Von der nördlich an Vaišvydava vorbeiführenden Landstraße Piliuonos gatve direkt nach dem Supermarkt Maxima auf der rechten Seite nach links (Norden) auf einen Schotterweg abbiegen (Hinweisschild »Pakalniškių piliakalnis«). Nach wenigen Metern kommt links ein großer, kostenloser Parkplatz. Dahinter verhindert eine Schranke die Weiterfahrt. Zieleingabe bei Google Maps: Pakalniskiu pazintinis takas. Ab Kaunas 20 Min./11 km.
Anforderungen: Der erste Abschnitt bis zur Abflachung nach 1 Std. Gehzeit ist mit mehreren etwas steileren Aufschwüngen versehen, z. T. mit einem Seil gesichert (leicht bis mittelschwer). Ansonsten überwiegt leichtes Gehgelände.
Orientierung: Entlang der Route mehrere Wegweiser, vereinzelt auf Bäumen Markierungen in Dreiecksform. Trotzdem ist die Wegfindung wegen vieler Verzweigungen nicht immer einfach. Auf einigen Abschnitten ist GPS-Unterstützung sehr zu empfehlen.
Einkehr/Unterkunft: Unterwegs keine.
Hinweis: In diesem Gebiet wird vor Zecken gewarnt, außerdem gibt es im Sommer viele tagaktive Stechinsekten. Deswegen besser ein wirksames Insektenschutzmittel mitnehmen.

Zunächst geht man vom Parkplatz in **Vaišvydava** ❶ über die kleine Seitenstraße an der Schranke vorbei und erreicht nach wenigen Minuten den Hügel Pakalniškių piliakalnis und das Seeufer dahinter. Mehrere Pfade führen nach rechts, dabei kommt es zu mehreren kleinen Auf- und Abstiegen

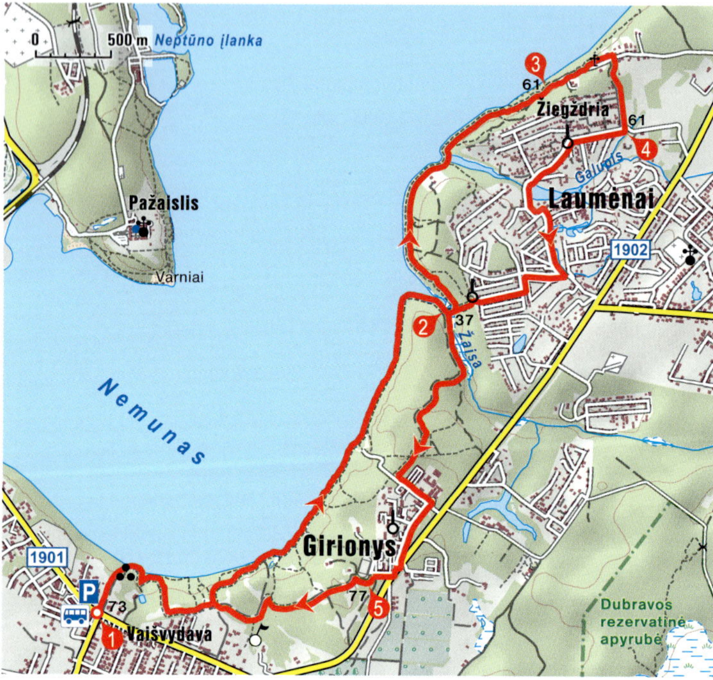

durch das bewaldete Gelände. Nach rund 30 Min. befindet sich neben dem Weg ein Rastplatz, anschließend gibt es nochmals etwas steilere Abschnitte, einer davon ist mit einer Seilsicherung versehen. Bei einer Abflachung wandert man dann entspannt unter Kiefern an einem längeren Strandabschnitt vorbei, an dessen Ende ein weiterer Rastplatz eingerichtet ist. Wenige Schritte weiter ist ein Parkplatz zu sehen. Danach kommt eine etwas längere Strecke in unmittelbarer Nähe am Seeufer; der Pfad ist leicht zu erkennen und bereitet keinerlei Schwierigkeiten. Schließlich erreicht man eine deutlich ausgeprägte Bucht und folgt ihr rund 300 m. Wo der knapp 4 km lange Bach **Žaisa** ❷ in den Stausee mündet, verzweigt sich die Route. Dort hält man sich links (nach rechts: der spätere Rückweg), um sich auf der anderen Seite der Bucht links abbiegend wieder dem See zu nähern. Es folgt wieder ein langer Abschnitt mit einem Sandstrand, bis das Ufer etwa 2 km nach der Bucht deutlich steiler wird. Bald geht es auf einem Bohlenweg entlang der **Žiegždria** ❸ genannten Felswand weiter; das frei liegende Gestein zeigt auffällige Muster und Formen. Der als Lehrpfad eingerichtete

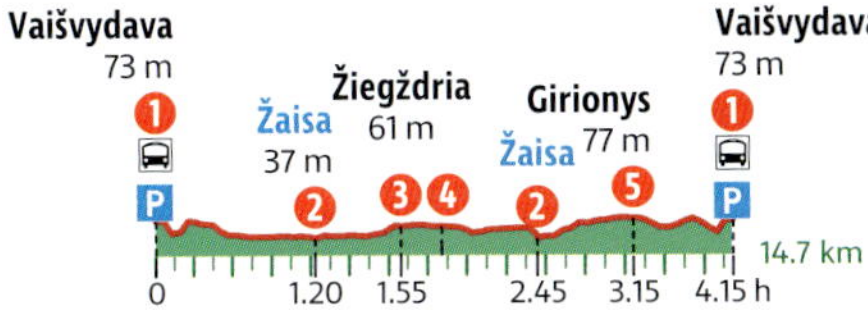

Weg ist der wohl interessanteste Abschnitt dieser Tour. Am Ende gelangt man über einen Weg nach rechts in die Siedlung **Laumenai** ❹ und kommt nach links an der Straße Klevu gatve an einem kleinen See vorbei.
Am Ende der Straße biegt man nach links und sofort wieder nach rechts ab. Nach 400 m scharf rechts abbiegen und nach 250 m in die dritte Straße links (Skroblu gatve). In dieser nimmt man die erste Möglichkeit nach rechts (Metu gatve). An deren Ende schließt sich ein Pfad an, der – links haltend – wieder zur Bucht mit der Einmündung des Bachs **Žaisa** ❷ führt, wo man auf die vom Hinweg bekannte Route stößt. Nun geht man nicht in Richtung See, sondern nach links auf dem Forstweg weiter. Dieser zieht sich durch dichten Wald, am Ende stößt man auf eine asphaltierte Straße der Siedlung Girionys. Hier biegt man links ab und nach 300 m nach rechts in die Liepu gatve. Kurz vor der Einmündung in die Landstraße nach rechts, sofort wieder nach links und wieder nach rechts gelangt man zum Sportplatz **Girionys** ❺, den man rechts liegen lässt. In westlicher Richtung führt ein guter Weg wieder durch den Bereich des Regionalparks und stößt nach gut 20 Min. auf den ersten Abschnitt des Hinwegs, der auch für die letzte Etappe zurück zum Parkplatz in **Vaišvydava** ❶ genutzt wird.

Kurz vor der Bucht bei Laumenai öffnet sich der Blick auf den weiteren Verlauf des Ufers.

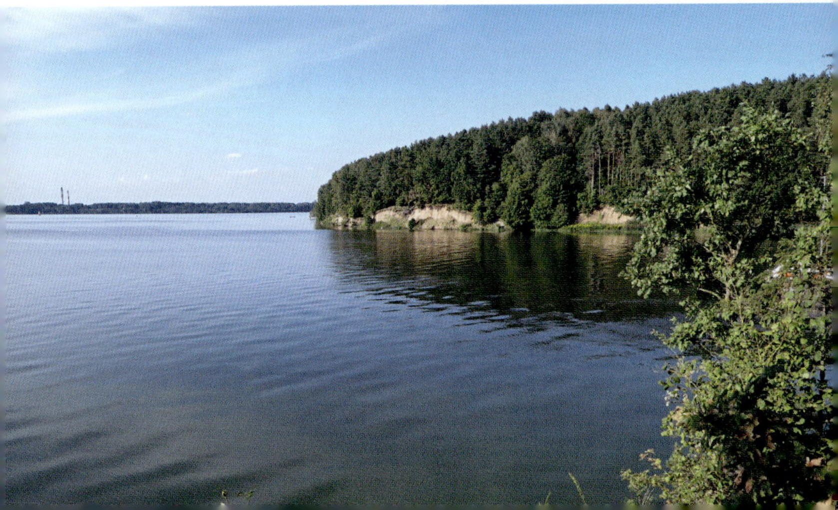

↗ 90 m | ↘ 90 m | 17.4 km

9 Regionalpark Memelschleifen: Birštonas

4.15 h

Von einem alten Kurort durch eine besondere Flusslandschaft

Durch die gewellte Landschaft 50 km südlich von Kaunas strömt Litauens wichtigster Fluss: Die dort 200 m breite Memel (Nemunas) beschreibt mehrere ausgeprägte Schleifen, umgeben von dichten Kiefernwäldern. Vom alten Kurort Birštonas bewegt sich der Fluss in einer besonders weit ausholenden Rundung durch die Landschaft, die als Regionalpark (Nemuno kilpų regioninis parkas) seit 1992 unter besonderem Schutz steht. Auch das kleine Städtchen ist interessant: Es verfügt über Quellen mit Heilwasser und seit Mitte des 19. Jh. auch über ein Kurhaus – das auf Litauisch tatsächlich Kurhauzas genannt wird. Aus verschiedenen Epochen sind Gebäude erhalten, von Zweckbauten aus der Sowjetzeit bis zu modernen Sanatorien.
Die Tour beginnt mit der Besteigung eines Wallhügels über dem Ufer. Im Mittelalter stand dort oben eine Burg aus Holz, heute ist der Vytautas-Berg ein reiner Aussichtshügel. Anschließend geht es lange direkt am Ufer entlang, anfangs begegnet man noch Spaziergängern, später ist die Route nur sehr schwach frequentiert. Der Rückweg durch einen alten Kieferwald verläuft über den Zvėrinčius-Waldpfad, wobei es sich eigentlich um einen asphaltierten Radweg handelt. Der Namensgeber Antanas Serafinas Zvėrinčius war der langjährige Leiter des Kurorts. In dem Kiefernwald haben früher Adelige und Fürsten gejagt.

Kurort mit langer Tradition: Birštonas.

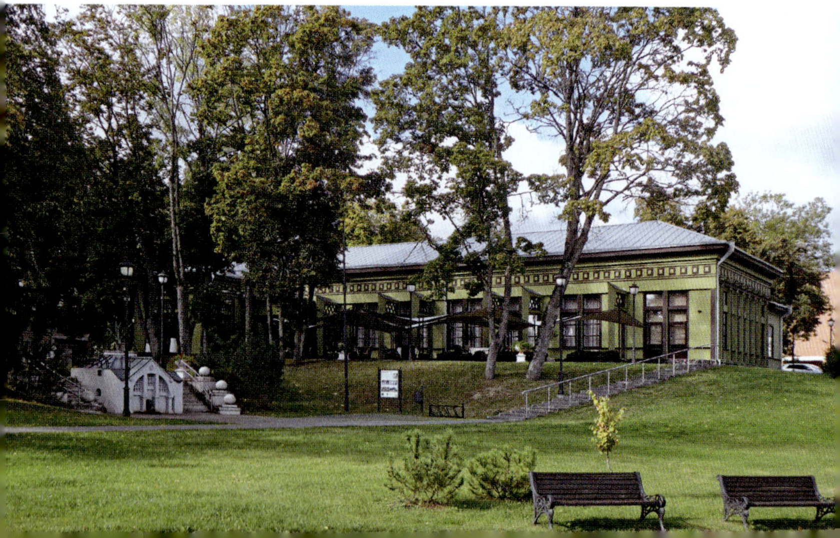

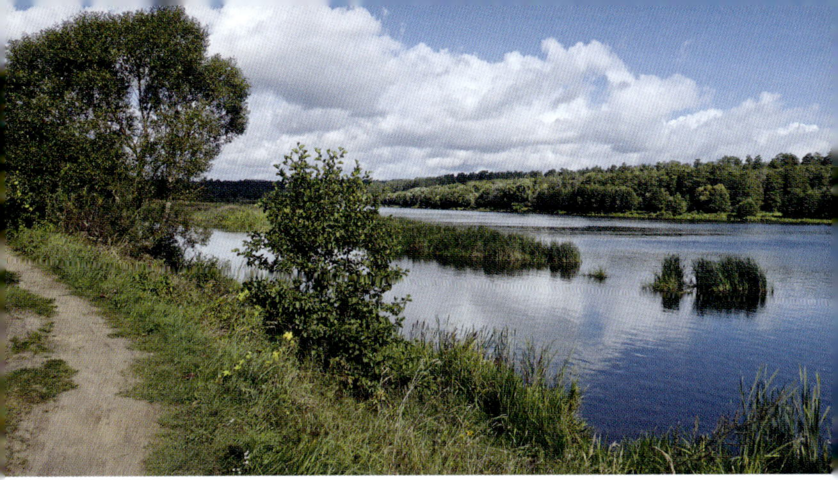

An der Memelschleife.

Ausgangspunkt: Birštonas, 43 m, Kurhauzas (Kurhaus). ÖPNV: ab Kaunas und Vilnius (jeweils ab Busbahnhof/autobusų stotis) tgl. mehrere Busse teilweise direkt nach Birštonas. Fahrplan und Tickets: autobusubilietai.lt. Anfahrt mit Pkw: ab Vilnius auf der A16 über Trakai bis Birštonas (1.20 Std./110 km). Ab Kaunas über die A5, die Landstraße 130 bis Prienai und weiter über die A16 bis zur beschilderten Abfahrt Birštonas (50 Min./46 km). Im Ort nahe dem Kurhaus kostenlose öffentliche Parkplätze.
Anforderungen: Durchgehend einfaches Gehgelände mit asphaltierten Spazierwegen bis zu schmalen Waldpfaden.
Orientierung: Einige Wegweiser sorgen eher für Verwirrung als für Klarheit. Aber auch ohne Markierungen ist die Wegfindung nicht schwierig.
Einkehr/Unterkunft: Das Hotel- und Gaststättengewerbe in Birštonas ist auf Kur- und Wellnessgäste mit entsprechendem Preisniveau zugeschnitten. Entlang des Uferwegs gibt es mehrere Stände, an denen Eis oder kleine Snacks angeboten werden.
Hinweis: Ca. 100 m vom Kurhaus entfernt befindet sich die örtliche Touristinformation (Mo–Fr 9–18 Uhr, an Wochenenden etwas kürzer geöffnet).
Tipp: Etwas außerhalb der Stadt steht der höchste Aussichtsturm Litauens. Knapp 300 Treppenstufen führen auf eine Aussichtsplattform in über 40 m Höhe (6–21 Uhr; Eintritt frei). Anfahrt über die A16, von der aus der Turm gut zu sehen ist. Gut 1 km südlich des Kreisverkehrs zweigt beschildert (»Birštono apžvalgos bokštas«) eine nicht asphaltierte Straße ab, das letzte Stück geht man zu Fuß.
Karte: Bei der Touristinformation gibt es Broschüren mit Infos und Kartenausschnitten.

Von der Kreuzung beim Kurhaus (Kurhauzas) von **Birštonas ❶** leiten Wegweiser rasch über Pfade und Holztreppen hinauf zum **Birštono piliakalnis ❷**, den Vytautas-Berg, mit schönem Blick hinab zur Memel. Anschließend nicht über dieselbe Treppe zurück, sondern schräg rechts über eine

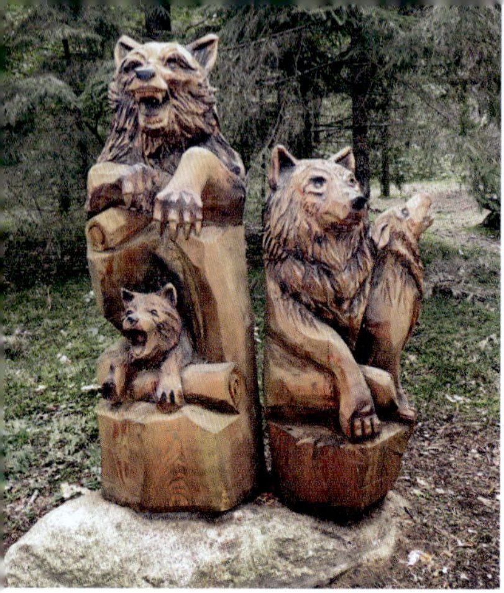

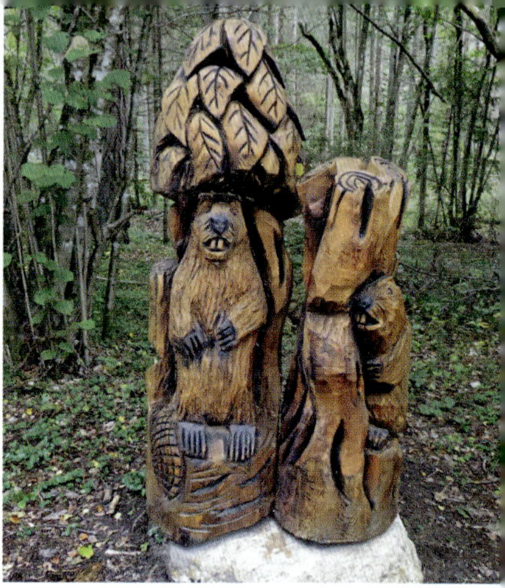

Holzskulpturen am Zvėrinčius-Waldpfad (Žvėrinčiaus miško takas).

Treppe am Südende des Hügels absteigen. Am Fuß der ersten Treppe links halten und nach einem kleinen Aufstieg schließlich hinab bis an das Ufer der Memel, der man nun flussaufwärts folgt.
Rund 2,5 km verläuft ein asphaltierter Spazierweg am Ufer entlang, bis er schließlich nach links abbiegt. Dort wechselt man geradeaus auf den Waldpfad, der weiterhin am Ufer entlangführt. In leichtem Auf und Ab zieht sich der schmale Weg durch den dichten Wald und mündet, noch bevor die Memel in den Linksbogen übergeht, in freiem Gelände in einen breiteren Weg. Bei einer Abzweigung nach rechts erkennt man ein großes Feld und zwei Gebäude. Hier befinden sich die Relikte der kleinen Siedlung **Lengveniškės** 3.
Dann wendet man sich wieder dem Ufer zu, von dem aus zwei Inseln zu sehen sind. Aus dem breiten Weg wird bald wieder ein schmaler Pfad, der sich nahe der Uferlinie fortsetzt. An einer Kreuzung zweigt man rechts ab und folgt weiter dem schwach frequentierten Pfad, bis man schließlich auf eine Straße mit frei stehenden Häusern trifft. Sie gehören zu **Paprienė** 4, einem Stadtteil von Pienai. Die Stadt selbst liegt auf der gegenüberliegenden Seite der Memel.

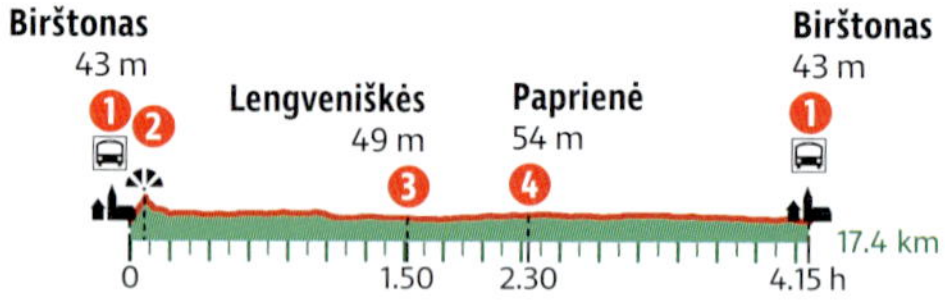

Paprienė wird nur gestreift, denn nach wenigen Metern beginnt der 6,5 km lange Zvėrinčius-Waldpfads (Žvėrinčiaus miško takas). Der asphaltierte Weg passiert zahlreiche kleine Rastplätze, auch einige originelle Holzskulpturen sorgen für Abwechslung auf dem langen Waldweg. Am Ende erreicht man schließlich den Kurort bei einer Hotelanlage, durch die man geradeaus, dann nach rechts hindurchgeht. Am Ende stößt man auf eine Straße,in die man links einbiegt. Etwa 100 m nach der ersten Kreuzung mit der Kęstučio gatvė geht es nach rechts auf einem Gehweg zwischen Wohnhäusern hindurch. Am Ende biegt man links in eine Straße ein, gleich darauf wieder links und in wenigen Minuten zurück zum Ausgangspunkt in **Birštonas** ❶.

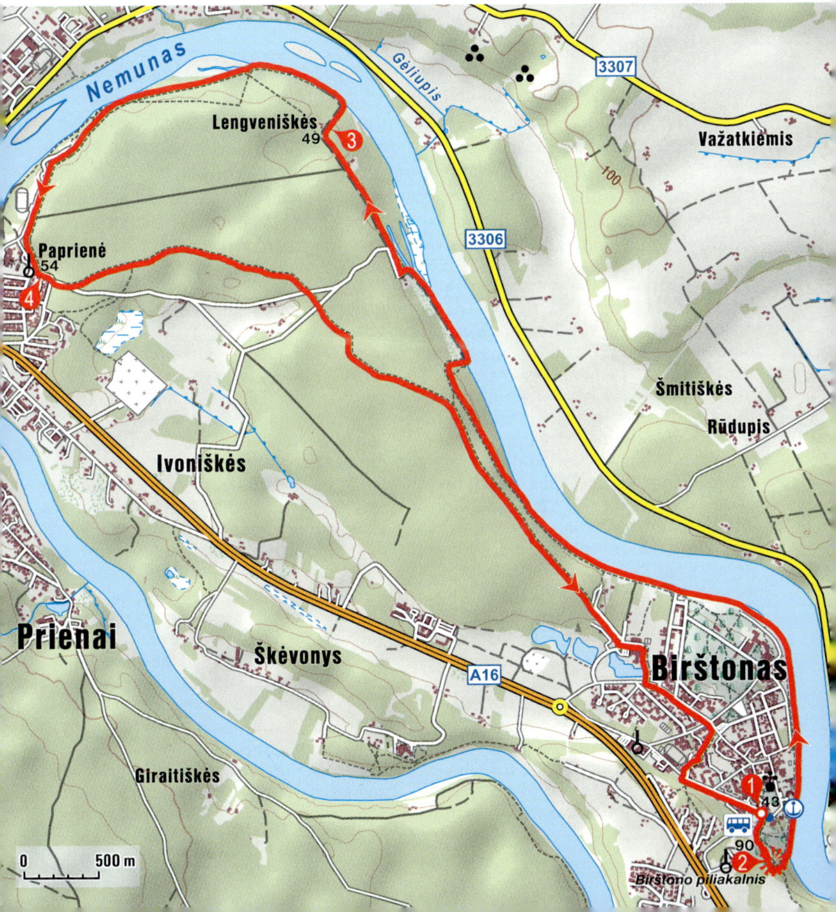

↗ 100 m | ↘ 100 m | 12.3 km

Nationalpark Dzūkija: Skroblus-Tal

3.15 h

Von der Skroblus-Quelle bis zum Bakanauskas-See

Ganz im Süden Litauens erstreckt sich auf einer Fläche von knapp 60 km² der Nationalpark Dzūkija. Dort fließen um sanfte Hügel kleine Bäche, aber auch die Memel, der längste Fluss des Landes. Zwischen ausgedehnten Kiefernwäldern breiten sich Moor- und Sumpfgebiete aus, darunter das größte Westeuropas: Čepkeliai. In dieses Landschaftsidyll fügen sich harmonisch alte Dörfer mit bunten Holzhäusern ein. Einige davon werden mit viel Liebe und Aufwand erhalten, andere verfallen allerdings langsam und werden von der Vegetation förmlich verschlungen.

Diese Tour beginnt bei der Quelle des kleinen Flusses Skroblus in einem knapp 3 ha großen Feuchtgebiet und führt durch ein Tal, das von zwei Höhenzügen flankiert wird. Dort stehen über mehrere Kilometer verstreut die alten Holzhäuser von Kapiniškiai, in denen nur noch einige Dutzend Menschen leben. Der landschaftliche Höhepunkt dieser Wanderung liegt aber etwas abseits des Flusstals: Umgeben von dichtem Kiefernwald schmiegt sich der Bakanausko-See in eine Senke, umgeben von einem rötlichen Moor. Über einen Bohlenweg lässt sich eine Aussichtsplattform am Ufer erreichen.

Ausgangspunkt: Margionys, 131 m, Infotafel am Ostrand des Ortes. ÖPNV: ab Busbahnhof in Vilnius morgens Bus #198 mit zahlreichen Zwischenstopps bis Margionys (Fahrzeit 2 Std.) und am Nachmittag wieder zurück. Die Wanderung führt fast an der Haltestelle vorbei, entsprechend kann man direkt hier einsteigen. Unbedingt am Vortag den Fahrplan kontrollieren, denn es gibt täglich nur diese zwei Fahrten. Ab Kaunas sehr unvorteilhafte Verbindungen, in der Praxis kaum nutzbar. Fahrplan: rome2rio.com. Anfahrt mit Pkw: ab Vilnius über die A4 und die Landstraßen 127 und 5003 in den Süden Litauens (als Fernziel auf Schildern gelegentlich »Gardinas« angegeben, die litauische Bezeichnung für Grodno (Гродна) in Belarus). Von der Landstraße zweigt nahe der Bushaltestelle von Margionys die einzige Straße des Orts ab, auf ihr durch den Ort bis zur Infotafel am östlichen Ortsrand. Eingabe bei Google Maps: »Skroblaus pažintinis takas«. Ab Vilnius 1.40 Std./115 km.

Anforderungen: Technisch nicht allzu schwierige Wanderung über Forstwege und Waldpfade. Der erste Abschnitt erfordert etwas Aufmerksamkeit bei der Wegfindung.

Orientierung: Auf dem ersten Abschnitt vom Ausgangspunkt bis zum Überqueren der Landstraße ist die Route nicht leicht zu finden. Der ursprünglich eingerichtete Weg ist stellenweise kaum mehr zu erkennen. Deswegen entweder genau der Wegbeschreibung folgen oder mit GPS-Unterstützung wandern. Später ist die Wegfindung relativ leicht, ein Großteil der Strecke ist mit Farbmarkierungen versehen.

Einkehr/Unterkunft: Die nächstgelegenen Einkehrmöglichkeiten und Unterkünfte gibt es in der Kleinstadt Druskininkai (rund 25 km westlich von Margionys).

Hinweis: Ist am Beginn der Tour der Abschnitt durch das Quellgebiet nicht passierbar, dann geht man zurück zum Startpunkt und weiter in Richtung des

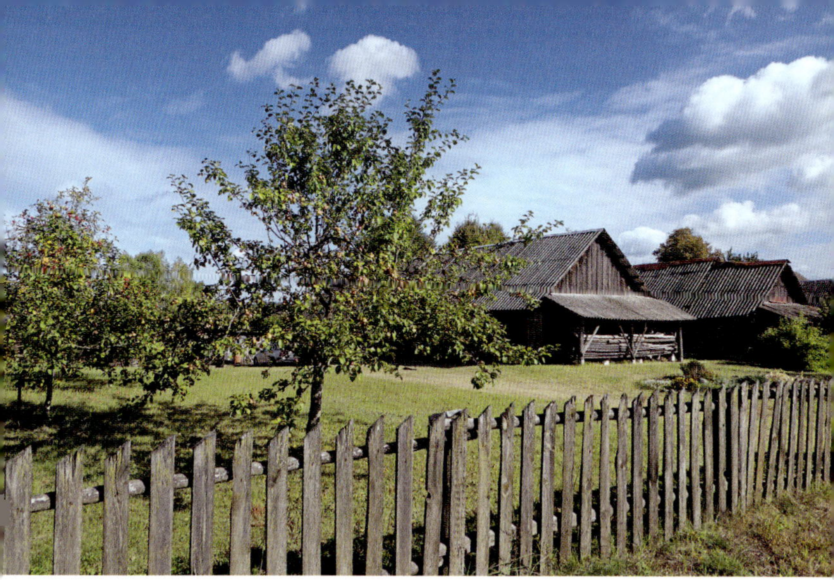

Apfelbäume und Holzhäuser prägen das Bild von Margionys.

Wegweisers. Nach 400 m an einer Verzweigung links halten (Markierung) und dem Weg durch den Wald folgen, bis er auf die Hauptroute trifft.
Tipp: Es gibt zwei Besucherzentren im Nationalpark Dzūkija: 1. Rund 10 km südwestlich von Margionys bietet im sehr hübschen kleinen Dorf Marcinkonys ein Infocenter das übliche Angebot von persönlicher Beratung bis zu Broschüren. Adresse: Šilagėlių Str. 11; Marcinkonys. 2. Das Besucherzentrum mit dem Namen »Čepkeliai« ist in Merkine angesiedelt (rund 35 km nördlich von Margionys). In der Nähe gibt es einen Hügel sowie einen Aussichtsturm, beide mit Blick über die Memel. Wer von Kaunas und Alytus anreist, kommt an Merkine vorbei, der kurze Abstecher zum Besucherzentrum lohnt sich. Adresse: Vilniaus Gatve 3; Merkine.
Beide: Mo–Fr 8–17 Uhr und Sa 8–15.45 Uhr; Mittagspause 12–12.45 Uhr. Webseite des Nationalparks (auch auf Deutsch): gamta.cepkeliai-dzukija.lt
Karte: Auf der Infotafel am Ausgangspunkt ist die Route nur grob skizziert; Deswegen evtl. zusätzlich zur Wegbeschreibung mit GPS-Unterstützung wandern.

Am Ende der Straße durch **Margionys** ❶ zeigt ein Wegweiser (»Skroblaus pažintinis takas« = Skroblus-Lehrpfad) in Richtung des breiten Forstwegs in Verlängerung der Dorfstraße. Dies ist allerdings nur dann relevant, wenn das unten liegende Quellgebiet nach Regenfällen unpassierbar ist. Deswegen geht man zunächst auf einem der beiden nach unten führenden Wege über Holztreppen hinab bis zum freien Gelände mit flach wachsenden Sträuchern und Gras: Hier hat der 17 km lange Fluss Skroblus seine

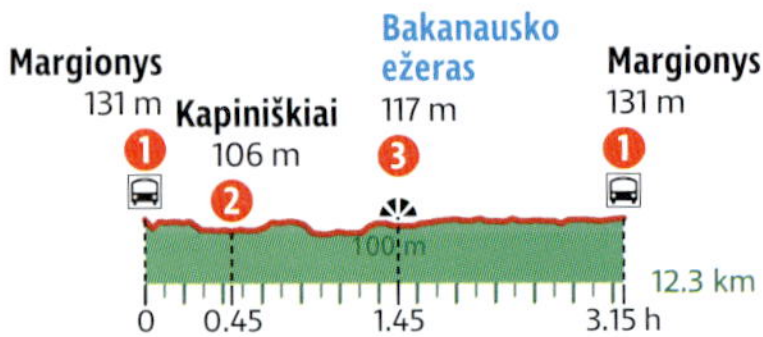

durch Grundwasser gespeiste Quelle. Der Bohlenweg macht schließlich einen scharfen Linksknick. An dieser Stelle folgt man – falls möglich – schräg rechts den schwachen Spuren bis zum gut sichtbaren Waldrand, wo man auf einen Forstweg stößt. Auf diesen zweigt man nach links ab.

Ist dieser Abschnitt durch das Quellgebiet nicht passierbar, dann kehrt man zum Startpunkt zurück und folgt der Richtung des Wegweisers (vgl. »Hinweis«). Nach 300 m trifft die oben beschriebene Hauptroute – kaum erkennbar – auf diesen Weg.

Der selten genutzte Forstweg beschreibt nach wenigen Minuten einen Rechtsknick. Dann sind es noch 300 m bzw. 4 Min., bis an geeigneter Stelle weglos (evtl. ist eine Spur sichtbar) nach links rechtwinklig abgebogen wird. Zunächst ist es einfach, sich zwischen den Kiefern einen Weg zu bahnen. Doch nach 200 m stößt man auf relativ dichte Vegetation. Durch

Über vier Kilometer erstreckt sich Kapiniškiai in dem breiten Tal.

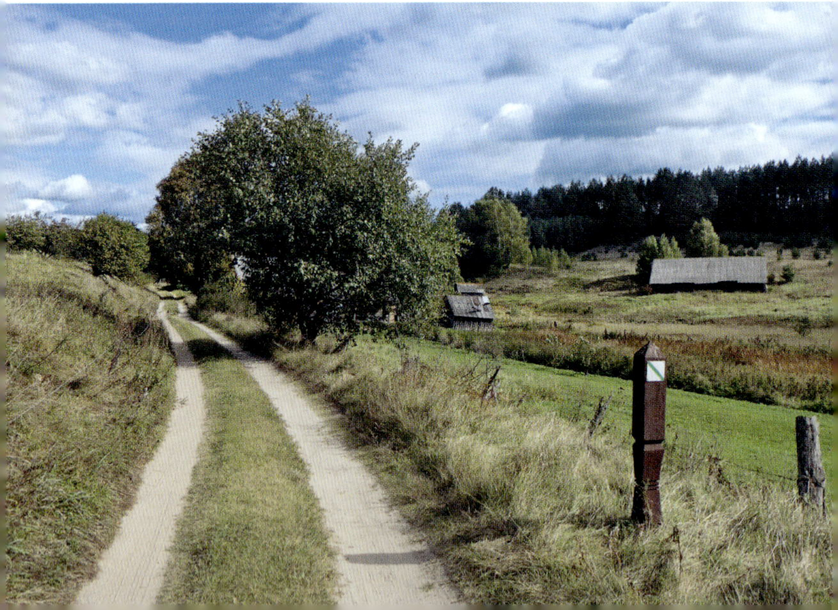

diese muss man hindurch, dahinter befinden sich Häuser eines landwirtschaftlichen Betriebs. Hinter diesem wiederum verläuft die Landstraße. An dieser nach rechts und kurz darauf an der einzigen Möglichkeit schräg links hinab auf den breiten Weg in Richtung Talmitte. Nach 15 Min. überquert man den Skroblus auf einer kleinen Brücke, die ersten Häuser von **Kapiniškiai** ❷ stehen bereits in einigem Abstand voneinander am Rande des Wegs.

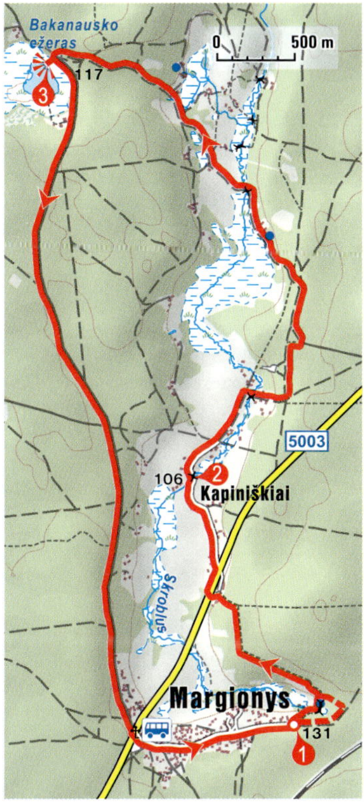

Etwa 800 m nach der Brücke geht es nach rechts (verpasst man die Abzweigung, dann steht man nach 200 m an einer provisorischen Brücke, hinter der dichte Vegetation wenig einladend wirkt). Von der Abzweigung nach rechts geht man 300 m leicht bergauf und biegt an der ersten Kreuzung links ab. Nach 400 m macht der Weg einen Rechtsknick, 100 m weiter geht es wieder nach links, dann ist man endlich auf einem gut markierten und beschilderten Weg. Nach 500 m biegt man schräg links ab und folgt danach einfach den Markierungen.

Der Weg führt wieder durch das Tal an einigen Holzhäusern vorbei und überquert schließlich auf einer Brücke abermals den Skroblus. Der Bakanausko-See ist an allen Verzweigungen ausgeschildert (»Bakanausko ežeras«). Leicht ansteigend zieht sich der Weg durch den Wald und erreicht schließlich an einem großen Rastplatz den breiten Forstweg, der später wieder zurück nach Margionys führen wird. Vorher aber leiten die Schilder über einen Bohlenweg zum Bakanausko-Moor und zu einer Aussichtsterrasse am Ufer des **Bakanausko ežeras** ❸.

Der Rückweg ist denkbar einfach: Zurück am breiten Forstweg folgt man den Schildern in Richtung »Margionys«. Die Strecke durch den Kiefernwald ist weniger abwechslungsreich als die bisherige Route. Nach über 4 km erreicht man schließlich die Landstraße bei der Abzweigung nach Margionys. Die Bushaltestelle befindet sich nur wenige Meter weiter. Ab hier wandert man durch den Ort zurück zum Ausgangspunkt in **Margionys** ❶.

↗ 120 m | ↘ 120 m | 13.0 km

11 Naturpark Aukštadvaris: Spindžius ežeras (Spindžius-See)

3.15 h

Drei-Seen-Tour im hügeligen Naturpark

»Grüner Weg« (Žaliasis takas) nennt sich diese Rundtour um den Stanka- und den Spindžius-See (Stanka und Spindžius ežeras) im Naturpark Aukštadvaris. Der kleine Akelės ežeras in einem Sumpfgebiet rundet dieses Trio ab. Die beiden größeren Seen werden von der Strėva durchflossen, die auf ihrem 74 km langen Weg von der Quelle östlich des Dorfs Aukštadvaris bis zur Mündung in die Memel bei Kaunas acht weitere Seen speist. Kiefern und Birken dominieren den Baumbestand im großen Spindžius-Wald, aber auch am Boden gedeiht eine dichte Vegetation, mit etwas Glück stößt man sogar auf Orchideen. Obwohl der Naturpark Aukštadvaris nicht weit von dem bei Ausflüglern sehr beliebten Nationalpark Trakai liegt, wird man auf dieser Wanderung nur selten jemandem begegnen.

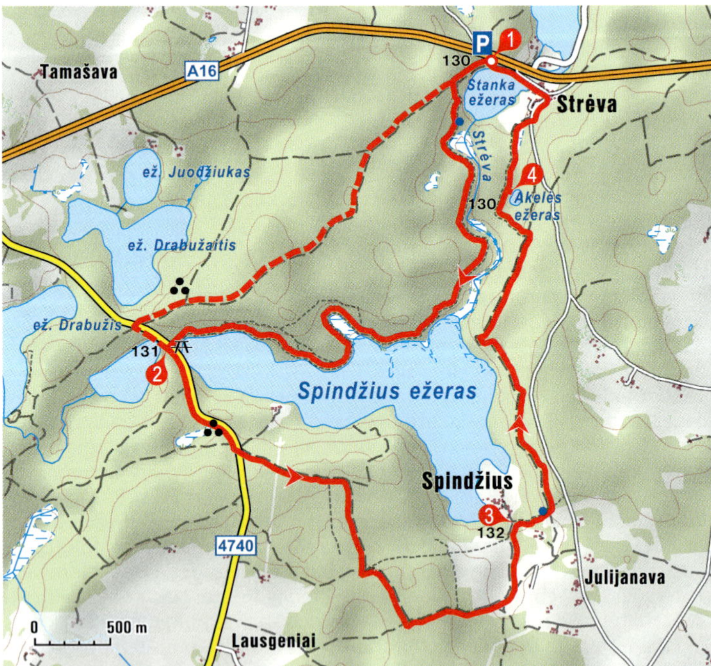

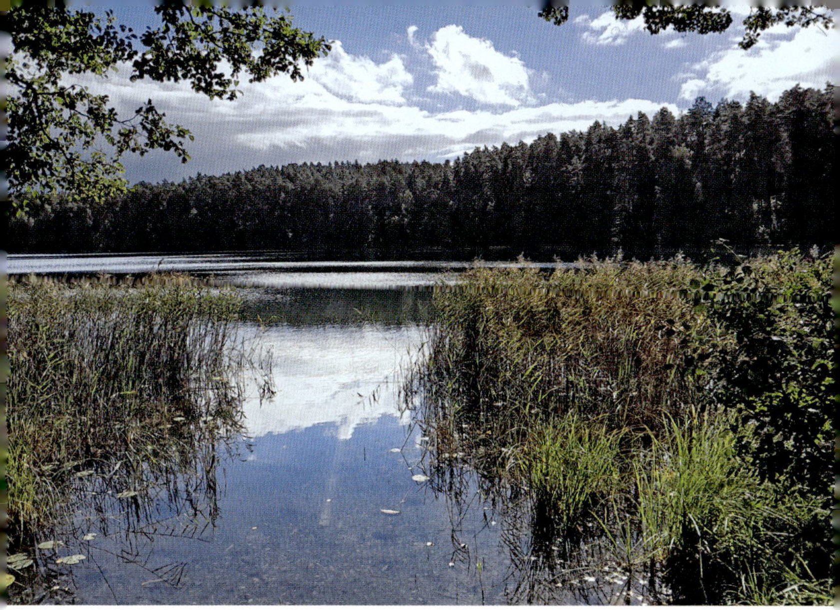

Erster freier Blick über den Spindžius-See.

Ausgangspunkt: Stanka ežeras, 130 m, Parkplatz am See. Anfahrt mit Pkw: ab Vilnius über die A1, A4 und A16 in Richtung Marijampole. Rund 17 km westlich von Trakai befindet sich der kostenlose Parkplatz an der Landstraße, allerdings ist die Zufahrt leicht zu übersehen. Auf das Hinweisschild »Strėvos įgriuva« achten. Ab Vilnius 50 Min./43 km.
Anforderungen: Leichte Wanderung auf einem schmalen Waldpfad im westlichen Bereich der Route sowie einem breiten Waldweg im östlichen Bereich.
Orientierung: Mehrere Wegweiser (»Žaliasis takas«) und an einigen Abzweigungen grüne und orangefarbene Punkte auf Baumstämmen.
Einkehr/Unterkunft: Keine.
Variante: Am Rastplatz ❷ rechts in die Straße einbiegen, nach knapp 300 m zweigt rechts ein sporadisch markierter Waldweg ab, der in relativ direkter Linie zum Ausgangspunkt führt (Ersparnis 1.10 Std./4,5 km). Etwa 1 km vor dem Parkplatz führt ein kurzer Pfad nach rechts zur Strėva-Schlucht (Strėvos įgriuva) mit Infotafeln und Aussichtsplattform.
Tipp: Mitte Mai beginnt die Blütezeit der Orchideen, die unweit des Weges wachsen (auf Infotafeln achten).

Vom Parkplatz am **Stanka ežeras** ❶ führt ein Forstweg leicht aufsteigend in Richtung Südwesten. Nach 300 m hält man sich an einer Gabelung links (rechts gelangt man zur Strėva-Schlucht, vgl. auch Variante). 200 m weiter geht es an einer Verzweigung geradeaus, dann folgt der Pfad in leichtem Auf und Ab über weichen Waldboden dem Lauf des schmalen Flusses Strėva.

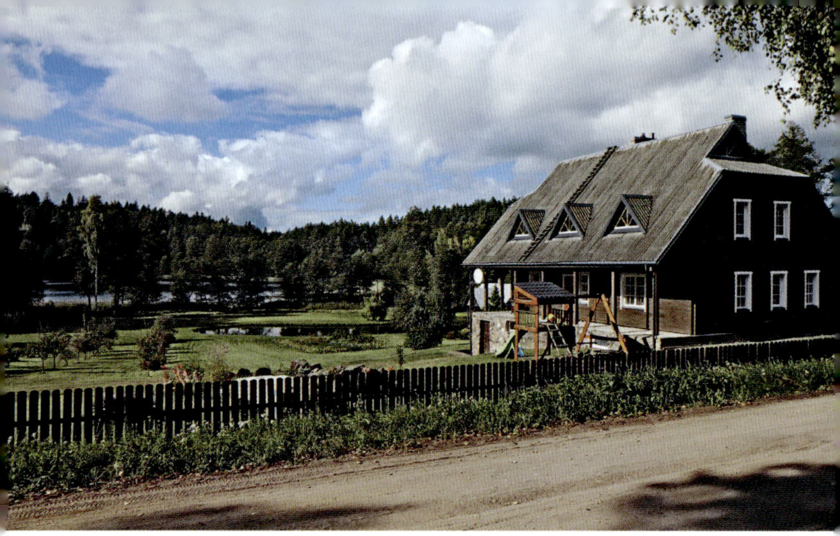

Nahe dem Startpunkt: der kleine Ort Strėva.

Nach 30 Min. befindet man sich bereits auf Höhe des großen Spindžius-Sees, jedoch stehen zwischen dem Pfad und dem Ufer zunächst Bäume, erst später gelangt man an eine freie Stelle mit weitem Blick über den See. Der Weg verläuft immer in der Nähe des Sees, die Orientierung ist auf diesem Abschnitt eindeutig. Am Ende trifft der Weg auf eine nicht asphaltierte Straße. An der Abzweigung befindet sich ein kleiner Rastplatz am **Spindžius ežeras** ❷ mit Infotafel (nach rechts: Variante).
Nun folgt man nach links der selten befahrenen Straße rund 1 km weit, bis man links bei einem Forstweg eine weitere Infotafel sieht. Rechts daneben setzt sich der Rundweg durch dichten Wald fort. Nach nochmals 800 m rechts abzweigen und diesem Weg bis zum Ende folgen, dann wandert man nach links auf dem selten begangenen – und deswegen etwas überwucherten – Weg weiter. Bald schlägt er in einem kleinen Rechtsbogen eine südliche Richtung ein. Nach rund 600 m erreicht man wieder einen guten Forstweg, an dem sich eine Gedenkstätte mit Kreuz befindet. Nun

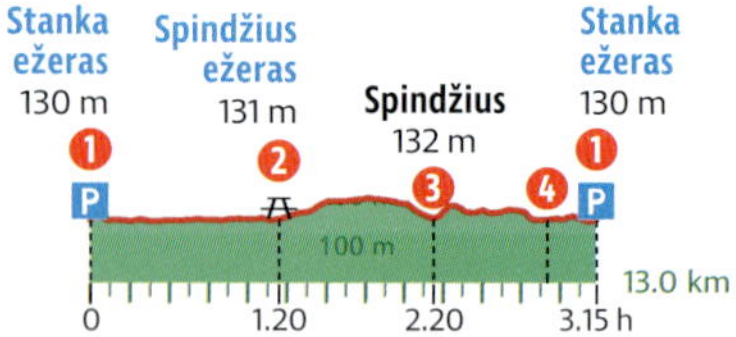

nach links in östlicher Richtung weiter, nach wenigen Minuten nimmt man an zwei Verzweigungen jeweils den linken Weg.

Bald trifft man auf die kleine Siedlung **Spindžius** ❸. Noch vor dem ersten Haus zweigt rechts bei einem Wegweiser der »grüne Weg« Žaliasis takas ab. Zunächst geht es bergauf, dann nach links auf einen breiten Forstweg, der parallel zum Seeufer in nördlicher Richtung verläuft. Nach etwa 2,5 km zweigt rechts bei einem Wegweiser ein kurzer Pfad zum **Akelės ežeras** ❹ ab, der in ein Sumpfgebiet eingebettet ist. Danach geht es wieder zurück zum Forstweg, nach rund 10 Min. trifft man auf die gepflegte kleine Siedlung Strėva. In einem Linksbogen führt der breite Weg am Ufer des Stanka-Sees vorbei zurück zum Parkplatz am **Stanka ežeras** ❶.

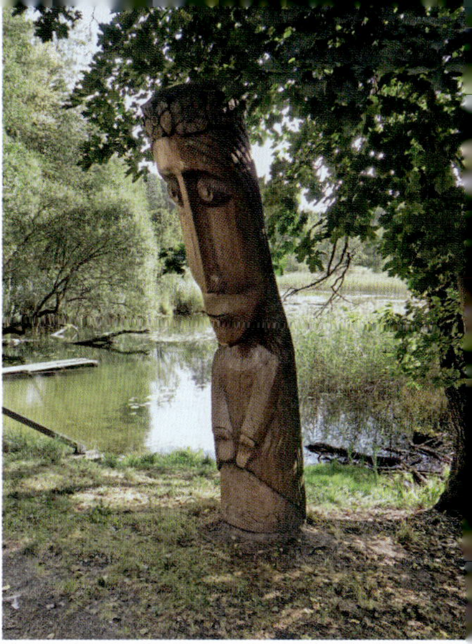

Holzskulptur am Ufer des Stanka-Sees.

Erster und letzter See der Runde: der 10 Hektar große Stanka-See.

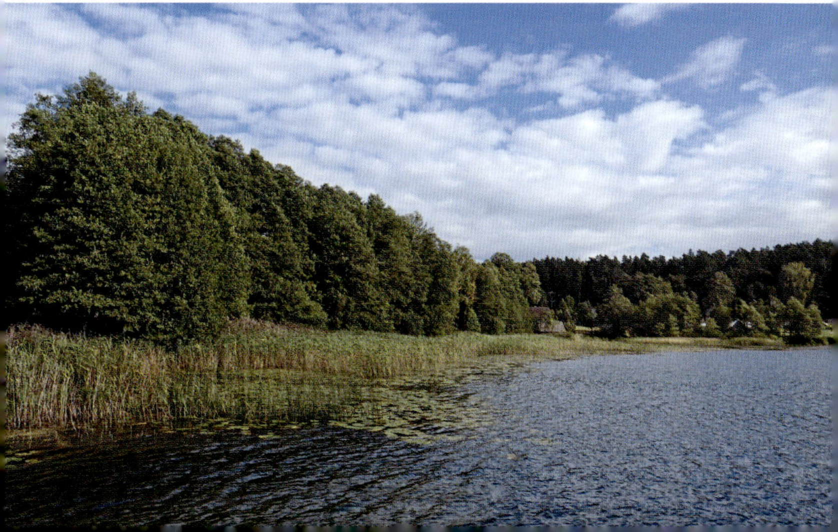

↗ 50 m | ↘ 50 m | 13.4 km

12 Nationalpark Trakai

3.15 h

Entlang mehrerer Seen zu einer eindrucksvollen Inselburg

Die aufwendig restaurierte Burganlage Trakai ist eines der Wahrzeichen Litauens und ziert als Motiv etliche Prospekte, Bücher und Postkarten. Drei Seen umgeben das gotische Bauwerk aus dem späten 14. Jh., die pittoreske Kulisse zieht zahlreiche Ausflügler nicht nur aus Litauen an. Der Nationalpark umfasst außer Trakai und der Burginsel mehrere Seen mit insgesamt 32 Inseln sowie die umgebenden Wälder.

Gegenüber der Burg reiht sich an der Uferpromenade des kleinen Städtchens Trakai ein Restaurant an das nächste, kleine Stände bieten Eis und Snacks an. Auch der Ort selbst mit seinen hübschen Holzhäusern wirkt wie ein Freilichtmuseum, das jedoch an Wochenenden von einer nicht enden wollenden Autokolonne durchrollt wird. An Werktagen herrscht provinzielle Ruhe. Die Wanderwege östlich von Trakai sind allerdings nie stark frequentiert.

Die Rundtour beginnt auf einem hübschen Weg entlang des Ežeras Luka, anschließend zieht sich die Route durch ein Waldgebiet mit dem knapp 5 ha großen Piliskiu-See (Piliškių ežeras), um den der schön angelegte Varnikai-Lehrpfad auf Holzbohlen verläuft. Eine Aussichtsplattform lädt dort zu einer kleinen Pause ein. Über zwei Brücken nähert man sich schließlich der Uferpromenade gegenüber der Burg, die sich über einen langen Holzsteg erreichen lässt.

Vom Ufer bei Trakai hat man den besten Blick auf die Inselburg.

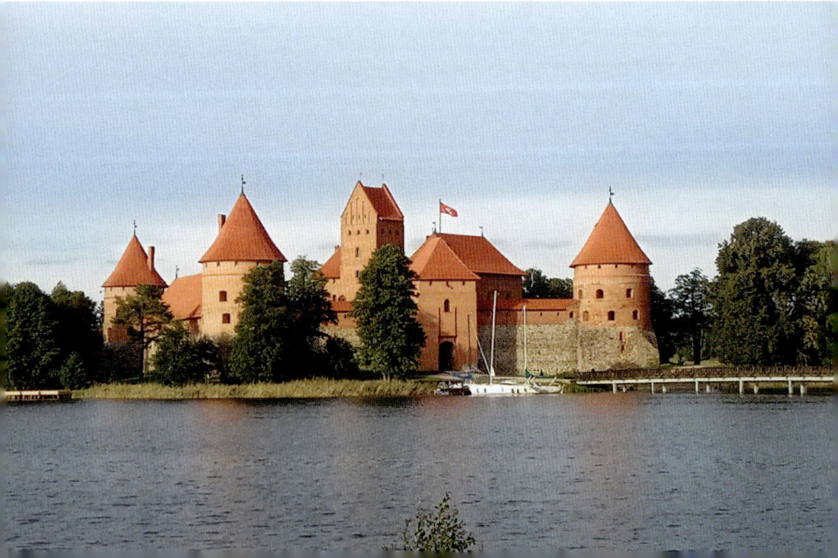

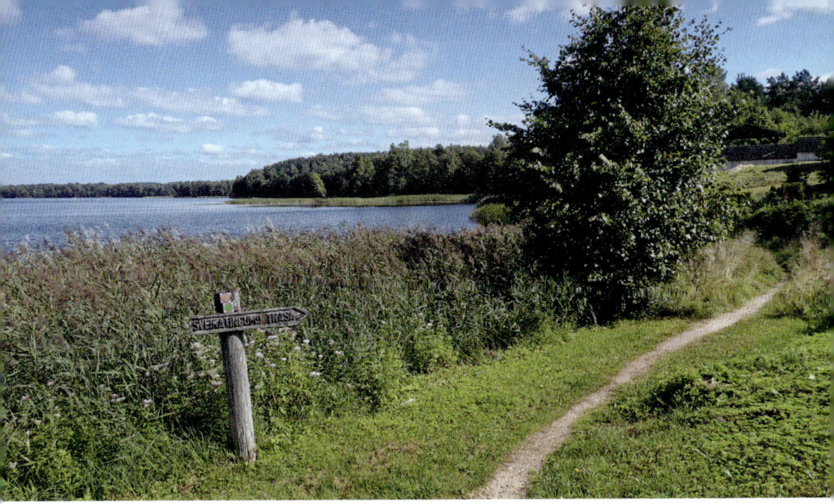

»Sveikatingumo Trasa« bedeutet: Gesundheits-Weg.

Ausgangspunkt: Trakai, 156 m, Bahnhof. ÖPNV: rund 6x tgl. direkte Zugverbindung zwischen Vilnius und Trakai (Fahrzeit gut 30 Min.).
Anfahrt mit Pkw: ab Vilnius über die A4 und A16 gut ausgeschildert bis Trakai (45 Min./27 km). Am Ortseingang liegt links der Straße der Bahnhof, in der schräg rechts abzweigenden Straße gibt es kostenlose Parkmöglichkeiten.
Anforderungen: Leichte Wanderung auf breiten Wegen und Wanderpfaden; auf einem relativ kurzen Abschnitt ist etwas Orientierungsvermögen gefragt.
Orientierung: Vereinzelt helfen Wegweiser weiter; nur auf dem relativ kurzen Abschnitt vor dem Bohlenweg zum Piliskai-See ist die Wegfindung nicht ganz leicht.

Einkehr/Unterkunft: In Trakai zahlreiche Hotels, Restaurants, Cafés und Imbisse.
Hinweis: Das Besucherzentrum des Nationalparks (tgl. 9–18 Uhr, Okt.–April etwas kürzer) befindet sich auf halbem Weg an der Hauptstraße durch den Ort. Adresse: Karaimų gatve 41.
Tipps: 1. An Wochenenden sind die Inselburg und die Seen ein sehr beliebtes Ausflugsziel, deswegen sollte man besser an einem Werktag nach Trakai kommen.
2. Besuch der Burganlage (tgl. außer montags 10–18 Uhr, außerhalb der Saison kürzer; Eintritt 8 €).
Karte: Im Besucherzentrum (siehe »Hinweis«) gibt es Prospekte mit Kartenskizzen.

Vom Ausgang des Bahnhofs in **Trakai** ❶ kommend überquert man die Hauptstraße. Auf der anderen Seite zweigt eine wenig befahrene Straße (Parkmöglichkeiten) in Richtung See ab. Etwa 50 m nach der Abzweigung beginnt rechts ein beschilderter Wanderweg (Schild: »Sveikatingumo Trasa«), der dem Ufer des Luka-Sees folgt. In einer kleinen Bucht wird der Wanderweg ein kurzes Stück durch eine Straße unterbrochen, anschließend

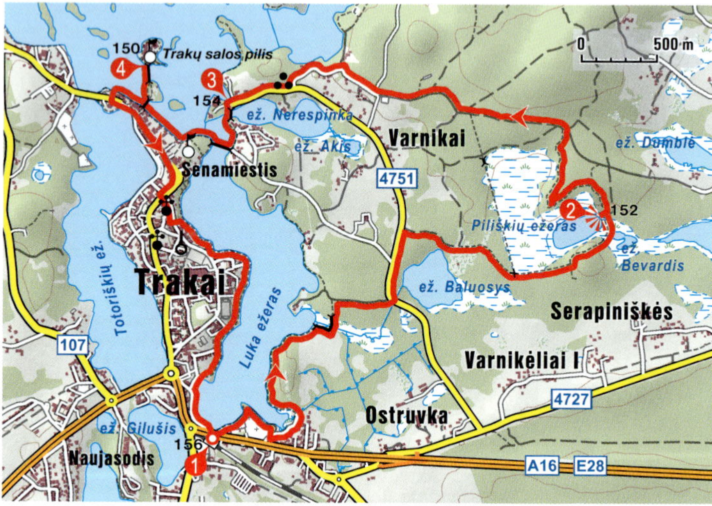

geht es wieder auf einem schmalen Pfad weiter, bis sich nach rund 20 Min. der Weg vom Ufer entfernt. Auf einem kurzen Bohlenweg gelangt man zu einem breiten Weg, in den man nach rechts einbiegt. Am Ende nach 400 m stößt man auf eine Verkehrsstraße und geht nach links am Straßenrand entlang weiter. Etwa 100 m vor dem Ortsschild »Varnikai« zweigt rechts ein Forstweg ab, über den man in einen Kiefernwald gelangt. Bei einer Lichtung hält man sich links und folgt etwas undeutlichen Spuren, bis man schließlich auf eine Bank bei einem Bohlenweg trifft, der Teil des Varnikai-Lehrpfads ist. Nun verläuft die Route nach rechts über den Bohlenweg. Nach rund 10 Min. kommt man zu einem kleinen Moor, auch der See ist bald sichtbar. Ein kleiner Stichweg führt zur Aussichtsplattform am Ufer des **Piliškių ežeras** ❷.

Anschließend geht es in gleicher Richtung weiter. Der Weg führt durch den Wald und erreicht schließlich einen breiten Forstweg, an dem sich ein kleiner Rastplatz mit WC befindet. Dem breiten Weg in Richtung Westen folgend, kommt man etwa 10 Min. später am Startpunkt des Lehrpfads mit einem Tor vorbei. Die Route setzt sich aber in gleicher Richtung fort. Bald darauf zeigt ein Wegweiser nach rechts zu einer Holocaust-Gedenkstätte, die etwa 150 m entfernt liegt.

Anschließend geht es wieder zurück zum breiten Forstweg und auf diesem noch einmal 10 Min. weiter, bis links bei einem umzäunten Haus eine schmale Straße abzweigt, die nach wenigen Minuten in eine breitere Straße mündet; an dieser nach rechts weiter. Nach etwa 500 m sieht man auf der

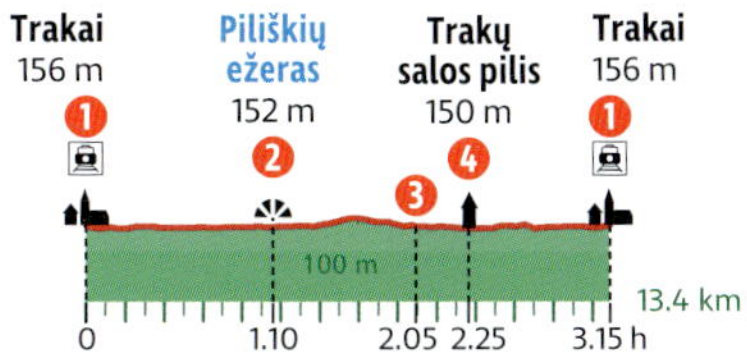

rechten Seite einen **kleinen Hafen** 3, links führt ein schmaler Weg zu einer Holzbrücke, die man überquert. Nach einem kurzen Wegstück am Ufer gelangt man über eine weitere Holzbrücke zur Uferpromenade von Trakai und geht auf dieser nach rechts bis zur Burginsel. Ein langer Holzsteg leitet die Besucher zum Eingangsportal der **Trakų salos pilis** 4, Inselburg Trakai. Von der Burg kehrt man wieder zurück zur Uferpromenade. Dort kann man entweder abkürzend geradeaus bis zur Hauptstraße (Karaimu gatve) von Trakai gehen und nach links durch den Ort wandern. Oder man nimmt nach rechts noch das letzte Stück am Ufer mit, wechselt dann über eine kurze Querverbindung nach links zur Hauptstraße und geht an dieser nach links an mehreren Lokalen vorbei durch den Ort. Nach rund 1 km verlässt man die Hauptstraße in einer Rechtskurve nach links. Über einen schmalen Weg erreicht man wieder den Uferweg, der zurück bis zum Bahnhof von **Trakai** 1 führt.

Vorbei an einem kleinen Hafen.

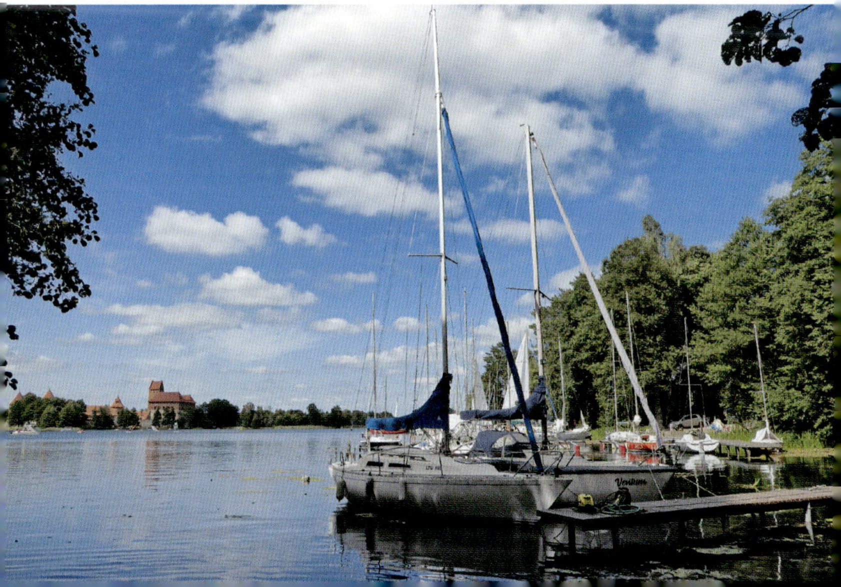

↗ 150 m | ↘ 150 m | 16.4 km

13 Nationalpark Aukštaitija: Palūšė

5.00 h

Doppeltour im Herzen des Nationalparks

Der älteste Nationalpark Litauens wurde 1974 unter dem etwas sperrigen Namen »Nationalpark der litauischen SSR« ins Leben gerufen, erst mit der Unabhängigkeit erhielt er seinen heutigen Namen. An der Faszination der Landschaften hat sich in den Jahrzehnten nicht viel geändert: Knapp 130 Seen mit klarem Wasser verteilen sich in der waldreichen Region, uralte Dörfer mit Holzkirchen und -häusern fügen sich harmonisch in ihre Umgebung ein. Es gibt außerdem mehrere Wassermühlen, von denen allerdings nur die Mühle von Ginučiai (Tour 14) noch in betriebsbereitem Zustand ist. Die St.-Joseph-Kirche oberhalb des Besucherzentrums in Palūšė ist bereits über 250 Jahre alt und ziert heute das Wappen des Nationalparks.
Diese Wanderung verbindet zwei Rundtouren mit sehr unterschiedlichen Charakteren: Südlich an Palūšė schließt sich der Šakarvos-Wald (Šakarvos miškas) an, der sich über ein leicht gewelltes Gelände erstreckt. Die 10 km lange Runde verläuft überwiegend auf weichem Waldboden, am Ende wandert man am Ufer des Ežeras Lūšiai wieder nach Palūšė. Nördlich der Ortschaft zieht sich der »botanical trail« als relativ kurze Rundtour durch den Wald, der sich auf einem Plateau nördlich des Lūšiai-Sees ausdehnt. Während der kleinen Runde stößt man auf zwei weitere Seen sowie eine artenreiche Pflanzenwelt, die auf sieben Infotafeln erklärt wird.

Der Lūšiai-See vor Palūšė.

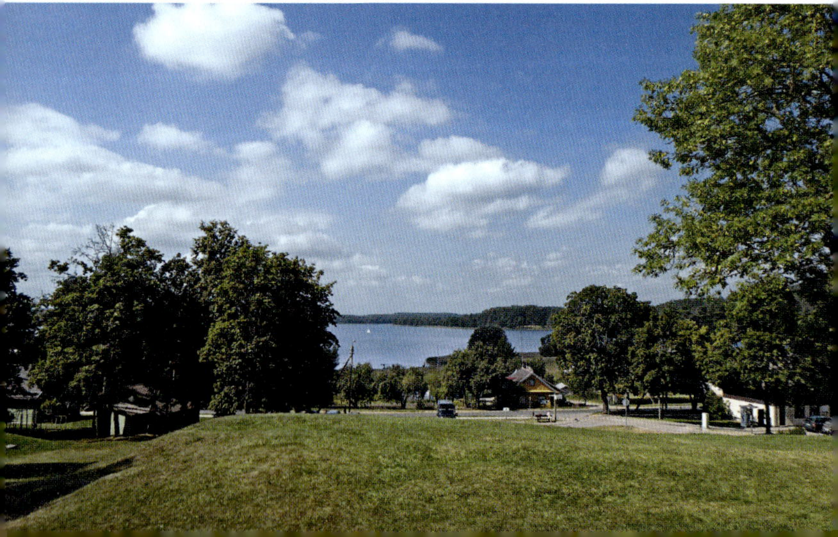

Ausgangspunkt: Palūšė, 140 m, Besucherzentrum des Nationalparks Aukštaitija. ÖPNV: 1x tgl. Buslinie M-974 ab Busbahnhof Vilnius in die kleine Stadt Ignalina (auch per Zug erreichbar), dann mit Bus M-265 nach Palūšė (gesamte Fahrtdauer: 2.20 Std., Fahrplan: rome2rio.com).
Anfahrt mit Pkw: ab Vilnius über die A14 in Richtung Norden, dann auf wenig befahrenen Landstraßen bis Palūšė (1.45 Std./117 km). Eingabe bei Google Maps: »Aukštaitijos nacionalinio parko direkcija«.
Anforderungen: Die Südrunde führt über breite Forstwege, der kurze »botanical trail« über schmale Waldpfade mit einem kurzen steilen Aufschwung.
Orientierung: Auf der Runde durch den Šakarvos-Wald sind quadratische Markierungen mit einem weißen Wanderer auf blauem Hintergrund an Bäumen angebracht. Der »botanical trail« ist bestens mit Wegweisern ausgestattet.
Einkehr/Unterkunft: Am Ufer des Ežeras Lūšiai gibt es rund 700 m vom Ausgangspunkt entfernt einen öffentlichen Platz zum Campen. Unterkünfte und Restaurants findet man eher in Ignalina, 10 Autominuten östlich von Palūšė.
Tipp: Ein wenig Zeit für das Besucherzentrum am Ausgangspunkt einplanen (im Sommer tgl. 9–17 Uhr, in der Nebensaison etwas kürzer und sonntags geschlossen). Auf aparkai.lt (auch auf Deutsch) findet man zahlreiche weitere Tourenvorschläge.
Karte: Im Besucherzentrum gibt es Karten für Wanderungen im Nationalpark Aukštaitija.

Für die lange Wanderung durch den Šakarvos-Wald südlich von **Palūšė** ❶ geht man zunächst vom Besucherzentrum den Hang hinauf und kurz vor der auffälligen Holzkirche nach rechts. Nach 250 m biegt man links in eine Straße ein. Bald geht sie in einen Forstweg über und der große Kiefernwald beginnt. Nach etwa 10 Min. schlägt man nach rechts einen ebenfalls breiten Forstweg ein und folgt diesem etwa 500 m bis zum Ende; hier nach rechts und sofort wieder nach links. (In diesem Bereich sind die Wege auf den Digitalkarten nicht immer korrekt eingezeichnet.) Markierungen an den Bäumen helfen im Zweifel bei der Wegfindung weiter. In leichtem Auf und Ab zieht sich der breite Forstweg durch den Wald; an einer Kreuzung stehen ein Wegweiser und eine Holzskulptur. Nach weiteren etwa 1,2 km sieht man rechts etwas abseits des Weges die wenigen Häuser von **Pabaltys** ❷. Die kleine Siedlung lässt man rechts liegen und biegt links in östlicher Richtung ab. Nach 300 m zweigt rechts ein Weg in Richtung Šakarva ab, nach nochmals 1 km verlässt man den Weg bei einer Markierung und schlägt rechts einen Pfad ein: Dieser umgeht die kleine Siedlung Pelekas. Ursprünglich ging die Route durch den kleinen Ort, auf manchen Karten ist dies auch noch so eingezeichnet. Da Pelekas aber Privatgrund ist, wurde die Umgehung eingerichtet. In diesem Bereich empfiehlt es sich, genau den Markierungen (weißer Wanderer auf blauem Grund) zu folgen.
Am Ende mündet der Pfad wieder in einen breiten Forstweg, in den man rechts einbiegt und dem markierten Weg knapp 3 km bis zur Landstraße nach Palūšė folgt. Hier nach rechts, bis sich nach 150 m auf der gegenüberliegenden Seite ein Weg an schließt, der schräg links zunächst durch Wald, dann über eine weite Lichtung führt. Links zweigen mehrere Stichwege

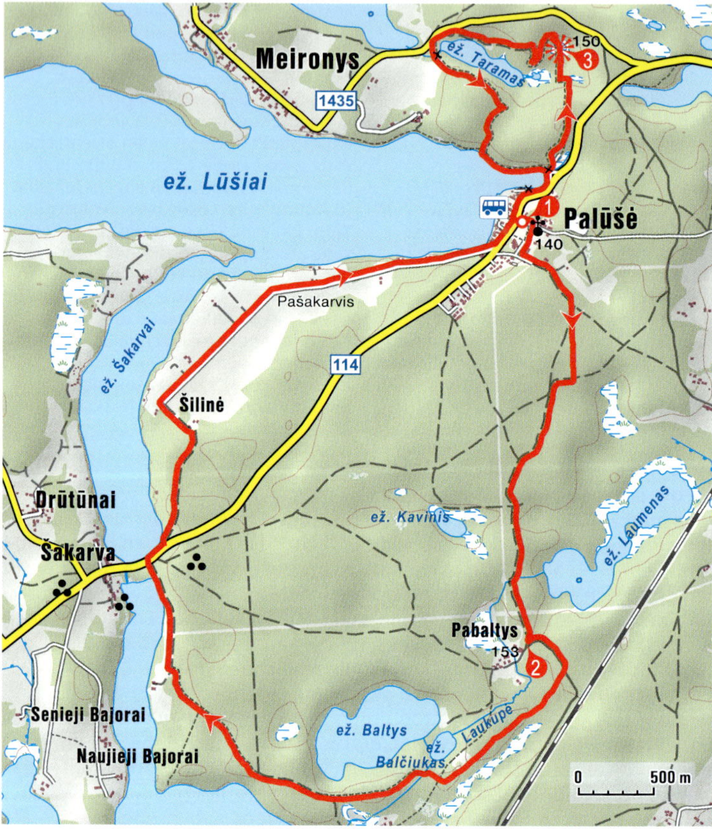

zu Anwesen am Seeufer ab. Der breite Weg nähert sich langsam dem Ufer des Lūšiai-Sees. Kurz vor Palūšė kommt man an einem öffentlichen Campingplatz vorbei, dann trifft der Weg auf die Durchgangsstraße. Hier links, nach 300 m befindet sich auf der rechten Seite das Besucherzentrum von **Palūšė** ❶.

Für die relativ kurze Rundtour des »botanical trail« folgt man in **Palūšė** ❶ kurz der Durchgangsstraße. Nach 400 m leitet links ein Weg ans Seeufer mit einem Strand. Ein schmaler Weg nahe dem Ufer überquert eine Brücke, direkt danach gabelt er sich: Rechts geht es bergauf in den Wald von

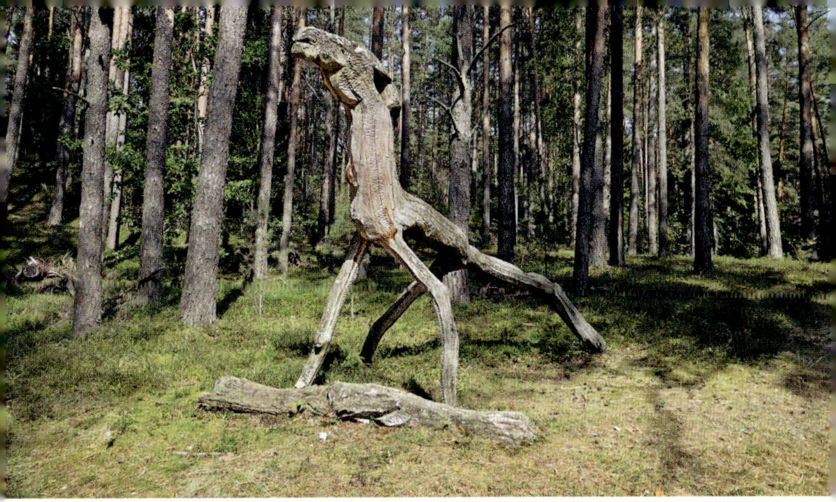

Holzskulptur am Wegesrand.

Palūšė (Palūšės Miškas); von links kommt der Rückweg. An einer Verzweigung nach wenigen Minuten kann man entweder links dem Wegweiser folgen oder rechts auf dem Pfad bleiben; beide Wege treffen sich später wieder. Nach dem Aufschwung erreicht man ein Plateau; ein Abschnitt führt über einen Bohlenweg, bald darauf erkennt man rechts einen kurzen Pfad zu einem namenlosen kleinen **See** 3 mit schönem Ausblick.

Wieder zurück auf dem Hauptweg, verzweigt sich die Route kurz darauf. Der Pfad scharf links beschreibt eine große Schleife durch interessante Vegetation (Infotafel) und trifft dann auf einen breiten Forstweg. Auf diesem nach links nähert man sich dem Ufer des Taramas-Sees. An dessen Ende – noch vor der Straße – links abbiegen, nach 100 m nochmals links, dann wandert man südlich des Sees in leichtem Auf und Ab weiter. Der Pfad passiert eine weitere Infotafel sowie eine Bank, dann schlängelt er sich in leichtem Gefälle hinab zum Ufer des Lūšiai-Sees. Es gibt in diesem Bereich mehrere fast parallel verlaufende Wege. Alle führen letztlich zurück ans Seeufer. An diesem geht man nach links bis zur Durchgangsstraße und nach rechts in wenigen Minuten zum Besucherzentrum von **Palūšė** 1.

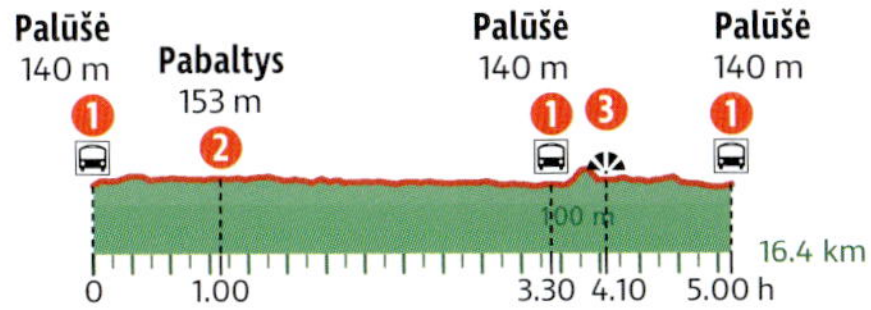

TOP

↗ 200 m | ↘ 200 m | 11.7 km

14 Nationalpark Aukštaitija: Ginučiai

3.30 h

Abwechslungsreiche Tour über Höhenzüge und durch alte Dörfer

Das kleine Dorf Ginučiai am westlichen Rand des Aukštaitija-Nationalparks besteht aus nur wenigen Häusern in einer dünn besiedelten Gegend. Trotzdem ist der Ort nicht nur als Ausgangspunkt für Wanderungen sehr interessant, sondern auch wegen seiner Wassermühle aus dem frühen 19. Jh. Sie war bis 1968 in Betrieb und ist immer noch in einem originalgetreuen Zustand. An heißen Sommertagen baden Besucher gerne im Mühlbach, aber auch das Innere der Mühle kann besichtigt werden.

Südlich des Dorfes erstreckt sich ein Höhenzug, der zwei Seen voneinander trennt. Schon im frühen Mittelalter gab es auf mehreren Wallhügeln (Piliakalnis) kleine Festungen, von denen man die Umgebung gut beobachten konnte. Heute versperrt dichte Vegetation etwas den Blick in die Ferne. Ein deutlich besserer Aussichtspunkt ist der kleine Gipfel Ladakalnis, von dem schöne Tiefblicke zum Linkmenas-See und über die hügelige Landschaft möglich sind. Anschließend führt die abwechslungsreiche Route zu zwei alten Dörfern: Salos II und Salos. Die traditionellen Holzhäuser in den beiden Orten werden mit viel Aufwand erhalten und vermitteln einen guten Eindruck des Lebens im Baltikum, wie es in den letzten Jahrhunderten praktiziert wurde – auf dem Land auch heute noch, natürlich mit den technischen Mitteln unserer Zeit.

Ausgangspunkt: Ginučiai, 140 m, Wassermühle. ÖPNV: ab Vilnius mit Zug oder Bus nach Ignalina, von dort mit Bus 75 nach Ginučiai (die Verbindungen sind ungünstiger als bei Tour 13), Fahrzeit insgesamt knapp 3 Std.
Anfahrt mit Pkw: ab Vilnius über die A14 in Richtung Norden, dann über wenig befahrene Landstraßen nach Ginučiai. Eingabe bei Google Maps: »Ginučiai water mill« (1.45 Std./113 km).
Anforderungen: Das Spektrum reicht von breiten Forstwegen über schmale Pfade bis zu Passagen auf Holzbohlen und -treppen.
Orientierung: An den meisten Verzweigungen Wegweiser, abschnittsweise Farbmarkierungen.
Einkehr/Unterkunft: Nahe dem Ausgangspunkt mehrere Einkehrmöglichkeiten, vom einfachen Imbiss bis zu Restaurants. In der Wassermühle gibt es

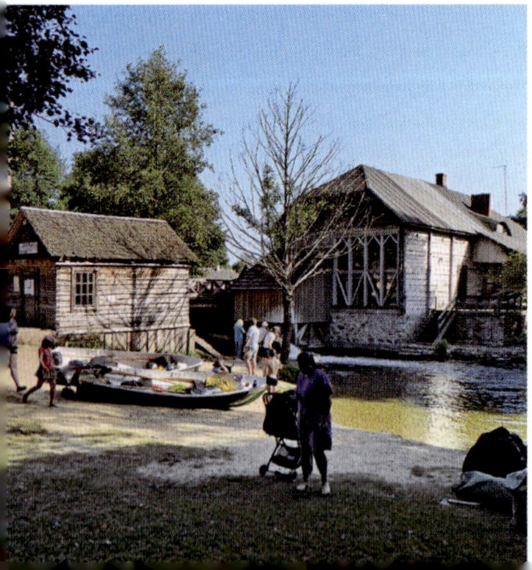

Rund 200 Jahre alt und bis 1968 in Betrieb: Wassermühle Ginučiai.

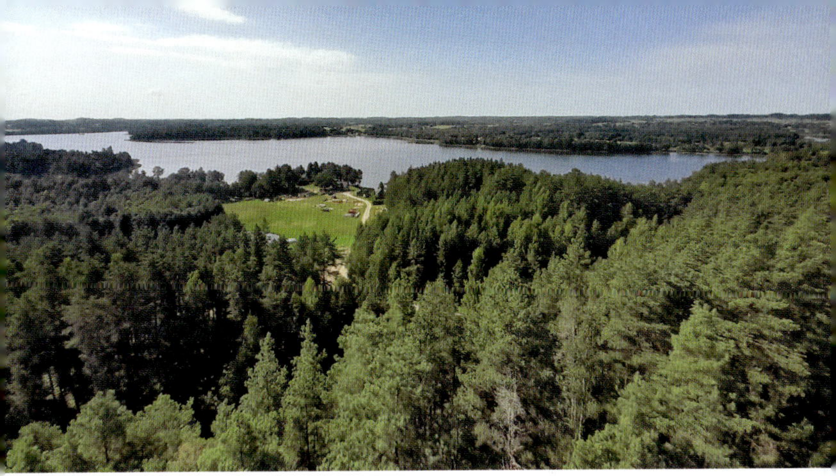

Blick vom Aussichtsturm (vgl. »Tipp Nr.2«).

Gästezimmer; mehr Unterkünfte findet man in Ignalina. Fahrtzeit dorthin mit dem Auto: knapp 20 Min.
Variante: Abkürzung der Tour: nach dem Abstieg vom Ladakalnis geradeaus auf dem Forstweg weiter, nach 10 Min. stößt man vor der nächsten Brücke auf die Hauptroute (Ersparnis: 35–40 Min.).
Tipps: 1. Das Besucherzentrum in Palūšė (im Sommer tgl. 9–17 Uhr, in der Nebensaison etwas kürzer und sonntags geschlossen) sowie die Seite aparkai.lt (auch auf Deutsch) bieten u. a. für diese Tour wertvolle Infos.
2. Rund 1 km westlich des südlichen Ortsausgangs von Ginučiai steht ein Aussichtsturm (Šiliniškių apžvalgos bokštas), der frei zugänglich ist. Von der Wassermühle bzw. dem Ort aus ist der Turm entweder zu Fuß entlang der Straße oder mit dem Pkw schnell erreichbar. Bei klarer Sicht lohnt sich der kurze Abstecher besonders.
Karte: Im Besucherzentrum in Palūšė gibt es Karten für Wanderungen im Nationalpark Aukštaitija.

Von der Wassermühle von **Ginučiai** ❶ geht man zunächst entlang der Straße in südlicher Richtung leicht bergab und folgt dann der 180°-Rechtskurve. Kurz danach überquert eine Brücke den Bach Srovė, direkt danach zweigt man links auf ein Sträßchen (Piliakalnio gatve) ab und nach 300 m schräg rechts auf einen Feldweg. Rund 600 m danach biegt man bei einem Wegweiser nach links ab. Der Weg führt nach ein paar Minuten an einem kleinen Rastplatz mit Sitzbänken und einem WC vorbei und stößt nach weiteren 2 Min. wieder auf das Sträßchen mit einem Parkplatz. Rechts sind bereits die langen Holztreppen zu sehen, über die man auf den Höhenzug mit den Wallhügeln gelangt. Am Ende der ersten Treppe geht es an einer Wegkreuzung rechts auf den ersten der beiden Wallhügel hinauf, den Papilniakalnes pilniakalnis. Ein kurzer Rundweg zieht sich durch dichte Vegetation, bevor es wieder hinab bis zur Wegkreuzung geht. Nun zweigt

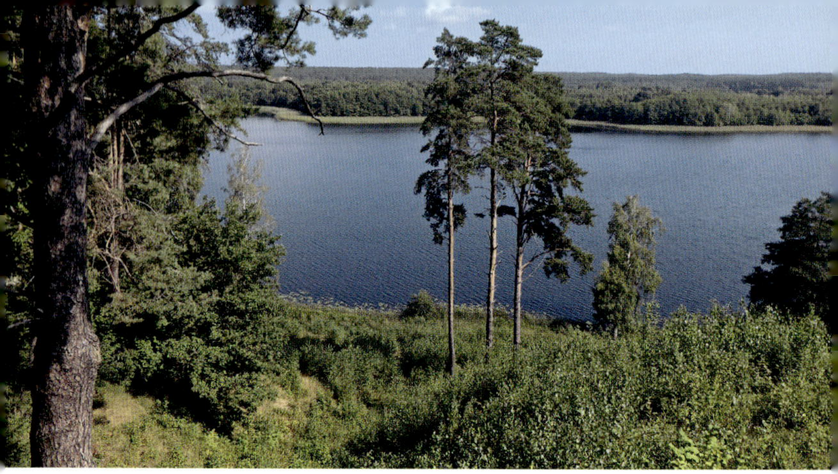

Blick vom Ladakalnis.

man nach rechts ab und steigt über eine weitere Holztreppe auf den zweiten Wallhügel, den **Ginučių Piliakalnis** ❷. Von dessen Plateau öffnet sich zwischen den Bäumen an mehreren Stellen ein schmales Blickfeld über die Landschaft.

Am hinteren Ende des Plateaus geht es über eine Holztreppe wieder hinab zu einer Kreuzung mehrerer Wege. Schräg rechts gelangt man über eine Holztreppe auf die Kammlinie des Höhenzugs. Der leicht abwärts führende Pfad überquert bald das bereits bekannte Sträßchen, auf der anderen Straßenseite schließt sich der Aufstiegspfad zur nächsten Anhöhe an, diesmal ohne Holzstufen. Eine mit Gras bewachsene Kuppe bildet den höchsten Punkt des **Ladakalnis** ❸. Am Rand kann man von einem Holzbalkon hinab zum Linkmenas-See blicken.

Vom Aussichtspunkt folgt man in der bisherigen Grundrichtung dem langen Kamm, der sich zunehmend zu einem Landstreifen zwischen zwei Seen verjüngt. An der schmalsten Stelle geht es über eine Holzbrücke, auf der anderen Seite schließt sich ein relativ breiter Forstweg an, der in Nähe des Ufers des Ežeras Linkmenas verläuft. Nach rund 1 km auf dem Forstweg zweigt bei einem Wegweiser rechts ein Weg in Richtung Salos II ab; geradeaus würde man den Weg zu den Dörfern abkürzen (Variante). Es lohnt sich aber, rechts dem ansteigenden Forstweg zu folgen, der nach knapp 20 Min. auf eine nicht asphaltierte Straße stößt. Rechts befindet sich das alte Dorf **Salos II** ❹, nach links an der Straße entlang erreicht man nach weiteren 20 Min. das etwas belebtere Dorf **Salos** ❺.

Weiter entlang der Hauptstraße durch den Ort, dann verzweigt sich nach 500 m die Straße: Hier hält man sich links, passiert ein Campinggelände

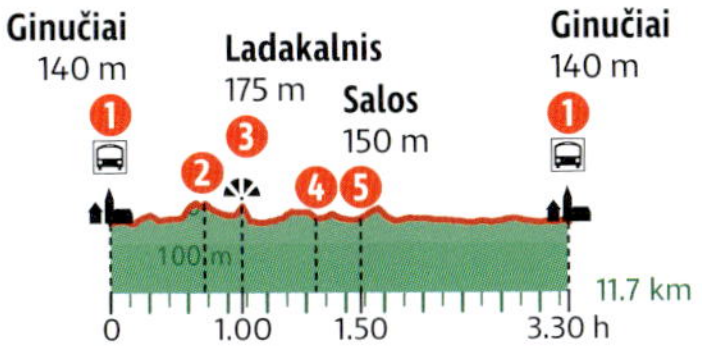

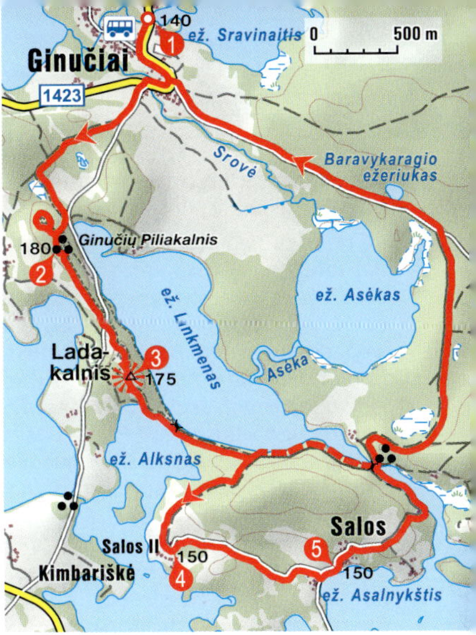

und überquert nach etwa 10 Min. eine Brücke (von links die Variante); auf der anderen Seite links halten (Wegweiser). Der Forstweg umgeht in einem Rechtsbogen den Puziniškis-Hügel, der im frühen Mittelalter als Festung genutzt wurde. Anschließend folgt eine lange Passage durch einen dichten Mischwald aus Kiefern und Birken. Solange man auf die sporadischen Markierungen achtet, ist die Wegfindung einfach. Der Weg führt an einem kleinen See vorbei und erreicht schließlich eine große Lichtung mit den ersten Häusern von Ginučiai. Zuletzt trifft man wieder auf die 180°-Kurve der Hauptstraße und gelangt nach rechts und das letzte Stück leicht bergauf zur Wassermühle von **Ginučiai** ❶.

Restauriertes Haus im alten Dorf Salos II.

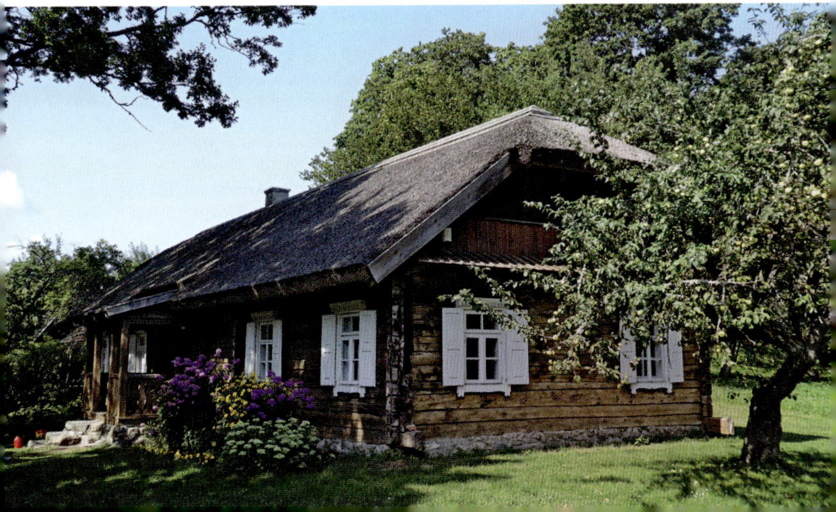

15 Antalieptės Marios

3.00 h

Auf Waldpfaden und mit einer Seilzugfähre durch eine wahre Bilderbuchlandschaft

Im dünn besiedelten Nordosten Litauens liegt das Quellgebiet der Šventoji, des längsten Flusses, der sich ausschließlich innerhalb des Landes bewegt. Die Region wird von einer Seenplatte mit vielen kleinen Inseln in einer grünen Landschaft geprägt. Die Idylle täuscht jedoch ein wenig darüber hinweg, dass in einem Bereich ein massiver Eingriff in die Natur stattgefunden hat: Im Oberlauf der Šventoji wurde der Fluss 1959 zur Stromerzeugung auf einer Fläche von knapp 20 km² aufgestaut. So ist nach dem ebenfalls nicht natürlichen »Kaunasser Meer« vor Kaunas der zweitgrößte See des Landes entstanden. Das kleine Dorf Antalieptės gab dem Stausee seinen Namen: Antalieptės marios (»Lagune von Antalieptės«) oder auch Antalieptės tvenkinys (tvenkinys = Stausee). Dort befindet sich auch das Wasserkraftwerk. Die markierte Rundtour mit dem langen Namen »Šventosios aukštupio pažintinė trasa« (= Lehrpfad flussaufwärts entlang der Šventoji) führt zunächst über eine Landzunge, an deren Ende eine rund 30 m lange Passage über das Wasser mittels einer alten Seilzugfähre überwunden werden muss. Diese befördert bis zu acht Personen per Selbstbedienung. Auch alleine kann man das schon etwas betagte Gerät problemlos nutzen. Der Rückweg bietet zwar weniger Abwechslung, dafür ist in dem oft freien Gelände die Aussicht schöner. Vor allem auf dem letzten Abschnitt, wo man von einem sanften Hügel über den See mit seinen bewaldeten Inseln blicken kann.

Ausgangspunkt: Parkplatz am Beginn des Lehrpfads »Šventosios aukštupio pažintinė trasa«, 165 m, östlich von Baibiai. Anfahrt mit Pkw: ab Kaunas oder Vilnius bis Utena, dann auf der A6 in Richtung Daugavpils (Lettland). Ab Utena rund 30 km bis zur Abfahrt nach Baibiai (südlich der Fernstraße); nach 300 m nach links auf der Ezero gatve gut 1,6 km bis zum kostenlosen Wanderparkplatz (links, mit Infotafel und Unterstand). Ab Kaunas 2.45 Std./162 km, ab Vilnius 2 Std./126 km.
Anforderungen: Relativ leichte Wanderung auf Forstwegen und Waldpfaden.
Orientierung: Farbmarkierungen auf Bäumen (blaue Punkte) und zahlreiche Wegweiser machen die Wegfindung leicht.
Einkehr/Unterkunft: Keine.
Hinweis: Insektenschutzmittel mitnehmen.

Blickt man vom **Parkplatz ①** am Beginn des Lehrpfads »Šventosios aukštupio pažintinė trasa« über den Ežeras Murausko, dann verläuft die erste Hälfte der Rundtour auf der linken (östlichen) Seite nahe dem bewaldeten Ufer. Ein gut erkennbarer Weg führt leicht abwärts in den Kiefernwald. Mehrere Wegweiser entlang der gesamten Route informieren über die Entfernung zum Ausgangspunkt (»pažintinės trasos pradžia«) und zur

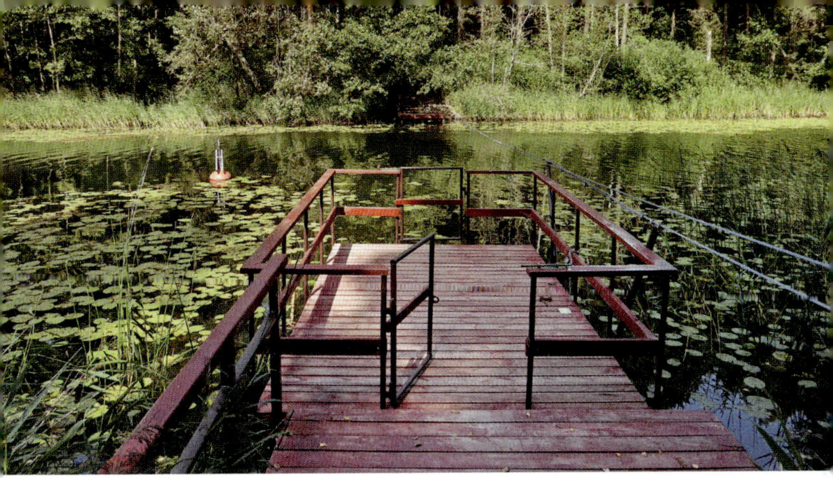

Bis zu 500 kg trägt die Plattform der Seilzugfähre.

Seilzugfähre (»pontonine perkėla«). Nach 20 Min. verzweigt sich der gut markierte Weg, hier hält man sich links. Nach wenigen Minuten zweigt rechts ein Pfad durch dichten Wald ab. Auf einer kleinen Anhöhe stehen Kreuze einer **alten Grabstätte** ❷.
Wenig später erreicht man wieder den breiten Hauptweg, in dessen Nähe sich ein Grabhügel (Galminių pilkapynas I) erhebt. Kurz darauf verlässt die Route den breiten Weg erneut und zieht sich links durch den Wald bis zu einem schönen Rastplatz am Ufer. In einer weiten Schleife geht es wiederum zurück zum Hauptweg, wo sich links ein weiterer Grabhügel (Galminių pilkapynas II) erhebt. Im weiteren Verlauf verjüngt sich die Landzunge und führt an einem weiteren schönen Rastplatz am **Murausko ežeras** ❸ vorbei. Knapp 20 Min. später steht man an einer Engstelle des Sees an einer kleinen Anlegestelle. Mit einer Kurbel lässt sich die Seilzugfähre **pontonine perkėla** ❹ in die gewünschte Startposition bringen, für die Überfahrt zieht man sich an einem Drahtseil bis zum gegenüberliegenden Ufer.
Hier schließt sich ein schmaler Pfad durch zunächst dichte Vegetation an. Nach wenigen Minuten wird daraus ein breiter Weg, der in südwestliche Grundrichtung durch lichten Wald und über freies Gelände verläuft. Rund 1,3 km nach der Seilzugfähre trifft man auf eine einfache Sitzbank, eine Tafel informiert unter der Überschrift »Šlapynės« über Flora und Fauna – aber leider nur auf Litauisch. Knapp 15 Min. später gelangt man an eine Kreuzung bei einer Scheune. Hier

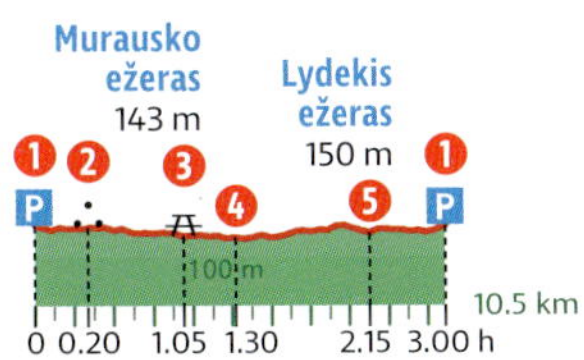

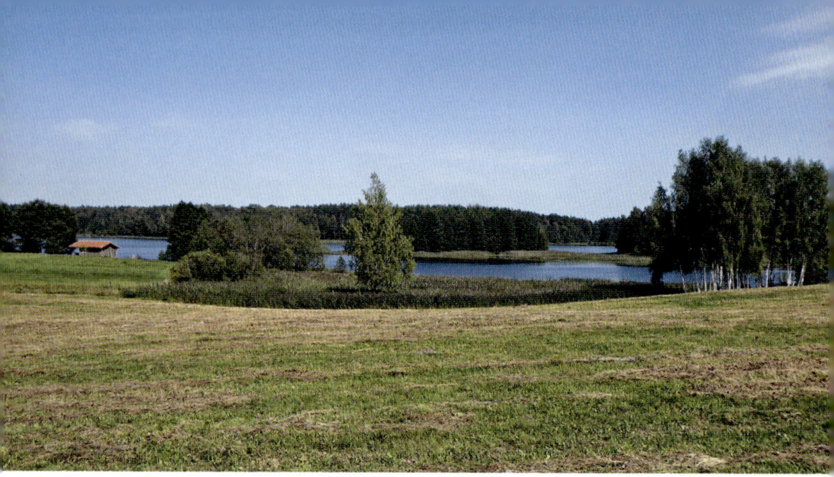

Kurz vor Tourende öffnet sich nochmals ein weites Panorama.

zweigt man nach rechts ab und folgt nun in nordwestlicher Grundrichtung weiter der markierten Route. Nach einem etwas weniger spektakulären Abschnitt kommt man am **Lydekis ežeras** 5 vorbei, der sich ein wenig hinter Bäumen versteckt. Etwas später öffnet sich vom breiten Weg ein schöner Blick über Wiesen, alte Häuser und den Ežeras Murausko mit seinen Inseln, bis schließlich der **Parkplatz** 1 wieder erreicht ist.

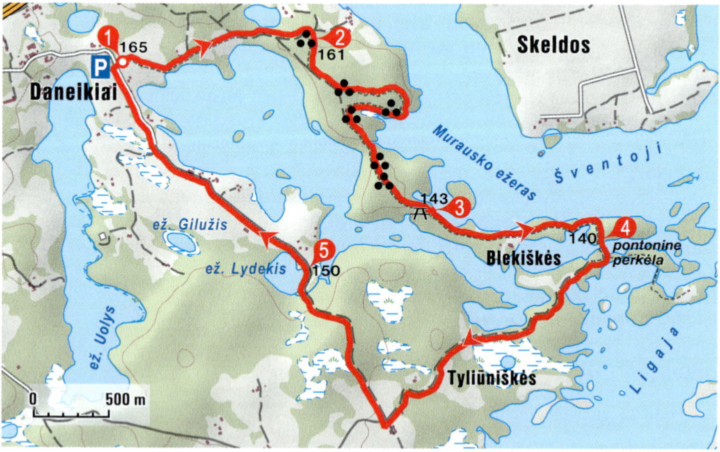

↗ 60 m | ↘ 60 m | 9.0 km

2.30 h

Regionalpark Anykščiai

16

Der Riesenfindling Puntukas und der Uferpfad an der Šventoji

Südlich der ruhigen Provinzhauptstadt Anykščiai erstreckt sich auf einer Fläche von knapp 155 km² ein Regionalpark, dessen westlicher Teil von dem längsten ausschließlich in Litauen fließenden Fluss – der 246 km langen Šventoji – durchströmt wird. Sie entspringt im Osten des Landes und mündet nordöstlich von Kaunas in die Neris. Wörtlich bedeutet Šventoji »die Heilige«, vielleicht wurden deswegen entlang des Uferpfads einige Holzskulpturen mit religiösen Motiven aufgestellt. Der Fluss verblüfft aber vor allem durch die hohe Dichte an Inseln, zumindest im Vergleich zu den anderen Fließgewässern des Landes. Meist sind die Eilande klein, flach und von dichter Vegetation bedeckt.

Gleich zu Beginn der Tour wartet bereits der erste Höhepunkt: der 265 Tonnen schwere und knapp 7 m lange Puntuko akmuo (»Puntukas-Fels«). Er ist der zweitgrößte Findling des Landes und wie viele andere auch vor rund 16.000 Jahren während der letzten Eiszeit durch die Gletscher von Skandinavien ins Baltikum verschoben worden. In die Stirnseite des großen Granitfelsens sind die Köpfe zweier US-litauischer Piloten eingemeißelt. Wer noch eine kleine Portion Höhenrausch sucht, findet hierzu eine Gelegenheit: Direkt vor dem Parkplatz steht ein hoher Aussichtsturm, der den Abschluss eines ziemlich hoch verlaufenden Baumwipfelwegs bildet. Dessen Startpunkt lässt sich über einen Weg hinter dem Puntukas-Fels erreichen.

Auf dem langen Weg entlang dem Flussufer geben zahlreiche Infotafeln (auch auf Englisch) Auskunft über Flora und Fauna. Ein kurzer Abstecher in ein geologisch interessantes kleines Seitental lockert den sonst recht gleichförmigen Rückweg auf: Im kleinen Šlavės-Tal treten Sedimentschichten ans Tageslicht, die sonst nirgendwo im Baltikum zu sehen sind.

Ausgangspunkt: Parkplatz Puntukas, 85 m. Anfahrt mit Pkw: ab Kaunas oder Vilnius über Ukmergė und Kurkliai in Richtung Anykščiai. 6 km vor der Stadt schräg links abbiegen und der Sackgasse bis zum kostenlosen Parkplatz am Ende folgen. Ab Vilnius 1.30 Std./110 km, ab Kaunas 1.45 Std./110 km.
Anforderungen: Leichte Wanderung; am Fluss schmaler Uferpfad, zurück über einen asphaltierten Radweg.
Orientierung: Nur wenige Wegweiser und keine Markierungen, dennoch ist die Wegfindung sehr leicht.
Einkehr/Unterkunft: Am Ausgangspunkt gibt es mehrere Imbisse sowie ein WC am Infocenter/Souvenirshop; am Ende des Uferwegs hinter der großen Holzterrasse bietet ein Café auch Speisen an. Alle haben nur saisonal bzw. an Wochenenden geöffnet.
Variante: Verkürzung der Tour: nach rund 2 km bei einem Wegweiser (»Šlavės atodanga«) nach rechts auf dem Pfad in einigem Auf und Ab zum Rückweg auf Höhe des kleinen Šlavės-Tals (Ersparnis 1 Std., 3,8 km).
Hinweise: 1. Wer die Tour über den Baumwipfelweg starten möchte, geht am Puntukas-Fels vorbei noch 150 m

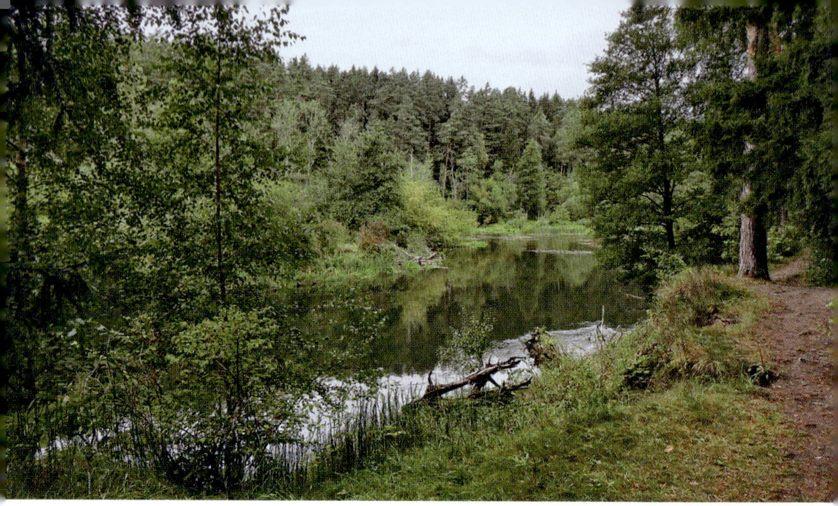

Eine der vielen Inseln in der Šventoji.

weiter zum Einstieg. Am Ende steht man auf dem Aussichtsturm unweit des Parkplatzes am Ausgangspunkt; Tickets (4 €) im Infocenter.
2. Das Besucherzentrum des Anykščiai Regionalparks befindet sich im Osten der Kleinstadt Anykščiai (J. Biliūno gatve 55; Mo–Do 8–17 Uhr, Fr 8–15.45 Uhr).
Karte: Am Ausgangspunkt steht eine Infotafel mit eher skizzierter Übersichtskarte, im Infocenter/Souvenirladen gibt es Prospekte. Mehr Kartenmaterial erhält man im Besucherzentrum des Regionalparks in Anykščiai.

Vom Parkplatz **Puntukas** ❶ geht es zunächst ein paar Meter auf der Straße zurück, dann zweigt links ein Weg ab, auf dessen linker Seite der Granitfels Puntukas nicht zu übersehen ist. Anschließend wieder zurück (oder über den Baumwipfelpfad, siehe »Hinweise«) und auf Höhe des Aussichtsturms (dessen Plateau man nur über den Baumwipfelpfad erreichen kann) die Treppe hinab in Richtung Flussufer. Dort schließt sich ein deutlicher Pfad an, der erst 300 m nahe am Ufer verläuft und dann eine Flussschleife abkürzt.
Nach etwa 30 Min. auf dem Uferweg erreicht man eine Wiese mit Sitzbänken. Hier gibt es die erste Querverbindung zum parallel verlaufenden Rückweg. Etwa 10 Min. darauf zweigt bei einem Wegweiser ein Pfad zum Tal der Šlavė ab (vgl. »Variante«), das sich aber später vom Radweg aus schneller erreichen lässt. Am Ende entfernt sich der Pfad etwas vom Ufer und stößt auf einen gepflasterten Weg. Hier geht man links die Treppe hinunter und hält sich nach 200 m an einer Verzweigung links. So erreicht man eine große Uferterrasse aus Holz, dahinter gibt es in dem Gebäude ein **Café** ❷ (»Baras«). Nun entfernt man sich vom Fluss auf einem breiten Weg, der kurz darauf den Waldkletterpark **Dainuvos Nuotykių Slėnis**, dann ein

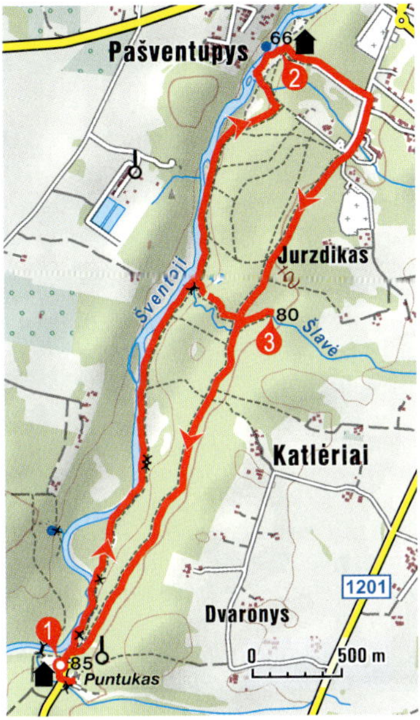

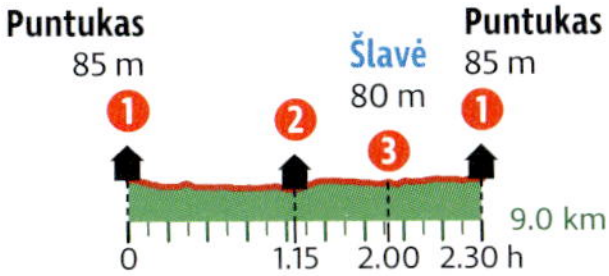

Freilufttheater passiert. Dem Weg folgt man bis zum Ende, wo er auf eine Straße trifft. Dort biegt man rechts ab und geht etwa 300 m auf dem Fußweg. Wo die Straße links aufsteigend abbiegt, folgt man geradeaus dem Radweg, der bis zum Ausgangspunkt zurückführt. Nach rund 1,2 km auf dem Radweg zweigt links bei einem Wegweiser (»Šlavės atodanga«) der Pfad ins kleine Seitental ab, nach 200 m erreicht man eine Lichtung im Tal der **Šlavė** ❸ mit einer Infotafel. Anschließend geht es wieder zurück auf den Radweg und auf diesem rund 2,1 km weit zum Parkplatz **Puntukas** ❶.

265 Tonnen schwer: Litauens zweitgrößter Findling, der Puntukas-Fels.

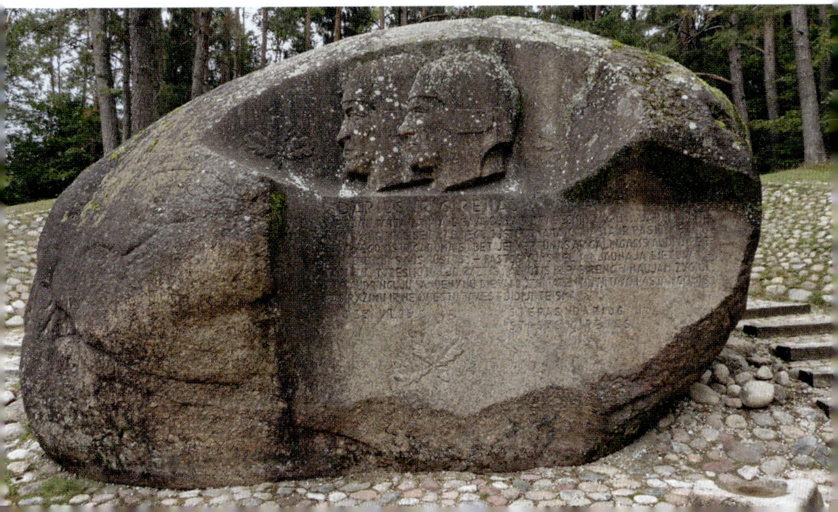

17 Partisanenwald Algimantas

3.30 h

Ruhige Wanderung durch einen Wald mit tragischer Geschichte

Während des Zweiten Weltkriegs hatte die UdSSR 1940 völkerrechtswidrig die drei baltischen Staaten annektiert. Daraufhin formierten sich vor allem im ländlichen Raum Widerstandsgruppen, die als »Waldbrüder« in die Geschichte des Baltikums eingingen. Teilweise wollten sich die Menschen einfach nur vor einer drohenden Deportation nach Sibirien in Sicherheit bringen. Es gab aber auch zahlreiche bewaffnete Milizen, die Sabotageakte gegen die Besatzer – zwischenzeitlich war es auch die deutsche Wehrmacht – verübten. Bis in die frühen 1950er-Jahre waren diese Gruppen aktiv, dann legten sie die Waffen endgültig nieder.
In dem 135 km² großen Kiefern- und Birkenwald Šimonių giria im dünn besiedelten Nordostens Litauens hatten sich in den 1940er-Jahren solche Partisanenverbände verschanzt und wurden später von den Sowjets aufgerieben. Dabei gab es viele Todesopfer, an die auf dem Lehrweg erinnert wird. Leider sind die Texte auf den Infotafeln ausschließlich auf Litauisch, deswegen sollte man sich vorher mit dem Thema beschäftigen (vgl. »Hinweis«); im Internet gibt es hierzu auch deutschsprachige Seiten.
Ohne diese Hintergründe würde man in dem ruhigen Wald einen netten Wandertag erleben. Die angenehm weichen Wege verwandeln sich auch nach Niederschlägen nicht sofort in Schlammpisten. Auf halber Strecke liegt ein Rastplatz am Priegodas-See. Eigentlich ein ruhiger und schöner Ort für eine kleine Pause. Allerdings wurden hier Partisanen hingerichtet, wenige Meter weiter stehen zum Gedenken acht Stelen mit Doppelkreuz.

Ausgangspunkt: Rudakasiai, 98 m, Beginn des Lehrpfads etwa 100 m nördlich der kleinen Siedlung. Anfahrt mit Pkw: ab Vilnius bzw. Kaunas nach Ukmerge, dann über die Landstraße 120 bis Svėdasai. An der Kreuzung vor dem Ort links und nach gut 4 km wieder links auf die nicht asphaltierte Straße abbiegen. Nach knapp 700 m steht rechts bei einer Abzweigung eine Infotafel. Ab Vilnius oder Kaunas je rund 2 Std./140 km.

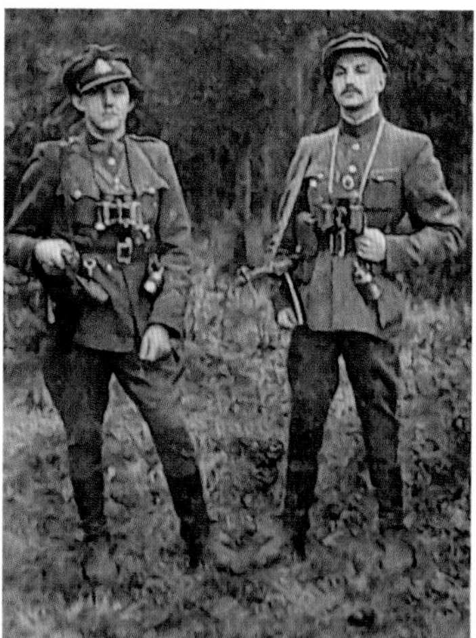

Abbildung zweier Partisanen auf einer Infotafel.

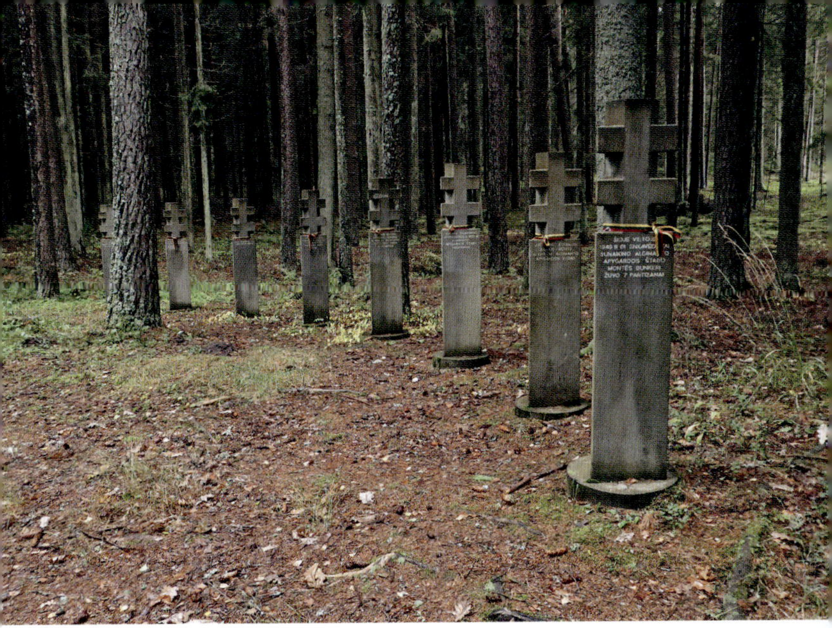

Acht Stelen mit Doppelkreuz stehen nahe am Seeufer.

Anforderungen: Leichte Wanderung auf breiten Waldwegen.
Orientierung: Fast die gesamte Route ist mit aufrechten Steinplatten mit einem Doppelkreuz-Symbol gut markiert.
Einkehr/Unterkunft: Keine.
Variante: Verkürzung der Route: nach etwa 1 Std. an der Wegkreuzung links abbiegen, nach 1 km erneut nach links und auf diesem Weg direkt bis zum Ausgangspunkt gehen (Ersparnis 2 Std./8 km).
Hinweis: Weitere Infos zum Thema: genocid.lt.
Karte: Am Ausgangspunkt Infotafel mit Skizze der Rundtour.

Vom Beginn des Lehrpfads nördlich von **Rudakasiai** ❶ folgt man dem leicht ansteigenden Seitenweg und hält sich nach 150 m an der Verzweigung rechts. In nur sehr leichtem Auf und Ab führt der breite Weg durch den Wald und nach rund 45 Min. an einer Infotafel vorbei. Etwa 15 Min. später geht man an einer Wegkreuzung geradeaus (oder links, siehe Variante). Bald darauf wird eine Lichtung passiert, danach biegt der Weg nach links in einen ebenso breiten Forstweg ein; die auffälligen Markierungen lassen keine Zweifel am richtigen Weg aufkommen. Etwa 10 Min. später überquert man die breite, nicht asphaltierte Straße, an der gut 2 km weiter links der Ausgangspunkt liegt. Auf der gegenüberliegenden Seite (Schild: »Algimanto Apygardos«) schließt sich wieder ein breiter Weg an. Nach knapp 1 km

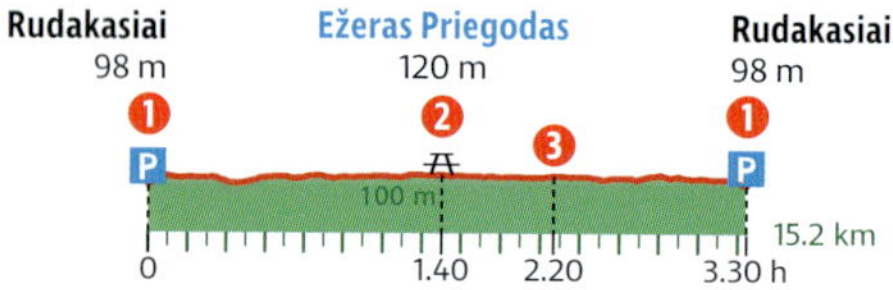

biegt man bei einem weiteren Schild links ab und gelangt nach wenigen Minuten an den Rastplatz am **Ežeras Priegodas** ❷.
Die Route führt in gleicher Richtung zunächst an acht Stelen zum Gedenken an die Opfer unter den Partisanen vorbei. Am Ende des Weges geht es links an einem eingezäunten Waldstück entlang, bis man wieder auf die Hauptroute trifft. Diese zweigt nach 400 m links ab und wendet sich in einem leichten Linksbogen in Richtung Nordosten. An einer Verzweigung mit einer Infotafel in der Mitte geht es nach rechts zum kleinen **Fried-**

Der sandige Boden wird bei Nässe nicht zur Schlammpiste.

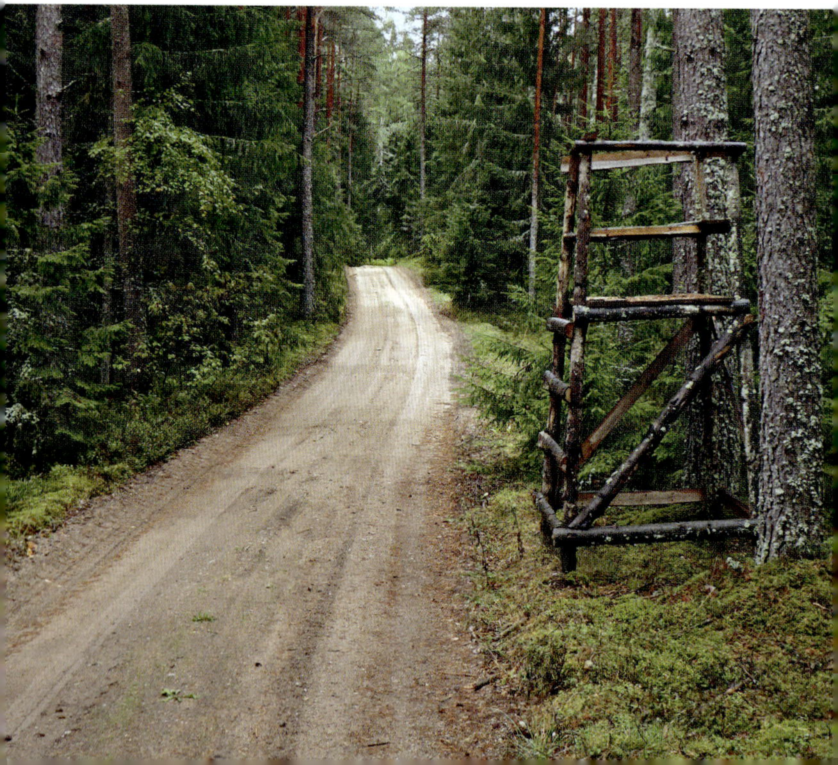

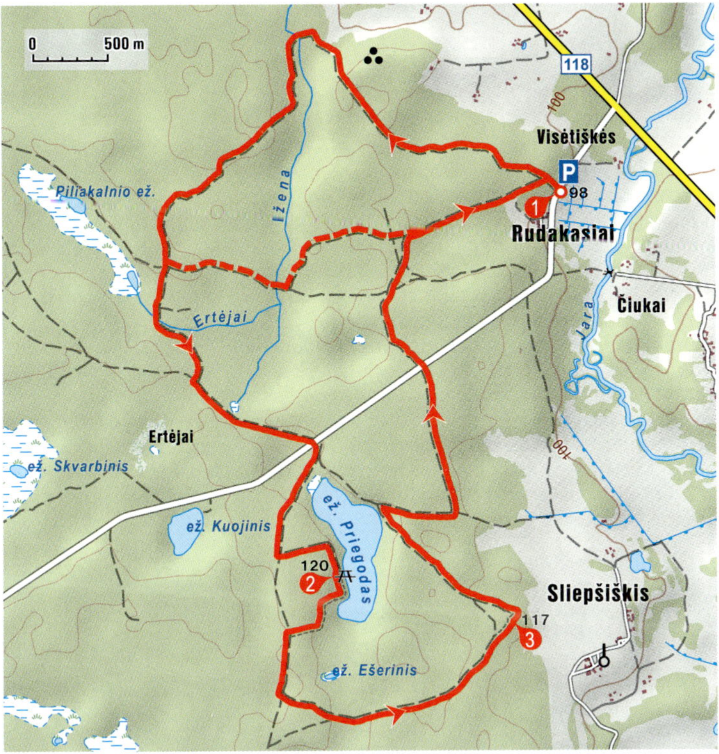

hof ❸. Anschließend kehrt man links haltend in wenigen Minuten wieder zur Hauptroute zurück.
Nach gut 1 km biegt man scharf rechts und 500 m danach links ab. Beide Abzweigungen sind markiert. Am Ende trifft man wieder auf die breite Straße. Direkt gegenüber setzt sich die Route fort, sie ist im folgenden Abschnitt aber nicht markiert und droht zu überwuchern. Notfalls wandert man über die nicht asphaltierte Straße zurück zum Ausgangspunkt. Folgt man der nun unmarkierten Route, dann orientiert man sich bei Verzweigungen in nordöstliche Grundrichtung (also eher rechts); schlimmstenfalls muss man bei falscher Wegwahl einen kleinen Umweg in Kauf nehmen. Ein Verlaufen ist jetzt so gut wie ausgeschlossen, denn am Ende trifft der Weg wieder an die erste Verzweigung der Tour und wenige Schritte später auf den Beginn des Lehrpfads bei **Rudakasiai ❶**.

TOP

18 Naturpark Papes ezers

↗ 50 m | ↘ 50 m | 33.2 km

7.15 h

Große Rundtour in einem einsamen Naturreservat

Um den Pape-See im äußersten Südwesten Lettlands findet man eine naturbelassene Landschaft, die nicht nur für unzählige Vögel ein geschützter Lebensraum ist. Auf den Wiesen leben Auerochsen und Koniks, eine dem Wildpferd ähnliche Ponyrasse. Die friedlichen Tiere mit ihrem hellen Fell und schwarzem Langhaar wurden im Rahmen eines WWF-Projekts 1999 hier angesiedelt und leben völlig frei. Während der langen Wanderung um das flache Gewässer wird man zumindest aus der Ferne Koniks betrachten können, manchmal auch aus der Nähe.

Das ehemalige Fischerdorf Pape wird nur noch von wenigen Menschen bewohnt. Während der Zeit als Sowjetrepublik war es der Bevölkerung nicht gestattet zu fischen. Vielen Familien wurde dadurch die Lebensgrundlage entzogen und ein großer Teil der Dorfbevölkerung siedelte in größere Städte um. Das Seeufer ist meist sumpfig, dichtes Schilf erschwert außerdem den Zugang zum Wasser. Über einige Wege gibt es dennoch die Möglichkeit, dem See nahezukommen. Mit einem Fernglas und etwas Geduld kann man dann seltene Vogelarten beobachten.

Aus großer Entfernung aufgenommen: ein Konik-Pferd.

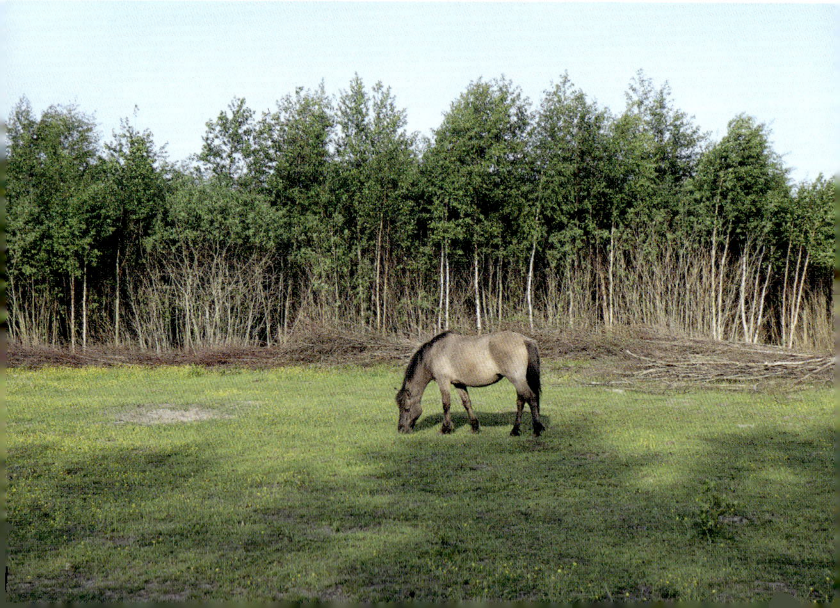

Ausgangspunkt: Pape, 2 m, Besucherzentrum am südwestlichen Ende des Pape-Sees. Anfahrt mit Pkw: ab Klaipėda (Litauen) oder Liepaja (Lettland) über die Fernstraße A13. Auf halber Strecke zwischen den beiden Städten, 9 km nördlich der Staatsgrenze, der Beschilderung »Pape« in Richtung Westen folgen. Nach 7,5 km liegt das Besucherzentrum an der linken Straßenseite (davor kostenlose Parkplätze). Eingabe bei Google Maps: »Papes tūrisma informācijas punkts«. Ab Klaipėda 63 km, ab Liepaja 55 km, Fahrzeit jeweils rund 50 Min.
Anforderungen: Kondition für die lange Strecke, die aber leicht begehbar ist.
Orientierung: Die Wegfindung ist nicht besonders schwierig, an den meisten Verzweigungen stehen Wegweiser mit einem Fußgängersymbol.
Einkehr/Unterkunft: Rund 2 km nördlich des Besucherzentrums gibt es mehrere Campingplätze (Juni–Aug. geöffnet; Info: pukarags.lv).
Variante: Vom Ufer des Pape-Sees 4 zurück zum Ezerskola-Fels 3 und über die direktere Route nach links zum Hauptweg. Achtung: Der Weg führt am Ende mitten durch einen landwirtschaftlichen Betrieb; das Begehen ist für Fußgänger weder explizit erlaubt noch verboten. Falls man auf die Bewohner trifft, sollte man auf jeden Fall freundlich nach deren Zustimmung fragen, notfalls mit Handzeichen (Ersparnis: rund 15 Min.).
Hinweise: 1. Im Sommer unbedingt Insektenschutzmittel mitnehmen; insbesondere auf dem westlichen Abschnitt der Route können tagaktive Stechmücken zur Plage werden.
2. Öffnungszeiten des Besucherzentrums: Juni–Aug. Mi–So, Kernzeit: 10–15 Uhr.
Tipps: 1. Kurzer Abstecher (mit Pkw möglich) zum Strand mit einem Leuchtturm. Vom Besucherzentrum auf der Straße rund 500 m in Richtung Norden fahren, bis links der Weg zum Strand mit einem kostenlosen Parkplatz abzweigt.
2. Von Pape entlang der Küste in Richtung Süden gelangt man zum Moor von Nida. Ein Bohlenweg führt zu einem Aussichtsturm.
Karte: Unterwegs viele Infotafeln mit detaillierten Karten.

Vom Besucherzentrum in **Pape** 1 folgt man der Straße kurz in Richtung Inland (Osten) über eine Brücke, rund 150 m danach zweigt rechts ein Wanderweg ab. Nach 300 m biegt man vor einer Brücke links ab und wandert auf dem deutlichen Weg neben dem Paurupes-Kanal weiter. Anfangs bewegt man sich noch in freiem Gelände, dann geht es durch Wald, immer neben dem Kanal. Schließlich trifft der nur noch schmale Weg neben einer Brücke auf die Straße zum Besucherzentrum. Auf der anderen Straßenseite setzt sich der Weg fort, auf seiner linken Seite erstreckt sich das weitläufige **Weideland für die Wildpferde** 2.

Der Weg begleitet weiterhin den Kanal, bald wieder durch Wald. An einigen Stellen erkennt man am Rand des Kanals Biberbauten, die Tiere selbst wird man eher nicht zu Gesicht bekommen. Nach knapp 3 km, direkt nach einer einfachen Brücke, zweigt die Route links ab. Nun bewegt man sich auf den See zu, der Weg wird etwas undeutlicher. Rund 700 m nach der kleinen Brücke macht der Pfad einen Rechtsknick, verläuft 800 m in nördlicher Grundrichtung, um dann wieder nach rechts (Osten) als deutlicherer Weg am Rand einer Waldfläche weiterzuführen. Bei einem Wegweiser geht es nach links, nach 1 km bei einem weiteren Wegweiser nach rechts auf einen breiten Weg. Bei der Kreuzung nach 500 m biegt man links ab (Wegweiser) und

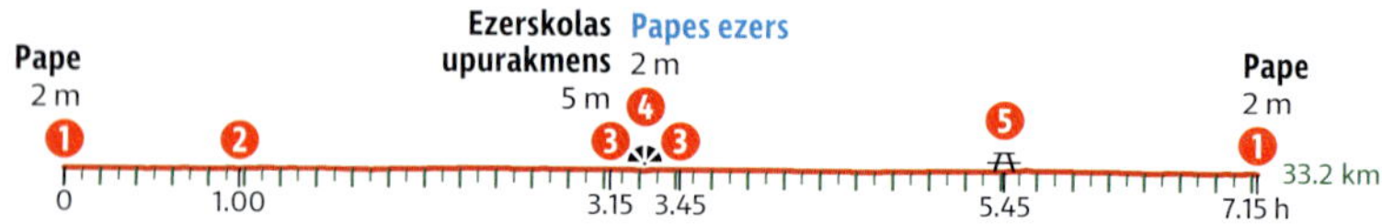

folgt dem geradlinigen Weg rund 3,5 km bis zum nächsten Wegweiser: Hier beginnt nach links der Abstecher an den See. Nach 15 Min. erkennt man auf der rechten Seite den auffälligen **Ezerskolas upurakmens** ❸, einen Felsen mit mystischer Bedeutung. Am Fels biegt man links ab, nach 200 m erneut links und bei einem Wegweiser 10 Min. später rechts halten. Mit der Annäherung an das Ufer wird der Untergrund sumpfiger, schließlich geht es über Holzbohlen bis zu einem überdachten Aussichtspunkt am **Papes ezers** ❹. Anschließend geht man zurück zum **Ezerskolas upurakmens** ❸ und entweder über den Privatweg links (siehe Variante) oder rechts zurück bis zur Kreuzung. Nun nach links und nach 1,2 km bei der nächsten Kreuzung wieder links abbiegen. Nach 1,4 km beginnt links ein schmaler Pfad, über den die weitere Route verläuft. In einem weiten Linksbogen bewegt man sich auf die Dünen zu, die den See von der Küste trennen. In dem bewaldeten Bereich muss im Sommer mit aufdringlichen Stechmücken gerechnet werden. In der Nähe der Dünen wird der Boden angenehm weich, bis man einen kleinen **Rastplatz** ❺ erreicht. Die letzten Kilometer verlaufen über breite Wege. Solange man in südliche Grundrichtung wandert, wird man schließlich die asphaltierte Straße erreichen und 5 Min. später **Pape** ❶.

Steg zum Ufer des Pape-Sees.

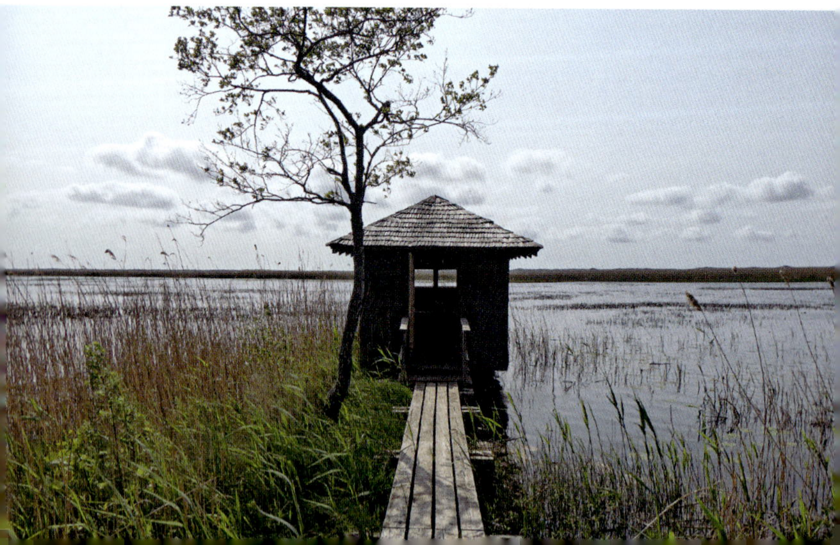

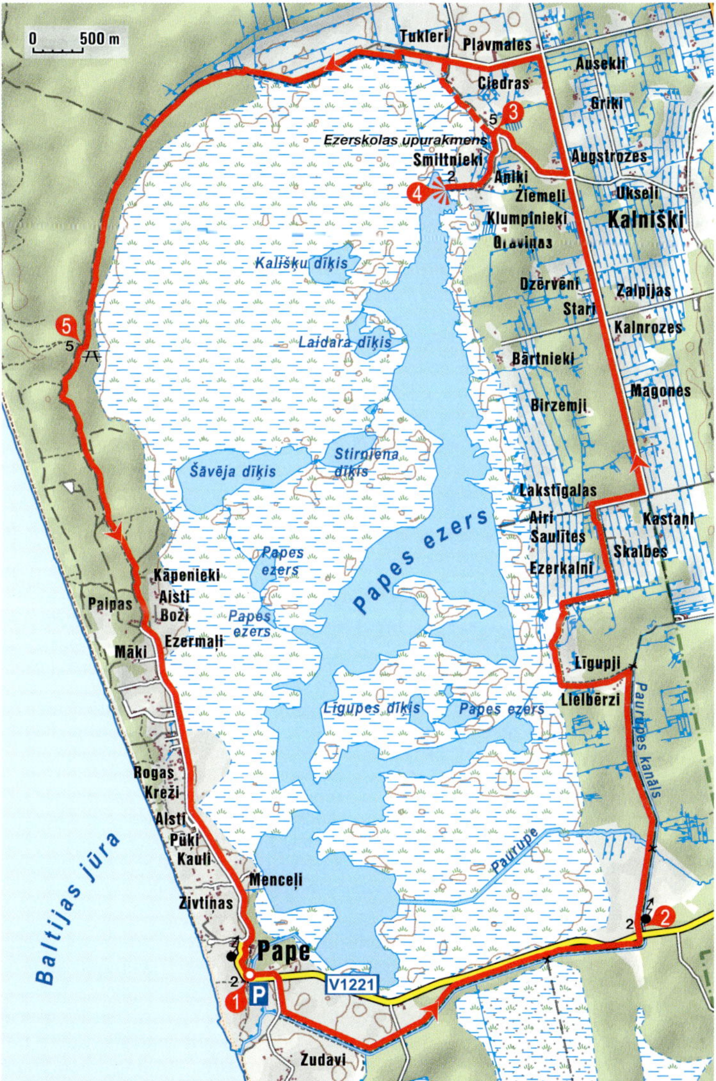
0 500 m
Tukleri
Pļavmales
Ausekļi
Ciedras
Griķi
Ezerskolas upurakmens
Smiltnieki
Augstrozes
Aniki
Ziemeļi
Ukseļi
Klumpinieki
Kalnišķi
Kališķu dīķis
Dzērvēni
Zalpijas
Stari
Kalnrozes
Laidara dīķis
Bārtnieki
Magones
Birzemji
Stirnena dīķis
Šāvēja dīķis
Lakstīgalas
Airi
Kastaņi
Saulītes
Papes ezers
Skalbes
Kāpenieki
Ezerkalni
Paipas
Aisti
Boži
Ezermaļi
Māki
Līgupji
Lielbērzi
Līgupes dīķis
Pauupes kanāls
Rogas
Kreži
Alsti
Pūķi
Kauli
Paurupe
Baltijas jūra
Menceļi
Zivtiņas
Pape
V1221
Zudavi

↗ 90 m | ↘ 90 m | 15.5 km

19 Naturpark Bernāti: kāpa Puseni (Puseni-Düne)

4.00 h

Küste, Wald, und die höchste Düne Lettlands

Südlich von Liepaja, der größten Stadt der historischen Region Kurland (Kurzeme), dominieren Kiefernwälder und Felder die grüne, menschenleere Landschaft. Auch an der Küste trifft man nur selten auf Bebauungen. Hinter dem in Lettland an vielen Küstenabschnitten typischen weißgelben Sandstrand haben sich auffällige Dünen gebildet. Schon vom Strand aus fällt die steile Stufe auf, die den Übergang zu den bewaldeten Sandwällen bildet. Die kāpa (lettisches Wort für Düne) Puseni, mit knapp 37 m die höchste des Landes, liegt etwas versteckt in der zweiten Reihe. Außer den typischen Kiefern wachsen dort auch seltene Pflanzen wie z. B. Bocksbart oder Leimkraut.
Um den Naturpark Bernāti aufzuwerten, wurden im nördlichen Bereich ein Aussichtsturm errichtet und verschiedene Skulpturen aufgestellt. Eine davon soll den westlichsten Punkt des Landes markieren, was aber streng genommen nicht ganz exakt ist: Der tatsächlich westlichste Punkt liegt knapp 4 km entfernt. Im südlichen Bereich des Schutzgebiets gibt es bis auf eine Holztreppe auf die Puseni-Düne nichts außer Natur.

Ausgangspunkt: Bernāti, 8 m, Bushaltestelle. ÖPNV: zwischen Liepaja (Robežu iela) und Bernāti tgl. bis zu 12x Buslinie 6909. Die Haltestelle Bernāti befindet sich direkt am Ausgangspunkt. Fahrtdauer: 25 Min. Fahrplan: rome2rio.com. Anfahrt mit Pkw: ab Liepaja über die A11 in Richtung Süden (Klaipėda), nach 13 km rechts in Richtung »Jāņa Čakstes piemiņas zīme«. Nach knapp 2 km rechts kostenloser Parkplatz. Fahrtdauer ab Liepaja: 15 Min.
Anforderungen: Einfache Wanderung über einen längeren Strandabschnitt sowie über abwechslungsreiche Waldwege und -pfade. Die Wegfindung ist abschnittsweise nicht ganz einfach.
Orientierung: Entlang der Route gibt es nur wenige hilfreiche Wegweiser oder Markierungen. Während die Orientierung entlang der Küste eindeutig ist, können die Verzweigungen im Wald für etwas Verwirrung sorgen. Deswegen besser zusätzlich GPS-Unterstützung nutzen.
Einkehr/Unterkunft: Nahe dem Ausgangspunkt bietet sich das empfehlenswerte Café Dzintariņš für eine Einkehr an (Mo–Fr 12–21 Uhr, Sa/So 11–21 Uhr).
Hinweis: Im Wald muss man mit Stechmücken rechnen, also Insektenschutzmittel mitnehmen.
Karte: Die Übersichtskarte auf den Infotafeln ist nicht sehr hilfreich.

Vom Parkplatz bzw. der Bushaltestelle in **Bernāti** ❶ folgt man der Straße in den Wald (Schild: »Jāņa Čakstes piemiņas zīme«). Nach wenigen Metern kommt man am Café Dzintariņš vorbei, dahinter befindet sich ein Parkplatz; hier schräg rechts über einen Waldweg weiter in westlicher Richtung gehen und nach 200 m links halten. Am Ende erreicht man die Küste neben der Siedlung **Veckrūmi** ❷. Nun geht es am Ufer entlang in südliche Richtung weiter.

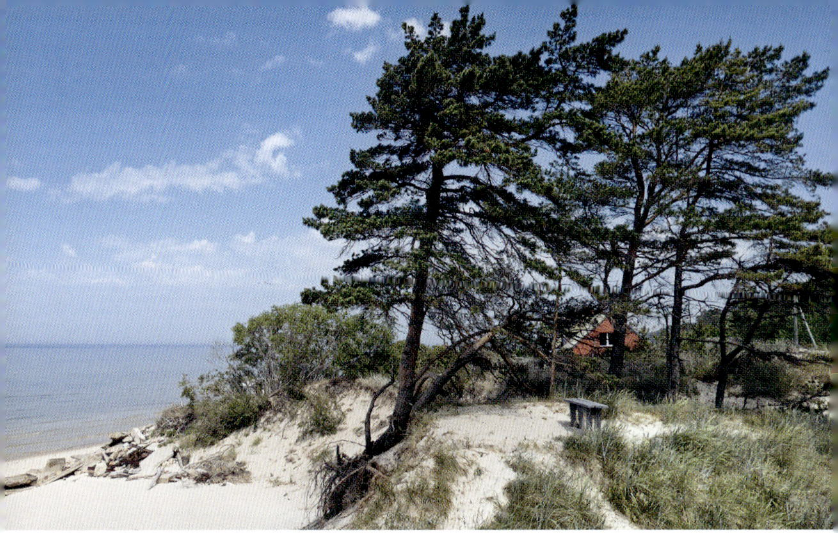

Strand bei der kleinen Siedlung Veckrūmi.

Von Beginn an fällt die Stufe zwischen dem Strand und dem angrenzenden Wald auf. Der einzige markante Punkt auf dem Strandabschnitt sind nach rund 3,5 km die **Klampju mols** ❸, ehemalige Molen, die eigentlich nur noch aus alten, aus dem Wasser ragenden Holzpfählen bestehen. Vögel nutzen den Ort oft als Ruheplatz.

Knapp 2 km nach den Molen zweigen links Wege in den Wald ab. Die ersten sind Privatwege, am öffentlichen Zugang ist ein Schild angebracht. Nach 400 m auf diesem Weg biegt man rechts ab, nach weiteren 300 m links und bei einer Verzweigung 500 m danach ebenfalls links. Von einer Lichtung aus kann man bereits die große Düne sehen, um die man einen Bogen macht. Nach 200 m führt scharf links ein schmaler Waldpfad hinauf zur bewaldeten **kāpa Puseni** ❹.

Eine Holztreppe führt wieder hinab zum Fuß der Düne, dann geht es rechts über einen Waldweg weiter. Nach einem weiten Linksbogen stößt der Weg auf einen Parkplatz. Dahinter verläuft eine schmale Straße, schräg links auf der gegenüberliegenden Seite schließt sich ein Waldweg an. Die folgenden

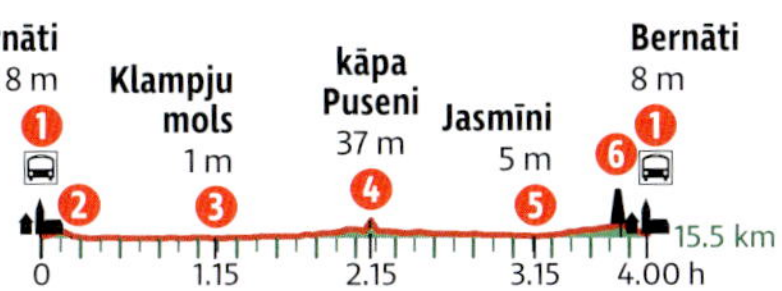

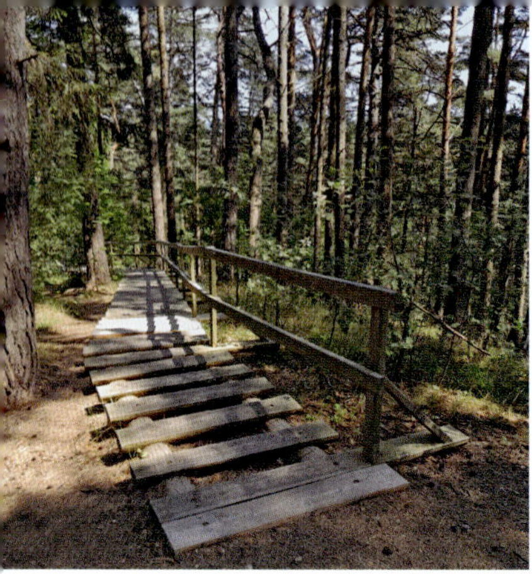

Abstieg von der Puseni-Düne.

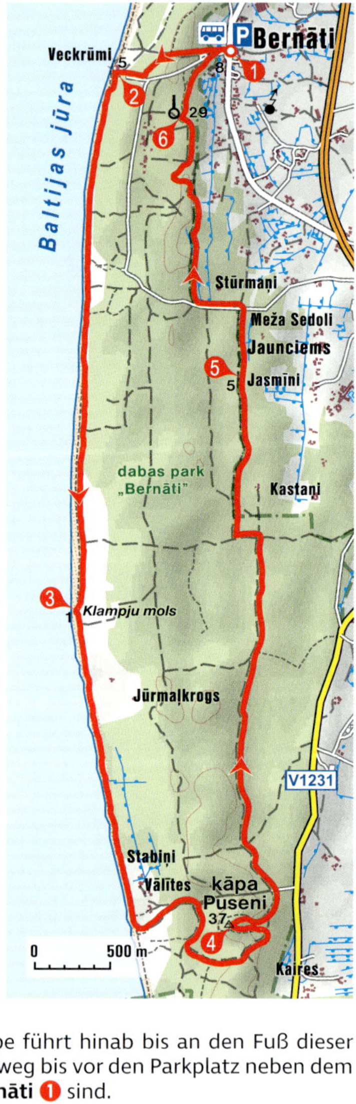

2,5 km wandert man fast geradlinig auf einem angenehmen Weg zwischen Kiefern und Birken. Bei einer Kreuzung biegt man links ab, nach 200 m geht es nach rechts wieder in nördlicher Richtung weiter; bei einer Verzweigung nach 250 m rechts halten, um nach 1 km die verlassene Siedlung **Jasmīni** ❺ zu passieren.
500 m danach biegt man an einer Kreuzung links ab, nach nochmals 350 m rechts. Etwa 700 m weiter zweigt schräg links ein Waldpfad ab: Hier kreuzen sich zwei Baumstämme wie ein Tor. Der schmale Pfad verläuft in einigem Auf und Ab über kleine Dünenhügel, bei Verzweigungen orientiert man sich an der nördlichen Grundrichtung. Auf einer Anhöhe steht schließlich der Aussichtsturm **Bernātu skatu tornis** ❻, von dessen Plattform allerdings nur die oberen Wipfel der umstehenden Bäume zu sehen sind. Eine Holztreppe führt hinab bis an den Fuß dieser Düne, dann folgt man links dem Waldweg bis vor den Parkplatz neben dem Café, von dem es noch 100 m bis **Bernāti** ❶ sind.

↗ 20 m | ↘ 20 m | 8.7 km

2.15 h

Brīvības taka (»Freiheits-Wanderweg«) 20

Entlang apokalyptischer Wehranlagen im Norden Liepajas

Lettlands Unabhängig seit dem Ende der Sowjetunion ist bis heute eine Erfolgsgeschichte, die hoffentlich noch lange andauern wird. Im letzten Jahrhundert konnte die kleine Baltenrepublik von 1918 bis 1940 bereits eine Phase der Unabhängigkeit von Großmächten, wie vor allem Russland, zumindest in Teilen behaupten. Doch besonders während der ersten drei Jahre gab es ständige Unruhen und wechselnde Allianzen, später wurde Lettland auf Druck Stalins von 1940 bis 1991 eine sowjetische Republik.
Wegen der Lage an einem eisfreien Ostseeabschnitt hatte die Stadt Liepāja schon im russischen Zarenreich eine wichtige strategische Bedeutung. Ende des 19. Jh. wurde eine Befestigungsanlage gebaut, die während des Zweiten Weltkriegs und später in der UdSSR vom Militär genutzt wurde. Kern ist die Festung Redāns auf einer Halbinsel am Rand des sumpfigen Tomares-Sees. An diesem Ort konnten lettische Freiheitskämpfer deutsch-russische Verbände zurückschlagen, so wurde Redāns zu einem Symbol für die lettische Unabhängigkeit. Wer sich für die historischen Hintergründe interessiert, kann sowohl die Festung Redāns als auch die Südfestung (Liepājas cietokšņa lielgabalu tālšāvēju otrā baterija) besichtigen.
Die Rundtour führt an mehreren alten Militäreinrichtungen vorbei, vor allem die Nordfestung (Ziemeļu forts) an der Ostseeküste präsentiert sich heute als apokalyptische Kulisse mit eingestürzten Bauwerken aus Beton. Wenige Schritte weiter dominiert bereits wieder die Natur mit der typischen Küstenvegetation aus Kiefernwäldern.

Riesige Trümmer der Nordfestung.

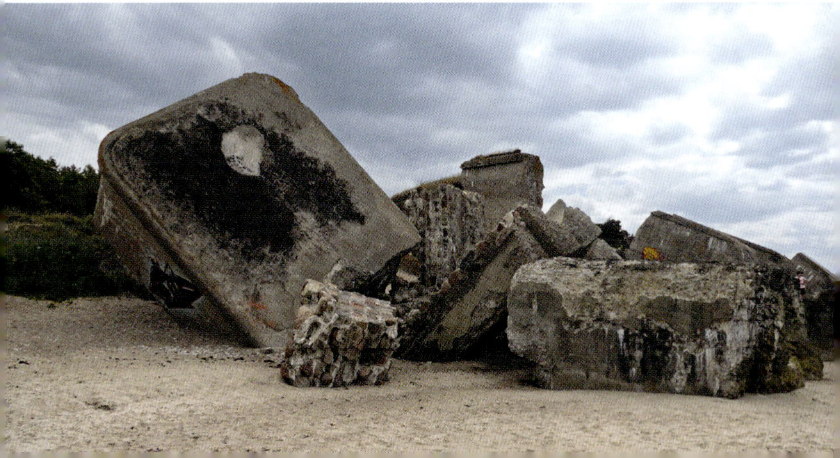

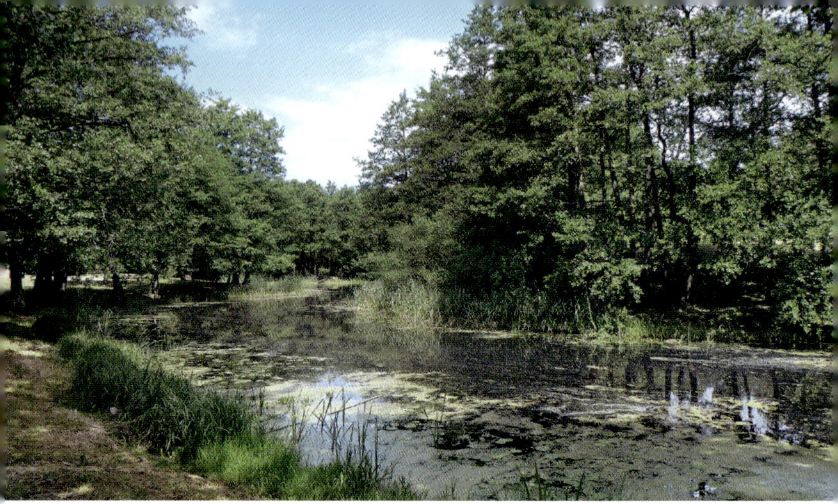

Cietokšņa kanāls, der Festungskanal.

Ausgangspunkt: Redāns, 3 m. Anfahrt mit Pkw: ab Liepaja/Zentrum in den nördlichen Stadtteil Karosta (»Kriegshafen«) und entlang des Kanals bis zum kostenlosen Parkplatz vor der Inselfestung Redāns, Eingabe bei Google Maps: »Redana stavlaukums«, Fahrtzeit knapp 20 Min.
Anforderungen: Leichte Wanderung.
Orientierung: Entlang der Route Wegweiser, jedoch nicht an allen Verzweigungen. Zusätzlich rote Markierungen.
Einkehr/Unterkunft: Unterwegs keine. In Liepaja gibt es ein breites Angebot an Unterkünften und Restaurants.
Hinweis: Zumindest im Sommer empfiehlt sich Insektenschutzmittel.
Tipp: Festung Redāns am Ausgangspunkt (Sommer tgl. 10–17 Uhr) und Südfestung (im Sommer Mi–So 11–17 Uhr).
Karte: Am Ausgangspunkt Infotafel mit detaillierter Routenskizze.

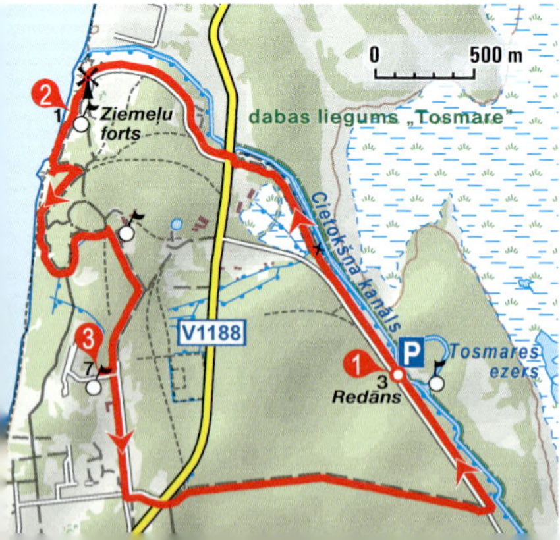

Vom Parkplatz vor der Festung **Redāns** ❶ folgt man der Straße rund 500 m in Richtung Nordwest (Küste), dann zweigt rechts bei einem Wegweiser ein Pfad ab. Dieser zieht sich am Ufer des Festungskanals entlang und trifft nach weiteren 800 m auf eine Straße: an dieser nach links gehen, bis nach 60 m rechts ein breiter Weg beginnt. Wenige Minuten später sieht man auf der rechten Seite bereits die ersten Relikte der Wehranlage und bald

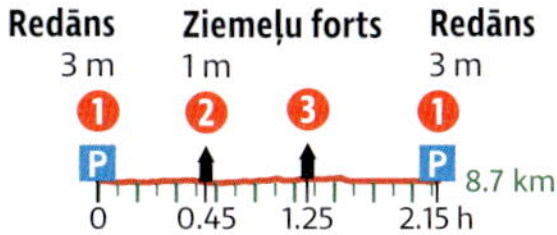

darauf eine Infotafel. Der Weg führt bis an die Küste, wo zahlreiche Betonruinen der Nordfestung **Ziemeļu forts** ❷ stehen, teilweise auch in Schräglage. Auf einer Länge von 500 m kann man am Strand entlang oder zwischen den Betontrümmern hindurch gehen, dann endet die Nordfestung. Nun folgt man dem Weg hinter der Festung, also auf der dem Meer abgewandten Seite, ein Stück zurück in Richtung Norden, dann zweigt rechts ein Waldweg ab. Dieser trifft nach 150 m auf eine Kreuzung. Hier geht es scharf rechts weiter, vereinzelt – aber nicht immer verlässlich – erkennt man rote Markierungen auf Bäumen. Die Route beschreibt einige Minuten später in dichtem Wald einen Linksbogen. Am südlichsten Punkt dieses Bogens stehen rechts des Wegs zwei alte Wachtürme, die Tālmēru torņi. Nach einem kurzen Stück in nördlicher Richtung orientiert man sich nach rechts (in Richtung Osten). Bei einem Wegweiser wechselt man nach rechts auf einen breiten Weg in südlicher Richtung. Nach rund 10 Min. zweigt rechts der Zugang zur nahen **Südfestung** ❸ ab.

Anschließend kehrt man von der Südfestung wieder zurück auf den breiten Weg und wandert in bisheriger Richtung weiter. Bei einer Kreuzung (Wegweiser) biegt man links ab, überquert eine Verkehrsstraße und schlägt auf der anderen Straßenseite einen unbefestigten Weg ein, der sich durch den Wald zieht und schließlich auf die Zufahrtsstraße trifft, die einen nach links zurück zum Fort **Redāns** ❶ bringt.

Graffiti an einem Betonklotz der Nordfestung.

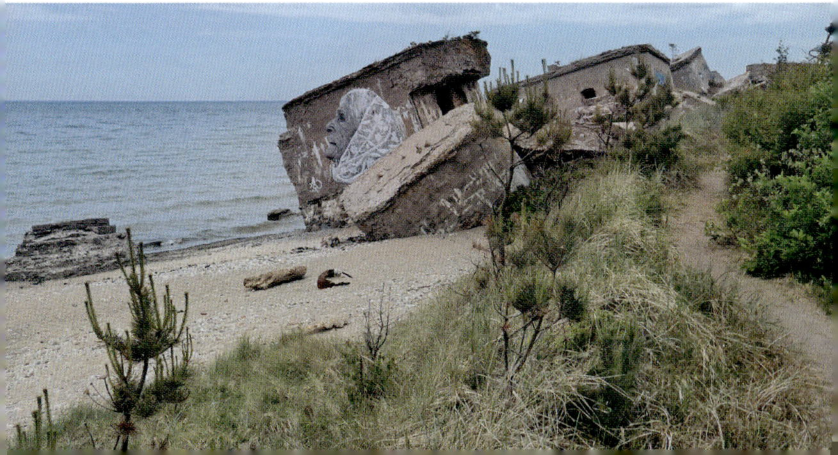

↗ 30 m | ↘ 30 m | 14.9 km

21 Nationalpark Slītere: von Mazirbe nach Sīkrags

3.30 h

Im Herz der Livenküste

An einem rund 60 km langen Küstenstreifen zwischen Kap Kolka (Lettisch Kolkasrags) im Norden und der Stadt Ventspils im Süden liegt das Siedlungsgebiet der Liven, einer kleinen ethnischen Gruppe mit finno-ugrischen Wurzeln. Die frühesten Siedlungsspuren gehen bis ins Mittelalter zurück, doch noch heute wird man in den zwölf kleinen Dörfern auf Menschen treffen, die sich sprachlich und kulturell von der Mehrheitsbevölkerung Lettlands unterscheiden. Die alten Holzhäuser sind vorwiegend in einem sehr gepflegten Zustand, die meisten neueren Bauten sind in gleichem Stil errichtet und fügen sich harmonisch in das Dorfbild ein.

Der Nationalpark Slītere erstreckt sich im Norden der Livenküste. Prägend für diese Küstenlandschaft sind die lang gestreckten Dünen, die parallel zur Küste verlaufen und mit dichtem Kiefernwald bedeckt sind. Der älteste Bereich des Nationalparks liegt auf Höhe des Dorfes Mazirbe, mehrere Kilometer vom Meer entfernt. Dort erheben sich die »blauen Berge« (zilie kalni): rund 35 m hohe Dünen. An deren Fuß verlief vor Jahrtausenden die Küste, in diesem Bereich befindet sich das Herz des Nationalparks. Auf dem höchsten Punkt steht ein Leuchtturm (siehe »Tipp«) aus dem 19. Jh., der als weithin sichtbare Landmarke diente und heute einen besonderen Ausblick verspricht.

Von Mazirbe, dem Zentrum der Liven, führt die Tour durch ein langes Dünental bis nach Sīkrags. Anschließend kann entweder entlang des weißen Sandstrands oder über einen ebenfalls reizvollen Weg hinter der ersten Dünenreihe zurück gewandert werden. Am Ende wartet noch ein Schiffsfriedhof, wo alte Holzboote wieder in der Natur aufgehen.

Der Fluss Mazirbe mündet hier ins Meer.

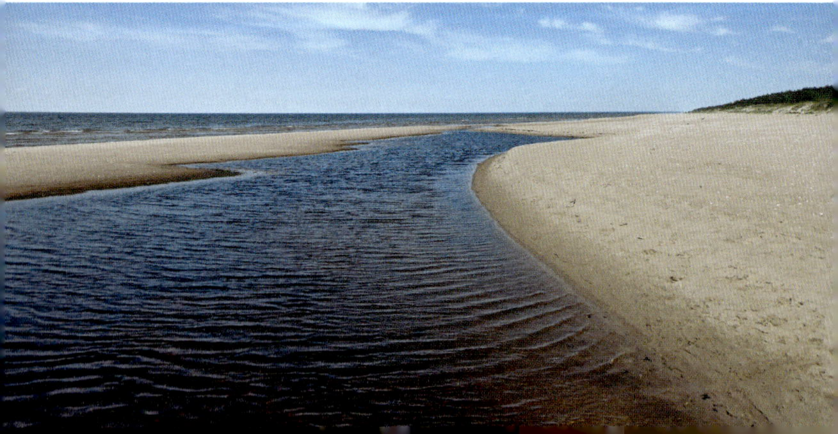

Ausgangspunkt: Mazirbe, 3 m, Lībiešu tautas nams (Kulturzentrum). ÖPNV: ab Ventspils tgl. zwei Busse nach Mazirbe (Fahrtdauer 1.40 Std.; ab Riga 3.40 Std.: für einen Tagesausflug ist diese Anfahrt eher nicht geeignet). Fahrpläne: rome2rio.com.
Anfahrt mit Pkw: ab Ventspils oder Riga entlang der Küstenstraße. Im Ort neben dem Kulturzentrum kostenloser Parkplatz. Eingabe bei Google Maps: »Lībiesu tautas nams«. Ab Ventspils rund 45 Min./60 km, ab Riga 2.30 Std./175 km.
Anforderungen: Leichte Wanderung, überwiegend über angenehme Waldwege und auf festem Sand.
Orientierung: Wegfindung wegen der wenigen Verzweigungen einfach, an mehreren Stellen stehen Wegweiser.
Einkehr/Unterkunft: Nahe dem Startpunkt gibt es ein kleines Lebensmittelgeschäft, im Ort findet man Übernachtungsmöglichkeiten (online buchbar).
Hinweise: 1. Infos über das Volk der Liven findet man auf der Seite livones.lv. 2. Die Tour lässt sich auch in umgekehrter Richtung gehen. An heißen Tagen ist es angenehmer, wenn es auf der Passage entlang der Küste Gegenwind gibt. An kalten Tagen verhält es sich umgekehrt.
Tipps: 1. Nahe dem kleinen Ort Šlītere, etwa 5 km Luftlinie östlich von Sīkrags, steht der 24 m hohe Leuchttum Slītere (Slīteres bāka), mit großartiger Aussicht von der Plattform (Eintritt 5 €). Neben dem Turm findet man eine kleine Ausstellung sowie die Verwaltung des Nationalparks. Eingabe bei Google Maps: »Slīteres bāka«.
2. Hinter dem Leuchtturm beginnt der Naturlehrpfad »Šlīteres dabas taka«. Über Holztreppen kann man auf einer 1,2 km langen Route mehr über die Besonderheiten auf dem Hang der »blauen Berge« erfahren. Am Beginn des Weges steht eine Infotafel mit Routenskizze.
Karte: Am Weg Infotafeln mit Übersichtskarten.

Vom Parkplatz neben dem Kulturzentrum in **Mazirbe** ❶ geht man rund 500 m an der Straße entlang zurück in Richtung Süden, bis in einer leichten Linkskurve rechts ein breiter Weg abzweigt. Dieser führt an einem Friedhof vorbei aus dem Ort hinaus und zieht sich relativ geradlinig durch den Kiefernwald. Nach mehr als 1 Std. zweigen erstmals Wege rechts ab, kurz darauf erreicht man eine Kreuzung, an der man rechts abbiegt und über den breiten Weg durch die verstreut liegenden Häuser von **Sīkrags** ❷ wandert. Eine echte Ortsmitte ist nicht erkennbar, an einer Verzweigung steht eine große Infotafel. Dort geht es in gleicher Richtung, aber rechts haltend, weiter bis zum Strand, am Ende über einen Bohlenweg.
Am Strand folgt man nach rechts dem Verlauf der Küste. Nach 700 m hat man die Option, entweder weiter am Meer entlangzugehen oder über einen Pfad hinter der ersten Dünenreihe. Um auf diesen Weg zu kommen, verlässt man an einem deutlich erkennbaren Zugang den Strand, nach knapp 100 m zweigt links ein Pfad ab. Dieser verläuft mehr als 5 km paral-

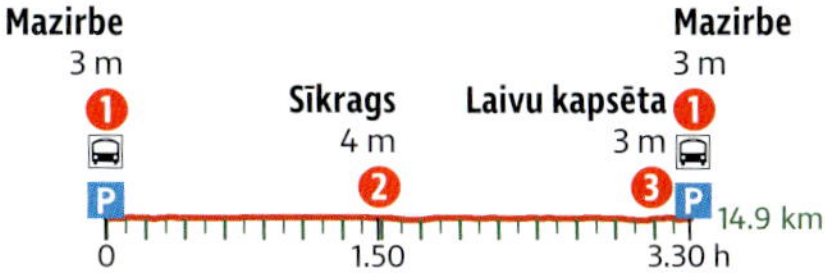

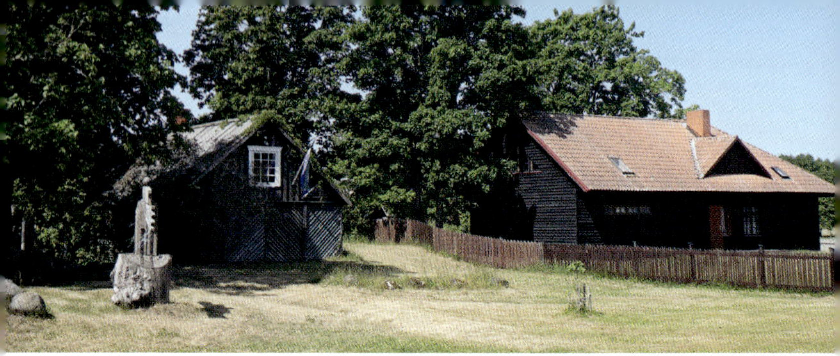

Holzhäuser in Mazirbe.

lel zur Düne. Immer wieder gibt es die Möglichkeit, auf den Strandweg zu wechseln. An einigen Stellen wird der Pfad etwas undeutlich, dann wandert man einfach über die bestmögliche Route in gleicher Richtung weiter; kurz darauf ist der Weg wieder klar definiert.

Nach über 1 Std. stößt man schließlich auf einen breiteren Weg. Hier rechts halten und nach 50 m wieder links auf einen Pfad wechseln. Dieser führt in einem leichten Linksbogen an den Strand. Nach knapp 500 m verlässt man die Küste bereits wieder: An dieser Stelle steht ein großer Wegweiser. Rund 200 m folgt man dem Weg in Richtung Mazirbe, dann zweigt bei einem Wegweiser (»Laivu kapsēta«) ein Pfad zum nahen Bootsfriedhof **Laivu kapsēta** ❸ ab. Mehrere Schiffswracks liegen hier in fortgeschrittenem Verfallsstadium, ein Pfad zieht um sie zwei Kreise.

Anschließend geht es wieder zurück auf den Hauptweg und auf diesem nach links 500 m weit bis zum Ausgangspunkt in **Mazirbe** ❶.

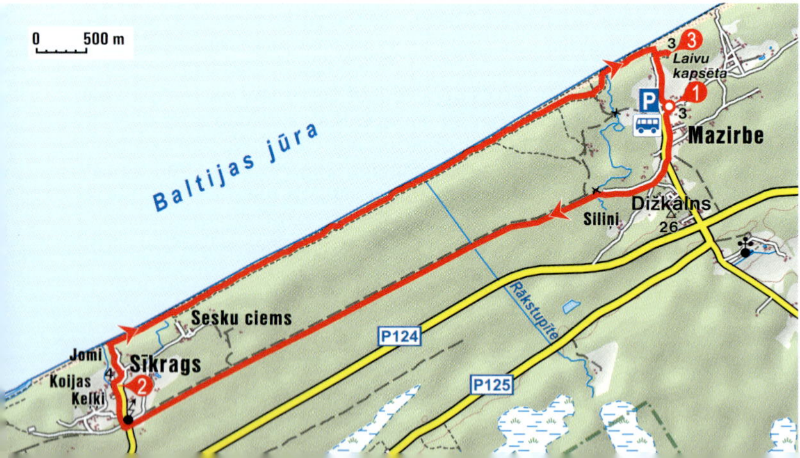

↗ 20 m | ↘ 20 m | 14.2 km

3.30 h

Nationalpark Slītere: von Pitrags nach Vaide

22

Durch drei alte Livendörfer – und über die Küste zurück

Drei der insgesamt zwölf Livendörfer lassen sich bequem auf dieser Rundtour miteinander verbinden. Der Hauptunterschied zu Tour 21 besteht darin, dass die Dörfer fast nahtlos ineinander übergehen. Allerdings stehen die Häuser nicht dicht nebeneinander, sondern oft etwas versteckt hinter Bäumen. Auf den ersten Blick lässt sich nur schwer unterscheiden, ob es sich um neue oder alte Bauwerke handelt, sodass ein homogenes Gesamtbild entsteht.
Die Ursprünge des Dorf Pitrags gehen gesichert bis ins 16. Jh. zurück. Direkt am Ausgangspunkt steht ein rund 130 Jahre altes Gebäude der baptistischen Gemeinde. Das zweite Dorf auf dieser Tour ist Saunags. Der Ort ist noch kleiner als Pitrags, im Winter wohnen dort nur sehr wenige Familien. Der dritte Ort, Vaide, ist so klein, dass er kaum noch als Dorf erkennbar ist. Auf dem Rückweg präsentiert sich die Küste, wie sie für Lettland typisch ist: relativ ruhiges Meer, weißer Strand und dahinter der Kiefernwald.

Ausgangspunkt: Pitrags, 4 m. Anfahrt mit Pkw: ab Ventspils über die Küstenstraße; ab Riga entweder über die A10 bis Talsi und die P125 nach Mazirbe oder entlang der Küste über Kap Kolka. Pitrags liegt von Ventspils aus 15 km vor dem Kap Kolka. Von der Abzweigung an der Küstenstraße noch 1,2 km auf der Nebenstraße bis zum kostenlosen Parkplatz (rechts). Eingabe bei Google Maps: »Pitraga Baptistu baznica«. Ab Ventspils 45 Min./60 km, ab Riga 2.15 Std./175 km.
Anforderungen: Einfache, breite Wege, entlang der Küste fester Sand.
Orientierung: Wegweiser und blau-weiße Markierungen entlang der Route durch den Wald erleichtern die ohnehin nicht komplizierte Wegfindung.
Einkehr/Unterkunft: Unterwegs keine. In Buchungsportalen findet man im näheren Umkreis eher einfache Unterkünfte.
Varianten: 1. An der Küste noch 4,5 km weitergehen, dann links nach Mazirbe und von dort auf dem Weg durch den Wald zurück nach Pitrags (Mehraufwand: 2.30 Std./10,3 km).
2. Ebenfalls an der Küste weitergehen, aber nach 2 km links nach Košrags und von dort über den Waldweg zurück nach Pitrags (Mehraufwand: 1.15 Std./5 km).
Hinweise: 1. Die Anfahrt mit Bus ist zwar theoretisch möglich, für einen Tagesausflug ab Riga oder Ventspils gibt es aber keine passenden Verbindungen.
2. Infos über das Volk der Liven findet man auf der Seite livones.lv.
3. Die Tour lässt sich auch in umgekehrter Richtung gehen. An heißen Tagen ist es angenehmer, wenn es auf der Passage entlang der Küste Gegenwind gibt. An kalten Tagen verhält es sich umgekehrt.
Tipps: 1. Nahe dem kleinen Ort Šlītere, etwa 5 km Luftlinie östlich von Sīkrags, steht der 24 m hohe Leuchttum Slītere (Slīteres bāka), mit großartiger Aussicht von der Plattform (Eintritt 5 €). Neben dem Turm gibt es eine kleine Ausstellung sowie die Verwaltung des Nationalparks. Eingabe bei Google Maps: »Slīteres bāka«.
2. Hinter dem Leuchtturm beginnt der Naturlehrpfad »Šlīteres dabas taka«. Über Holztreppen kann man auf einer 1,2 km langen Route mehr über die Besonderheiten auf dem Hang der »blauen Berge« erfahren (am Start Infotafel mit Route).
Karte: Infotafeln mit Übersichtskarten.

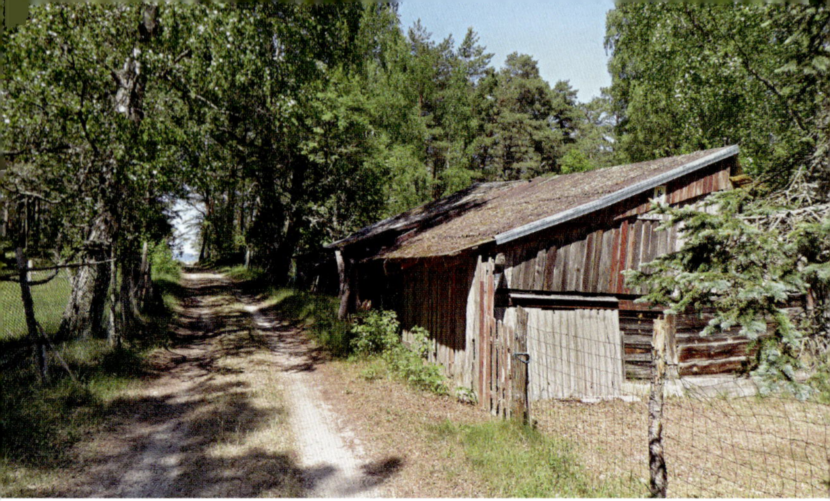

Das kleine Livendorf Vaide.

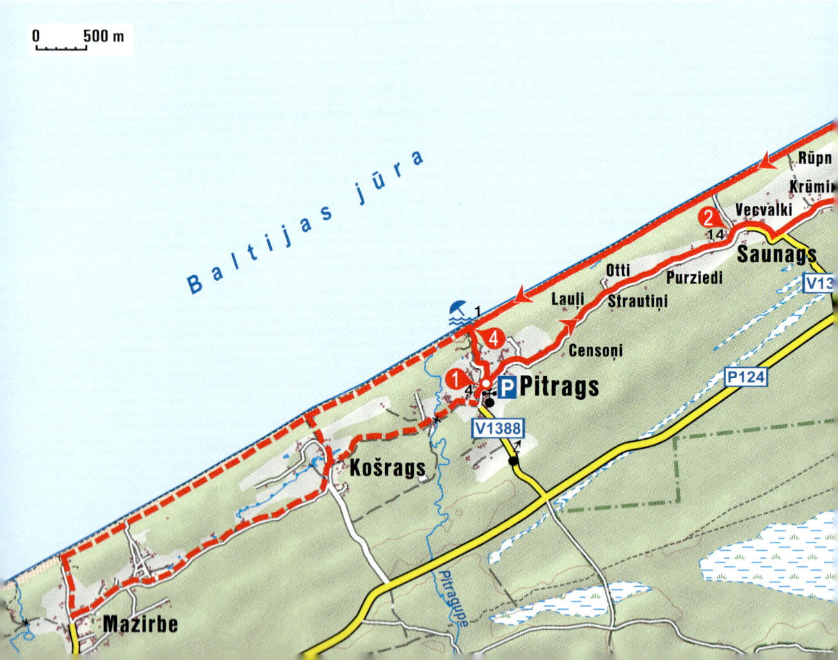

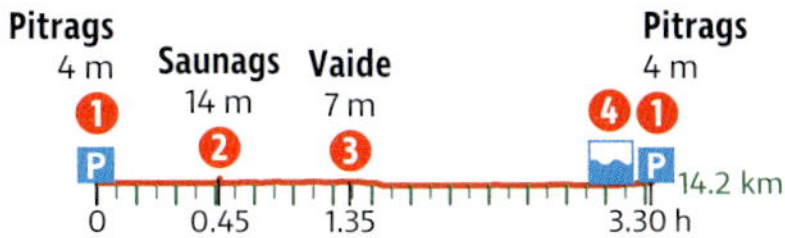

Ab dem Parkplatz in **Pitrags** ❶ folgt man dem Verlauf der Straße in Richtung Nordosten. Nach wenigen Minuten wird daraus ein Waldweg, an manchen Bäumen sind Farbmarkierungen des Baltischen Küstenwanderwegs angebracht. Schon relativ früh steht am Wegesrand das Ortsschild von Saunags, noch sieht man aber nur sehr vereinzelt versteckt liegende Holzhäuser. In der Ortsmitte von **Saunags** ❷ zweigt bei einer Infotafel ein Weg zum Strand ab.

Der Hauptweg beschreibt jedoch einen Rechtsbogen. 200 m nach einer Linkskurve knickt die Straße rechts ab. Hier geht man aber geradeaus auf einem breiten Weg weiter und erreicht nach knapp 3 km **Vaide** ❸, eine kleine Siedlung ohne erkennbare Ortsmitte. Am Ende biegt man links ab, der Weg führt direkt zum Strand. Nun wandert man nach links über 6 km entlang der Küste weiter, bis man schließlich den **Strand** ❹ von Pitrags erreicht, wo es einen Zugang zum Dorf gibt. Der Weg schlängelt sich etwas, wobei man sich bei der ersten Verzweigung links hält und bei der zweiten rechts. Dann trifft der Weg genau auf den Ausgangspunkt in **Pitrags** ❶.

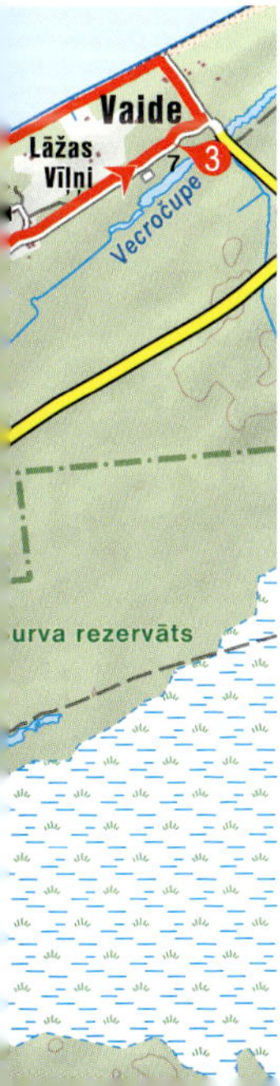

Boot am endlosen Sandstrand.

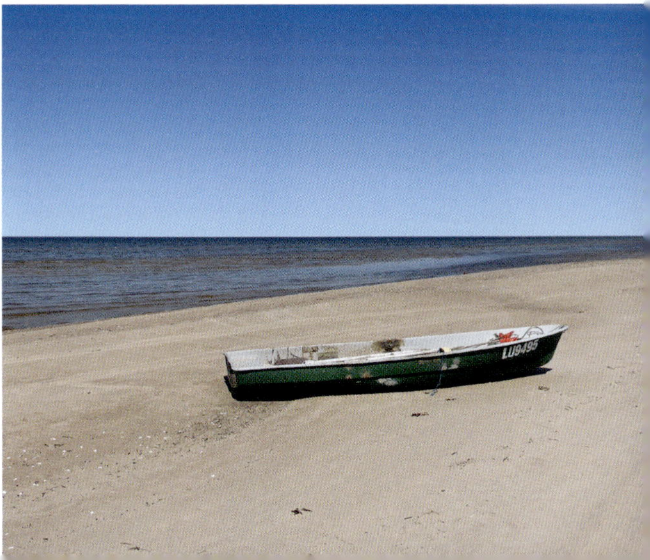

TOP

23

↗ 30 m | ↘ 30 m | 12.5 km

Nationalpark Slītere: Kap Kolka (Kolkasrags)

3.00 h

Am Treffpunkt von Rigaer Bucht und Ostsee

An der nördlichen Spitze der historischen Region Kurland, was der westlichen Hälfte Lettlands entspricht, befindet sich der Übergang von der Ostsee in die Rigaer Bucht. Wie fast überall an der lettischen Küste, trennt auch hier ein breiter Sandstrand bewaldetes Gelände vom Meer. Am Kap Kolka liegen noch die letzten Überreste eines alten Leuchtturms. Zwar ist der Ort für Einheimische und Touristen ein beliebtes Ausflugsziel, dennoch sind die Wanderwege nur sehr schwach frequentiert.

Für die Schifffahrt war die Passage über die Irbenstraße in die Rigaer Bucht wegen des flachen Gewässers nicht ungefährlich, zahllose Wracks liegen auf dem Meeresgrund. Deswegen wurde vor rund 140 Jahren auf einer künstlichen Insel mehrere Kilometer vom Festland entfernt ein Leuchtturm errichtet. Vom Kap Kolka aus ist das gut 20 m hohe Bauwerk in Richtung Norden gut zu sehen. Die Südspitze der estnischen Insel Saaremaa ist nur 30 km entfernt, bei guter Sicht kann man im Nordwesten den Leuchtturm Sõrve tuletorn zumindest mit einem Fernglas erkennen.

Diese Tour führt um das Kap Kolka herum. An der westlichen Küste steht einige Minuten entfernt ein hoher Aussichtsturm aus Holz, dahinter führt der »Pinienweg« Priežu dabas taka als schmaler Pfad durch den Wald. Nach einem Abschnitt am Strand geht es schließlich durch den Dünenwald wieder zurück in das ehemalige Fischerdorf Kolka.

Ausgangspunkt: Kolka, 3 m, Parkplatz. ÖPNV: ab Busbahnhof Riga tgl. 5 bis 6 Direktverbindungen nach Kolka (Fahrtdauer: 3.15 Std.). Die Haltestelle ❹ liegt auf der beschriebenen Wanderroute, entsprechend startet die Tour dann dort. Fahrplan: rome2rio.com.
Anfahrt mit Pkw: ab Riga über die A10 in Richtung Ventspils, dann in Richtung Kolka entlang der Küste. Am nördlichen Ende von Kolka rechts der Durchgangsstraße großer kostenloser Parkplatz. Eingabe bei Google Maps: »Kolkas Luteranu baznica«. Ab Riga rund 2.30 Std./155 km.

Anforderungen: Relativ einfache Wanderung entlang von Sandstränden und über Waldwege.

Orientierung: Im nördlichen Bereich der Tour, vom Kap Kolka bis zum Aussichtsturm sowie entlang des »Pinienwegs« (»Priežu dabas taka«) einige Wegweiser,

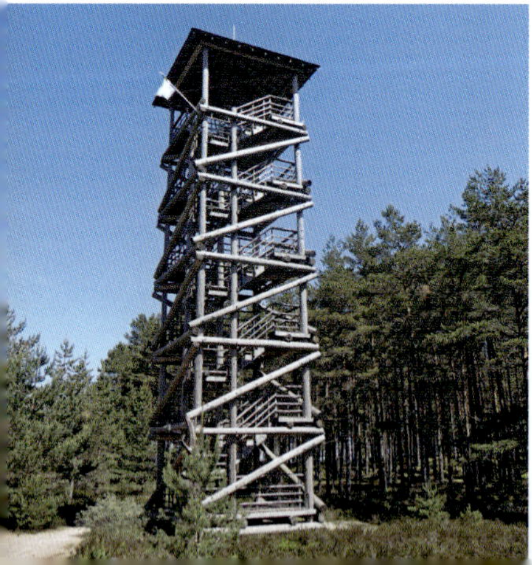

Der zwölf Meter hohe Aussichtsturm.

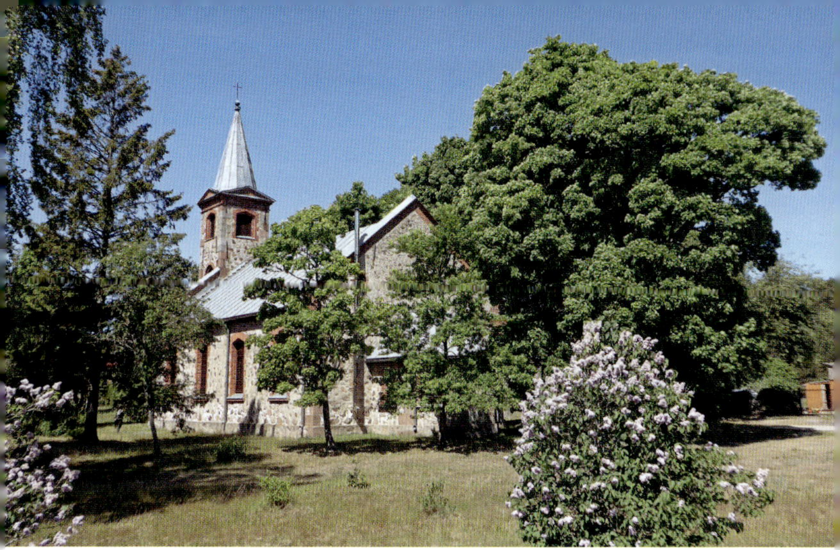

Evangelische Kirche in Kolka.

im Wald allerdings nicht, Wegfindung anhand der Beschreibung aber problemlos.
Einkehr/Unterkunft: Etwa 400 m westlich des Kap Kolka stehen einige »Saules mājas« (Sonnenhäuser), die auf den ersten Blick an große Holzfässer erinnern. In diesen kann man übernachten (Buchung über die üblichen Internetportale). Gegenüber der Bushaltestelle in Kolka befinden sich ein Lebensmittelgeschäft sowie ein Kaffeeautomat. An der Küste sieht man bei der Anfahrt mehrere Campingplätze, Hotels gibt es eher 30 km in Richtung Riga in dem Ort Roja.
Hinweise: 1. Das kleine Besucherzentrum befindet sich von Kap Kolka aus etwa 500 m weiter südwestlich, zwischen den beiden Küsten (normalerweise zumindest Juni–Aug. tgl. 10–18 Uhr).
2. Der Parkplatz neben dem Aussichtsturm ist bei Reisenden mit Wohnmobil sehr beliebt.
Karte: Die Karte auf den Infotafeln bietet nur eine grobe Übersicht.

Vom Parkplatz in **Kolka** ❶ führt ein breiter Weg geradlinig bis zur nahen Küste, wo man nach links entweder über den Strand oder über den parallel verlaufenden Weg am Rand des Kiefernwalds wandert. Das **Kap Kolka** ❷ ist kaum zu verfehlen, die meisten Ausflügler kommen nicht über den Strand, sondern vom 350 m entfernten Parkplatz.
Anschließend geht es entlang der Ostseeküste in Richtung Westen. Nach rund 700 m zweigt links bei einer Aussichtsplattform ein Weg ab. Wenige Meter weiter steht der hölzerne Aussichtsturm **Skatu tornis** ❸, der grundsätzlich jederzeit frei zugänglich ist.

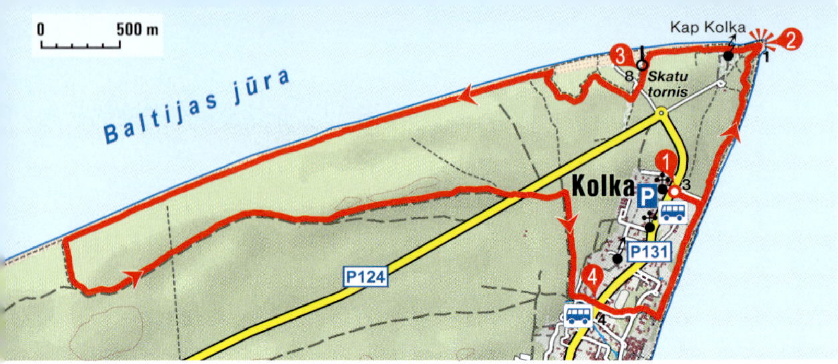

Dahinter befindet sich ein großer Parkplatz. An dessen rechtem hinteren Ende beginnt der »Pinienweg« Priežu dabas taka. Der kleine Lehrpfad führt rund 15 Min. durch den Wald, dann erreicht man wieder die Küste. Dort geht es links, in westlicher Richtung, weiter. Nach 3,3 km bzw. rund 45 Min. verlässt man den Strand und geht links über einen sandigen Weg in den Wald. Nach 5 Min. trifft man auf einen breiten, gut begehbaren Weg und folgt ihm nach links in östlicher Grundrichtung. Bei einer Verzweigung nach etwa 20 Min. hält man sich links, weitere 15 Min. darauf erreicht man die Verkehrsstraße. Auf der gegenüberliegenden Seite schließt sich ein Weg an, der nach 300 m auf einen breiten Waldweg trifft. Auf diesem geht

Ein Steinhaufen markiert das Kap Kolka.

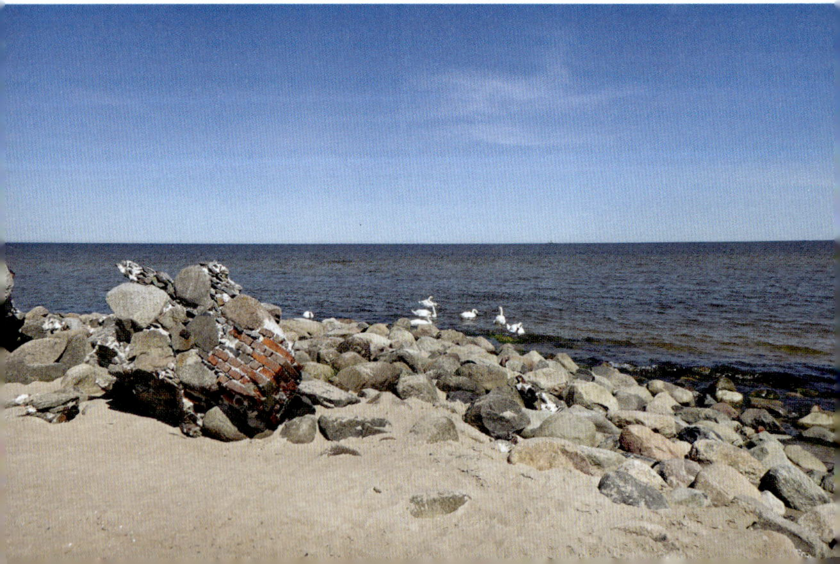

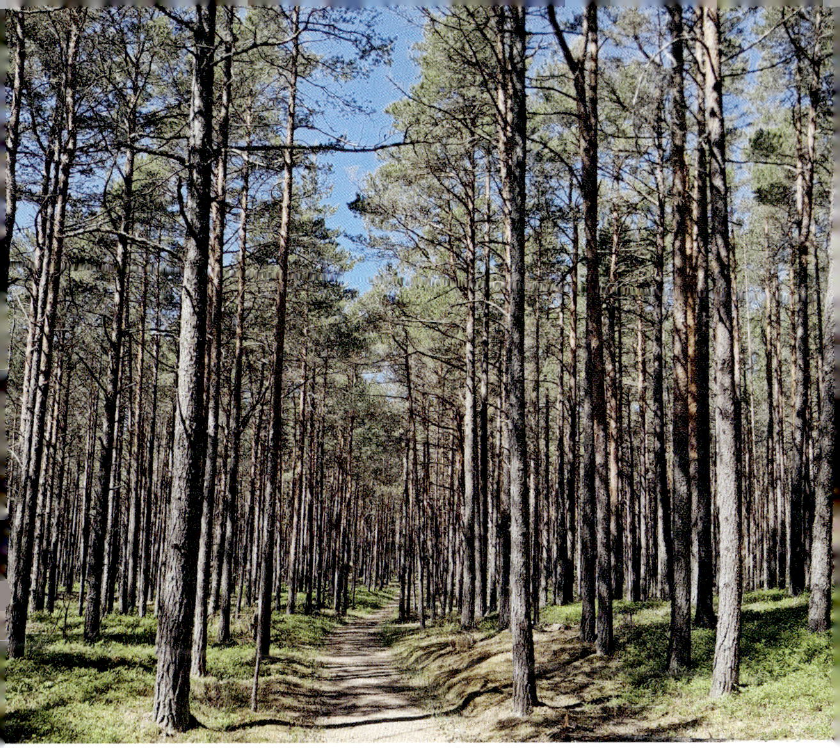

Kiefern im Dünenwald hinter der Küste.

man nach rechts (Süden) weiter, bis man auf einen Schotterweg am Ortsrand von Kolka trifft. Dort links abbiegen, nach 200 m erreicht man bei der **Bushaltestelle** ❹ die Durchgangsstraße.
Auf der anderen Straßenseite führt ein Weg an mehreren Häusern vorbei bis an die Küste. Nun nach links entweder über den Strand oder über den Pfad auf den Dünen 800 m dem Küstenverlauf folgen, dann zweigt links der bereits bekannte Weg zum nahe gelegenen Parkplatz in **Kolka** ❶ ab.

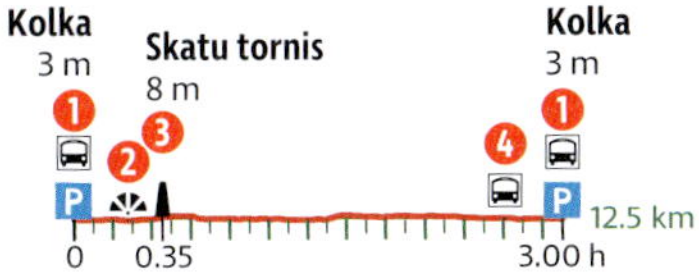

↗ 50 m | ↘ 50 m | 22.1 km

24 Naturpark Engures ezers (Engure-See)

5.30 h

Zwischen einer Lagune und der Meeresküste

Sobald man den Großraum Riga entlang der Küste in Richtung Nordwesten verlassen hat, gibt es nur noch wenige kleine Orte, dafür einen fast endlosen Wald, der vor allem aus alten Kiefern besteht. Auf halber Strecke zwischen der Metropolregion und dem Kap Kolka am Ausgang der Rigaer Bucht liegt unweit der Küste Lettlands drittgrößter See, der Engures ezers (Engure-See). Das flache Gewässer und seine Umgebung gelten als eines der artenreichsten Gebiete Lettlands; der geschützte Naturpark umfasst den See, die angrenzenden Sumpfgebiete, den Dünenwald und die Meeresküste. Während auf dem Waldboden vor allem Heidelbeeren und Heidekräuter wachsen, trifft man nahe dem Seeufer auf zahlreiche seltene Pflanzen. Die letzten Kilometer der Tour führen über den »Orchideenweg« Orhideju taka, Infotafeln erklären die zahlreichen Arten.

Ausgangspunkt: Engures ezers, 6 m, Parkplatz am See. ÖPNV: ab Busbahnhof Riga tgl. 5 bis 6 Fahrten entlang der Küste bis nach Kolka; nach 1.45 Std. in Bērzciems ❹ aussteigen. Die Haltestelle ist wenige Schritte von der Route entfernt, entsprechend beginnt und endet die Tour dann dort. Fahrplan: rome2rio.com.
Anfahrt mit Pkw: ab Riga über die A10 in Richtung Ventspils, dann entlang der Küste in Richtung Kolka. 12 km nach dem Ort Engure links in Richtung »Engures Ezers« abbiegen und der Straße rund 2 km bis zum Ende an einem kostenlosen Parkplatz folgen. Eingabe bei Google Maps: »Dabas parks Engures Ezers«. Ab Riga rund 1.30 Std./87 km.
Anforderungen: Etwas Kondition für die lange Wanderung; überwiegend gut begehbare Waldwege.
Orientierung: Nur der »Orchideenweg« Orhideju taka am Ende der Tour ist beschildert. Entlang der Meeresküste vereinzelt Farbmarkierungen des Baltischen Küstenwanderwegs. Die Wegfindung ist anhand der Beschreibung problemlos.
Einkehr/Unterkunft: Unterwegs keine. An der Küste nur relativ wenige, oft einfache Unterkünfte bzw. Campingplätze.
Varianten: Verkürzung der Tour um etwa die Hälfte: nach 1.15 Std./knapp 5 km an der Kreuzung geradeaus auf dem breiten Weg in nordöstlicher Richtung gehen. Etwa 100 m vor der Straße links auf den sandigen Weg abbiegen, der 600 m weiter nördlich wieder auf den Hauptweg stößt.
Hinweise: 1. Unbedingt Insektenschutzmittel mitnehmen.
2. Im Juni kann man mit etwas Glück auf blühende Orchideen treffen.
Karte: Die Karte auf der Infotafel am Ausgangspunkt ist nicht sehr hilfreich.

Am südlichen Ende des Parkplatzes am **Engures ezers** ❶ schließt sich ein breiter Waldweg an, der parallel zum Ufer in südlicher Richtung verläuft. Bei Verzweigungen hält man sich zunächst immer rechts, bis nach 45 Min. ein **Rastplatz** ❷ erreicht wird. Hier biegt man nach links (Osten) ab. Der Weg macht nach 350 m einen Rechtsknick und verläuft dann wieder in südlicher Richtung. Auf dem Waldboden wachsen Heidelbeeren und Hei-

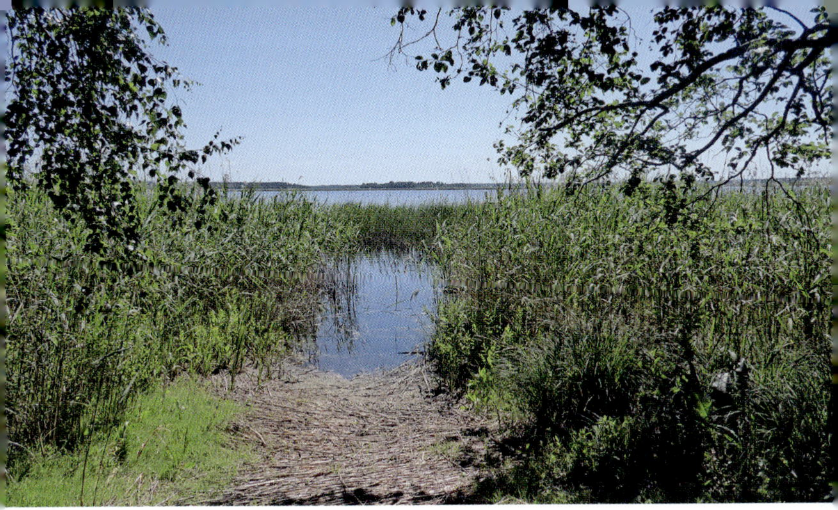

Das Ufer des Engure-Sees nahe der privaten Anlegestelle.

dekraut, leider muss dort wie auf weiten Teilen der Route im Sommer mit Stechmücken gerechnet werden. Bei einer Kreuzung nach insgesamt knapp 5 km zweigt man rechts ab (geradeaus: Variante) und stößt wenige Schritte weiter auf einen breiten Weg bzw. eine unbefestigte Straße. Diese führt erst in Richtung Süden, macht dann einen Rechtsbogen und endet an einer **privaten Anlegestelle** ❸. Bereits vorher kann man an das sonst unwegsame Seeufer gelangen, auch bei dem kleinen Privathafen kann man über den See bis zum anderen Ufer schauen.

Über die unbefestigte Straße geht es kurz wieder zurück, in der Kurve nach 400 m zweigt rechts ein Waldpfad ab, über den die weitere Route verläuft. Auf dem angenehmen Waldboden wandert man in Richtung Südosten, bei einer Verzweigung nach rund 1,6 km hält man sich links. Nach nochmals 1 km zweigt ein sandiger Weg links ab und trifft einige Minuten später auf die Hauptverkehrsstraße. Wenige Meter nach rechts schließt sich auf der gegenüberliegenden Seite ein

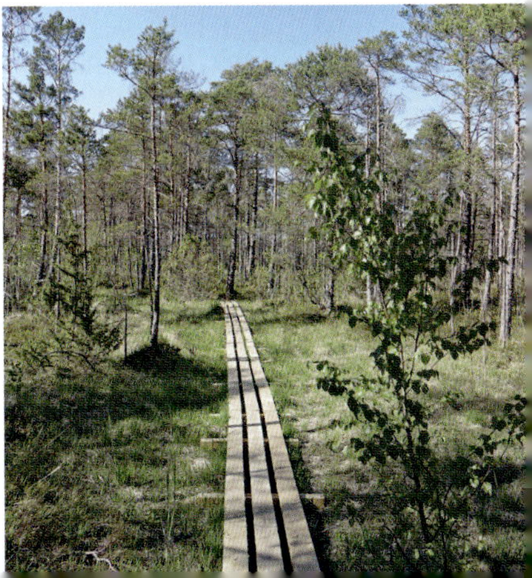

Auf dem »Orchideenweg« Orhideju taka.

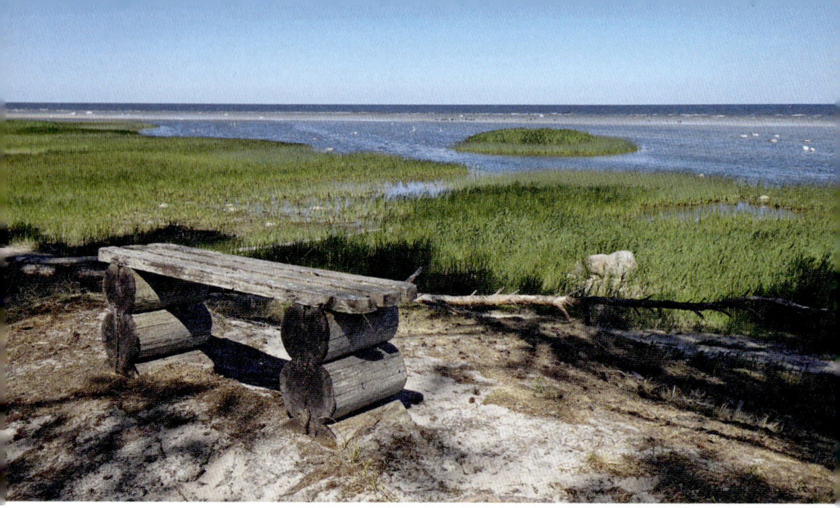

Die Küste zwischen den Dörfern Abragciems und Bērzciems.

Weg an, der zur kleinen Siedlung **Abragciems** ❹ führt. Dort hat man wieder die Wahl, ob man über den Strand oder auf dem parallel verlaufenden Fußweg in Richtung Norden gehen möchte. Spätestens nach 3,5 km sollte man den Parallelweg nutzen, dort stehen bereits die ersten Häuser von **Bērzciems** ❺. Aus dem Weg wird eine asphaltierte Straße, die schließlich in die breite Durchgangsstraße mündet. Neben dieser geht man nach rechts (Norden), bis nach 200 m links ein sandiger Weg in den Wald abzweigt.
Nach weiteren 200 m trifft der sandige Weg auf eine Kreuzung; hier nach rechts weiter (von links: Variante). Der ebenfalls sehr sandige Weg zieht sich in gerader Linie in Richtung Norden. An einigen Abschnitten ist es angenehmer, auf festem Boden neben dem Weg zu gehen.
Nach 1,5 km biegt man am besten links ab und nach 100 m rechts, um auf dem besseren Parallelweg weiterzugehen, bis man schließlich auf eine unbefestigte Straße trifft: die Zufahrt zum Parkplatz am See, der man nach links folgt; nach 1 km zweigt bei einem Wegweiser rechts der »Orchideenweg« ab. Dieser verläuft abschnittsweise über Holzbohlen, dann wieder als schmaler Pfad durch die dichte Vegetation. Mehrere Infotafeln geben

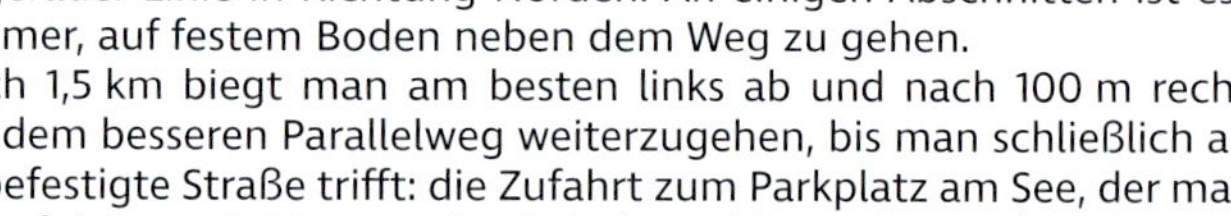

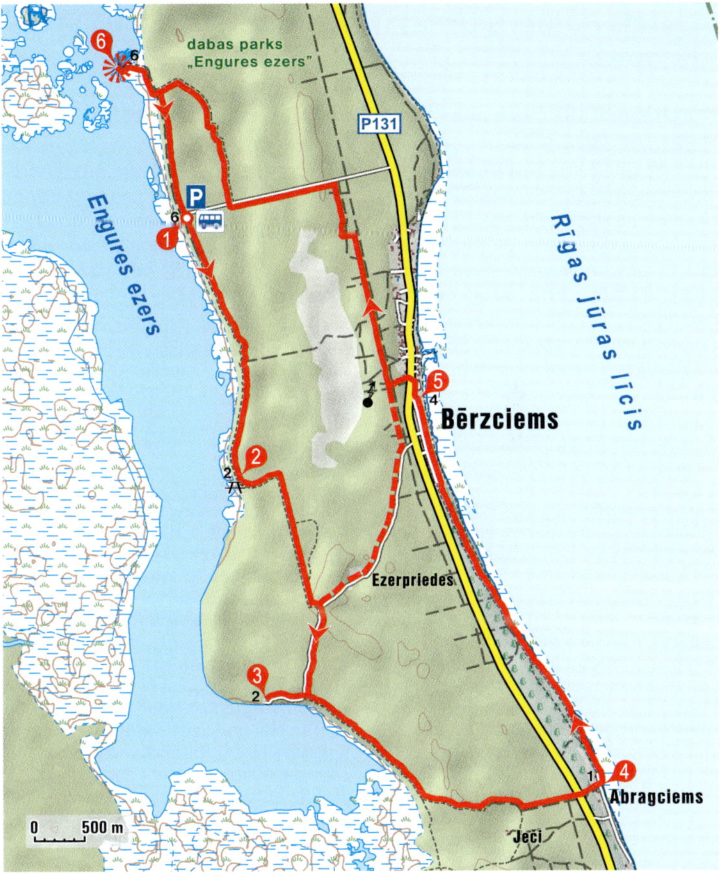

Auskunft über Flora und Fauna. Nach etwa 30 Min. trifft der »Orchideenweg« auf einen breiten Weg am Rand der Uferwiesen des Engure-Sees. Hier hält man sich rechts und wandert schließlich auf einem schmalen Weg zum **Aussichtspunkt** ❻ am Engure-See. Dort stand ein Aussichtsturm, der demontiert wurde. Möglicherweise wurde zwischenzeitlich ein neuer Turm aufgestellt.
Anschließend geht es wieder zurück und auf dem Weg parallel zum Ufer in rund 15 Min. zum Ausgangspunkt am **Engures ezers** ❶.

↗ 10 m | ↘ 10 m | 4.7 km

25 Lielais Ķemeru tīrelis (Hochmoor Kemeri)

1.15 h

Durch ein 8000 Jahre altes Hochmoor mit unzähligen Seen

Nahe dem alten Badeort Jūrmala im Westen von Riga geht die urbane Peripherie der lettischen Hauptstadt in großflächige Wälder, Seen und Sumpfgebiete über. Dort wurde 1995 der Nationalpark Kemeri ins Leben gerufen, der sich über eine Fläche von 400 km² erstreckt. Die Menschen aus Riga nutzen das große Gelände als Naherholungsgebiet, für Reisende ist vor allem das Hochmoor Kemeri (Lielais Ķemeru tīrelis) interessant. Seine Fläche ist nur etwas kleiner als die des Cenas-Moors (Tour 26), bietet aber außer den charakteristischen Merkmalen der Vegetation vor allem ungewöhnlich viele kleine Seen und Auen. Besonders im Bereich des hölzernen Aussichtsturms ist ein großer Teil der Fläche mit dunklen Moorseen bedeckt, um die sich der Bohlenweg herumschlängelt. Bei gutem Wetter ist man dort selten alleine: Jährlich wandern rund 40.000 Menschen über den Rundkurs.

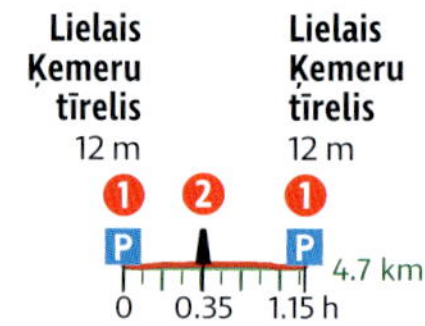

Ausgangspunkt: Lielais Ķemeru tīrelis (Hochmoor Kemeri), 12 m, Parkplatz. Anfahrt mit Pkw: von Riga über die A10 in Richtung Ventspils. Nach 30 km den Abzweig rechts zum Ort Kemeri ignorieren und 400 m danach links auf der kleinen Seitenstraße 2 km zum kostenpflichtigen Parkplatz (Tagesgebühr 3 €). Eingabe bei Google Maps: »parking in the Kemeri National Park«. Ab Riga 30 Min./32 km.
Anforderungen: Grundsätzlich leichte Tour über einen breiten Forstweg sowie einen Rundkurs über Holzbohlen. Der Bohlenweg ist allerdings nicht immer in einem sehr guten Zustand, da defekte Holzbretter offensichtlich erst relativ spät erneuert werden. Vorsicht vor herausragenden Stahlnägeln!
Orientierung: Vom Parkplatz aus einfach dem breiten Weg in Verlängerung der Straße folgen, anschließend ist die Orientierung eindeutig, ein Verlaufen ist praktisch nicht möglich.
Einkehr/Unterkunft: Unterwegs keine. Der nahe gelegene Badeort Jūrmala hat zahlreiche Unterkünfte und Restaurants.
Hinweise: 1. Die Anfahrt mit ÖPNV ist unpraktisch: vom Busbahnhof im Süden von Riga fährt alle 1–2 Std. ein Bus (7938 bzw. 7410) zur Haltestelle Kemeri; von dort sind es 2,3 km Fußweg bis zum Startpunkt. Fahrplan: rome2rio.com.
2. Das Besucher- bzw. Informationszentrum des Nationalparks im Ort Kemeri (nördlich der Fernstraße A10, Adresse: Tūristu iela 1, Jūrmala) bietet u. a. Karten und Broschüren an (Juni–Aug. Mi–So 11–18 Uhr; Mai und Sept. Sa/So 11–17 Uhr).
3. Besonders an Sommerwochenenden kann die Route sehr stark frequentiert sein. An solchen Tagen ist das Cenas-Moor (Tour 26) eine etwas ruhigere Alternative.
4. Die kurze Runde kann über einen Querweg über Holzbohlen nach rund 15 Min. abgekürzt werden. Dabei verpasst man aber das Beste der Tour.
Tipp: Weitere Infos zum Nationalpark Kemeri gibt es auf der Seite kemerunacionalaisparks.lv (Google-Übersetzungsfunktion nutzen), z. B. zum Wanderweg am Slokas-See (Slokas ezera taka) mit dem Vogelbeobachtungsturm.
Karte: Am Parkplatz Infotafel mit Routenskizze.

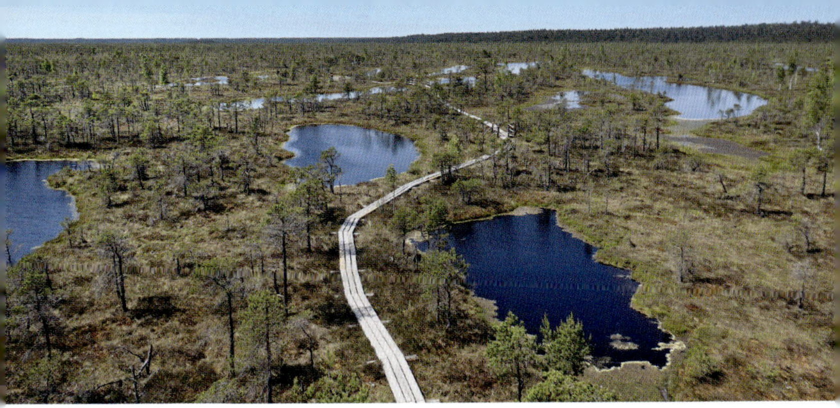

Blick vom Aussichtsturm nach Norden.

Vom Parkplatz beim Hochmoor **Lielais Ķemeru tīrelis** ❶ führt ein breiter Forstweg in Verlängerung der Straße in den Wald. Nach wenigen Minuten steht eine Trockentoilette am Wegesrand. Kurz darauf erreicht man eine Gabelung, bei der man schräg links durch weiterhin bewaldetes Gelände weitergeht. Die Bäume werden wegen des nährstoffärmeren Bodens in der Nähe der Moorfläche sichtbar kleiner. Rund 300 m nach der Verzweigung beginnt der Bohlenweg, nach weiteren 200 m kann nach rechts die Runde abgekürzt werden (siehe Hinweise). Der Weg zieht sich über die fast baumfreie Moorfläche, bald erreicht man den Bereich mit vielen kleinen Moorseen und Auen. Der **Aussichtsturm Kemeri** ❷ ermöglicht weite Blicke über das gesamte Gelände.
Im weiteren Verlauf überbrückt der Bohlenweg mehrfach kleine Wasserläufe. In diesem Bereich ist ein großer Teil der Fläche von Wasser bedeckt. Nach einem weiten Rechtsbogen wandert man schließlich in nördlicher Richtung. Der Bohlenweg endet im bewaldeten Bereich, anschließend trifft man wieder auf die Verzweigung, wo der Rundweg endet, und folgt dem bekannten Weg zurück zum Parkplatz beim **Lielais Ķemeru tīrelis** ❶.

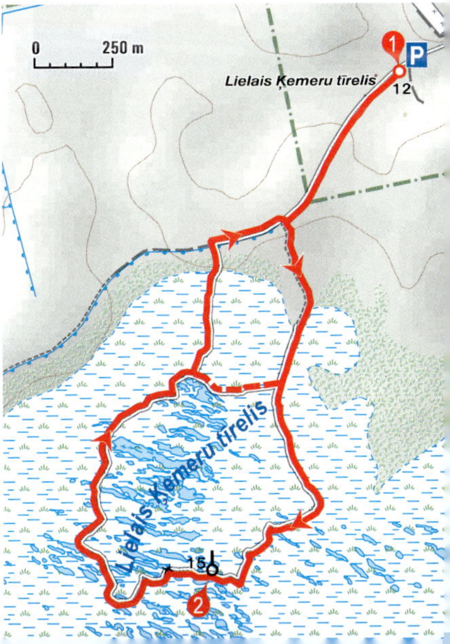

↗ 10 m | ↘ 10 m | 6.0 km

26 Cenas tīrelis (Tirul-Moor)

1.30 h

Entlang der Nahtstelle zwischen Naturschutz und Torfabbau

Südwestlich von Riga breitet sich auf einem Gelände von rund 6000 ha Lettlands zweitgrößtes Moor aus: das Cenas tīrelis (Cenas-/Tirul-Moor). Ursprünglich hatte es eine ähnliche Größe wie die mit 10.000 ha Fläche landesweit ausgedehnteste Moorfläche, das Teiči-Moor im Osten der Baltenrepublik. Durch lange zurückliegende Entwässerung ist das Tirul-Moor allerdings deutlich geschrumpft. Am westlichen Teil wird auch heute noch Torf abgebaut, daran schließt sich unmittelbar der geschützte Bereich des Moorgebiets an.
Der praktisch durchgehend auf Holzbohlen angelegte Wanderweg verläuft zunächst entlang der Nahtstelle zwischen dem Naturschutz- und Torfabbaugebiet, Infotafeln klären auch auf Englisch über die Ambivalenz von ökonomischen Interessen und Erhalt der Natur auf. Zwei Aussichtstürme aus Holz ermöglichen außerdem einen guten Überblick, sowohl über das Abbaugebiet als auch über die geschützten Moorflächen mit ihren vielen Seen und Tümpeln in einer märchenhaften Kulisse.

Ausgangspunkt: Parkplatz Cenas tīrelis, 8 m. Anfahrt mit Pkw: ab Riga erst über die A10 in Richtung Ventspils, dann kurz auf der A5 in Richtung Tallinn und weiter über die A9 in Richtung Ventspils. Nach 7 km bei Lapsas links auf eine breite, aber nicht asphaltierte Straße abbiegen und auf dieser 6,5 km bis zu einer Kreuzung mit Parkplatz. Dort beginnt links der beschriebene Weg. Ab Riga rund 30 Min./33 km.
Anforderungen: Leichtes Gehgelände, bis auf die ersten Meter verläuft die Tour auf einem Bohlenweg.
Orientierung: Einfach, ein Verlaufen ist praktisch nicht möglich.
Einkehr/Unterkunft: Keine.
Hinweise: 1. An Wochenenden mit schönem Wetter ist man hier selten alleine, ganz so voll wie bei Tour 25 wird es allerdings normalerweise nicht.
2. Die beste Jahreszeit für diese Tour ist zwischen Mai und Oktober.
3. Die Holzbretter des Bohlenwegs sind – anders als in Estland oft zu sehen – nicht mit einem feinen Drahtnetz o. Ä. bespannt, deswegen kann es bei Nässe etwas rutschig werden.

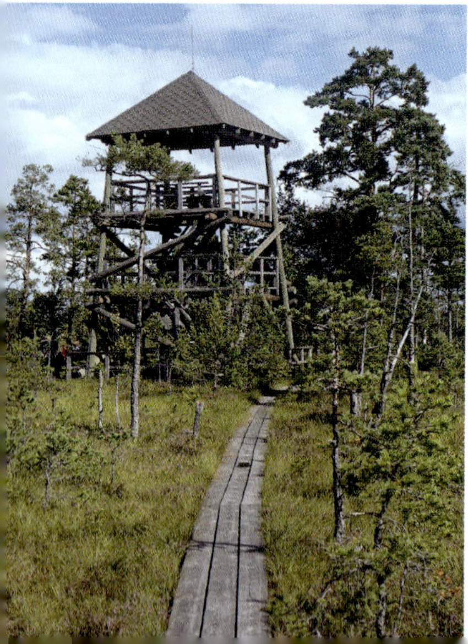

Der größere Aussichtsturm am Wendepunkt der Tour.

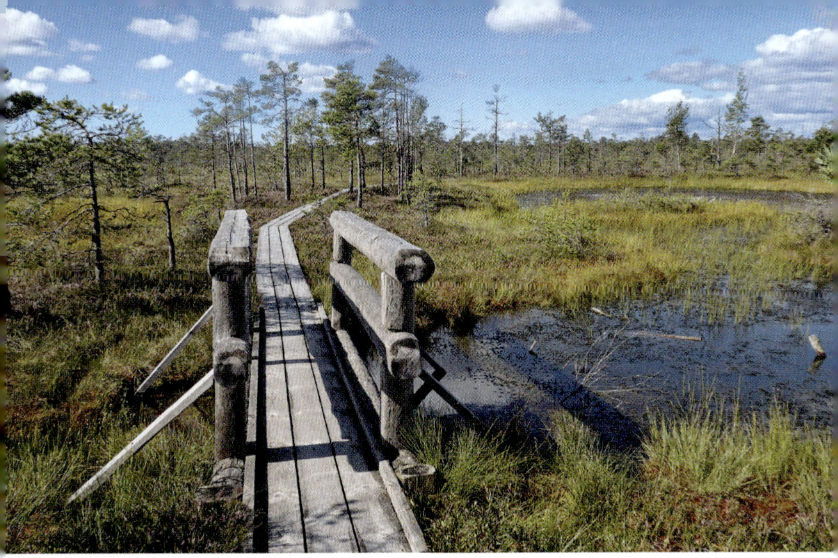

Hier wird ein kleiner Wasserlauf überbrückt.

Vom Parkplatz **Cenas tīrelis** ❶ folgt man dem Weg hinter der Schranke 200 m bis zum Beginn des Bohlenweg an einer Infotafel. Weitere Tafeln stehen am Wegesrand, während sich die Route am äußersten Rand des Naturschutzgebiets, nur wenige Meter vom Torfabbaugebiet entfernt, durch einen alten Kiefernwald zieht. Bereits nach wenigen Minuten ermöglicht ein **Aussichtsturm** ❷ den Blick über das Torfabbaugebiet.
Der Weg verläuft weiterhin am Rande des Naturschutzgebiets bis zu einer Verzweigung mit Infotafel. Ab hier begeht man den Rundweg – um möglichst Begegnungen auf dem schmalen Weg zu vermeiden – wie offiziell vorgeschlagen nach rechts. Bald erstreckt sich der Skaista ezers (»schöner See«) südlich des Weges. In weiterhin recht freiem Gelände erreicht man schließlich den **großen Aussichtsturm** ❸ mit schönem Blick über die Moorlandschaft. In etwas direkterer Linie geht es weiter bis zur Verzweigung und ab dort auf dem bekannten Weg zurück zum Parkplatz **Cenas tīrelis** ❶.

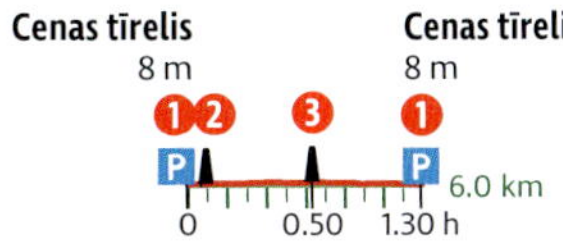

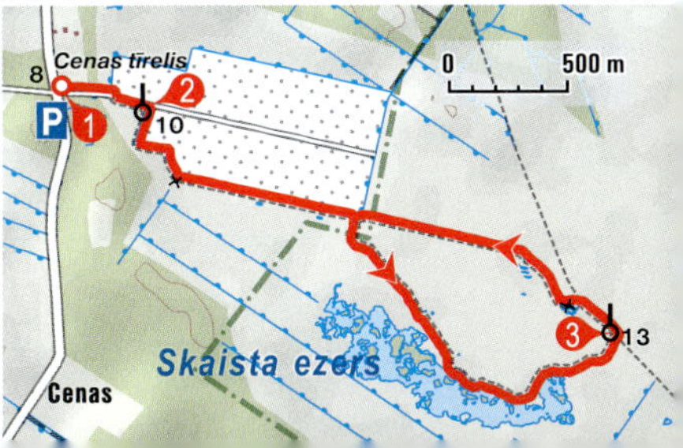

↗ 50 m | ↘ 50 m | 14.5 km

27 Naturpark Piejura: Gaujamündung und Garezers-Seen

4.00 h

Entlang der Küste zu einem versteckten Naturidyll im Wald

Nachdem die Gauja rund 450 km durch den Osten Lettlands geflossen ist, mündet sie nördlich der Hauptstadt in die Rigaer Bucht. Der Mündungsbereich ist nur zu Fuß durch ein sandiges Gelände neben einem Kiefernwald zugänglich. Im Norden schließt sich an die Küste ein endloser breiter Strand mit feinem, weißem Sand an, dahinter liegt eine bewaldete Dünenlandschaft. Hier beginnt der Naturpark Piejūra, der sich über eine Fläche von 42 km² bis zur Mündung der Inčupe mit der weißen Düne (Tour 28) erstreckt. Die oft nur sehr schwach frequentierten Wanderwege durch den Wald führen in leichtem Auf und Ab zu einer Bilderbuchlandschaft mit drei lang gestreckten Seen. Sie sind Heimat für über 160 Arten von Pflanzen, wie z. B. Seerosen, sowie Fischen wie Barben, Karauschen, Hechten oder Rotaugen. Die durchschnittlich nur 2 m tiefen Gewässer liegen in einer Senke hinter einem Dünenkamm und verlaufen parallel zur Küste. Der mittlere und der südliche See sind mit einem schmalen Wasserlauf verbunden, sonst gibt es weder Zu- noch Abflüsse, nur Grundwasser und Niederschläge speisen die drei Garezers-Seen.

Bemalte Baumstämme hinter dem Strand.

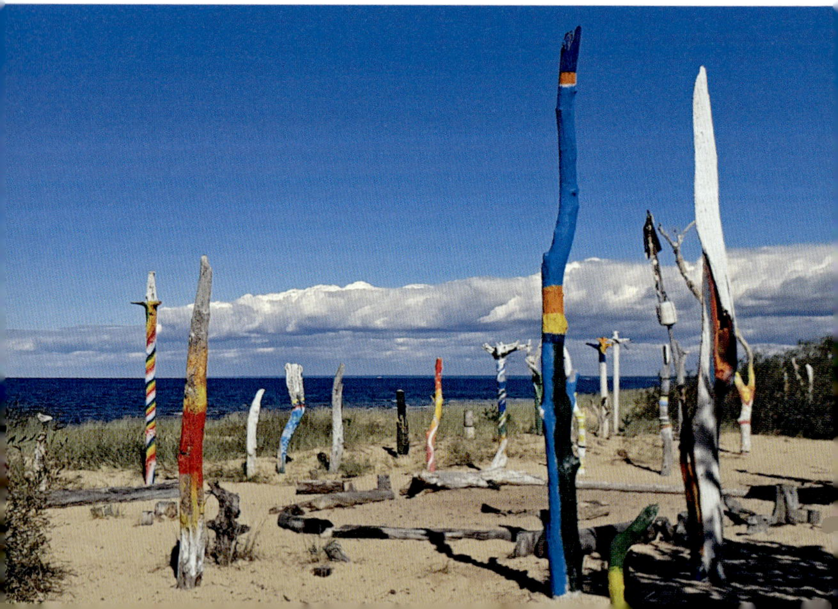

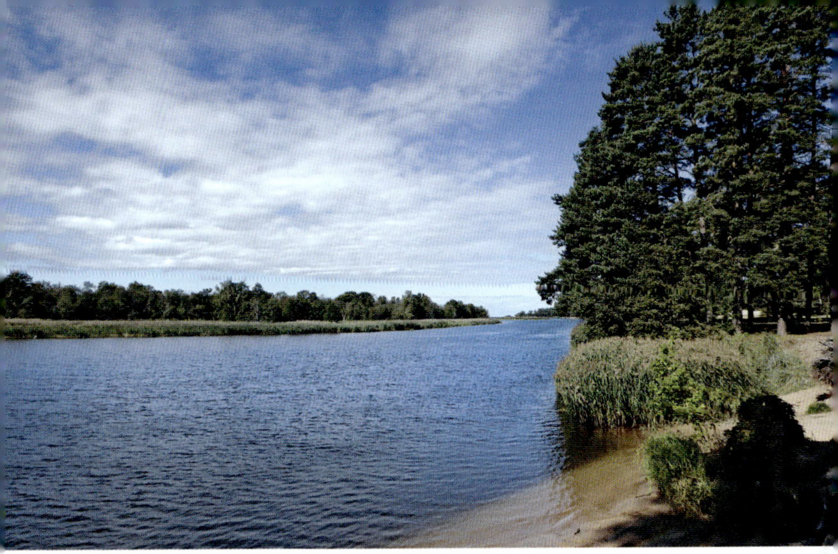

Der letzte Kilometer der Gauja vor der Mündung.

Ausgangspunkt: Gauja, 5 m, Bahnhof. Mit ÖPNV gibt es zwei Optionen: Tagsüber verkehrt stdl. ein Nahverkehrszug ab Riga (Fahrplan: pv.lv). Mit Bus ist es etwas umständlicher, da tgl. nur wenige Fahrten. Bei atd.lv Zielhaltestelle »Stacija Gauja« in die Fahrplan-Suchmaske eingeben. Fahrzeit jeweils knapp 20 Min. Anfahrt mit Pkw: ab Riga über die A2 und A1 in Richtung Tallinn. Nach ca. 30 km nach der Brücke über die Gauja links in Richtung Bahnhof Gauja abbiegen. Nach 4 km gleich nach dem Bahnübergang rechts und nach 300 m kostenlos am Rand der breiten Straße parken. Eingabe bei Google Maps: »Stacija Gauja«.
Anforderungen: Gute Wanderwege, ein längerer Abschnitt über den Strand und schmale Waldpfade am Ufer der Seen.
Orientierung: Sporadische blau-weiße Markierungen auf dem ersten Abschnitt zur Gauja-Mündung; die Route durch den Wald ist nicht markiert. Evtl. zusätzlich zur Wegbeschreibung GPS-Unterstützung nutzen.
Einkehr/Unterkunft: Keine.
Karte: In den Hotels und bei der Touristinformation in Saulkrasti liegt die kostenlose »Karte für Touristen: Die Küste Vidzemes« aus.

Vom Bahnhof **Gauja** ❶ kommend geht es kurz nach links (Südwesten) an der Straße entlang. Vor dem Bahnübergang zweigen rechts drei Straßen bzw. Wege ab: Die Route folgt der rechten Straße (Sackgasse) und biegt nach 50 m rechts ab (blau-weiße Markierung). 300 m weiter schlägt man die Straße nach links ein. An ihrem Ende nach rund 200 m gibt es einen Übergang zu einem Fußweg, der über einem Damm nach rechts verläuft. Man bewegt sich nun entlang des rechten Ufers der Gauja. Nach gut 30 Min. in Ufernähe kommt man an einem Grillplatz vorbei. Ab hier führt

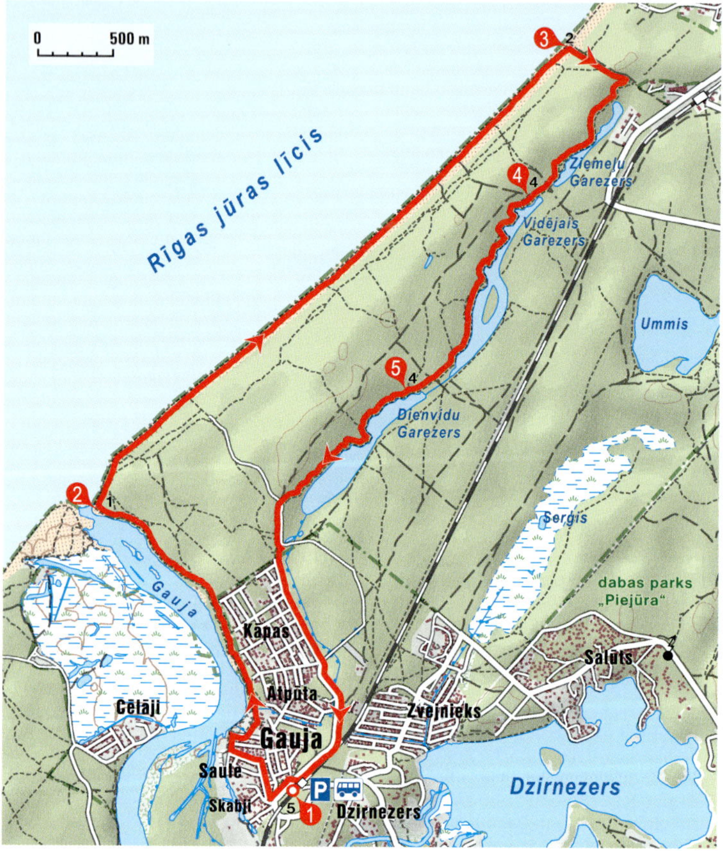

ein Pfad nach links am Ufer entlang, bis schließlich der Blick frei wird in den Mündungsbereich der **Gauja** ❷.

Anschließend folgt man der Küste über den Sandstrand, bei Ebbe lässt es sich angenehmer auf dem feuchten Untergrund direkt an der Wasserlinie gehen. Nach 1 km kommt von rechts ein Weg aus der Siedlung Gauja (Wegweiser), nach nochmals 1 km stehen etwas hinter dem Strand bemalte Baumstämme. Nun sind es noch 2,5 km, bis man bei einer **Abzweigung** ❸ den Strand verlässt und in den Wald eintritt. Ein Vierkant aus Holz steht am Beginn des sandigen Weges.

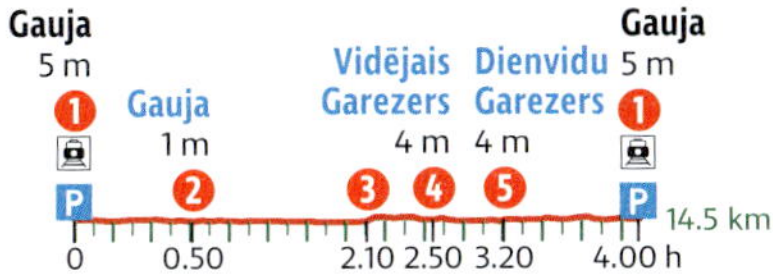

Rund 500 m folgt man dem breiten Weg, bis nach einer Kuppe rechts kleine Pfade abzweigen. Die Pfade vereinen sich kurz darauf und gelangen durch dichte Vegetation bis an das Ufer des Ziemeļu Garezers, des nördlichen Garezers-Sees. An dessen Ende überquert man einen Forstweg und wandert auf einem schmalen Waldpfad weiter, der bald darauf das Ufer des **Vidējais Garezers** 4, des mittleren Sees, erreicht. Nun schlängelt sich der Uferpfad entlang mehrerer Buchten weiter, nach 20 Min. verbreitert sich der See, in der Mitte schaut eine bewaldete Insel aus dem Wasser. Erneut wird ein Forstweg überquert, dann folgt man dem sich anschließenden Pfad und steht nach wenigen Minuten am Ufer des **Dienvidu Garezers** 5. Am Ende mündet der Weg in einen breiten Forstweg, in den man nach links einbiegt und nach 200 m vor einer Linkskurve rechts auf einen schmalen Weg wechselt. Dieser endet bei einer Straße durch ein ruhiges Wohngebiet. Diese Straße führt in 20 Min. wieder zurück zum Ausgangspunkt am kleinen Bahnhof in **Gauja** 1.

Am südlichen Garezers-See.

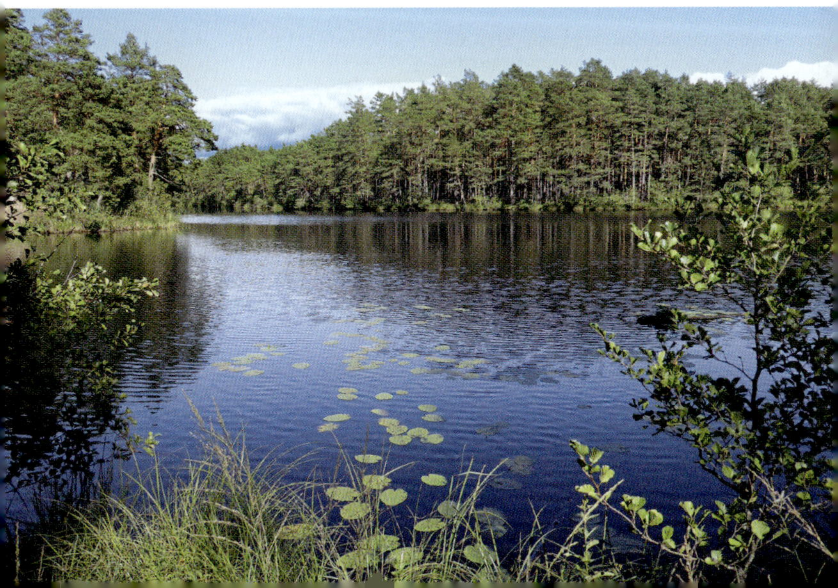

↗ 70 m | ↘ 70 m | 18.8 km

28 Baltā kāpa: die Weiße Düne von Saulkrasti

5.00 h

Küsten- und Dünenwanderung über den »sunset trail«

»Sonnige Küste« bedeutet der Name des von Riga aus relativ schnell erreichbaren Badeorts Saulkrasti wörtlich, was natürlich nicht immer vom Wetter eingelöst wird. Schicke Strandrestaurants und ein ausschweifendes Nachtleben wird man dort nicht finden, wohl aber interessante Wanderrouten. Denn wenige Meter hinter der Küstenlinie hat die Natur einen langen Dünenzug geformt, der von einem alten Kiefernwald bewachsen ist. Mehrere kleine Flüsse bzw. Bäche münden dort in die Rigaer Bucht. Besonders in den Mündungsbereichen ist eine ausgesprochen schöne Naturkulisse entstanden.

Der landschaftliche Höhepunkt ist die Weiße Düne, die sich neben dem nur 12 km langen Fluss Inčupe erhebt. Zwischen Saulkrasti und der Weißen Düne verläuft ein markierter und teilweise mit Holzbohlen versehener Weg mit dem etwas pathetisch anmutenden Namen »sunset trail« bzw. »Saulrieta Taka«. Infotafeln klären auch in englischer Sprache über diesen Küstenstreifen auf, Aussichtsplattformen ermöglichen hübsche Fotos von der Küste. Südlich der Weißen Düne setzt sich der Kiefernwald in einem gewellten Gelände fort. Der ganze Abschnitt südlich von Saulkrasti bis zum Ort Gauja gehört zum Naturpark Piejūra, weswegen die Küste hoffentlich auf lange Sicht von Bebauungsmaßnahmen verschont bleiben wird.

Ausgangspunkt: Saulkrasti, 10 m, Bushaltestelle. ÖPNV: relativ problemlose Anfahrt mit Buslinie 7179 ab Riga in den Küstenort. Fahrplan: atd.lv. Anfahrt mit Zug ebenfalls möglich, der Bahnhof befindet sich knapp 10 Gehminuten vom Strand entfernt. Fahrplan: pv.lv.
Anfahrt mit Pkw: ab Riga über die A2 und A1 in Richtung Tallinn bis zur Ausfahrt Saulkrasti. In der Mitte des weitläufigen Orts gibt es ein Café, daneben die Bushaltestelle »Saulkrasti« und wenige Meter weiter einen kostenlosen Parkplatz. Ab Riga 45 Min./45 km.
Anforderungen: Auf dem Hinweg über den bewaldeten Dünenzug mehrere kleine Auf- und Abstiege, z. T. auf Holzbohlen. Der Rückweg über den Strand ist völlig eben, in unmittelbarer Ufernähe ist der Sand relativ fest, abschnittsweise muss man aber auch über wei-

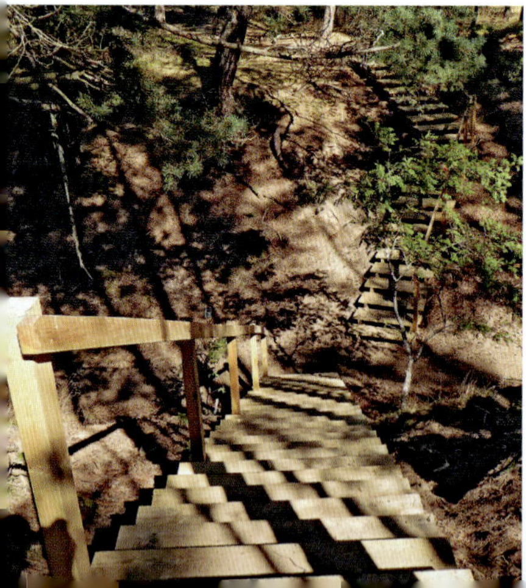

Einige Abschnitte des »sunset trails« sind mit Holzstufen und -treppen versehen.

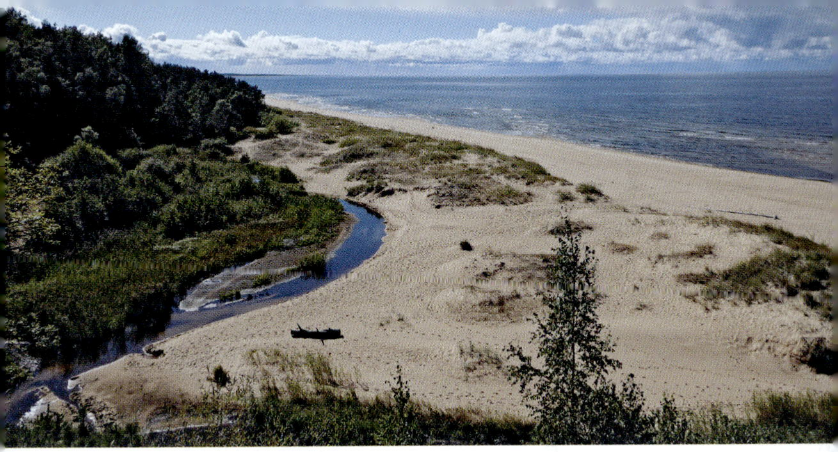

Die Inčupe auf ihrem Weg in die Ostsee.

chen Sand gehen. An zwei Stellen wird eine Fluss- bzw. Bachmündung überquert, am besten entweder barfuß oder mit wasserfesten Trekkingsandalen.
Orientierung: Entlang des »sunset trails« Wegweiser und weiß-blaue Markierungen an den Bäumen. Der zweite Abschnitt südlich davon ist nicht markiert, die Wegfindung ist aber einfach.
Einkehr: Unweit des Ausgangspunkts gibt es ein Café. Kurz nach der Weißen Düne in der Kāpu iela (nahe der Hauptstraße) Rest. Bālta Kāpa (im Sommer täglich ab 12 Uhr, sonst nur Fr–So).
Variante: Hin- und Rückweg verlaufen in mehr oder weniger geringem Abstand voneinander. An mehreren Stellen kann man auf den anderen Weg wechseln und so die Tour abkürzen.
Hinweis: Die Weiße Düne ist an Wochenenden ein beliebtes Ausflugsziel, der Großteil der Route ist aber nur sehr schwach frequentiert.
Tipp: Weitere Infos auf visitsaulkrasti.lv.
Karte: In den Hotels und bei der Touristinformation Saulkrasti liegt die kostenlose »Karte für Touristen: Die Küste Vidzemes« aus.

Von der Bushaltestelle bzw. dem Parkplatz in **Saulkrasti** ❶ folgt man wenige Schritte der Straße in Richtung Riga und biegt an der nächsten Straße rechts ab. An der Verzweigung nach 100 m links halten, nach wenigen Minuten trifft man auf einen großen Platz. Auf der linken Seite beginnt der Wanderweg, der bald über eine Brücke führt und sich dann auf Holzbohlen in langen Kehren (oder abkürzend direkt) den kurzen Hang hinaufzieht. Noch vor dem Ende des Holzwegs zweigt der Wanderweg wieder ab (auf Markierungen achten). Im weiteren Verlauf zieht sich der Pfad in leichtem Auf und Ab über die bewaldeten Dünen. Abschnittsweise verlaufen mehrere gleichwertige Pfade parallel bzw. verzweigen und treffen sich wieder. Nach knapp 1 Std. beginnt ein längerer Bohlenweg mit Aussichtspunkten. Die zweite Aussichtsplattform befindet sich bereits auf der **Baltā kāpa** ❷, der Weißen Düne.

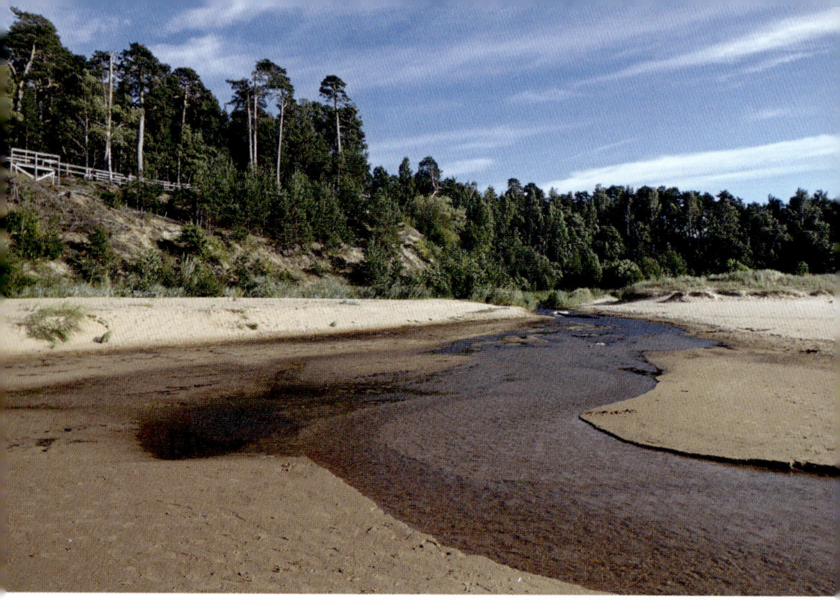

Unterhalb der Weißen Düne mündet die Inčupe in die Ostsee.

Anschließend geht es hinab ins Flusstal der Inčupe. Auf einem Stichweg kann man einen Abstecher bis vor den Mündungsbereich machen. Danach geht es auf einer Treppe wieder zurück. Hier nicht den einladend wirkenden Pfad durch den Wald nehmen, denn dieser endet vor einem Privatgelände. Stattdessen geht man geradeaus bis zum Parkplatz und folgt nach rechts der Straße (kāpu iela). An deren Ende nach 450 m beginnt an einer Infotafel über den Naturpark Piejūra wieder ein Wanderweg. Auf den nächsten rund 5 km wandert man über nicht markierte Pfade parallel zur Küste durch den Wald. Verlaufen kann man sich kaum, schlimmstenfalls erwischt man einen Pfad zum nahen Strand. Kurz vor der Mündung der Lilaste verläuft links vom Pfad ein Zaun. In diesem Bereich muss man sich bald rechts ins freie Gelände bewegen und geht dann am Flussufer entlang bis zur Brücke über die **Lilaste** 3 mit schönem Panorama.

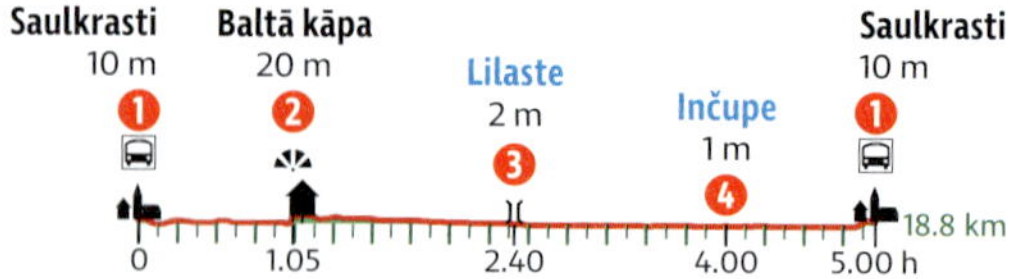

Anschließend kehrt man am Ufer entlang zurück zum Strand. Von nun an ist die Orientierung eindeutig. Knapp 1.15 Std. nach dem Umkehrpunkt auf der Brücke gelangt man zur Mündung der **Inčupe** ❹. Rechts befindet sich die **Weiße Düne**. Nach weiteren gut 45 Min. ist die Abzweigung zurück zum Ort gut zu erkennen, mehrere Buden stehen hier am Strand. Über zwei Holzstufen gelangt man wieder auf den großen Platz, von dem aus 5 Min. später der Ausgangspunkt in **Saulkrasti** ❶ erreicht ist.

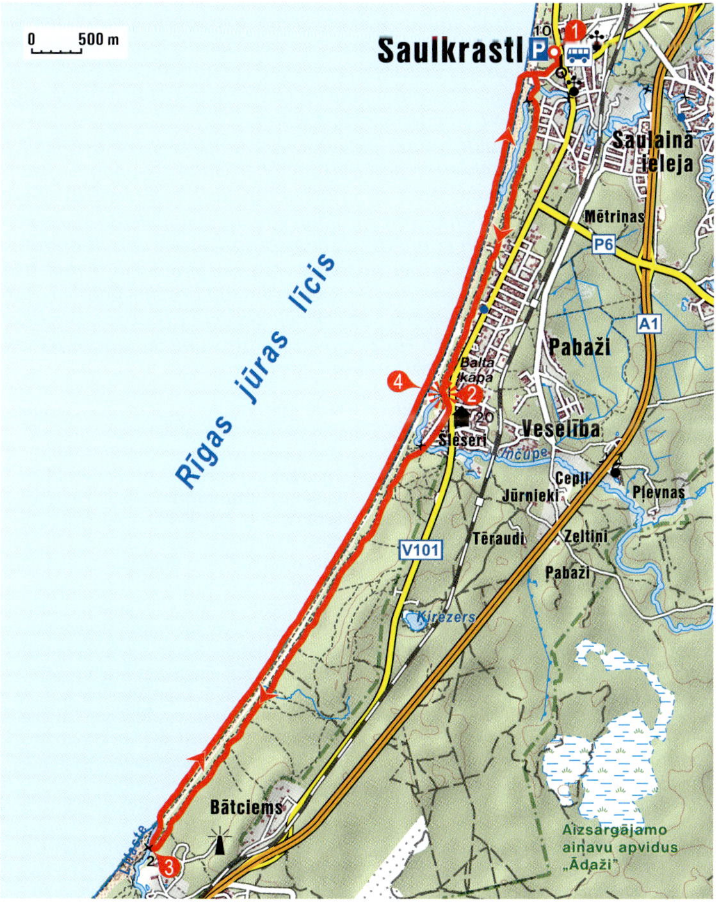

TOP 29

↗ 230 m | ↘ 230 m | 11.3 km

Sigulda: Ordensburg Segewold und Burg Treyden

3.30 h

Von Sigulda zur mittelalterlichen Burg Treyden

Bei der Reise in die »Lettische Schweiz« im Nationalpark Gauja ist Sigulda eine gute erste Anlaufstelle. Das kleine Städtchen mit gerade einmal 12.000 Einwohnern thront auf einem Plateau über dem linken Ufer der Gauja. Der Fluss bildete im 12. Jh., als sich die Landkarte Europas durch Eroberungen sehr veränderte, die Grenze zwischen dem Schwertbrüderorden und dem Herrschaftsbereich des Bischofs. Deswegen entstanden auf beiden Seiten der Gauja fast zeitgleich Burgen, die im Laufe der Geschichte mehrfach die Besitzer wechselten und auch zerstört wurden.

Das Neue Schloss (Sigulda Jaunā pils) am Ausgangspunkt ist tatsächlich auch schon rund 150 Jahre alt und verfügt über einen schönen Gutshofkomplex. Hinter der Anlage steht die in Teilen restaurierte Ordensritterburg Segewold (der deutsche Name von Sigulda), von der man bereits in der Ferne das Ziel der Tour sehen kann: die Bischofsburg Treyden mit ihren roten Mauern und Türmen. Alleine der Ausblick vom Burgfried lohnt den teils sportlichen Weg dorthin. Denn der Abstieg ins Tal mit anschließendem Aufstieg auf der gegenüberliegenden Seite der Gauja verläuft über steile Hänge mit nicht enden wollenden Holztreppen. Richtig steil ist schließlich die Treppe hinauf zur Aussichtsplattform auf dem Burgfried.

Ausgangspunkt: Sigulda, 96 m, Parkplatz vor dem Neuen Schloss. ÖPNV: tagsüber stdl. ein Zug von Riga nach Sigulda (Fahrzeit gut 1 Std.). Der Bahnhof liegt 1,5 km südlich des Neuen Schlosses; zum Ausgangspunkt entweder zu Fuß, per Taxi oder per Bus (bis Haltestelle »GNP«). Fahrplan: pv.lv.
Anfahrt mit Pkw: ab Riga über die A2 (E77) in Richtung Pleskava (Pskow/Псков); bei Sigulda abfahren; kostenloser Parkplatz vor dem Neuen Schloss. Ab Riga knapp 1 Std./54 km.
Anforderungen: Der Abstieg ins Tal sowie der Aufstieg zur Burg Treyden sind steil und führen über insgesamt rund 1000 Stufen aus Holz, im Burgfried (Treyden) auch aus Stein. Vor allem bei Nässe sind die älteren Stufen der Holztreppen mit etwas Vorsicht zu genießen. Mehrere Abschnitte der Tour verlaufen außerdem auf schmalen Pfaden oberhalb abschüssiger Hänge.
Orientierung: An mehreren Verzweigungen Wegweiser, Markierungen gibt es keine. Mit etwas Orientierungssinn ist die Wegfindung kein allzu großes Problem.
Einkehr/Unterkunft: Café im Neuen Schloss; mehrere Hotels und Restaurants in Sigulda.
Variante: Auf dem Rückweg zweigt 100 m vor der Brücke über die Gauja nach rechts ein Weg ab (anfangs Bohlen). Nach 3 km auf einer Fußgängerbrücke über die Gauja, am anderen Ufer nach links auf einen erst breiten, später schmalen Weg in Ufernähe, der auf die Straße kurz vor dem südlichen Brückenkopf trifft. Von dort wie beschrieben zurück zum Ausgangspunkt (Mehraufwand: knapp 2 Std./7,5 km).
Hinweise: 1. Burg Segewold: 9–19 Uhr, Eintritt 2 €.
2. Burg Treyden: 9–20 Uhr, Eintritt 6 €.
Tipp: Zwischen Sigulda (auf dem Plateau, 500 m Luftlinie westlich des Neu-

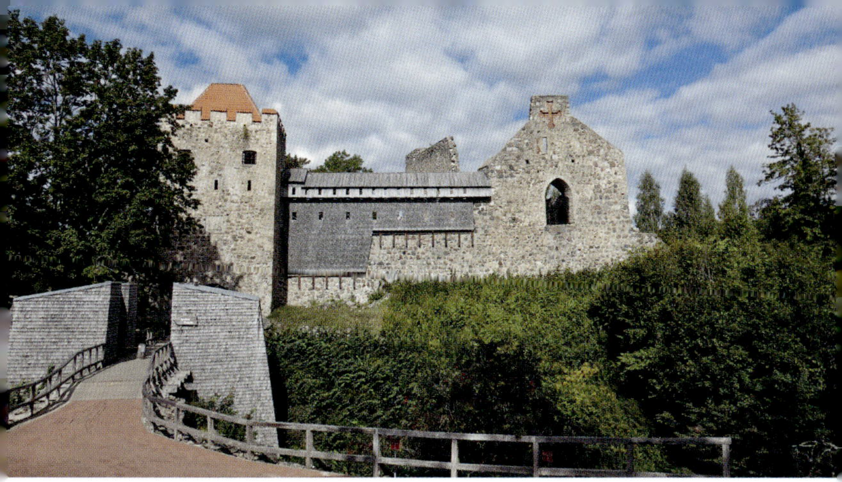

Zugang zur Ordensburg Segewold. Rechts oben in der Mauer erkennt man das Kreuz der Tempelritter.

en Schlosses) und dem rechten Ufer der Gauja bei Krimulda pendelt eine Seilbahn. Während der Überfahrt hat man einen weiten Ausblick über das Tal der Gauja (Betriebszeiten am besten vor Ort erfragen, manchmal werden die Gondeln als Basis zum Bungee-Jumping genutzt). Im Baltikum gibt es nur noch in Litauen eine weitere Seilbahn: bei Druskininkai über die Memel.

Karte: Bei der Touristinformation (tgl. 9–18 Uhr) im Bahnhofsgebäude von Sigulda sind verschiedene kostenlose Karten für den Nationalpark Gauja erhältlich.

Vom Parkplatz beim Neuen Schloss in **Sigulda** ❶ führt der Weg zu einem Tor, durch das man in den Schlossgarten gelangt; an dessen hinterem Ende schließt sich der Zugang zur Ordensritterburg Segewold an. Vor dem Betreten geht es an der Kasse vorbei. Der Wanderweg beginnt wenige Meter weiter links an einer Holztreppe. Wer die Burg nicht besichtigen möchte, wird sicherlich keinen Eintritt zahlen müssen.

Die Holztreppe geht in einen Waldpfad über, der die Anhöhe der Burg halb umrundet. Am westlichsten Punkt bietet sich die Möglichkeit, über eine Holztreppe die Strecke etwas abzukürzen. Bleibt man auf dem Pfad, dann zweigt 100 m weiter ein Weg links ab, der bis vor die Wiesen am Südufer der Gauja führt. Dort folgt man dem Weg nach links und überquert die **Gauja** ❷ auf einer Brücke (davor von links die Variante).

Danach geht es nach rechts über einige Stufen hinab und auf dem Pfad in Ufernähe weiter. Nach 25 Min. passiert man eine Grillstelle mit mehreren Bänken, und etwa 100 m weiter treten von einer Aussichtsplattform auf der anderen Seite der Gauja Höhlen ins Blickfeld. Danach wendet sich der Weg nach links. Weitere 10 Min. später trifft man nach einem Campinggelände

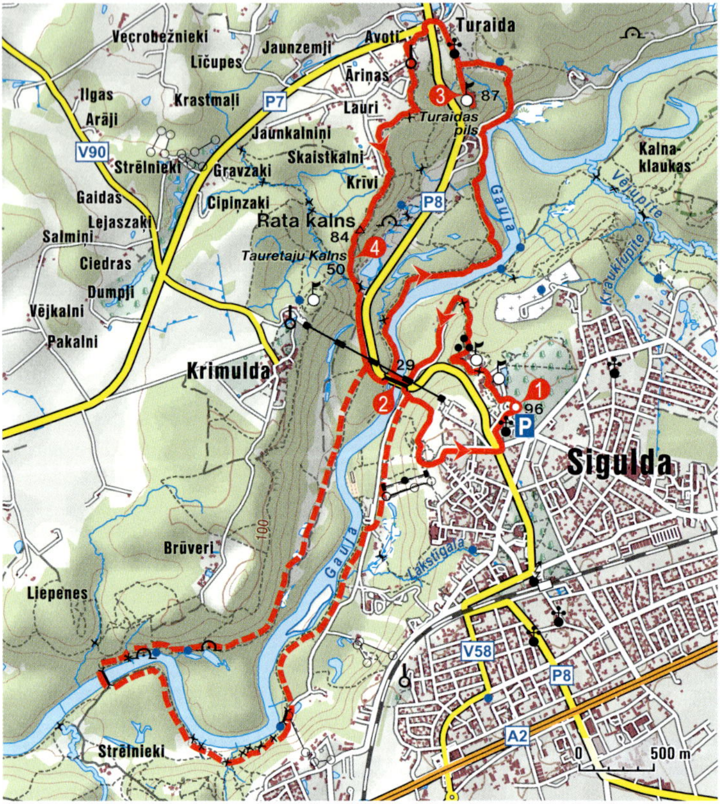

auf einen breiten Weg und folgt ihm in gleicher Grundrichtung, bis bei einem großen Stein und einer Infotafel links der Aufstieg zum »Volksliederberg« (Dainu kalns) mit der Burg Treyden beginnt. Am oberen Ende der langen und steilen Holztreppe erreicht man ein Plateau mit einer Parkanlage, auf der mehrere Natursteinskulpturen des lettischen Bildhauers Indulis Ranka stehen. Hier geht es links haltend zum Zufahrtsweg der Burg und auf diesem zum nahen Eingang der Burg Treyden. Kurz vorher zweigt rechts ein Pfad ab, der die gesamte Burganlage umrundet, mehrere Infotafeln geben Auskunft über Details der einzelnen Bauten.

Auf keinen Fall versäumen sollte man den steilen Aufstieg zum knapp 40 m hohen Burgfried der **Turaidas pils** ❸, der Burg Treyden, dessen Aussichtsplattform einen sehr lohnenden Ausblick über die Burganlage und die Gauja bietet.

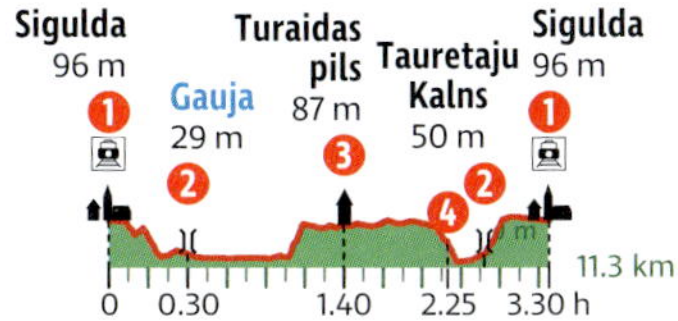

Anschließend verlässt man die Burg über den einzigen Ausgang und geht in gleicher Richtung auf dem breiten Weg weiter; am Ende nach wenigen Minuten nach links und über die Hauptstraße. Auf der anderen Straßenseite beginnt nach wenigen Metern links ein Fußweg, der an einem Gebäude vorbei in eine Straße mündet, hier nach links weiter. Am Ende geht die Straße in einen schmalen Pfad über. Nach 10 Min. hält man sich an einer Verzweigung rechts und wandert am oberen Rand mäßig steiler Hänge in südwestlicher Richtung. Lange Zeit verläuft der Weg relativ eben, kurz vor dem Abstieg steht man auf der Anhöhe **Tauretaju Kalns** ❹.

Dann steigt man über zahllose Holztreppenstufen hinab, überquert im weiteren Verlauf eine kleine Brücke und gelangt kurz darauf auf einem breiten Fußweg neben der Straße zur Brücke über die **Gauja** ❷ (kurz davor nach rechts: Variante). Auf der anderen Seite schließt sich schräg rechts eine Holztreppe an, die steil bis auf das Plateau der Stadt hinaufführt. In der Nähe befindet sich die Station der Seilbahn (vgl. »Tipp«). Am Ende der Treppe kommt man nach links an einem Riesenrad vorbei zu einem Platz, hinter dem sich ein schöner Ausblick ins Tal öffnet.

Dann folgt man der Straße in östlicher Richtung und überquert am Ende nach 400 m die Hauptstraße. Nun geht es links durch die Parkanlage mit der evangelisch-lutherischen Kirche am Teich vorbei, anschließend verläuft der Gehweg in direkter Linie bis zum Ausgangspunkt in **Sigulda** ❶.

In zahlreichen Schleifen bewegt sich die Gauja durch die »lettische Schweiz«.

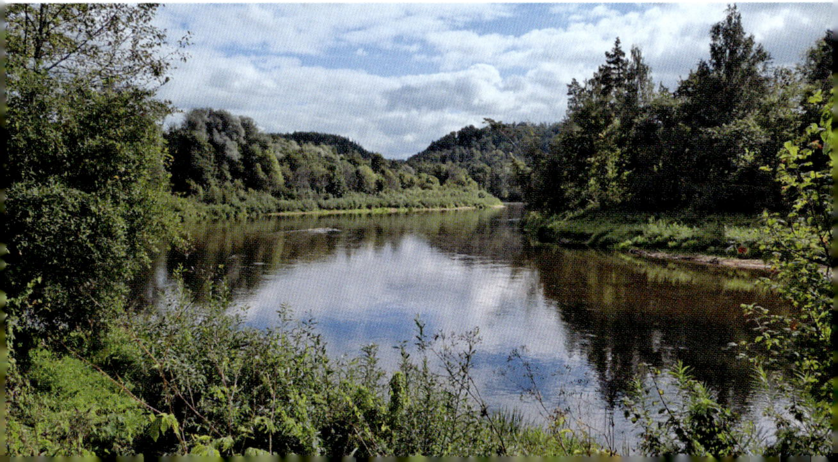

↗ 210 m | ↘ 210 m | 14.7 km

30 Amata-Flusswanderung

4.15 h

Auf schmalem Pfad entlang der windungsreichen Amata

Die Amata ist der längste linksseitige Zufluss der Gauja. Auf ihrem 67 km langen Weg vom Kūkālis-See in Richtung Norden strömt sie vor allem im Unterlauf in unzähligen Schleifen durch die bewaldete Landschaft des Nationalparks Gauja. Die Ufer werden auf mehreren Abschnitten von Felswänden aus Dolomit und Sandstein flankiert, der rötliche Farbton erzeugt einen eindrucksvollen Kontrast zum dunkelgrünen Mischwald am Ufer und dem sandbraunen Wasser.

Der erste Höhepunkt der Tour befindet sich nur wenige Meter vom Ausgangspunkt entfernt: der 20 m hohe und 350 Mio. Jahre alte Zvartes iezis, ein aus dem Wasser ragender Felsen. Um den mächtigen Sandsteinklotz aus einer anderen Perspektive betrachten zu können, führt auf der gegenüberliegenden Seite der Amata ein kurzer Rundweg bis zu einem Aussichtspunkt. Der lange Pfad entlang des rechten Flussufers bietet noch weitere schöne Panoramablicke auf Felsbänke, auf denen sich Frösche und Otter tummeln. Eisvögel brüten versteckt in den Bäumen, im Fluss laichen Lachse und Forellen.

20 Meter hoch und 350 Mio. Jahre alt: der Sandsteinfels Zvartes iezis.

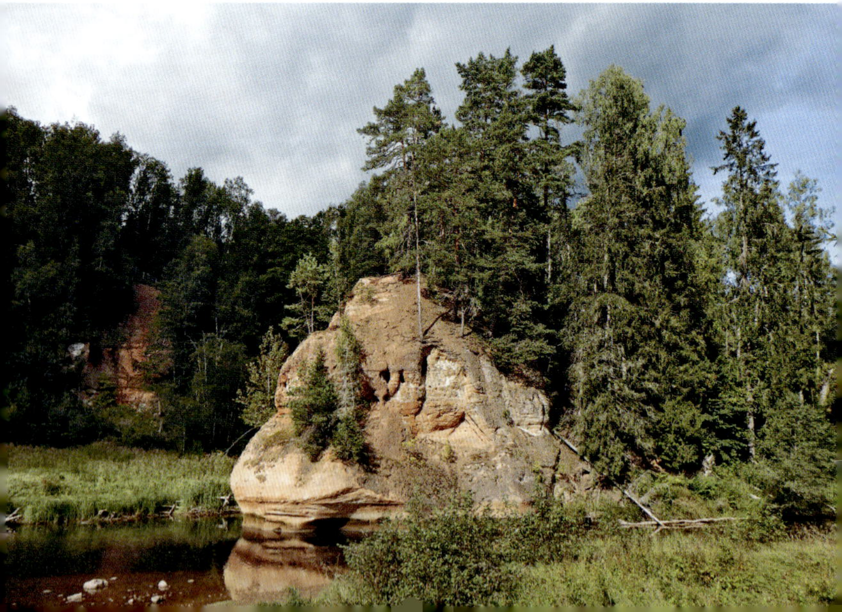

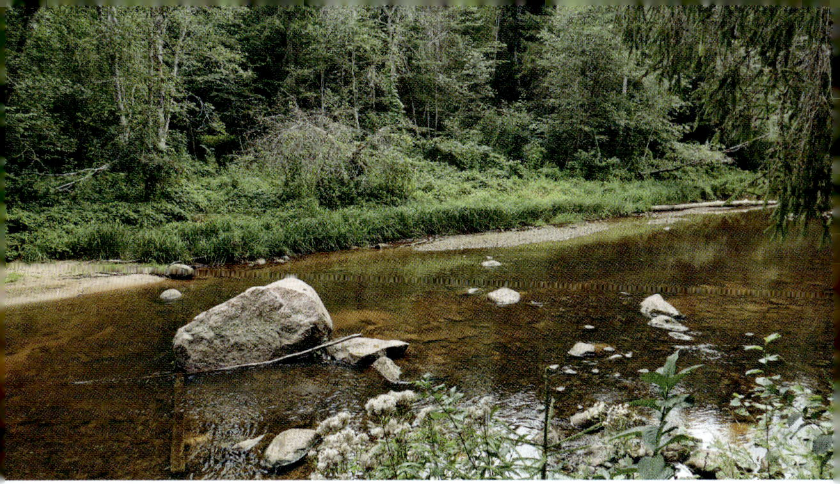

Die Amata mit dem charakteristischen braunen Farbton des Wassers.

Ausgangspunkt: Parkplatz Zvartes iezis, 51 m. Anfahrt mit Pkw: ab Riga auf der A2 in Richtung Pleskava (Pskow). 20 km nach Sigulda links in Richtung Karli abbiegen, im Ort nach links und nach 4 km beim Schild »Zvārtes iezis« nach links und 1,6 km bis zum gebührenpflichtigen Parkplatz (2 € in Box einwerfen). Ab Riga 1.20 Std./83 km. Oder ab Cesis über die P20 in Richtung Schnellstraße. Noch vor der A2 rechts nach Karli abbiegen und wie beschrieben weiter zum Parkplatz. Ab Cesis 20 Min./17 km.
Anforderungen: Auf dem Uferpfad abwechselnd leichte Abschnitte sowie schmale Pfade durch dichte Vegetation und auch enge Passagen nahe an der Abbruchkante. Außerdem mehrere mit Holzstufen gesicherte Aufstiege.
Orientierung: Der Fluss gibt die Richtung vor, ein Verlaufen ist kaum möglich. Vereinzelt rote Punkte auf Baumstämmen als Markierung. Auch der Rückweg ist leicht zu finden.
Einkehr/Unterkunft: Keine.
Varianten: 1. Kurz nach dem Start auf einem Weg entlang des rechten Flussufers 2,5 km flussabwärts bis zur Brücke Veclauču und auf demselben Weg zurück (hin und zurück rund 1.30 Std./5 km).
2. Kurz nach der Felswand Ainavu krauja 3 führt ein Pfad nach rechts flussaufwärts am Flussufer entlang bis zur Brücke von Meturli. Anschließend auf demselben Weg zurück (hin und zurück knapp 2 Std./7,4 km).
Hinweis: Teleskopstöcke sind bei dieser Tour hilfreich, um in den Weg ragende Zweige zur Seite zu drücken und um außerdem an etwas heikleren Stellen für sicheren Stand zu sorgen.
Tipp: Nach einer langen Trockenperiode ist der Wasserstand oft so niedrig, dass man den Fluss problemlos barfuß überqueren kann, um näher an die Felswände zu kommen.
Karte: Bei der Touristinformation (tgl. 9–18 Uhr) im Bahnhofsgebäude von Sigulda gibt es kostenlos ein doppelseitiges Infoblatt »River Amata. Rocks and Cliffs«. Am Ausgangspunkt der Tour Infotafel mit sehr detailreicher Karte des Flusslaufs. Am besten mit dem Smartphone fotografieren, dann hat man sehr unkompliziert die perfekte Karte für diese Tour.

Vom Parkplatz **Zvartes iezis** ❶ folgt man dem Weg in Richtung Fluss, hält sich an der Gabelung rechts und überquert die Brücke über die Amata (vor der Brücke rechts: Variante 1). Danach geht man geradeaus auf dem deutlichen Weg in einem großen Bogen (teilweise Holzstufen) hinauf bis zur Abbruchkante über der Felswand, die den Blick auf die Westseite des auffälligen Felsens gewährt. Der Weg führt wieder hinab und über die Brücke, direkt danach geht es nach links auf dem Pfad neben dem Ufer weiter. Zunächst wandert man über Wiesen, dann durch dichter werdende Vegetation; ebene Abschnitte wechseln mit einzelnen kurzen Anstiegen, die aber erst später spürbar werden. Nach insgesamt rund 1.30 Std. erreicht man einen Grillplatz und gut 20 Min. später einen kleinen Strand mit freiem Blick zur roten Felswand **Dzilnas iezis** ❷ am gegenüberliegenden Ufer der Amata.
Kurz darauf folgt ein weiterer Grillplatz, dann verläuft der Weg vorerst in gewohnter Weise entlang der ausgeprägten Flussschleifen; unerwartet steht ein Holzhäuschen mit Trocken-WC am Wegesrand. Danach werden die Anstiege ausgeprägter, meist mit Holzbrettern als Trittsicherung. Später erreicht man einen Tisch mit Sitzbänken, darauf folgt der längste Auf-

Felswand über dem südlichen Ufer.

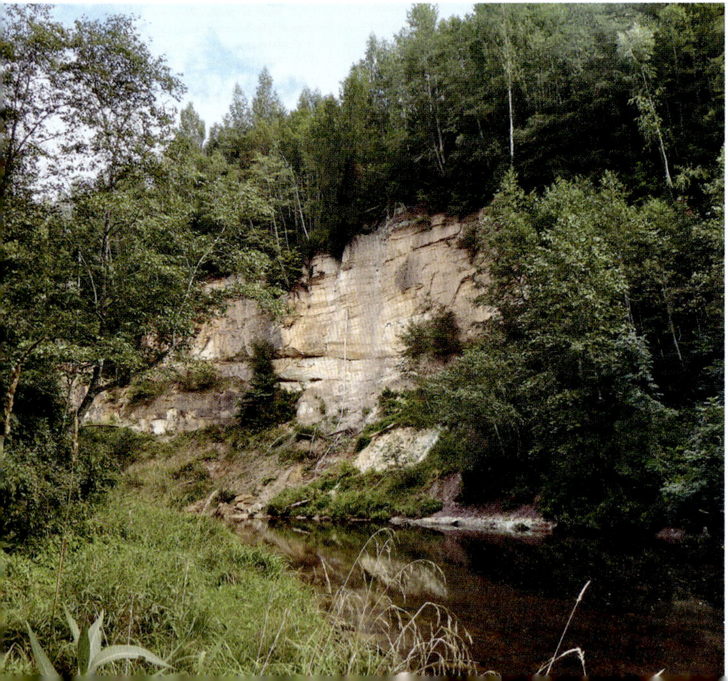

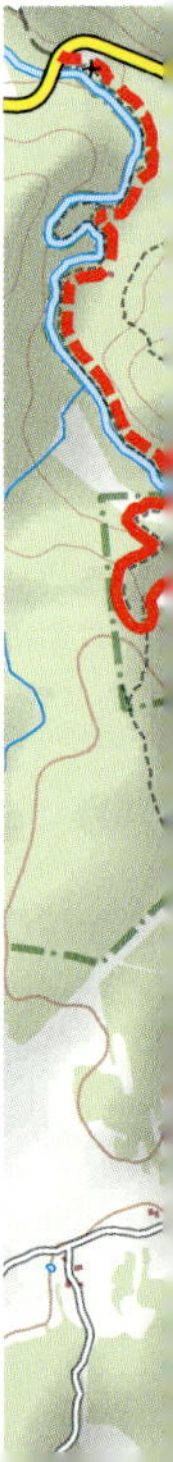

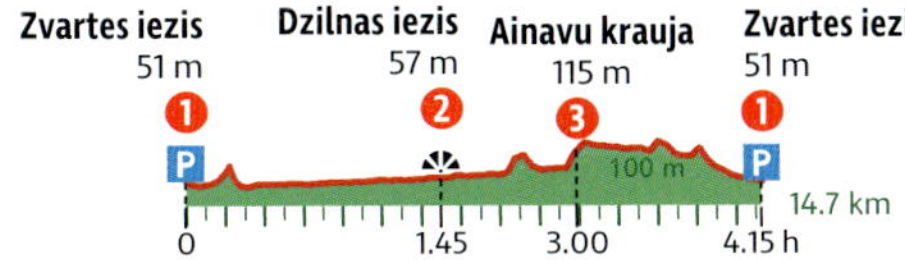

stieg zum oberen Rand der Felswand **Ainavu krauja** ❸. Geländer aus Holz sind als Sicherung angebracht, ausgesetzt ist es aber nie.
Knapp 500 m folgt man dem jetzt ebenen Pfad noch, dann zweigt direkt hinter einem Tisch mit Sitzbänken ein Weg nach links ab (geradeaus: Variante 2), der nach 350 m auf eine nicht asphaltierte Straße bzw. einen breiten Weg trifft. Hier biegt man links ab und hält sich nach 1 km schräg rechts auf einen teilweise mit Gras bewachsenen Weg. Diesem folgt man über 30 Min., dabei gibt es mehrere kurze Anstiege. Am Ende zweigt man rechts ab und kommt an alten Bauernhäusern vorbei; dahinter ist der Parkplatz **Zvartes iezis** ❶ bereits zu sehen.

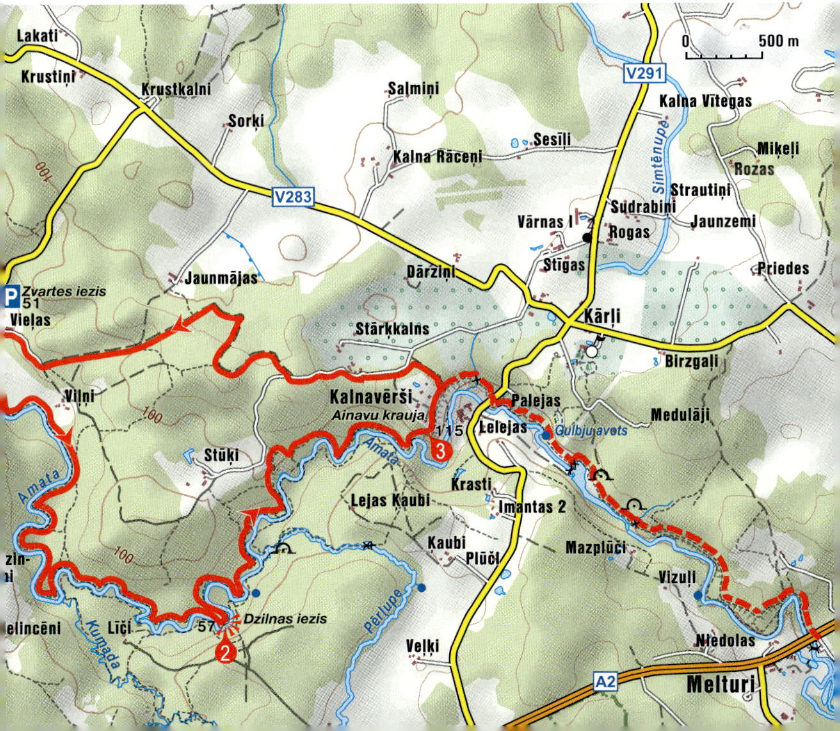

↗ 90 m | ↘ 90 m | 7.7 km

31 Ērgļu klintis (»Orgelfelsen«)

2.45 h

Eine der schönsten Felswände an der Gauja

Nördlich von Cesis beschreibt die Gauja mehrere Schleifen, dichter Wald flankiert den Lauf des Flusses. Am Südufer einer dieser Schleifen hat die Natur eine rund 700 m lange Felswand aus Sandstein geformt, die über 20 m fast senkrecht aus dem Wasser ragt. Der Name »Orgelfelsen« bezieht sich nicht auf die Form, sondern geht auf das Echo zurück, dass die Menschen wohl mit dem Musikinstrument verbunden haben. Imposant sind die Orgelfelsen allemal und mit Sicherheit eine der schönsten Felswände an der Gauja.

Schon kurz nach Beginn der Tour bietet sich am Fuß der Orgelfelsen ein schöner Blick, auch auf die wie eine Insel wirkende gegenüberliegende Seite. Die Gauja umfließt dort in einem engen Bogen dicht bewaldetes Gelände. Nach einem sportlichen Abschnitt über einen schmalen Pfad an der Oberkante der Felswand schließt sich zum Entspannen noch ein ruhiger Gang durch den Wald an.

Ausgangspunkt: Parkplatz Ērgļu klintis, 65 m. Anfahrt mit Pkw: ab Sigulda über die A2 bis zur Ausfahrt Cesis. Der Beschilderung in die kleine Stadt folgen, dort auf der Durchgangsstraße durch das Zentrum fahren und hinter einer Grünanlage links in die Lenču iela abbiegen. Rund 1 km nach dem Ortsende an einer Gabelung nach rechts auf der Piste bis zum kostenlosen Parkplatz »Ėrglu clintis« fahren. Eingabe bei Google Maps: »Ērgļu klintis Priekulu pagasts«. Ab Sigulda 40 Min./43 km.

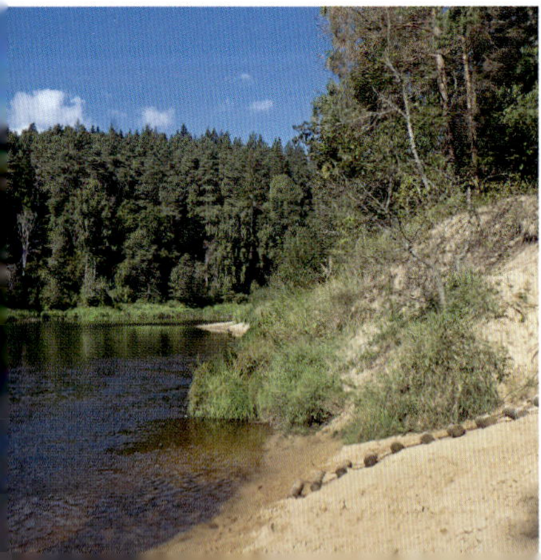

Anforderungen: Der Pfad am oberen Rand der Orgelfelsen ist stellenweise mit Holzbrettern gesichert, auf kurzen Abschnitten führt er leicht ausgesetzt nahe an der Abbruchkante vorbei. Ansonsten leichtes Gehgelände.

Orientierung: Einige Wegweiser; der Wanderweg oberhalb der Orgelfelsen ist blau-weiß markiert, die Route durch den Wald nicht. Insgesamt nicht allzu schwierige Wegfindung.

Einkehr/Unterkunft: Keine. Entlang der Route mehrere WC-Häuschen aus Holz.

Variante: An der Scheune ❹ nach rechts auf dem breiten Weg 10 Min. zwischen Feldern bis zu einer Abzweigung. Dort nach links leicht bergab bis zum gut erkennbaren Waldrand. An einer Schranke vorbei und direkt danach rechts am Feldrand weiter. Nach 5 Min. geradeaus weglos durch den Wald, dann über den breiten Forstweg nach links zurück zum Parkplatz ❶ (zusätzlich knapp 45 Min./2,8 km).

Kleiner Strand am Rastplatz »Lenči«.

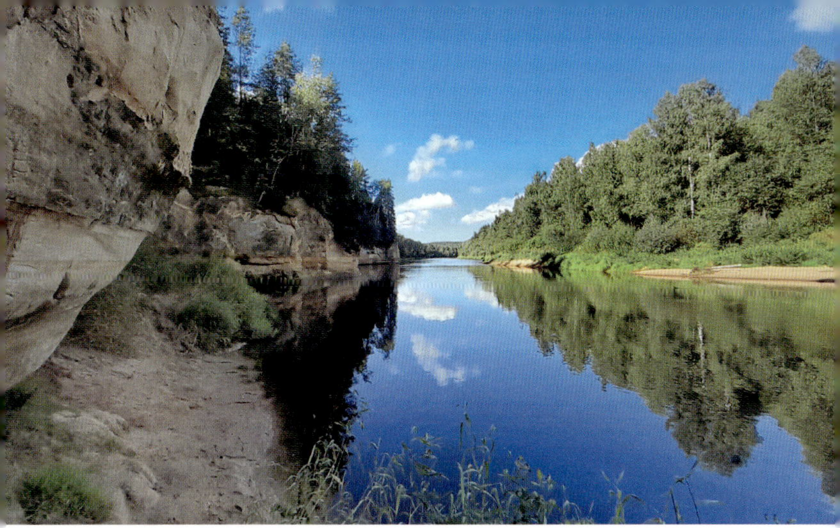

Ein kleines Stück kann man am Fuß der Orgelfelsen dem Ufer folgen.

Die weiter östlich auf den Karten eingezeichneten Pfade sind z. T. überwachsen bzw. führen in völlig unwegsames Gelände.
Hinweise: 1. Die Anfahrt mit ÖPNV ist grundsätzlich möglich, aber sehr unpraktisch: ab Riga tgl. 4–5 Züge nach Cesis, ab dort jedoch nur 2x tgl. Bus #5615 zur Haltestelle »Ērgļu klintis«, die auf der Route dieser Tour liegt. Fahrplan für den Zug: pv.lv ; für den Bus: atd.lv.
2. Eine Infotafel warnt vor Steinschlag, der am Fuß der Felswand gefährlich werden könnte.
Karte: Bei der Touristinformation in Cesis (Baznīcas laukums 1, Mo–Fr 10–18 Uhr, So 10–15 Uhr) erhält man Informationen und Karten.

Am **Parkplatz Ērgļu klintis** ❶ zeigt ein Wegweiser den Weg zur Felswand »Ērgļu klintis«. Es geht zunächst leicht bergab zu einer Aussichtsplattform und dort nach rechts (z. T. über Holzstufen) hinab zum Ufer. Je nach Wasserstand kann man noch dem Pfad bis zur **Felswand Ērgļu klintis** ❷ folgen, die senkrecht aus dem Wasser ragt.
Anschließend auf demselben Weg zurück bis zur Aussichtsplattform und auf dem sporadisch markierten Pfad parallel zum Ufer flussabwärts wandern. Es gibt mehrere kleine Aufstiege, die meist mit Tritten aus Holzbrettern gesichert sind. Etwa 600 m nach der Plattform zweigt links ein Weg zurück in Richtung Cesis ab; an dieser Stelle auf die Markierungen achten und dem nun kurz kräftig aufsteigenden Pfad folgen. Dieser trifft schließlich auf einen breiteren Weg; hier geht es nach rechts. Kurz darauf zweigt die Route rechts ab und nähert sich wieder dem Ufer. Bald folgt der erste Rastplatz mit WC, Tischen und Bänken. Der Weg geht – wie auch die Gauja – in einen

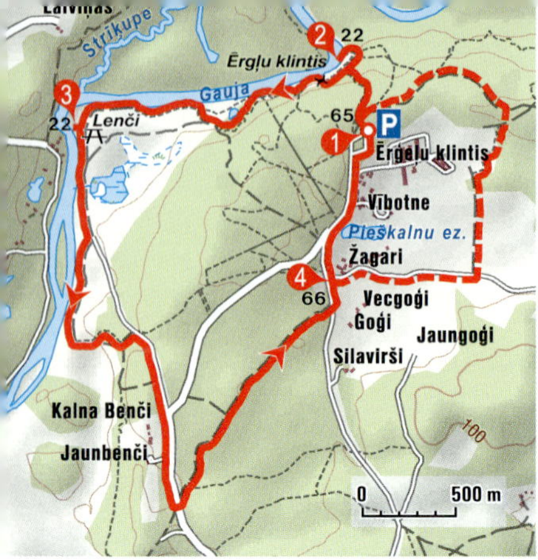

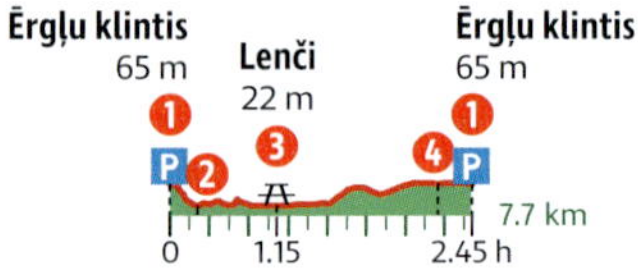

Linksbogen über, an dessen Ende der Rastplatz **Lenči** ❸ noch etwas besser ausgestattet ist; es gibt auch eine Infotafel und vor allem einen kleinen Strand.

Vom Rastplatz verläuft die Route etwa 600 m in Richtung Süden, dann wechselt man auf den schräg rechts abzweigenden, etwas schmaleren Waldweg (oder bleibt abkürzend auf dem breiteren Weg, beide treffen sich wieder). Nach knapp 600 m hält man sich nach links, wenige Minuten später biegt man an einer Kreuzung nochmals links ab und trifft wieder auf den breiten Weg; hier rechts abbiegen. Bald mündet von scharf links eine Schotterpiste in den breiten Weg ein. Knapp 500 m weiter zweigt die Route bei einer Stromleitung mit relativ kleinen Holzmasten scharf links ab. Nun wandert man in fast gerader Linie knapp 1,5 km durch den sehr ruhigen Wald, dann trifft man auf die Schotterpiste, die zum Parkplatz führt. Kurz darauf steht rechts eine **Scheune** ❹, dahinter ein altes Bauerngut (nach rechts: Variante). Nach rund 1 km auf der Piste erreicht man wieder den Parkplatz **Ērgļu klintis** ❶.

Blick von den Orgelfelsen zur Schleife der Gauja.

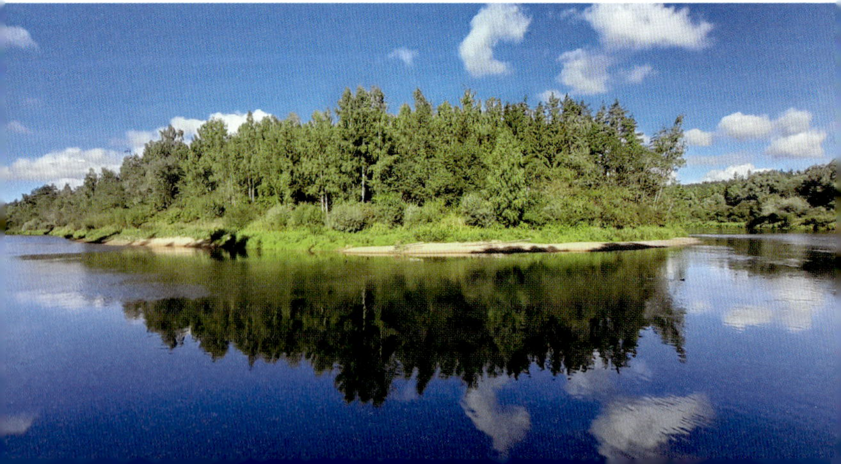

4.00 h

Līču – Laņģu-Felswände 32

Von der »großen Hölle« Lielā Ellīte zu einer 1 km langen Felswand

Zwischen den Städten Cesis und Valmiera liegt das etwas verschlafene Dorf Liepa, in dem überwiegend Menschen mit russischen Wurzeln leben. Auf den ersten Blick erkennt man nichts Besonderes im Ort, doch vor dem südlichen Ortsausgang wartet in einer Parkanlage die seit prähistorischen Zeiten für die Menschen bedeutsame »große Hölle« Lielā Ellīte auf Besucher. Durch einen gewaltigen Schlund mit einem Durchmesser von rund 5 m gelangt man in die Sandsteinhöhle, im Inneren strömt aus einer Quelle klares Wasser.

Die eigentliche Attraktion dieser Tour befindet sich aber an der Gauja: Eine 1 km lange Felswand aus Sandstein zieht sich durch unwegsames Gelände in einem Abstand von bis zu 300 m parallel zum Flussufer. Die zweigeteilte Felsmauer entstand vor mehr als 350 Mio. Jahren. Der nördliche Abschnitt – die Līču-Felswand – ist bis zu 30 m hoch, die sich südlich anschließende Laņģu-Felswand erreicht nur etwa 10 m Höhe. Große Teile der Felswand sind mit dichter Vegetation bedeckt und nicht sichtbar. Im frei liegenden Gestein sind mehrere Höhlen, aus denen kleine Quellbäche fließen, gut zu erkennen.

Dank eines aufwendig angelegten Bohlenwegs kann man am Fuß der Felswand entlangwandern, einige unwegsame Abschnitte lassen sich mittels etlicher Treppenstufen relativ leicht überwinden. Eine kurze Strecke der Tour verläuft über den lettischen Teil des Jakobswegs. Die Entfernung bis zur Kathedrale von Santiago de Compostela in Spanien beträgt 4591 km.

Ausgangspunkt: Liepa, 77 m, Parkplatz Līču – Laņģu klintis, nordwestlich des Dorfes, an der Nordseite des Bahnübergangs. ÖPNV: Buslinie #7144 rund 12x tgl. zwischen Cesis und Valmiera, Ausstieg bei der Haltestelle »Lode«. Fahrplan: atd.lv. Fahrzeit ab Valmiera 30 Min. Anfahrt mit Pkw: ab Cesis oder Valmiera über die P20 bis Liepa (je rund 15 Min./15 km). Auf der nördlichen Seite des Bahnübergangs zweigt links eine Straße ab, direkt danach liegt rechts der kostenlose Parkplatz, wenige Meter weiter markiert ein Schild den Beginn des Wanderwegs. Zieleingabe bei Google Maps: »Pulcēšanās, pārgājiena starta vieta«.
Anforderungen: Der kleine Pfad im nördlichen Teil der Tour quert mit z. T. sehr steilen Ab- und Aufstiegen v-förmige Gräben von Bachläufen. Die Gewässer können über Baumstämme (oder barfuß) überquert werden. Kurze Passagen sind leicht ausgesetzt. Der Weg entlang der Felswände Līču und Laņģu ist mit vielen Holzstufen gesichert.
Orientierung: Wegweiser zu den Felswänden; nur selten Markierungen. Eine GPS-Nutzung ist bei dieser Tour sehr zu empfehlen.
Einkehr/Unterkunft: Im kleinen Ort Liepa kommt man an einem Geschäft vorbei, unterwegs keine Versorgungsmöglichkeiten. Die nächstgelegenen Hotels sind in Valmiera bzw. Cesis.
Hinweis: Von Dez. bis Feb. benötigen Fledermäuse in den Höhlen der Felswand während ihres Winterschlafs dringend Ruhe. Deswegen die Tour nicht

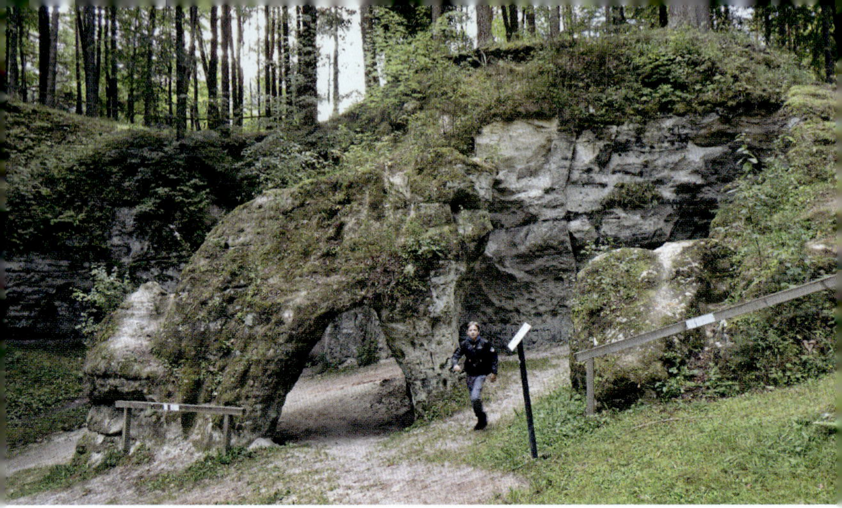

Seit Menschengedenken ein magischer Ort: Lielā Ellīte, die »große Hölle« mit ihren Bögen aus Sandstein.

von Nov. bis Feb. begehen.
Tipps: 1. Es gibt noch eine kleine Schwester der »großen Hölle«: die Mazā ellīte (»kleine Hölle«) südöstlich von Liepa. Von der Lielā Ellīte (»große Hölle«) aus die Straße bis zum Ende gehen (oder mit Pkw), dann links abbiegen und nach 300 m nach rechts. Rund 700 m danach zweigt links eine Straße ab, die in die Nähe der kleineren Höhle führt (zu Fuß rund 30 Min. von der großen zur kleinen Höhle bzw. »Hölle«).
2. Wer sich für die Etappen des Jakobswegs in Lettland interessiert, hier gibt's die nötigen Infos: caminolatvia.com.
Karte: Die riesige Infotafel am Parkplatz zeigt nur grob die Lage der interessantesten Stellen der Umgebung an.

Vom Parkplatz Līču – Laņģu klintis bei **Liepa** ❶ geht man zur Landstraße, überquert diese und danach den Bahnübergang. Anschließend geht es in gleicher Richtung entlang der Hauptstraße von Liepa weiter, an kleinen Geschäften und etwas trostlosen Wohnblöcken vorbei. Nach rund 1 km liegt auf der linken Seite eine Grünanlage. Die **Lielā Ellīte** ❷ (»große Hölle«) ist kaum zu übersehen, außerhalb der Höhle sticht ein auffälliger Felsbogen ins Auge.

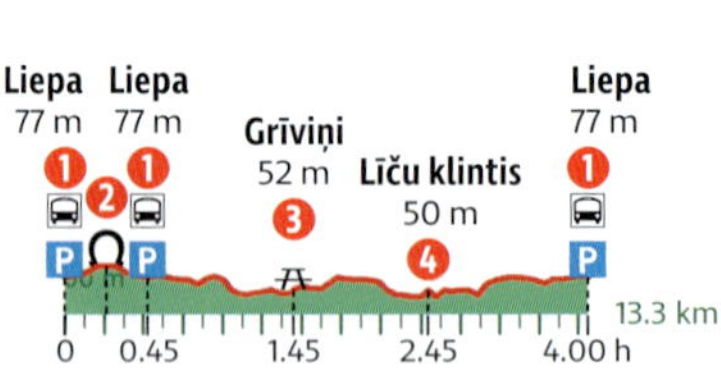

Auf demselben Weg kehrt man zurück zum Parkplatz nördlich von **Liepa** ❶. Natürlich kann man auch mit dem Auto zur Grünanlage und zurück fahren, zu Fuß fängt man aber mehr von der Atmosphäre im Ort ein.

Etwa 100 m nach dem Parkplatz zweigt beschildert der Wanderweg zu den »Līču – Laņģu klintis« ab. Nach 15 Min. sieht man links die große Lehmgrube Lodes māla karjers, wo zahlreiche Fossilien gefunden wurden. Anschließend führt die Route hinab in den Wald. Etwa 200 m nach einer Brücke über einen Bach stößt man auf einen etwas breiteren Weg und biegt nach rechts ab. Nach gut 100 m steht eine Infotafel am Weg: hier nicht schräg links in Richtung »Līču – Laņģu klintis«, sondern geradeaus weitergehen. Nach weiteren 600 m geht der Weg in eine 180°-Linkskurve über. Hier verlässt man den Weg und geht geradeaus auf einem Pfad weiter, der nach 200 m in einen Weg mündet. Diesem folgt man nach rechts und verlässt ihn 100 m danach in einer Rechtskurve nach links. Im Folgenden erlebt man einen der interessanten Abschnitte der Tour. Anfangs zieht sich der deutliche Pfad relativ eben durch den Wald, nach einem Abschnitt durch dichten Farn geht es erstmals steil bergab in einen Geländeeinschnitt. Anschließend verläuft der Pfad scharf an der Abbruchkante eines Steilhangs entlang – hier ist etwas Konzentration beim Gehen gefragt.

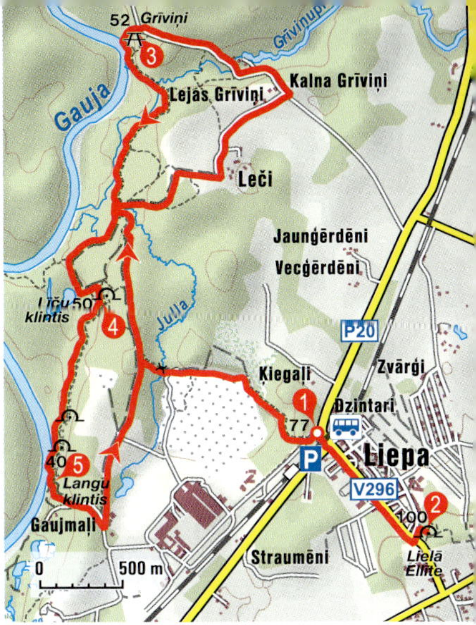

Nach einem weiteren steilen Abstieg stößt man schließlich unweit des Ufers der Gauja auf einen breiten Weg, der kurz hinauf zum Rastplatz **Grīviņi** ❸ führt.

Vom Rastplatz folgt man der davor verlaufenden Straße nach rechts. Ab jetzt bewegt man sich wieder auf einem offiziellen Wanderweg mit sporadisch angebrachten Markierungen. Nach 1 km verlässt man die Straße nach einer Steigung nach rechts, 700 m darauf in einer Linkskurve bei einem Haus biegt

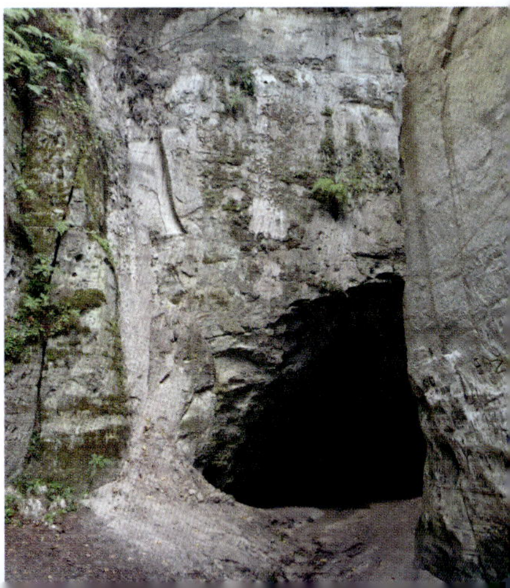

Eingang zur »großen Hölle«.

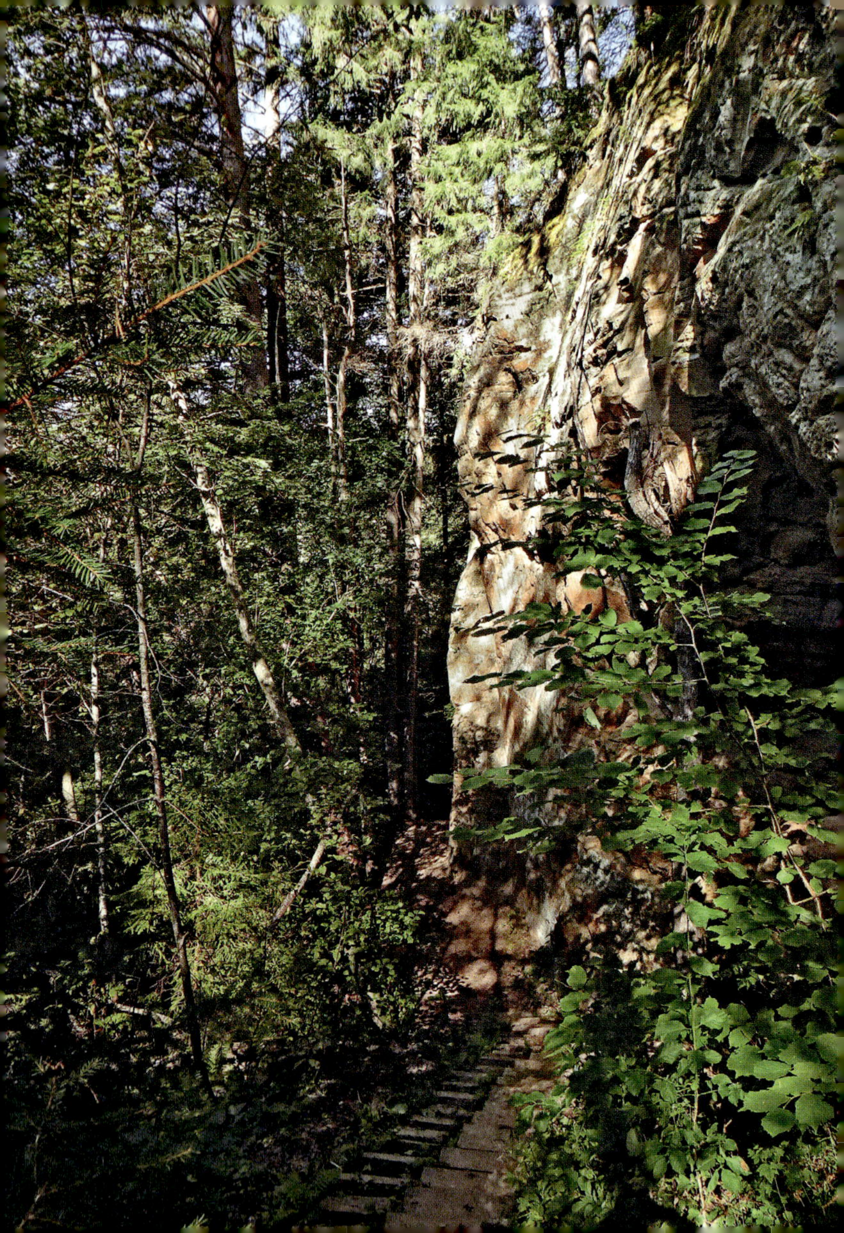

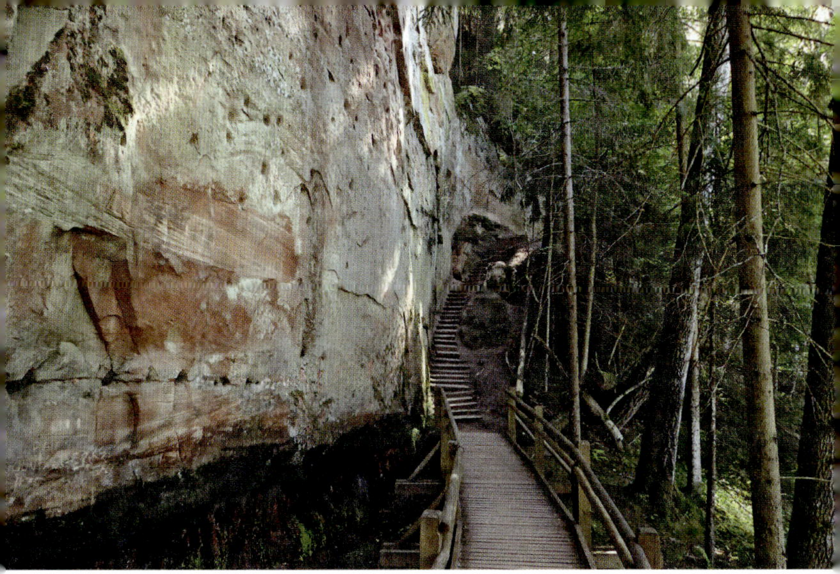

Am Fuß der Felswand geht es ständig auf und ab.

man wiederum rechts ab. Nach rund 200 m beginnt erneut ein langer Abschnitt im Mischwald. Einige Minuten später trifft man auf einen kurzen Abschnitt, auf dem man bereits war, und folgt ihm nun in Gegenrichtung. Nach knapp 100 m bleibt man auf dem Hauptweg (von links der Hinweg) und erreicht kurz nach einer 90°-Rechtskurve ein etwas unübersichtliches Gelände. Den steilen Hang querend steht man schließlich bei einer kleinen Felsschlucht am Beginn der **Līču klintis** ❹.

Anschließend ist die Wegfindung leicht. Mehrere Abschnitte verlaufen über Bohlenwege und Holztreppen, andere gut erkennbar über den Waldboden. Die Grenze zwischen der Līču- und Laņģu-Felswand ist nicht klar zu erkennen. Nach einer sehr interessanten Wanderung entlang vieler Felsen und Höhlen gelangt man nach 1 km nahe ans Ufer der Gauja. Kurz darauf ist bereits das Ende der **Laņģu klintis** ❺ erreicht.

Ein breiter Weg steigt links wieder leicht bergan, nach 500 m biegt man links ab und wandert auf dem breiten Weg abwechselnd durch einen bewaldeten und dann freien Bereich. Nach 1 km stößt man auf den vom Hinweg bekannten Weg und folgt ihm nach rechts. Diese Stelle kann man leicht übersehen. Entlang der Lehmgrube kehrt man schließlich wieder zurück zum Parkplatz bei **Liepa** ❶.

Dichte Vegetation vor der Līču-Felswand.

↗ 200 m | ↘ 200 m | 16.7 km

4.45 h

33 Rõuge-Tal

Durch ein Urzeit-Tal zur einzigen Felsschlucht Estlands

Im abgelegenen Südosten Estlands bietet der Naturpark Haanja (Haanja looduspark) nicht nur eine für baltische Verhältnisse sehr hügelige Landschaft – mit dem Suur Munamägi (Tour 34) als Kulminationspunkt aller drei Staaten –, sondern auch ein 10 km langes Tal mit dem tiefsten See des Landes, dem Suur-See (Suurjärv). Es gibt sogar noch sechs weitere Seen im Tal, mehrere werden vom Rõuge-Fluss durchströmt.

Der Startpunkt der Tour liegt über dem seitlich abzweigenden Ööbikuorg-Tal, wo man im Frühjahr den Gesang von Nachtigallen hören kann. Gleich zu Beginn der Wanderung gibt es eine gute Möglichkeit, das Tal von oben zu betrachten, denn wenige Schritte hinter dem Parkplatz steht der 30 m hohe Pesapuu-Aussichtsturm, dessen zwei Plattformen von außen wie Vogelnester aussehen. Rund 140 Stufen muss man in der soliden Konstruktion hinaufsteigen, um die obere Etage zu erreichen. Es lohnt sich! Eine weitere Besonderheit wartet am Umkehrpunkt der Tour: Die 300 m lange Hinni-Schlucht (Hinni kanjon) ist die einzige dieser Art in Estland. Flankiert von bis zu 15 m hohen Felswänden aus Sandstein führt ein Bohlenweg durch die feuchtkalte Klamm. Zwischen Birken, Espen und kleinen Ahornbäumen leben kleine Nagetiere, gelegentlich kann sich auch ein Fuchs hierher verirren.

Ausgangspunkt: Parkplatz Ööbikuorg, 143 m, rund 2 km östlich von Rõuge. Anfahrt mit Pkw: ab Tartu auf der E263 in Richtung Võru, dann rechts in Richtung Osula, dann links abbiegen und nach weiteren 3 km rechts in Richtung Nursi, zuletzt rechts der Beschilderung nach Rõuge bzw. »Ööbikuorg, Linnamägi« zum kostenlosen Parkplatz folgen. Eingabe bei Google Maps: »Rõuge Ööbikuorg«. Ab Tartu 1.10 Std./85 km.

Anforderungen: Breite Wege, Wiesen- und Waldpfade wechseln einander ab.

Orientierung: Die Route ist relativ gut mit Wegweisern (Symbol eines Wanderers) ausgestattet.

Einkehr/Unterkunft: In Rõuge liegt ein kleiner Supermarkt am Weg, unterwegs sonst keine Versorgungsmöglichkeiten. In der Nähe des Ausgangspunkts gibt es Pensionen und einen Zeltplatz (nur im Hochsommer geöffnet).

Hinweise: 1. Die Anfahrt mit ÖPNV ab

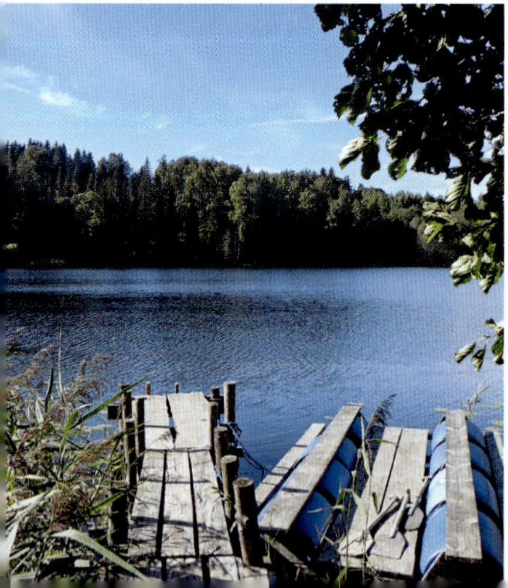

Am knapp 3 km langen Kahrila-See.

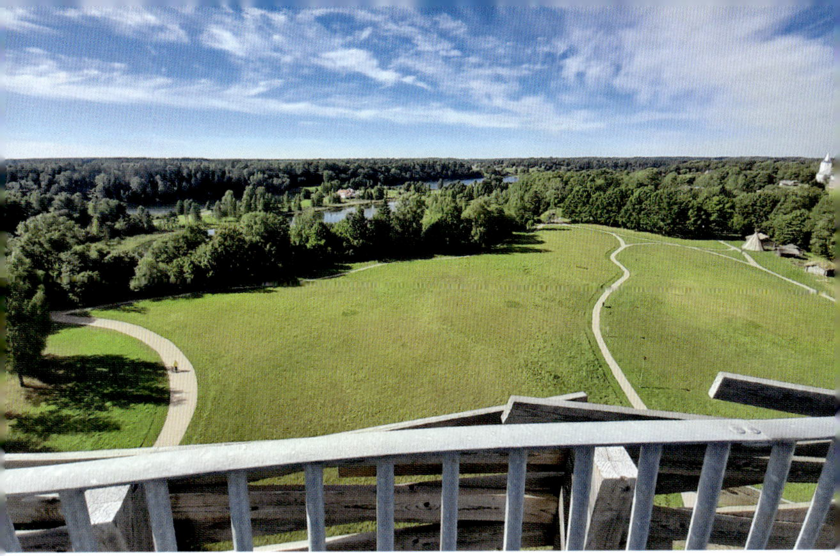

Blick vom Aussichtsturm über das Rõuge-Tal im Hintergrund.

Tallinn, Tartu oder Pärnu über Võru zum Ortskern Rõuge ist sehr umständlich. Fahrplan: tpilet.ee. Der Ausgangspunkt wird nicht von Linienbussen angefahren.
2. Die Hinni-Schlucht (Hinni Kanjon) gehört zum streng geschützten Teil des Naturparks. Obwohl in der Vergangenheit bereits viele Menschen eine Gravur auf den Felsen hinterlassen haben, ist dies verboten.
3. Der Pesapuu-Aussichtsturm ist jederzeit zugänglich, Eintritt frei. Bei Dunkelheit leuchtet der Turm in unterschiedlichen Farben.
Karte: Am Parkplatz gibt es ein kleines Infocenter mit Verkauf von Souvenirartikeln, die Karten sind nur bedingt hilfreich (im Sommer Di–Fr 11–18 Uhr).

Am Parkplatz **Ööbikuorg** ❶ wird man bei guter Sicht zunächst auf den nahen Aussichtsturm steigen, um einen Überblick über das Tourengebiet zu bekommen. Anschließend geht es kurz wieder bis vor den Parkplatz zurück und dann scharf links auf dem breiten Weg durch das parkähnliche Gelände in westlicher Richtung. Mehrere parallel verlaufende Pfade führen schließlich bergab und münden in das Ende einer Sackgasse. Dieser folgt man 20 m, biegt am Ende links ab und 50 m nach einer kleinen Brücke beginnt rechts der Wanderweg. Er verläuft parallel zum südlichen Ufer des Suurjärv, des mit 38 m tiefsten Sees Estlands.
Der Pfad weicht bei steilen Abschnitten in höher gelegene und flachere Bereiche des Uferhangs aus, am Ende stößt man auf die Hauptstraße von **Rõuge** ❷ und folgt dieser nach rechts durch den Ort (nicht den auf der anderen Seite unweit anschließenden Pfad nehmen, er stößt nach knapp

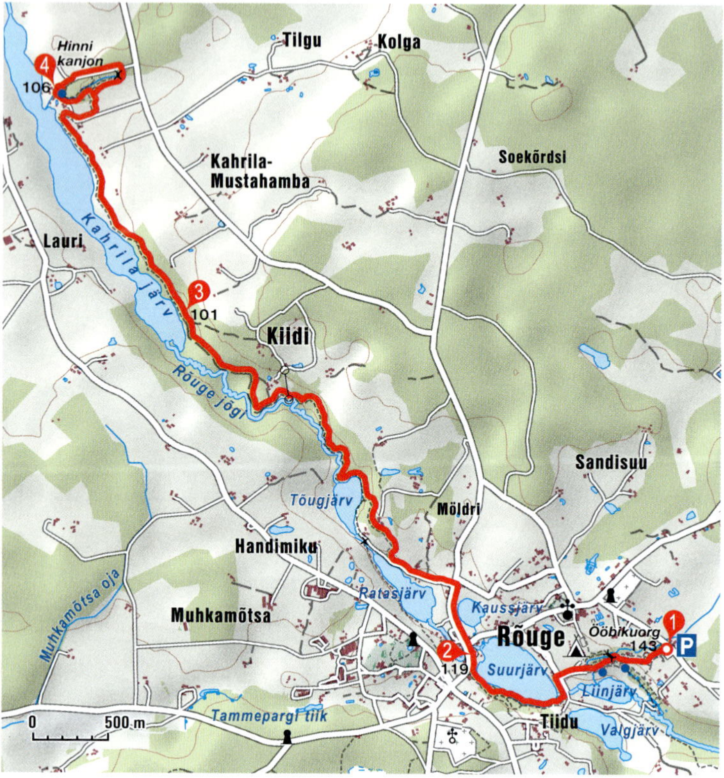

2 km auf ein Privatgelände). Nach einer Steigung zweigt links schließlich wieder der Wanderweg ab. Der breite Kiesweg verläuft oberhalb des Ratasjärv-Sees. Kurz vor dessen Ende steigt man nach rechts auf dem Pfad (Markierung) den Hang hinauf. In einigem Auf und Ab bewegt sich der Pfad entlang des dicht bewaldeten Hangs und führt nach rund 600 m hinab zum Ufer des nächsten Sees, des Tõugjärv. Anschließend folgt der Pfad durch dichte Vegetation dem kurvenreichen Verlauf des Flusses Rõuge Jõgi, der die Seen miteinander verbindet. Bei einer Lichtung sieht man einen kleinen Schlepplift, von dort ist es noch einmal rund 1 km bis zum Ufer des schlanken und über 2 km langen **Kahrila järv** ❸.
In bekannter Weise setzt sich der schmale Pfad durch den Uferhang fort, bis das freie Gelände deutlich abflacht. In diesem Bereich muss man beson-

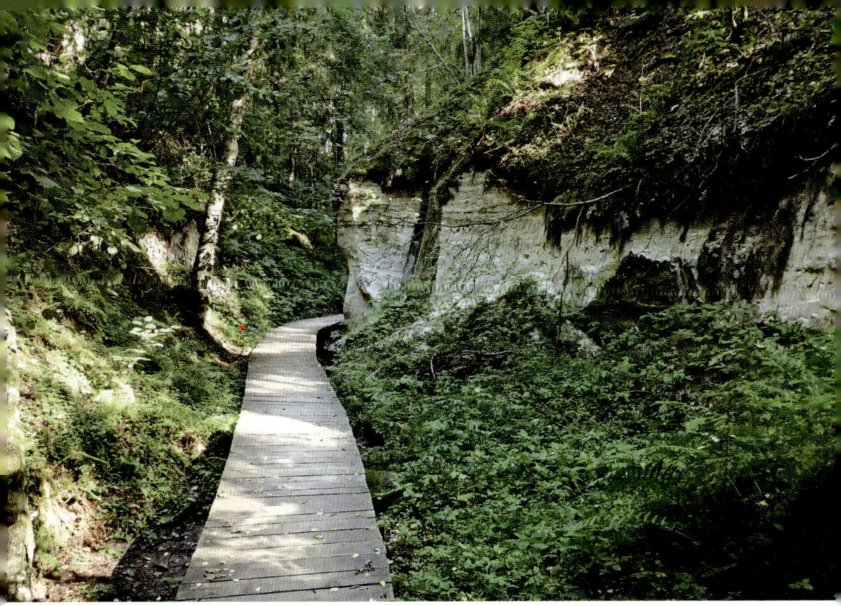

Bohlenweg durch die Hinni-Schlucht.

ders auf die Markierungen achten, die am Rand einer Wiese leicht ansteigend rechts hinaufführen. Links neben einem Gebäude geht es dann kurz auf einem breiten Weg weiter, nach 150 m zweigt man links über die Wiese ab. Die nun sichtbare Baumreihe begrenzt bereits die Hinni-Schlucht. Um den Zustieg zu erreichen, muss man noch 300 m entlang der Baumreihe in Richtung Osten gehen, dann gelangt man nach links auf den Zufahrtsweg der Schlucht. Dieser folgt man nach links und geht nach 300 m bei einer Infotafel schräg links über einen Waldpfad zum Eingang der **Hinni kanjon** ❹. Auf einem Bohlenweg kann man mühelos durch die feuchtkalte Schlucht wandern. Nach 300 bis 400 m wird daraus ein Graben mit mittelsteilen Hängen. An einer geeigneten Stelle kann man rechts ein kurzes steiles Stück aufsteigen, dahinter verläuft der bereits bekannte Weg. Über diesen geht es wieder zurück bis zum Parkplatz **Ööbikuorg** ❶.

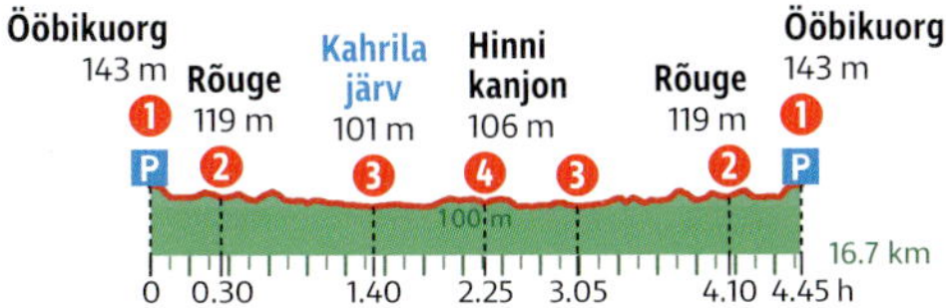

TOP

↗ 230 m | ↘ 230 m | 8.7 km

34 Suur Munamägi (»Eierberg«), 318 m

2.45 h

Überschreitung der beiden höchsten Erhebungen des Baltikums

Nach alpinen Maßstäben ist der höchste Berg des Baltikums, der 318 m hohe Suur Munamägi (»großer Eierberg«), bestenfalls als kleiner Hügel zu bewerten. Von den EU-Staaten haben nur Dänemark und Malta noch niedrigere Kulminationspunkte als das Baltikum. Trotzdem ist der Suur Munamägi schon seit Jahrhunderten ein Magnet für Besucher; bereits vor über 200 Jahren wurde auf dem Gipfelplateau ein Aussichtsturm errichtet. Seit 1939 steht der fünfte Turm an dieser Stelle. Er ist knapp 30 m hoch und verfügt neben der Treppe auch über einen Aufzug. Bei klarer Sicht kann man die Landschaft in einem Radius von 50 km überblicken.

Gemessen an der relativen Höhe vom Fuß bis zum höchsten Punkt ist der 2 km weiter nördlich stehende Vällämägi dem nur wenige Meter höheren Suur Munamägi überlegen, außerdem sind die Hänge des Vällämägi steiler, stellenweise über 35 Grad. Am Fuß des Osthangs des Vällämägi breitet sich ein altes Moor aus, dessen Ursprünge 9000 Jahre zurück liegen. Die Torfschicht ist mit bis zu 17 m deutlich tiefer als bei anderen estnischen Mooren. Dem Vällämägi wird etwas Mystisches nachgesagt: Es soll dort eine Hexe – oder je nach Lesart eine Fee – als Wächterin leben. Wer auf dem Hügel Zweige abbricht oder Bäume fällt, wird von ihr bestraft.

Die Rundtour führt auf abwechslungsreichen Wegen über beide »Gipfel«, unterwegs klären viele Infotafeln (fast alle auch auf Englisch) über die Entstehung und Bedeutung des Miniaturgebirges im Südosten Estlands auf.

Ausgangspunkt: Café Kohvik Suur Muna, 275 m, rund 500 m südlich des Orts Haanja. Anfahrt mit Pkw: ab Tartu auf der E263 in Richtung Võru, dort in Richtung Verijärve, nach 4 km am Kreisverkehr in Richtung Käbli. Nach 12 km befindet sich rechts das Lokal Kohvik Suur Muna mit kostenlosem Parkplatz. Eingabe bei Google Maps: »Kohvik Suur Muna«; ab Tartu 1.10 Std./90 km.
Anforderungen: Auf dem weglosen Abschnitt im ersten Drittel der Tour ist etwas Orientierungsvermögen gefragt; der Abstieg vom Vällämägi ist relativ steil und mit einem Seil gesichert (leicht bis mittelschwer).
Orientierung: Teile der Route sind mit Wegweisern markiert. Einige Wege auf dem ersten Abschnitt der Tour sind in manchen Digitalkarten falsch eingezeichnet! Auf den etwas unübersichtlichen Hängen des Vällämägi gibt es mehrere Verzweigungen. Es ist sehr zu empfehlen, mit GPS-Unterstützung zu wandern.
Einkehr/Unterkunft: Am Ausgangspunkt gibt es das sehr empfehlenswerte Café Kohvik Suur Mana (im Sommer Mo–Sa 11–21 Uhr, So 11–18 Uhr, im Winter kürzer).
Hinweise: 1. Die Anreise mit ÖPNV ist (ähnlich wie bei Tour 33) sehr umständlich. Ab Võru Buslinie 174 mehrmals tgl. nach Haanja. Fahrplan: tpilet.ee.
2. Aussichtsturm auf dem Suur Munamägi: April–Aug. tgl. 10–20 Uhr, Sept.–Dez. 10–17 Uhr, Jan.–April 10–15 Uhr. Eintritt 6 € (wahlweise Treppe

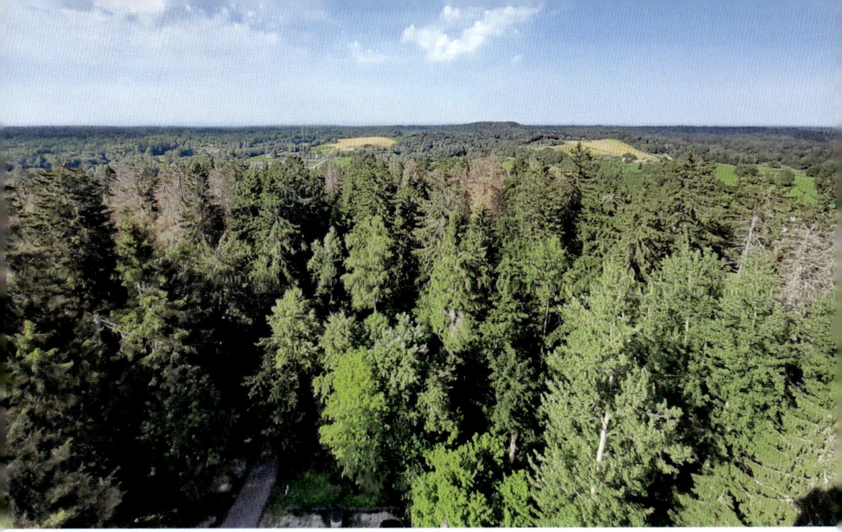

Blick vom Aussichtsturm auf dem Suur Munamägi.

oder Aufzug).
3. Der Suur Munamägi ist an sonnigen Wochenenden ein beliebtes Ausflugsziel. Allerdings ist dann nur der kurze Weg vom Parkplatz zum Aussichtsturm stark frequentiert.
Karte: Unterwegs Infotafeln mit Kartenausschnitten.

Vom Parkplatz des Cafés **Kohvik Suur Muna** ❶ geht man zunächst neben der Straße bergab in Richtung Haanja. (Wer nur zum Aussichtsturm auf dem Suur Munamägi möchte, steigt über den nicht zu übersehenden Weg gegenüber dem Café rund 250 m über zahlreiche Treppenstufen zum Turm auf.) Entlang der Straße kommt man an einem weiteren Parkplatz vorbei. Rund 500 m nach dem Parkplatz zweigt man rechts in eine Straße ab; ein Schild weist in Richtung »Trolla«. Nach gut 200 m biegt man links in eine Sackgasse ein; hier befinden sich alte Gewerbegebäude. Am Ende der Straße geht es über schwache Spuren in nördlicher Richtung

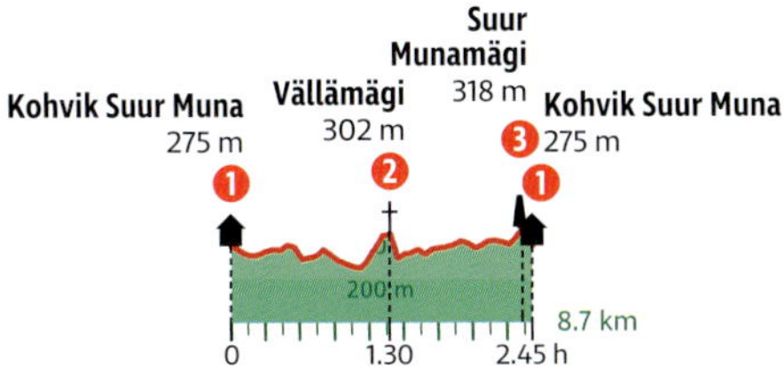

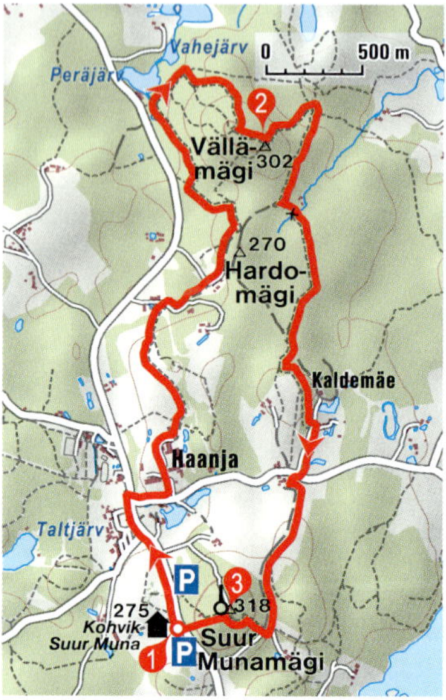

weiter. Ein auf manchen Digitalkarten eingezeichneter Pfad exisitert nicht mehr. Stattdessen muss man am Rand eines Feldes bis zur oberen Kante eines Hangs gehen und steigt über diesen weglos hinab zu den bald sichtbaren Häusern. Dann auf der Straße nach rechts und bei einer Verzweigung nach 150 m links. Der nun klar definierte Weg führt an einem kleinen Bauernhof vorbei, wenige Minuten später erreicht man einen Wegweiser. Hier nicht der empfohlenen Richtung folgen, sondern nach links abbiegen.

Mit etwas Höhenverlust zieht sich die Route durch den dicht bewaldeten Westhang des Vällämägi. Nach rund 1 km zweigen rechts mehrere Pfade vom Weg ab. Alle führen letztlich zum Gipfel des Hügels. Der letzte Pfad gehört zur empfohlenen

Auf dem höchsten Punkt des Vällämägi.

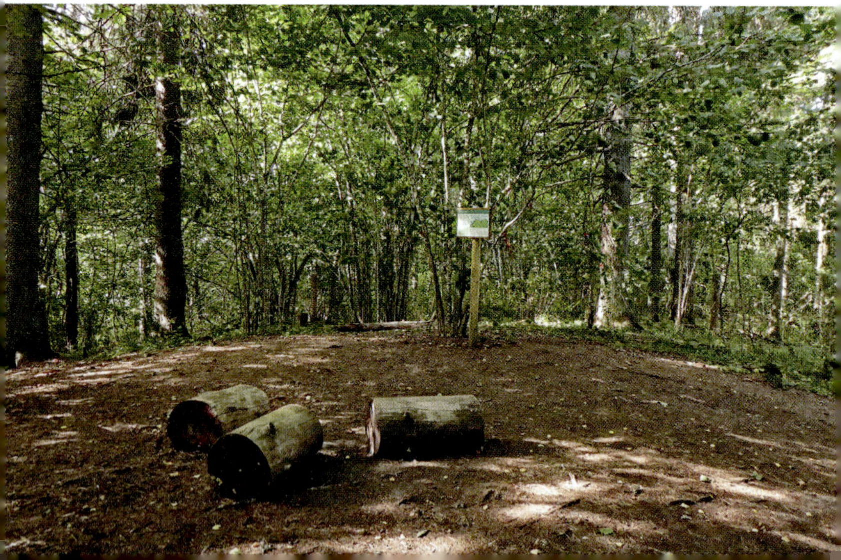

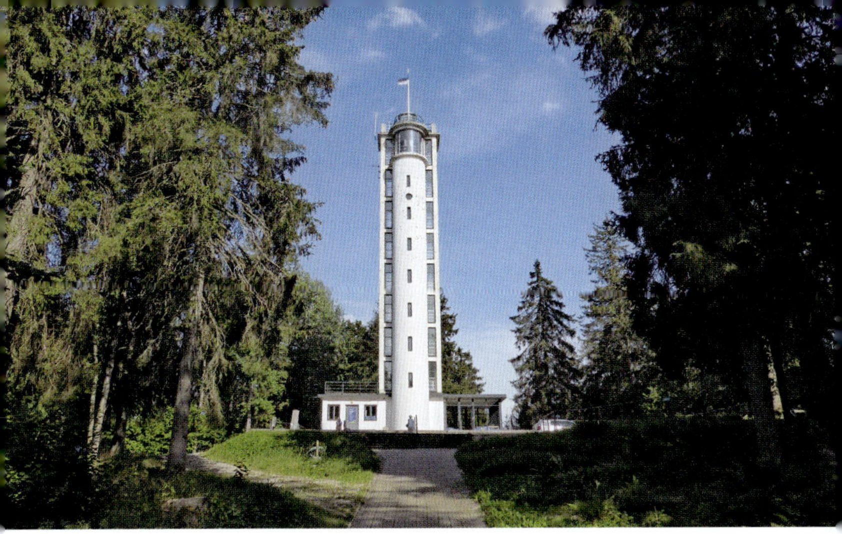

Über 80 Jahre alt, mittlerweile mit einem Aufzug ausgestattet: der Aussichtsturm auf dem Suur Munamägi.

Wanderroute. In mäßiger Steigung nähert man sich schließlich dem höchsten Punkt des **Vällämägi 2**, 302 m, wobei es sich streng genommen um zwei annähernd gleich hohe Gipfel handelt. Der gesamte Gipfelbereich ist dicht bewaldet, Fernsicht gibt es daher leider keine.

Vom höchsten Punkt des Vällämägi wandert man über den Pfad weiter, der in der bisherigen Grundrichtung nach Nordosten führt. Ein etwas steilerer Abschnitt ist mit einem Seil gesichert, es ginge aber auch ohne. Am Fuß des Osthangs hat sich ein kleines, aber schönes Moorgebiet ausgebreitet. Danach nimmt man den scharf rechts abzweigenden Pfad. Er steigt leicht bergauf bis zu einer Lichtung und stößt auf einen Zufahrtsweg zu einem Hof. Hier erst nach links und nach 100 m rechts gehen (Markierung). Nach einem etwas längeren Abschnitt kommt man an der kleinen Siedlung Kaldemäe vorbei, kurz darauf biegt man rechts in eine Landstraße ein und verlässt sie auf der anderen Seite sofort wieder nach links. Über freie Wiesen nähert man sich langsam dem Osthang des Suur Munamägi. Bei einer Wegkreuzung (Wegweiser) geht es rechts kurz hinauf bis zum Gipfelplateau des **Suur Munamägi 3**, 318 m.

In der Mitte steht – nicht zu übersehen – der Aussichtsturm (siehe »Hinweise«). Vor dem Haupteingang zieht sich ein breiter Weg durch eine Waldschneise mit zahlreichen Treppenstufen bergab. Auf halbem Weg steht ein kleiner Souvenirladen, am Ende steht man wieder vor dem Café **Kohvik Suur Muna 1**.

↗ 50 m | ↘ 50 m | 16.0 km

3.45 h

35 Naturschutzgebiet Luitemaa

Rundtour durch ein bewaldetes Dünengelände

An der Ostseite der Pärnuer Bucht erstreckt sich entlang der Küste und des nahen Hinterlands das Naturschutzgebiet Luitemaa. Zwischen den Küstenwiesen und den oft sumpfigen Wäldern erheben sich hier Estlands höchste Dünen. Einen erheblichen Eingriff in die Natur gab es dort allerdings, als trotz Widerstand in der Bevölkerung die große Sandgrube Võiste liivakarjäär ausgehoben wurde. Aus der Grube ist inzwischen ein See geworden, an dessen Ufer gerne geangelt wird.

Südlich des Sees ist das gewellte Gelände, abgesehen von einigen Waldwegen, weiträumig naturbelassen. Im Norden des Gewässers befindet sich das Sportzentrum Jõulumäe Tervisespordikeskus, eine Art Leistungszentrum u. a. für Laufsportarten. Dieser Einrichtung ist es zu verdanken, dass es mehrere markierte Parcours von 5 bis 25 km Länge durch den Dünenwald gibt. Also muss man auch bei guter Wanderkondition damit rechnen, gelegentlich überholt zu werden.

Ausgangspunkt: Jõulumäe Tervisespordikeskus, 24 m, Sportzentrum. Anfahrt mit Pkw: ab Pärnu über die E67 in Richtung Riga, nach knapp 20 km links in Richtung Leina, nach 1,5 km rechts und weitere 1,5 km geradeaus. Vor dem Sportgelände kostenloser Parkplatz. Eingabe bei Google Maps: »Jõulumäe Tervisespordikeskus«. Ab Pärnu 30 Min./25 km.
Anforderungen: Technisch leichte Tour. Teils sandiger, teils weicher Waldboden.

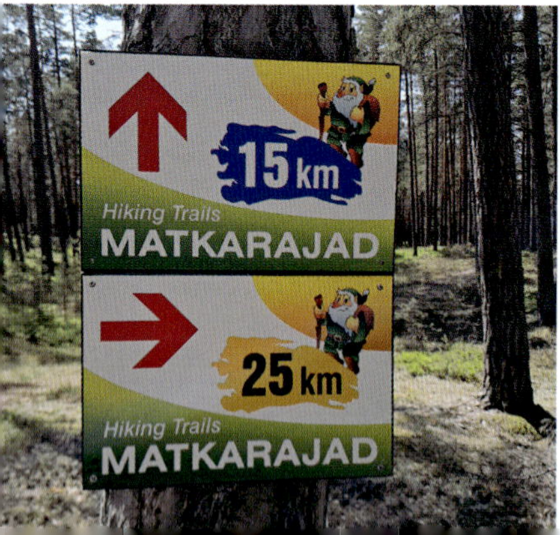

Orientierung: Eine der am besten markierten Routen in diesem Wanderführer. Die gesamte Tour ist zuverlässig mit blauen Streifen auf Bäumen gekennzeichnet. Bis auf einen kurzen Abschnitt ist zusätzlich ein gelber Streifen (für die 25-km-Variante) zu sehen. Allerdings sind die Markierungen nur gut zu erkennen, wenn man in der beschriebenen Richtung geht, d. h., aus der Vogelperspektive gegen den Uhrzeigersinn.
Einkehr/Unterkunft: Keine.
Hinweis: Mit ÖPNV ist die Anfahrt ab Pärnu mit Buslinie 76 zwar möglich, aber sehr unpraktisch, da tgl. nur eine Fahrt pro Richtung. Immerhin ist die Haltestelle direkt vor dem Sportgelände. Fahrplan: mkautobuss.ee.
Tipp: Die Tour kann um 10 km verlängert werden: ab der Weggabelung ❸ den gelben Markierungen folgen, nach gut 2 Std. trifft man wieder auf die Hauptroute.
Karte: Am Startpunkt gibt es Übersichtskarten.

Die Beschilderung ist exzellent.

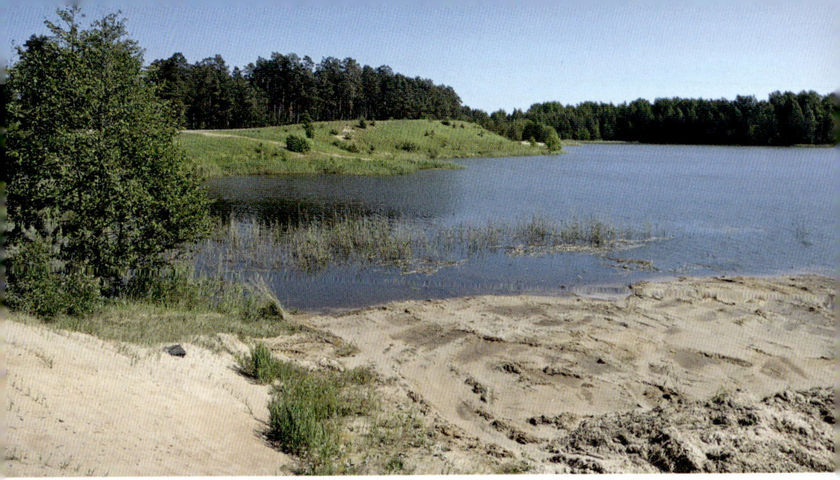

Aus der Sandgrube ist ein See entstanden.

Hinter dem ersten Gebäude am Eingangsbereich des Sportzentrums **Jõulumäe Tervisespordikeskus** ❶ geht es nach rechts, kurz darauf noch mal nach rechts, dann folgt man dem breiten Weg entlang der Sportanlagen. Auf mehreren Tafeln gibt es Hinweise für die verschiedenen Rundkurse. Der 15-km-Parcours ist blau markiert, er ist auf einem Großteil der Route identisch mit dem gelb markierten 25-km-Parcours. Hinter den Tennisplätzen endet das Sportgelände. Hier kurz auf dem Weg nach links gehen, einige Schritte später zweigt man bei einer blauen Markierung an einem Baum auf den schmalen Pfad schräg rechts ab. Nun genügt es, auf die Markierungen zu achten, dann ist die Wegfindung sehr einfach. Die Route macht einen großen Bogen um das Sportgelände, in dem sich eine asphaltierte Bahn für Skater befindet. Nach 1,5 km schlägt der Rundkurs eine südliche Grundrichtung ein. Nach dem Überqueren einer Straße setzt sich der Wanderweg einige Meter weiter rechts fort und passiert den westlichen Rand der Sandgrube bzw. des Sees **Võiste liivakarjäär** ❷.
Auch auf den nächsten 5 km geht es weiter in südlicher Richtung. Das dicht bewaldete Gelände ist in diesem Bereich noch relativ eben, die blauen und gelben Streifen an den Baumstämmen weisen zuverlässig den Weg. Erst

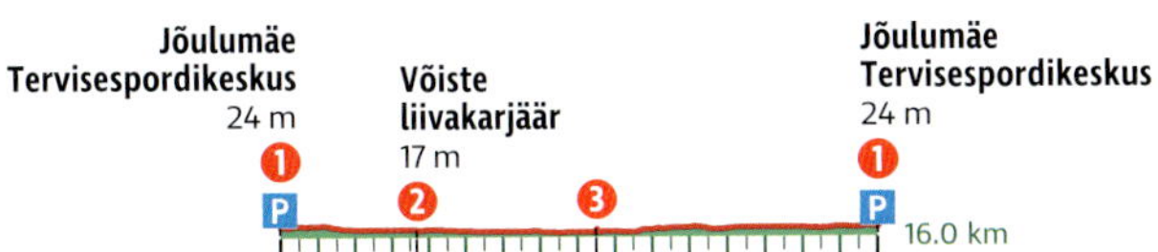

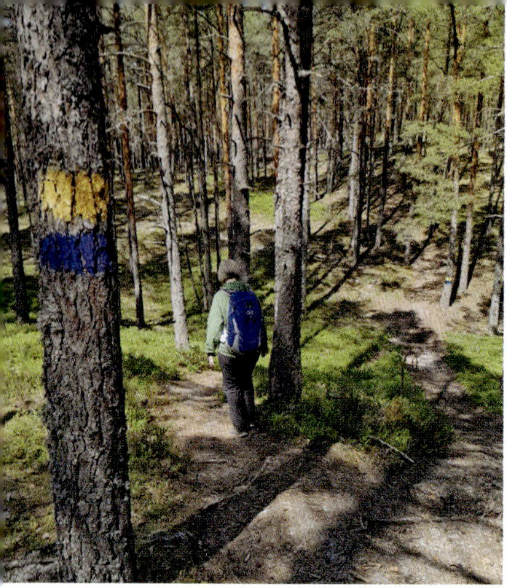

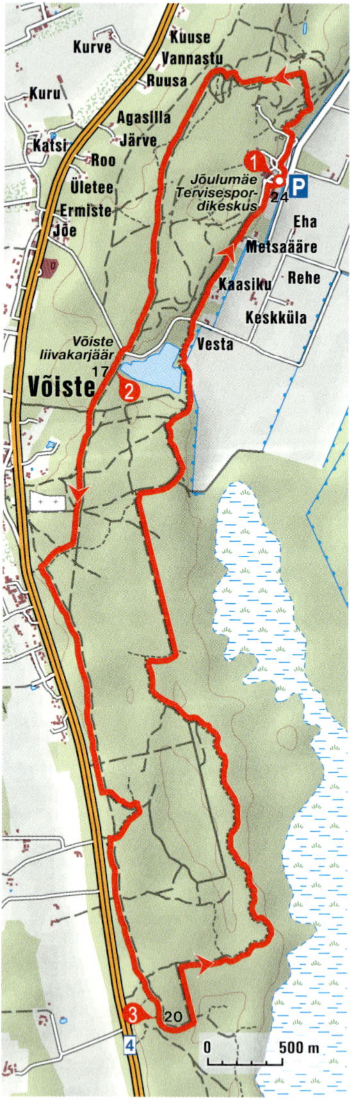

Bewaldete Sanddünen im Naturschutzgebiet Luitemaa.

bei einer **Weggabelung** ❸ trennt sich für ein kurzes Stück die blaue von der gelben Route. Dort hat man die Option, die Tour um 10 km zu verlängern (siehe Tipp).

Die blaue Route biegt kurz nacheinander zweimal links ab. Im östlichen Bereich der Rundtour ist das Gelände deutlich hügeliger, auf den nächsten Kilometern kommt es zu zahlreichen kleinen Auf- und Abstiegen. Erst auf Höhe der Sandgrube wird es deutlich flacher. Die Route bewegt sich an der östlichen Seite der Sandgrube Võiste liivakarjäär vorbei, überquert die vom Hinweg bekannte Straße und setzt sich danach in gleicher Richtung geradeaus fort. Nach rund 1 km erreicht man das südliche Ende des Sportgeländes. Nach 150 m kann man rechts den Eingangsbereich des **Jõulumäe Tervisespordikeskus** ❶ sehen.

1.30 h

Kõveri-Wanderweg

Estnischer Dschungel mit Elchen und Luchsen

Knapp 20 km hinter der Küste südlich von Pärnu schlängelt sich der schmale Fluss Ura jõgi durch eine naturbelassene Landschaft mit dichter Vegetation. In den Auwäldern leben Wildschweine, Luchse und Elche, die Flora wird von Birken und dichtem Farnbewuchs geprägt. Schwimmpflanzen wie Seerosen bedecken an manchen Abschnitten das schlammbraune Wasser des Ura jõgi, der sich kaum zu bewegen scheint.
Am Ausgangspunkt, dem Erholungszentrum Kõveri Puhkekeskus, sind noch Relikte einer alten Kalkbrennerei zu sehen, auch entlang des Weges tauchen ruinenartige Reste des alten Zunftgewerbes auf. Nach einem einfachen Auftakt der Tour über einen breiten Forstweg taucht man in die dschungelähnliche Natur ein, um schließlich am Rastplatz Pärapõrgu (»Hölle« oder »Ende der Welt«) eine Pause einlegen zu können.

Ausgangspunkt: Erholungszentrum Kõveri Puhkekeskus, 33 m. Anfahrt mit Pkw: ab Pärnu erst über die Fernstraße 4 in Richtung Riga, dann auf Straße 6 in Richtung Valga. Nach 15 km rechts abbiegen (in Richtung »Kõveri Puhkekeskus«), ab dort noch 4,5 km bis zum Startpunkt mit kostenlosem Parkplatz. Eingabe bei Google Maps: »Kõveri Puhkekeskus«; ab Pärnu 30 Min./33 km.
Anforderungen: Gutes Orientierungsvermögen in dem unübersichtlichen Gelände. Der Pfad in der Nähe des Flusses führt durch einen dichten Auwald und ist stellenweise nur schlecht erkennbar.
Orientierung: Die wenigen Wegweiser und spärlichen roten Markierungen sind bei der Wegfindung nur bedingt hilfreich. Ohne GPS-Unterstützung ist ein Verlaufen programmiert. Selbst die auf manchen Digitalkarten eingezeichnete Route ist streckenweise nicht korrekt.
Einkehr/Unterkunft: Das Erholungszentrum Kõveri Puhkekeskus am Startpunkt bietet auch Übernachtungsmöglichkeiten. Möglichst im Voraus buchen. Infos und Reservierung: koveri.ee. Keine Einkehrmöglichkeiten.
Hinweis: Im Auwald gibt es im Sommer tagaktive Stechmücken. Deswegen unbedingt Insektenschutz mitnehmen.
Karte: Am Ausgangspunkt gibt es eine große Übersichtskarte.

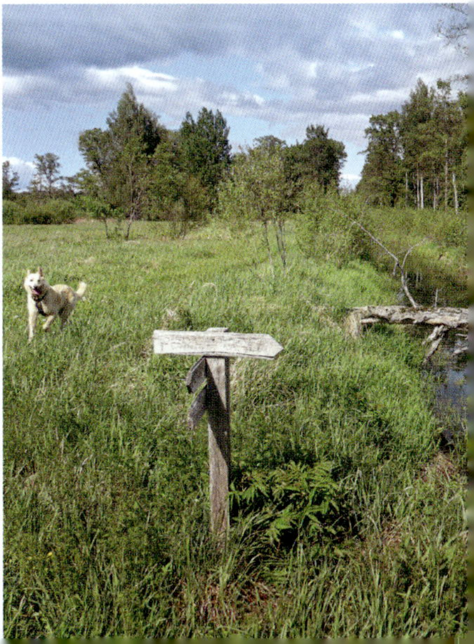

Der Hund hat die Abzweigung verpasst.

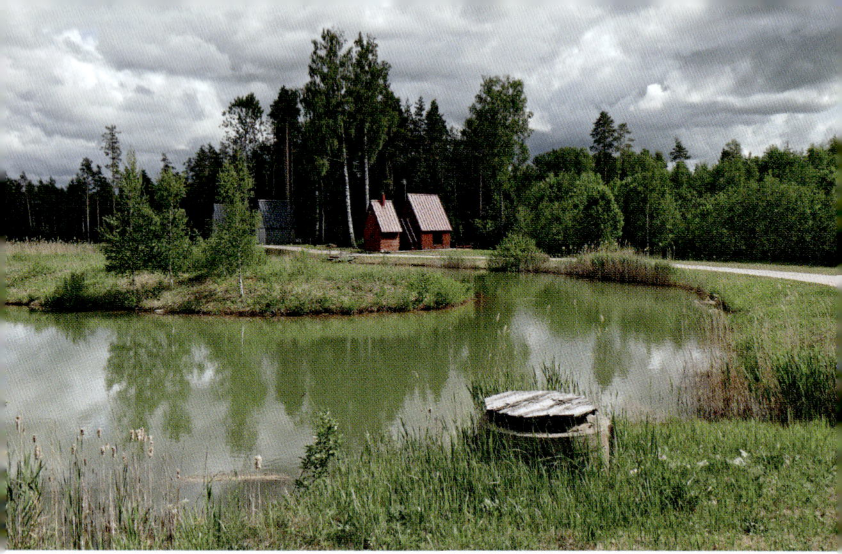

Noch am Gelände des Erholungszentrums Kõveri Puhkekeskus.

Vom Parkplatz vor dem Erholungszentrum **Kõveri Puhkekeskus** ❶ folgt man dem breiten Forstweg (Zufahrtsstraße) in südwestlicher Richtung. Nach 500 m geht man geradeaus an einem links abzweigenden Weg (Rückweg) vorbei. Nach weiteren 500 m kann man links des Wegs die Reste einer alten Kalkbrennerei erkennen. Nochmals 350 m weiter zweigt links, vor einer Brücke, der Waldpfad ab. Ein kleiner Wegweiser aus Holz steht am Beginn des Pfads, wenige Meter weiter ist man bereits am Ufer des **Ura jõgi** ❷.

Im weiteren Verlauf folgt man, so gut es geht, dem Verlauf des Waldpfads. Dieser bleibt immer auf der – in Fließrichtung – rechten Seite des mäandernden Flusses, teilweise direkt am Ufer, dann wieder in bis zu über 100 m Abstand. Hier bewegt man sich durch dichten Auwald, der Pfad ist nicht immer gut zu erkennen.

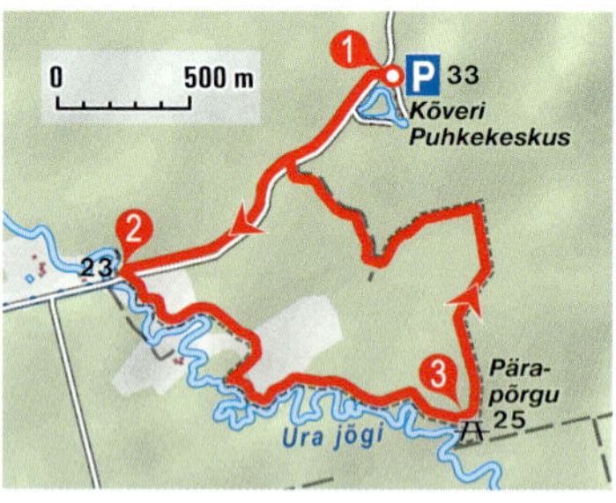

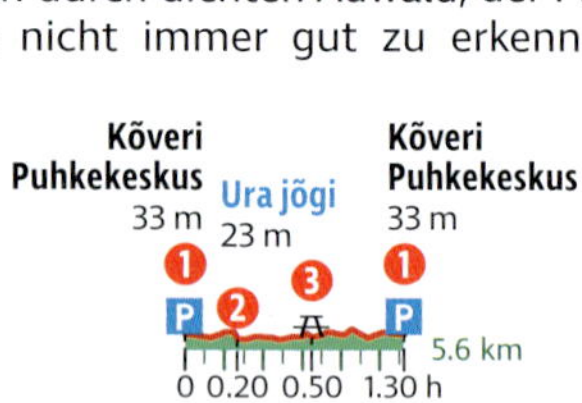

Bei einer größeren Lichtung erreicht man schließlich einen Wegweiser mit schlecht erkennbarer Beschriftung. Hier biegt man rechts ab und folgt, so gut es geht, dem Pfad. Nach etwas mehr als 1 Std. auf dem Waldpfad erreicht man schließlich den kleinen Rastplatz **Pärapõrgu** ❸.
Nun entfernt man sich in nördlicher Richtung vom Fluss. Bald wird eine Schneise erkennbar, darin verläuft ein Kanal, links daneben die Route. Nach 900 m biegt man links ab und folgt wieder einer deutlichen Schneise durch den Wald. Nach knapp 500 m trifft man auf einen breiten Weg, zweigt scharf rechts ab und bleibt auf dem Weg, bis dieser auf den bereits bekannten Waldweg trifft. Auf diesem gelangt man nach rechts in wenigen Minuten zum Erholungszentrum **Kõveri Puhkekeskus** ❶.

Dichte Vegetation am Ura jõgi.

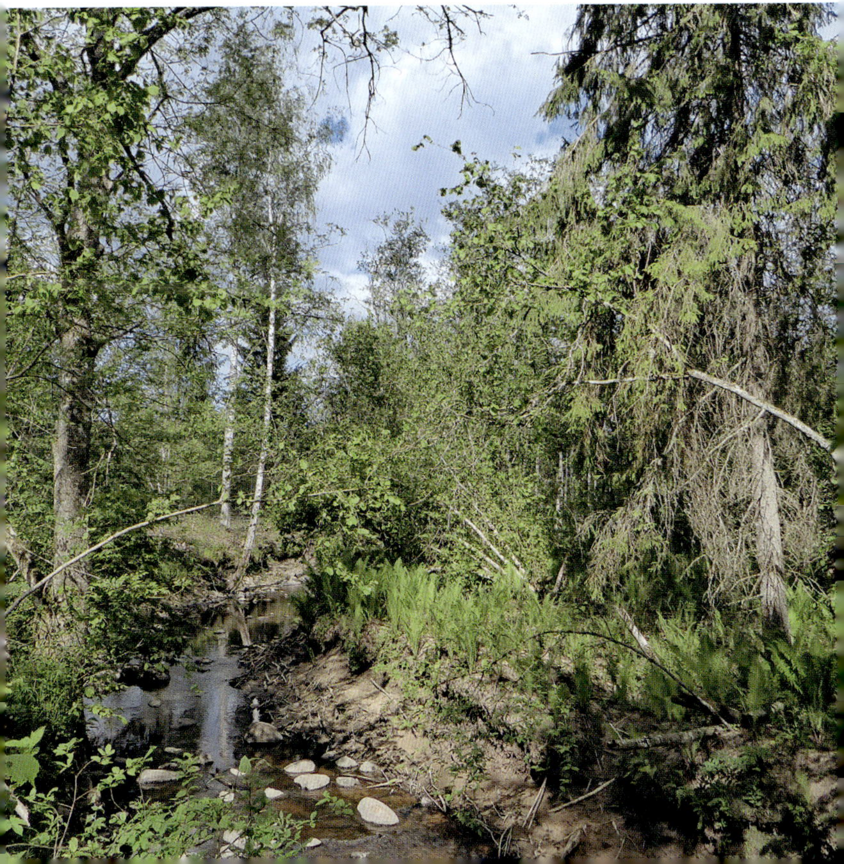

↗ 15 m | ↘ 15 m | 4.7 km

1.15 h

Nationalpark Soomaa: Riisa raba

Rundweg durch ein Hochmoor

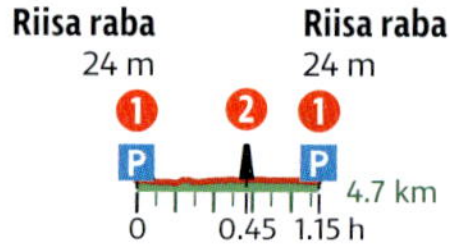

Das größte als Wildnis erhaltene Hochmoorgebiet Europas erstreckt sich rund 40 km nordöstlich von Pärnu. Beinahe ging dieses fragile Biotop verloren, als man unter dem Boden Erdöl vermutete. Zum Glück verlief die Suche nach dem Rohstoff im Sande. Stattdessen hat der estnische Staat Maßnahmen zum Erhalt der Natur getroffen: 1993 wurde auf einer Fläche von knapp 400 km² der Nationalpark Soomaa ins Leben gerufen und mehrere Wege wurden in dem unwegsamen Gelände für die Öffentlichkeit erschlossen. Als erste Anlaufstelle bietet sich das Besucherzentrum an, um sich danach mit vielen Infos auf den Weg zu machen. Rund ein Dutzend relativ kurzer Touren können in der näheren Umgebung unternommen werden. Wer sich auf eine beschränkt, sollte den Rundweg durch das Riisa raba (»Riisa-Moor«) wählen.

Ausgangspunkt: Parkplatz Riisa raba, 24 m, rund 8 km vor dem Nationalparkbesucherzentrum. Anfahrt mit Pkw: ab Pärnu bis Tori, dann beschildert (»Sooma rahvuspargi«) weiter bis zum Besucherzentrum Nationalpark Soomaa (Adresse: Tipu küla, 71211 Viljandi; Eingabe bei Google Maps: »Soomaa looduskeskus«; ca. 45 Min./45 km). Ab Besucherzentrum 8 km auf gleicher Straße zurück zum kostenlosen Parkplatz am Ausgangspunkt der Tour fahren.
Anforderungen: Leichte Wanderung auf einem Holzbohlenweg.
Orientierung: Wegweiser am Ausgangspunkt und an den Verzweigungen. Es gibt zwar keine Markierungen, dennoch ist die Wegfindung völlig unkompliziert.
Übernachtung/Einkehr: Im Besucherzentrum gibt es Kaffee und ein WC, am Ausgangspunkt ein Trocken-WC.
Hinweise: 1. Im Winter ist das Gelände meistens mit Schnee bedeckt, im Frühling kommt es häufig zu Überschwemmungen. Mitte Mai–Sept. sind die Wanderbedingungen meistens gut.
2. Besonders an Wochenenden mit schönem Wetter können die Routen im Nationalpark relativ stark frequentiert sein.
3. Bei Temperaturen über 22°C muss man mit den unangenehmen Pferdebremsen rechnen; diese Insekten stechen nicht, sondern beißen. Insektenschutzmittel verringern das Risiko eines Bisses.
Tipps: 1. Es lohnt sich, etwas Zeit für das gut ausgestattete Besucherzentrum einzuplanen (Mitte Mai–Mitte Sept.; Hauptsaison Mo–Fr 9–17 Uhr; Sa/So 10–18 Uhr, Saisonrandzeiten Mo–Fr 10–16 Uhr; Sa/So geschl.).
2. Bei der Anfahrt von Pärnu über Tori kommt man am Dorf Jõesuu vorbei, wo eine knapp 70 m lange Hängebrücke den Fluss Pärnu überquert. Nach der Linkskurve nach der Abzweigung zum Nationalpark weist bei der Bushaltestelle und einer Gaststätte ein Schild den Weg (»Jõesuu rippsild«).
3. Neben dem Besucherzentrum beginnt bei einem Tor der 1,9 km lange Koprarada (»Biber«)-Rundweg, der zunächst durch einen Wald und dann an einem Bach mit Biberbauten vorbeiführt. Die Wegfindung ist sehr einfach.
4. Der 4,1 km lange Ingatsi (»Sumpf-

gelände«)-Rundweg ist ebenfalls sehr zu empfehlen. Etwa 4 km nördlich des Besucherzentrums zweigt rechts eine Straße ab. Nach 2 km beginnt am kostenlosen Parkplatz die leicht auffindbare Rundtour durch das Moor, in dem es einen Aussichtsturm gibt.
Karte: Im Besucherzentrum gute Detailkarten im DIN-A5-Format für jede Wanderung zum eher symbolischen Preis von 10 Cent.

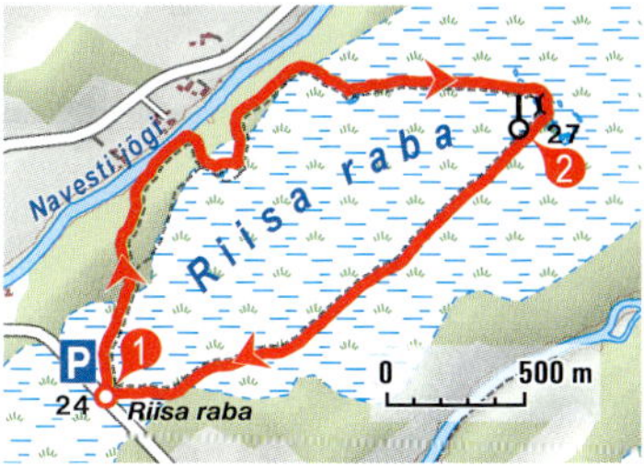

Am Ende des Parkplatzes **Riisa raba** ❶ beginnt der Bohlenweg (Wegweiser »Riisa, RMC«), kurz darauf kommt eine Verzweigung. Dort links (oder sinngemäß den Rundweg in die andere Richtung gehen) und nach 400 m an einer Verzweigung ebenfalls links halten (der rechte Zweig ist eine Abkürzung). Bald kommt man in einen Auwald und nähert sich dem Fluss Navesti, zu dessen Ufer es nach wenigen Minuten einen kurzen Zugangsweg gibt. Auf dieser Höhe zweigt die Route in südlicher Richtung ab und verläuft nach wenigen Schritten wieder im Riisa-Moor. Nahe dem östlichen Ende des Rundwegs steht ein kleiner **Aussichtsturm** ❷. In relativ gerader Linie führt der Bohlenweg wieder zurück zum Parkplatz **Riisa raba** ❶.

Moorteich mit Aussichtsterrasse auf dem Riisa-raba-Rundweg.

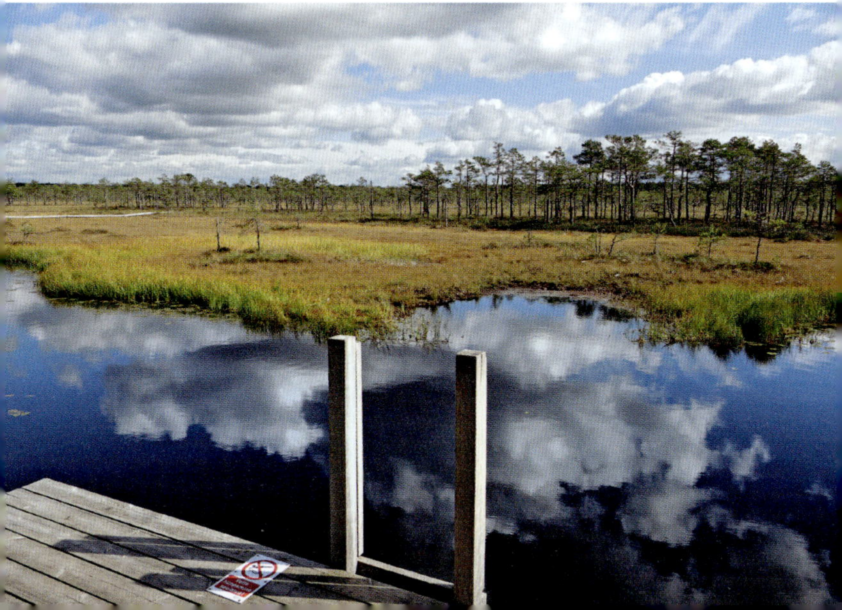

↗ 40 m | ↘ 40 m | 17.3 km

38 Insel Kihnu

4.30 h

Inseltour im Rigaischen Meerbusen

An der Westseite der Bucht von Pärnu liegt 12 km vor der Küste eine der interessantesten Inseln Estlands. Etwa 700 Menschen leben dauerhaft auf Kihnu, die meisten in hübschen Holzhäusern, die sich harmonisch in das Landschaftsbild einfügen. Auf der Insel hat sich eine eigene Kultur gebildet, die sich sowohl sprachlich als auch mit ihren Bräuchen vom Rest des Landes unterscheidet. Trotz der Attraktivität von Kihnu gibt es nicht viel touristische Infrastruktur, nur von Ende Juni bis August wird das Angebot etwas üppiger. Außer dem Naturerlebnis mit vielen Panoramablicken über die Küste zum Meer und grüner Vegetation bietet vor allem der knapp 30 m hohe Leuchtturm an der Südspitze nicht nur einen schönen Anblick, sondern er kann auch bestiegen werden. Die hier vorgestellte Rundtour verläuft über Feldwege, kaum befahrene Sträßchen und entlang der landschaftlich besonders lohnenden Westküste über sandige Naturwege.

Ausgangspunkt: Insel Kihnu, 2 m, Hafen. ÖPNV: ab Busstation in Pärnu Linienbusse zum Hafen Munalaiu, abgestimmt mit den Abfahrtszeiten der Fähre. Fahrplan: tpilet.ee.
Anfahrt mit Pkw: ab Pärnu rund 43 km nach Südwesten zum Hafen Munalaiu (Eingabe Google Maps: »Munalaiu sadam«). Dort parken (Tagesgebühr rund 3 €) und mit der Fähre (Hin- und Rückfahrt pro Person jeweils rund 5 €) nach Kihnu übersetzen. Fahrplan: veeteed.com. Pkw können mitgenommen werden, das Kontingent ist aber sehr begrenzt.
Anforderungen: Die Wege über die Wiesen an der Ostküste können nach Nie-

An der Südspitze von Kihnu.

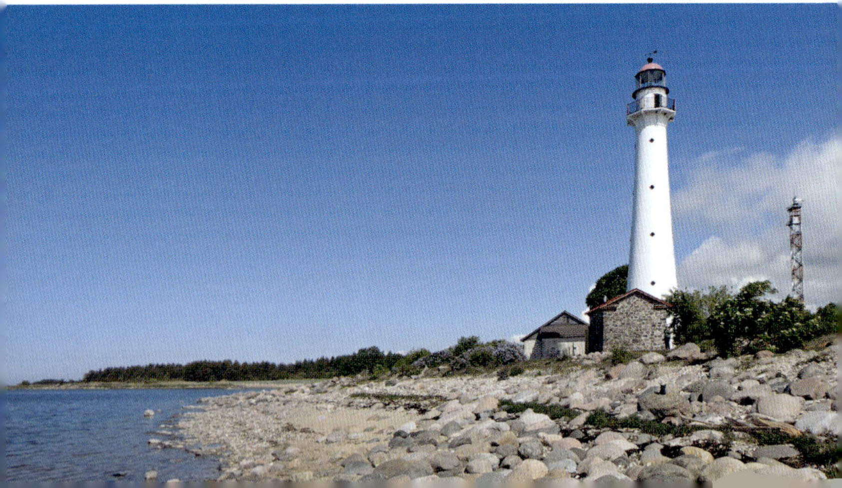

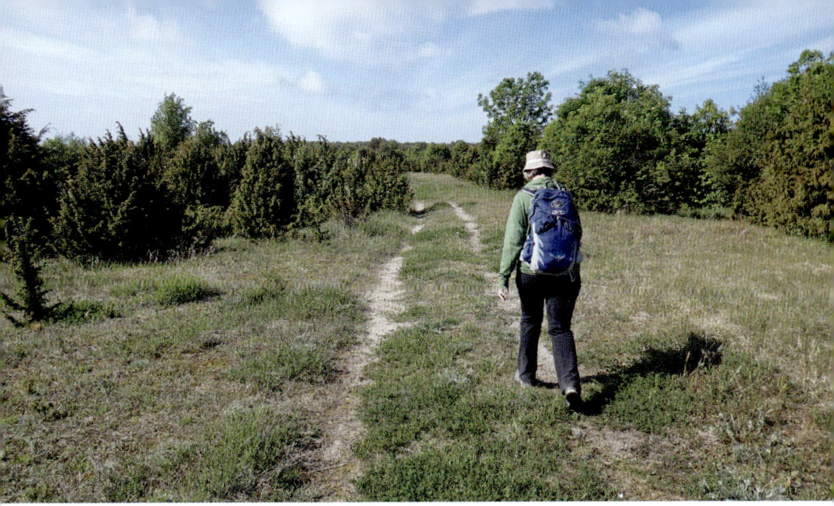

Angenehmes Gehgelände an der Ostküste.

derschlägen etwas schlammig werden; der Abschnitt entlang der Westküste ist stellenweise wegen des weichen Sandes etwas mühsam. Grundsätzlich ist die Tour aber als einfach einzustufen.

Orientierung: Gelegentlich Wegweiser, Markierungen gibt es keine. Die Wegfindung ist nicht sehr schwierig.

Einkehr/Unterkunft: Auf der Insel gibt es keine Hotels, nur Ferienhäuser. Am besten auf den Internetportalen die aktuellen Angebote abrufen. Der »Ranna-Kämping« ist eher für Schülergruppen als für Kleingruppen geeignet. Im kleinen Ort Kihnu in der Inselmitte (beim Museum) nur in der Hochsaison ab Ende Juni bis Mitte August warme Speisen. Am Leuchtturm Kaffee und Erfrischungsgetränke.

Varianten: 1. Statt über die zentrale Straße zum Leuchtturm zu gehen, am Ende des Abschnitts über die Wiesen links auf das schmale Sträßchen abzweigen. Nach 3 km trifft man auf die Hauptroute nahe dem Leuchtturm (ähnlicher Zeitaufwand wie Hauptweg).
2. Weglassen des Abschnitts entlang der Westküste: wie bei Variante 1 zum Leuchtturm 2, dann über die zentrale Straße in Richtung Norden zum Museum 4 bei der Kirche und weiter mit der Hauptroute (Ersparnis rund 45 Min.).

Hinweis: Um ausreichend Zeit für die Tour inklusive Pausen zu haben, sollte man mit der Fähre um 8.30 Uhr ab Munalaiu zur Insel fahren und um 16.15 Uhr zurück. Es ist sinnvoll, die Tickets schon vorab online zu reservieren.

Tipps: 1. Der Aufstieg zum Rundbalkon des Leuchtturms (erbaut: 1864) über eine Stahltreppe im Inneren ist sehr zu empfehlen. Die Aussicht reicht über die ganze Insel bis zum Festland (im Sommer mindestens 10–16 Uhr, Eintritt 5 €).
2. Im Kihnu Museum kann man in die Geschichte der Insel eintauchen und sieht Exponate wie alte Kleidung, Werkzeuge und Möbel (Mitte Juni–Mitte Aug. tgl. 10–17 Uhr, Mai–Mitte Juni und Mitte Aug.–Ende Sept. nur Di–Fr bzw. im Sept./Okt. Di–Sa, Eintritt: 5 €).

Karte: Detailkarten für die Insel gibt es nur auf den großen Infotafeln z. B. am Hafen.

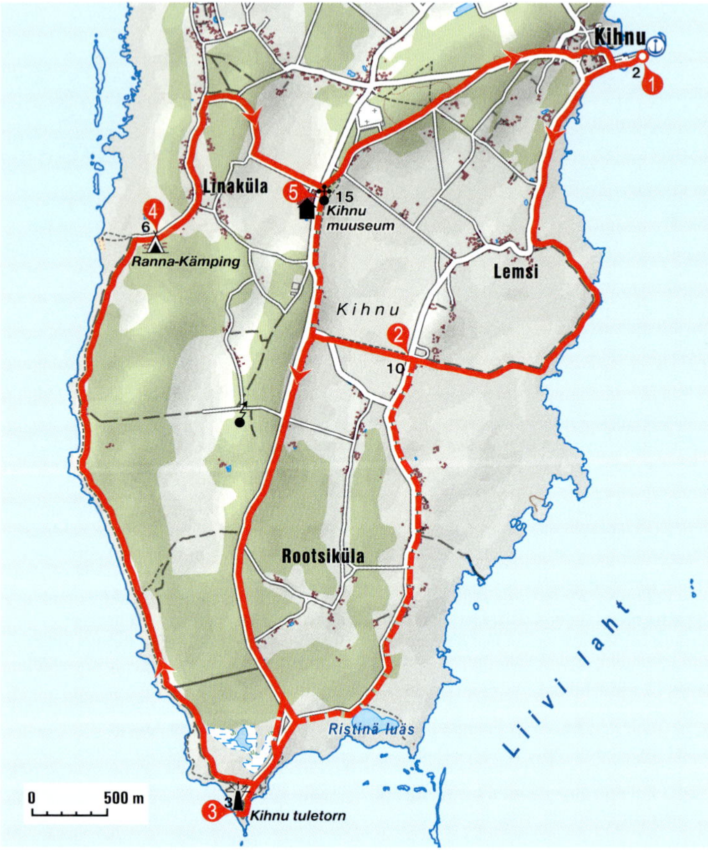

Von der Anlegestelle am Hafen von **Kihnu** ❶ folgt man geradeaus dem Verlauf der Straße bzw. dem Gehweg daneben. Nach 400 m hält man sich links und bleibt rund 20 Min. auf dem kaum befahrenen Sträßchen. Bevor die Straße in eine deutliche Rechtskurve übergeht, verlässt man sie nach links und wandert auf einem Feldweg über Wiesen und Weidegelände. Kurz vor Erreichen der Küste geht es rechts weiter, 10 Min. später wieder rechts. Zwischen Wacholderbüschen zieht sich der Feldweg nun in westlicher Richtung. Eine asphaltierte **Straße** ❷ wird überquert (links zweigt Variante 1 ab), nach rund 600 m in gleicher Richtung trifft man auf eine von links

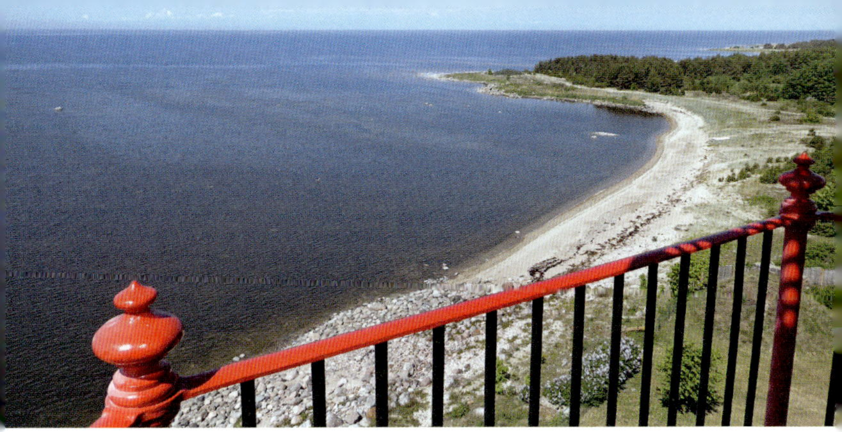

Blick vom Aussichtsbalkon des Leuchtturms über die weitere Route.

kommende Straße. Hier geht es geradeaus, nach 100 m links, dann wandert man über 3 km neben dem schmalen Sträßchen in Richtung Süden. Schließlich weisen Schilder (»tuletorn«) den letzten Abschnitt bis zum **Kihnu tuletorn** ❸ an der Südspitze der Insel.

Anschließend geht man auf demselben Weg rund 200 m zurück und biegt vor dem eingezäunten Funkmast auf einen breiten Weg nach links ab (geradeaus: Variante 2). Auf immer sandigerem Untergrund erreicht man bald die Westküste. Im weiteren Verlauf ist es oft besser, nahe an der Wasserlinie zu gehen, der eigentliche Weg ist auf mehreren Abschnitten sehr sandig. Nach über 4 km endet der Küstenweg und es geht wieder ins Innere der Insel. Zunächst wandert man am Gelände des **Ranna-Kämping** ❹ vorbei, später stehen mehrere Häuser am Rand des breiten Weges. Nach 1 km biegt man rechts ab, der Weg beschreibt einen Rechtsbogen. Nach 600 m beginnt links ein breiter Weg, der geradlinig zum kleinen Dorf in der Inselmitte verläuft. Schon von Weitem ist die Kirche zu sehen, direkt gegenüber befindet sich in einem alten Schulgebäude das **Kihnu muuseum** ❺.

Wenige Meter nördlich von Kirche und Museum zweigt schräg rechts ein breiter Weg von der Straße ab. Nach 20 Min. trifft man auf eine Straße und geht an dieser nach rechts in Richtung Hafen von **Kihnu** ❶. Das letzte Stück kann links über einen breiten Weg abgekürzt werden.

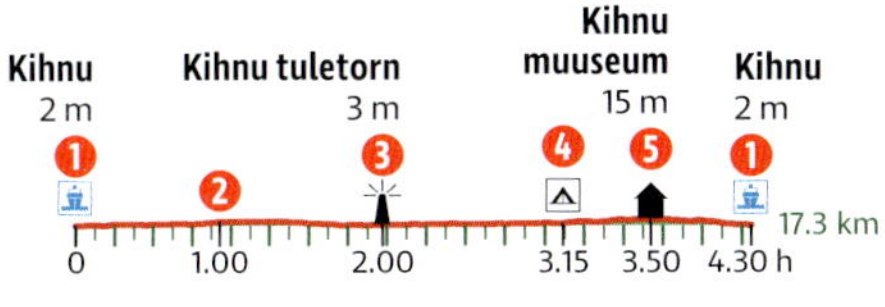

↗ 20 m | ↘ 20 m | 6.7 km

39 Der Strand Matsi Rand

1.45 h

Einer der schönsten Küstenstreifen Estlands

An der dünn besiedelten estnischen Westküste gibt es überwiegend steinige Abschnitte, viele rund geschliffene kleine Findlinge ragen dort aus dem flachen Wasser. Dahinter schließt sich meist ein Kiefern- oder Mischwald an. Vereinzelt gibt es auch Strände mit weißem Sand, wobei der Matsi Rand (»Strand von Matsi«) nicht nur gut zugänglich, sondern auch landschaftlich sehr reizvoll ist. Das Dorf Matsi besteht nur aus wenigen Häusern mit kaum 20 Einwohnern, im Hochsommer von Ende Juni bis August kommen noch einige Feriengäste dazu.
Diese relativ kurze Tour verläuft zunächst entlang des Strandes, der die Form eines lang gestreckten Bogens beschreibt. An dessen Ende steht der weithin sichtbare Sõmeri tuletorn, der Leuchtturm der Halbinsel Sõmeri.

Ausgangspunkt: Pärlselja puhkekeskus, 15 m, Erholungszentrum für Gruppen. Anfahrt mit Pkw: ab Pärnu über die Landstraßen 60, 104 und 108 bis Tõstamaa. Dann auf Landstraße 108 in Richtung Nurmsi; kurz nach der kleinen Siedlung Kulli links in Richtung Matsi rand/Pärlselja. Nach knapp 4 km macht die Straße eine Linkskurve, 120 m weiter rechts abbiegen, nach rund 400 m ist auf der rechten Seite das hintere Tor eines Ferienlagers/Campingplatzes. Am Straßenrand parken. Eingabe bei Google Maps: »Matsi Varemurru tee«. Ab Pärnu 50 Min./58 km.
Anforderungen: Am Strand bzw. an der Küste ist die Route weglos, stellenweise über Steine und Sträucher.
Orientierung: Einfache Wegfindung, der Hinweg folgt dem Küstenverlauf, der Rückweg einem schmalen Sträßchen.
Einkehr/Unterkunft: In Matsi gibt es Ferienunterkünfte (nur Juni–Aug.). Bei Interesse an einer Übernachtung sollte man unbedingt vor Ankunft eine Unterkunft buchen, z. B. matsimaria.ee. Keine Einkehrmöglichkeit.
Variante: Verlängerung der Tour an der Küste: nach dem Abstecher zum Leuchtturm auf dem Weg nach rechts bis zur Südspitze der Sõmeri-Halbinsel. Wo immer es praktikabel ist, kann man auch direkt am Meer entlang gehen (Mehraufwand gut 1 Std./4 km).
Hinweis: Außerhalb der kurzen Saison (Juni–Aug.) ist dieser Küstenabschnitt meistens sehr ruhig.

Gegenüber dem Tor des **Pärlselja puhkekeskus** ❶ führt ein kurzer Weg durch den Kiefernwald bis zum offenen Küstengelände, dann geht man nach links am Strand entlang; meist lässt es sich nahe am Wasser am einfachsten wandern. Hier befindet man sich bereits am **Matsi Rand** ❷ in einer landschaftlich sehr reizvollen Umgebung. Nach rund 30 Min. überquert man eine kleine Mole, die als Anlegestelle dient. Dahinter wird die Küste steiniger. Solange es geht, bleibt man nahe

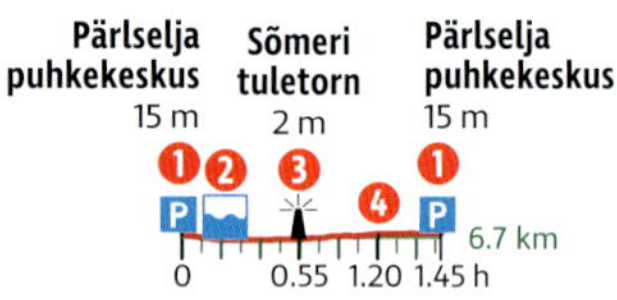

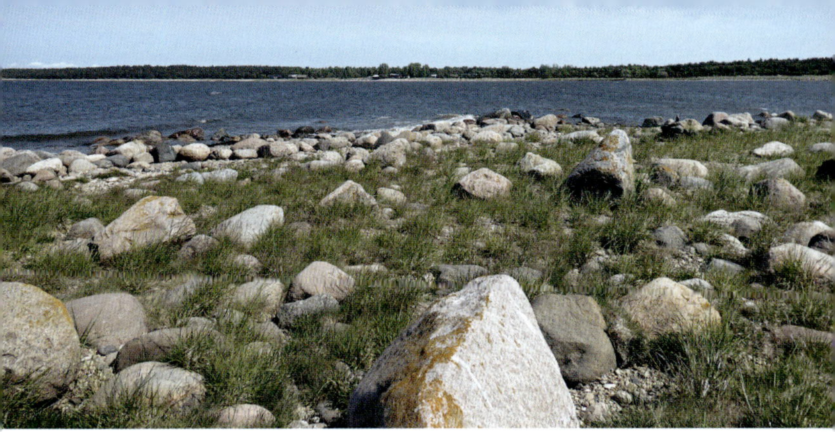

Ein Abschnitt führt durch rund geschliffene Steine.

am Wasser, der Leuchtturm ist dabei als Orientierungspunkt längst sichtbar. Schließlich versperrt dichtes Schilf den weiteren Weg direkt am Ufer. Wenige Meter weiter links verläuft ein Weg, auf den man nun ausweicht. Kurz darauf zweigt rechts ein Seitenweg ab, der entlang dichten Bewuchses aus Wacholderbüschen bis zum Leuchtturm **Sõmeri tuletorn** ❸ führt. Der Turm steht nicht ganz am Ende der kleinen Landzunge, bis dorthin sind es noch ein paar Schritte.

Zurück am Leuchtturm, folgt man einem Weg, der rechts in Richtung Südosten verläuft; nach rund 600 m trifft dieser auf einen breiten Weg. Dort entweder nach rechts (Variante) oder wieder in Richtung Ausgangspunkt nach links gehen. Nach knapp 1,5 km wird daraus ein asphaltiertes Sträßchen, ein paar Meter weiter ist links das Gelände der Unterkunft **Matsi Maria** ❹ gut zu sehen.

Die Straße geht nach 1 km in eine Rechtskurve über. Anschließend zweigt man auf das erste schmale Sträßchen nach links ab, nach gut 400 m ist wieder das Tor vor dem **Pärlselja puhkekeskus** ❶ erreicht.

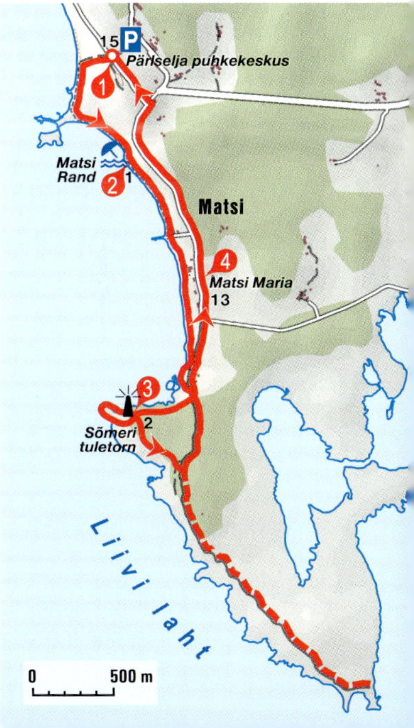

↗5 m | ↘5 m | 5.7 km

40 Moor Koigi raba

1.30 h

Auf Holzbohlen durch das größte Moor von Saaremaa

Das größte Moorgebiet auf Saaremaa befindet sich im östlichen Teil der Insel und ist unbedingt einen Ausflug wert. In der markanten Moorlandschaft haben sich vier Seen gebildet, die alle kaum tiefer als einen Meter sind. Der größte (Kogi järv) bedeckt eine Fläche von mehr als 120 ha, den kleinsten (Naistejärv = »Frauensee«) umranken Mythen: So soll dessen Wasser aus den Tränen von Frauen stammen. Um den mit rund 20 ha zweitgrößten See, den Pitkjärv, ist ein kilometerlanger Bohlenweg angelegt, der Zugang führt vom Wanderparkplatz durch einen dichten Wald. Schon vom 10 m hohen Aussichtsturm am Rand der Moorfläche hat man einen guten Überblick über das Gelände, am Ufer des Pitkjärv kann man von einer Holzplattform die Weite des Sees erahnen. Zumindest an Werktagen ist der Wanderweg durch das Moor Koigi raba häufig menschenleer, während auf vielen Wegen der Festlandmoore oft etwas mehr Betrieb herrscht.

Ausgangspunkt: Parkplatz Koigi raba, 10 m. Anfahrt mit Pkw: ab Kuressare über die Landstraße 10 in Richtung Kuivastu (Fährhafen auf Muhu). Nach rund 17 km rechts in Richtung Laimjala und nach 30 km links in Richtung Koigi. Am Ende der Straße nach rund 3 km befindet sich der kostenlose Parkplatz vor dem Koigi bog. Eingabe bei Google Maps: »Koigi bog and hiking path«. Ab Kuressare 40 Min./50 km.
Anforderungen: Einfache Wanderung über Wald- und Bohlenwege.
Orientierung: Wegweiser am Parkplatz; anschließend ist die Wegfindung denkbar einfach.
Einkehr/Unterkunft: Keine.
Hinweis: Auf dem Abschnitt vom Parkplatz durch den Wald muss man mit aufdringlichen Stechmücken rechnen, deswegen rechtzeitig Insektenschutzmittel auftragen.

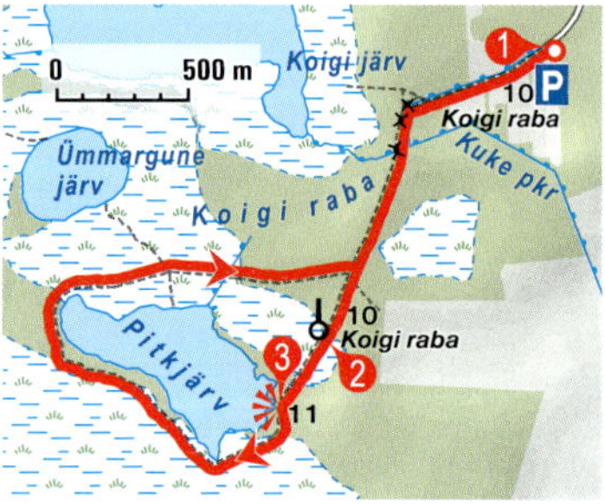

Tipp: Am späten Vormittag steht die Sonne für Aufnahmen vom Aussichtsturm und am Moorsee Pitkjärv am günstigsten.
Karte: Am Parkplatz Infotafel mit detaillierter Karte.

Am **Parkplatz Koigi raba** ❶ beginnt bei einem Wegweiser die Wanderroute in westlicher Richtung. Zunächst verläuft sie auf einem Waldweg entlang eines Baches bzw. eines nahezu stehenden Gewässers. Nach 600 m führt eine Brücke über einen Bach, der Weg macht einen Linksknick und überquert kurz darauf abermals einen Bach auf einer Brücke. Nach 500 m

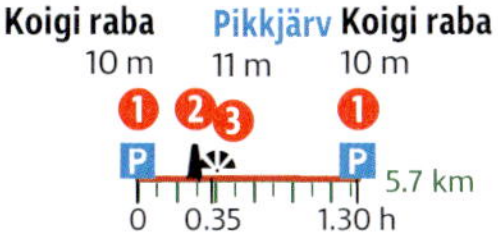

beginnt an einer Weggabelung die Runde um das Moor. Die vom RMK vorgeschlagene Richtung verläuft aus der Vogelperspektive im Uhrzeigersinn, entsprechend nimmt man den Weg geradeaus. Nach 250 m erreicht man endlich die freie Moorfläche am 10 m hohen **Aussichtsturm Koigi raba** ❷.

Nun geht es über einen breiten Bohlenweg weiter. Bereits nach wenigen Minuten steht man auf einer Aussichtsplattform am Ufer des Moorsees **Pitkjärv** ❸.

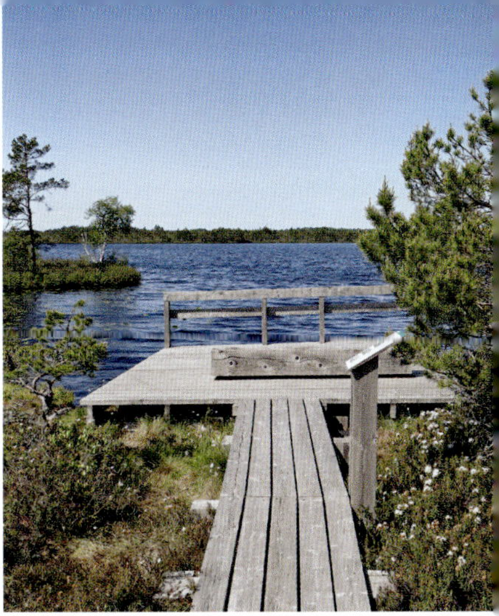

Aussichtsplattform mit Infotafel.

Der Weg führt nun in einem großen Bogen über die freie Moorfläche um den See herum. Nach 45 Min. endet der Bohlenweg, anschließend kann man auf festem Boden weitergehen, bis man rund 10 Min. später die Weggabelung erreicht. Nach links gelangt man über den bekannten Weg zurück zum Parkplatz **Koigi raba** ❶.

Kleinwüchsige Birke am Ufer des Moorsees.

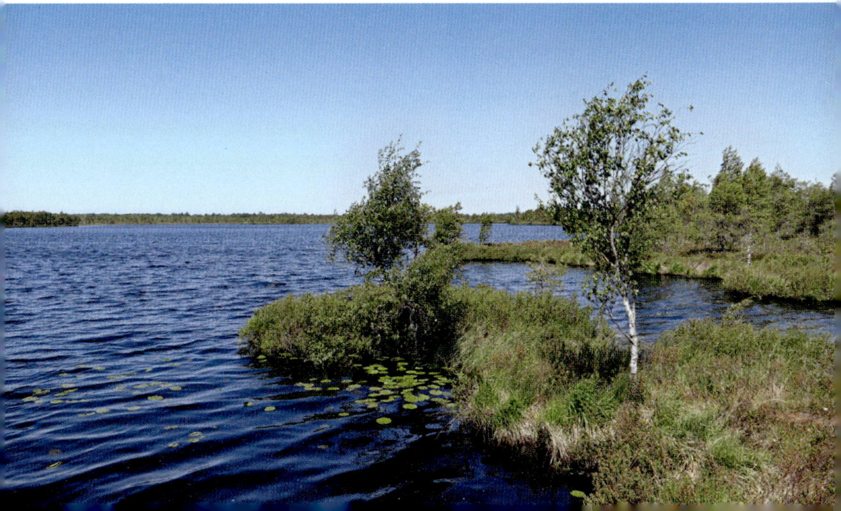

↗ 40 m | ↘ 40 m | 10.4 km

41 Panga Pank (Panga-Steilküste)

2.30 h

Die schönste Steilküste Saaremaas

Im Norden von Saaremaa bricht die Küste auf einer Länge von 2,5 km praktisch senkrecht ab, eine Wand aus nacktem Kalkfels trennt das flache Land von der Ostsee. Die Entstehung der rund 20 m hohen Steilwand (estnisch: Pank) geht weit in die Erdgeschichte zurück, bis ins Silurzeitalter vor mehr als 400 Mio. Jahren. Auf einer Infotafel am Startpunkt nahe dem Dorf Panga werden – auch auf Deutsch – sehr detailliert die geologischen Besonderheiten erklärt.

Die schönste Aussicht auf dieses Naturschauspiel haben sicherlich Vögel. Aber auch zu Fuß kann man sich einen wunderbaren Blick über die lange Felswand erwandern, denn am Ende geht die Steilküste in einen Kiesstrand über, von dem sich eine freie Sicht über die kilometerlange Steilküste öffnet. Während sich an schönen Sommertagen einige Ausflügler auf den Weg zur Panga Pank machen, wird es nach wenigen Minuten auf den Wanderpfaden bereits deutlich ruhiger. Der Wanderweg verläuft zunächst nahe der Abbruchkante, an mehreren Stellen bieten sich dabei interessante Perspektiven. Der landschaftlich ebenfalls sehr reizvolle Bereich südlich der Klippen ist dann oft menschenleer.

Der Wald endet abrupt an der Abbruchkante.

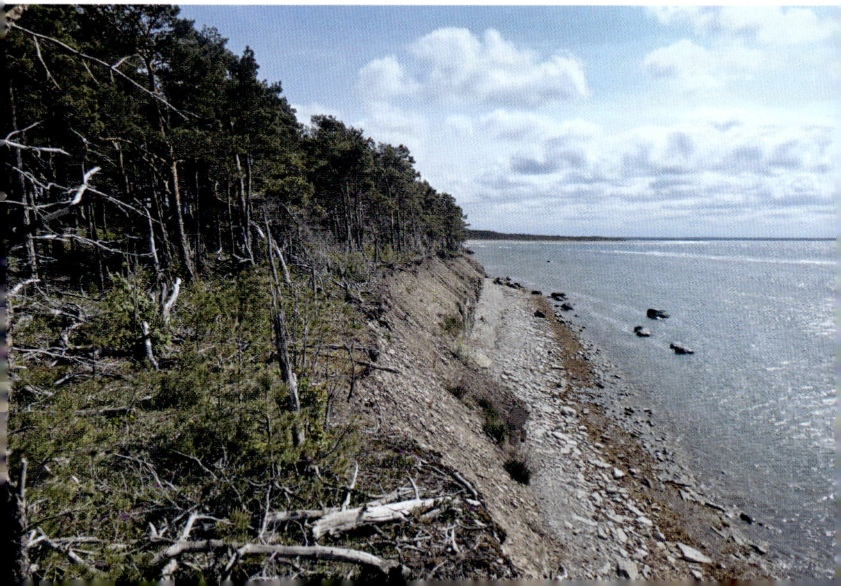

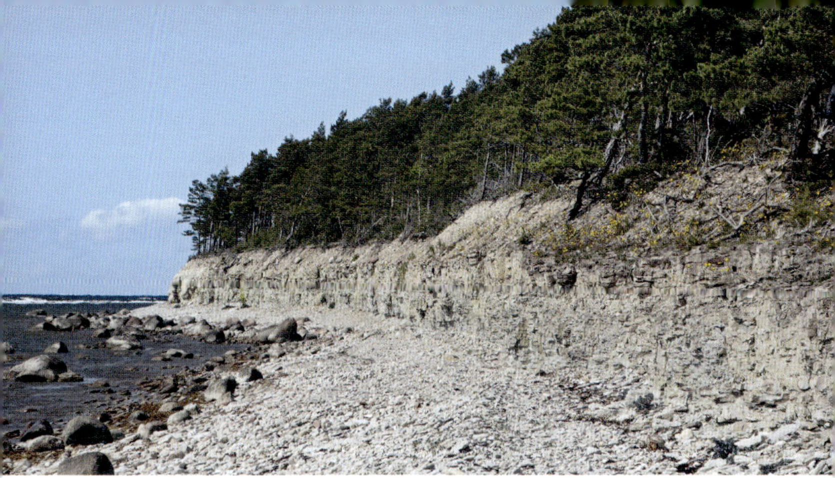

Panga Pank, Steilküste aus Kalkfels.

Ausgangspunkt: Parkplatz Panga Pank, 20 m. ÖPNV: tgl. drei Busse direkt von Kuressare nach Panga; ab Haltestelle 5 Min. Fußweg auf der Hauptstraße in nordwestlicher Richtung, bis man nahe Panga ❹ auf die beschriebene Route trifft. Fahrplan: gobus.ee.
Anfahrt mit Pkw: ab Kuressare erst in Richtung Kihekonna, dann über die Landstraße 86 der Beschilderung bis Panga folgen, dann durch den kleinen Ort bis zum Ende der Straße an einem großen und kostenlosen Parkplatz. Eingabe bei Google Maps: »Panga Cliff«. Fahrzeit rund 35 Min./42 km.
Anforderungen: Einfache Wanderung, überwiegend Wald- und Feldwege.
Orientierung: Keine Wegweiser oder Markierungen. Die Wegfindung entlang der Küste ist dennoch einfach, auch der Rückweg stellt keine großen Ansprüche an das Orientierungsvermögen.
Einkehr/Unterkunft: Am Parkplatz Panga Pank werden zumindest von Juni bis August Kaffee, Kuchen, Erfrischungsgetränke etc. verkauft.
Hinweis: Nach 15 Min. erreicht man nahe der Abbruchkante eine Stelle, von der man mit einem Seil gesichert bis an den Fuß der Felswand hinab und wieder aufsteigen kann (Trittsicherheit erforderlich).
Tipp: Wer sich für Militärgeschichte interessiert, kann im Wald südlich des Ausgangspunkts mehrere alte Gefechtsstellungen u. Ä. entdecken (genaue Lage auf einer Infotafel am Parkplatz eingetragen).
Karte: Am Ausgangspunkt Infotafel mit großer Karte mit Wanderwegen.

Vom Parkplatz **Panga Pank** ❶ führt ein Weg in den Kiefernwald, dort steht ein von Weitem sichtbarer Stahlturm. Ab dem Turm verlaufen parallel mehrere Wege bzw. Pfade nahe der Abbruchkante der Felswand. Egal, welchen Weg man wählt, alle treffen früher oder später wieder aufeinander. Nach rund 15 Min. erreicht man die **Abseilstelle Panga Pank** ❷. Hier kann man an einem Seil gesichert bis zum Fuß der Felswand ab- und wieder aufsteigen (Trittsicherheit).

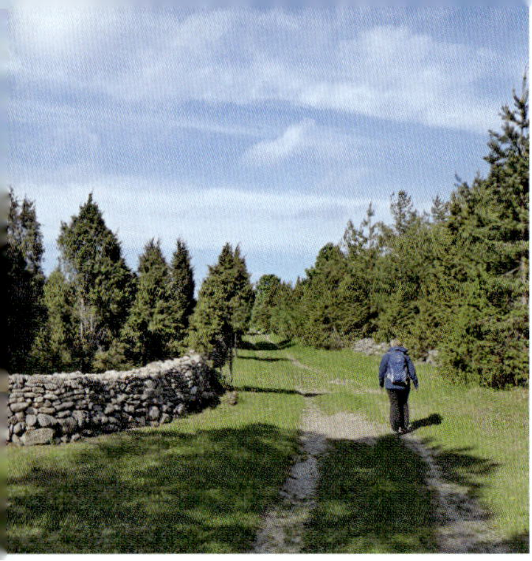

Feldweg vor dem Dorf Panga.

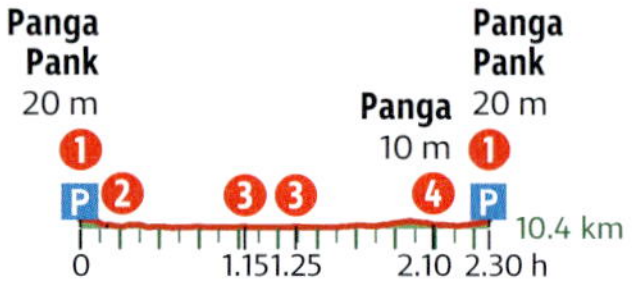

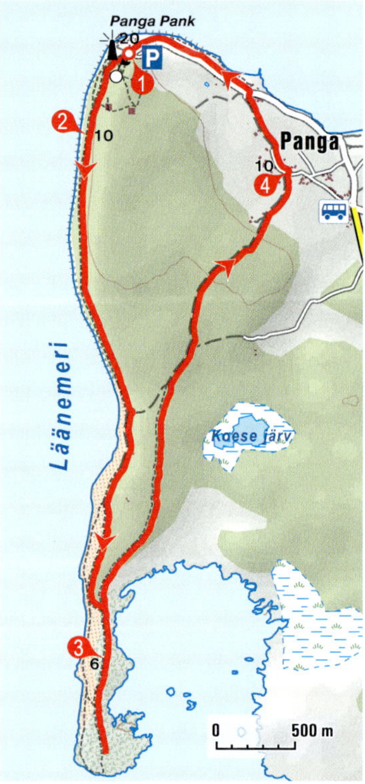

Auch im weiteren Verlauf bewegt man sich im Kiefernwald nahe der Abbruchkante, im Frühsommer blühen hier unzählige Maiglöckchen. Nach rund 2,5 km endet die Steilküste an einem Kiesstrand. Nun folgt man auf einem Weg einfach dem Verlauf der Küste. Nach etwa 1,2 km geht man an der Begrenzung einer Weidefläche nach links, nach 100 m befindet sich rechts ein Viehgitter, über das man die große **Weide** ❸ betreten kann. Hier verjüngt sich das Gelände zu einer Landzunge, vom Viehgitter aus kann man noch etwa 700 m bis kurz vor das südliche Ende gehen. Anschließend geht es wieder zurück und hinter dem Viehgitter geradeaus weiter. Der Weg führt in den Wald, nach 20 Min. geht es bei einem von scharf links kommenden Forstweg geradeaus und nach 250 m schräg links weiter. Der Forstweg zieht sich an mit Steinmäuerchen begrenzten Grundstücken vorbei bis an den Dorfrand von **Panga** ❹. Hier biegt man links ab und trifft nach wenigen Minuten auf die Zufahrtsstraße zum Parkplatz. Auf dieser geht man nach links die letzten 800 m bis zum Parkplatz **Panga Pank** ❶.

↗ 40 m | ↘ 40 m | 13.8 km

3.45 h

Halbinsel Ninase 42

Naturparadies für Vögel und Wanderer

Die Nordküste der Insel Saaremaa ist von mehreren tief eingeschnittenen Buchten geprägt, dazwischen ragen lange Halbinseln ins Meer, wie die breite Landzunge Ninase. Für Wanderungen ist vor allem deren westliche Küste interessant. Der betagte Stahlturm Merise tulepaak markiert den nördlichsten Punkt dieser Tour. Die Hälfte der Strecke führt direkt an der Bucht Tagalaht entlang. Das Wasser friert dort im Winter seltener, deswegen eignet sich diese Region für Standvögel bestens, um die kalte Jahreszeit zu überstehen. Auch im Sommer trifft man auf unzählige Vögel. Bis Anfang des letzten Jahrhunderts stachen von Kalasma noch Fischerboote in See. Heute steht nur noch ein alter Wachturm aus der Sowjetzeit als Mahnmal für ein dunkles Zeitalter, denn nicht nur das Fischen war damals verboten, sondern sogar harmlose Spaziergänge am Ufer.

An zwei Abschnitten weist der Küstenverlauf eine Besonderheit auf: Sowohl im Bereich vor dem Rastplatz Kalasma als auch vor dem Rastplatz Abula gibt es eine 2 bis 3 m hohe Geländestufe, die sich jeweils über mehrere hundert Meter an der Küste entlangzieht. Die Bezeichnung »Pank« (Steilküste) mag etwas hoch gegriffen sein, landschaftlich ist der Küstenabschnitt dennoch reizvoller als viele andere.

Die andere Hälfte der Tour verläuft durch den rund 70 Jahre alten Kiefernwald im nahen Hinterland. Während in unmittelbarer Küstennähe der nährstoffarme Boden aus Kalkgestein das Wachstum der Vegetation stark verlangsamt, sind die Bäume hier deutlich höher. Weiches Moos bedeckt großflächig den Boden, dazwischen blühen im Sommer verschiedene Pflanzen, mehrere Infotafeln erklären ausführlich Flora und Fauna.

Ausgangspunkt: Kalasma, 3 m, Rastplatz. Anfahrt mit Pkw: ab Kuressare in Richtung Kihelkonna; nach 8 km rechts in Richtung Mustjala abbiegen, nach rund 22 km schräg links nach Mustjala und 700 m links in Richtung Rahtla, nach 4,3 km rechts und nach 3,8 km erneut rechts; 200 m weiter ist links die Zufahrt zum kostenlosen Parkplatz. Eingabe bei Google Maps: »Abula matkarada«. Ab Kuressare: rund 40 Min./39 km.
Anforderungen: An der Küste streckenweise über Geröll; bei einer Bachüberquerung über Steine ist etwas Geschick gefragt. Ansonsten leichte Wanderung, überwiegend Waldwege und -pfade.
Orientierung: Wegweiser und auf einigen Abschnitten blaue Markierungen, die aber insbesondere im Wald nicht immer leicht zu erkennen sind. Deswegen genau auf die Wegbeschreibung achten.
Einkehr/Unterkunft: Unterwegs keine.
Hinweise: 1. Mehrere Abschnitte der Route sind nicht auf allen Digitalkarten eingezeichnet, aber auf der Übersichtskarte am Startpunkt.
2. Für den Küstenabschnitt über Geröll sind Wanderschuhe mit guter Sohle von Vorteil.
Karte: An den Rastplätzen Kalasma und Abula Infotafeln mit Detailkarten.

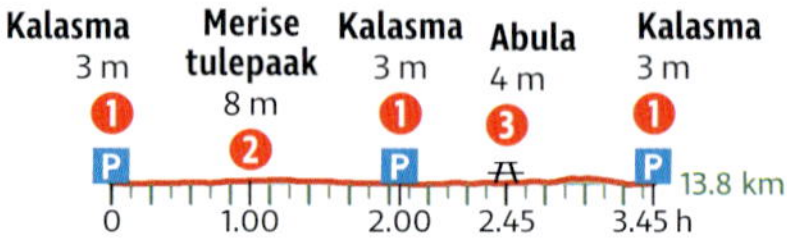

Vom kleinen Rastplatz **Kalasma** ❶ wandert man zunächst nach rechts entlang der Küste nach Norden; teilweise geht es über deutliche Spuren, aber auch weglos über Geröll. Nach 2 km verlässt man bei einem Wegweiser des RMK die Küste und betritt den überwiegend aus Kiefern bestehenden Wald. Nach 100 m weist ein weiterer Wegweiser nach rechts. Hier folgt man aber nach links dem Forstweg. Nach 400 m muss ein Bach überquert werden, nach weiteren 800 m biegt man an einer Kreuzung nach links ab und gelangt kurz darauf zum Stahlturm **Merise tulepaak** ❷, der nicht betreten werden kann.

Beim Turm nach rechts verläuft der weitere Weg parallel zum vorigen. Nach 300 m treffen mehrere Wege aufeinander, hier wählt man den in Richtung Süden führenden (nicht den bereits bekannten Weg). Nach einer leichten Linkskurve wechselt man nach wenigen Minuten an einer weiteren Kreuzung auf den Forstweg nach rechts. Nach rund 900 m überquert man auf einer Brücke den bereits vom Hinweg bekannten Bach. Noch einmal knapp 900 m weiter zweigt bei einem Wegweiser schräg rechts der Wanderpfad durch den Wald ab. Dieser trifft nach knapp 1 km auf den Küstenweg bzw. verläuft nahe daneben. Schließlich erreicht man wieder den Rastplatz **Kalasma** ❶ bzw. den Punkt an der Küste auf gleicher Höhe. Dort steht ein alter Wachturm aus Sowjetzeiten, den man über eine Leiter betreten kann. Die zweite Hälfte der Tour setzt sich entlang der Küste in Richtung Süden fort. Nach einer schönen Bucht entfernt sich der Weg etwas vom Ufer.

Auf dem Küstenweg nach Norden.

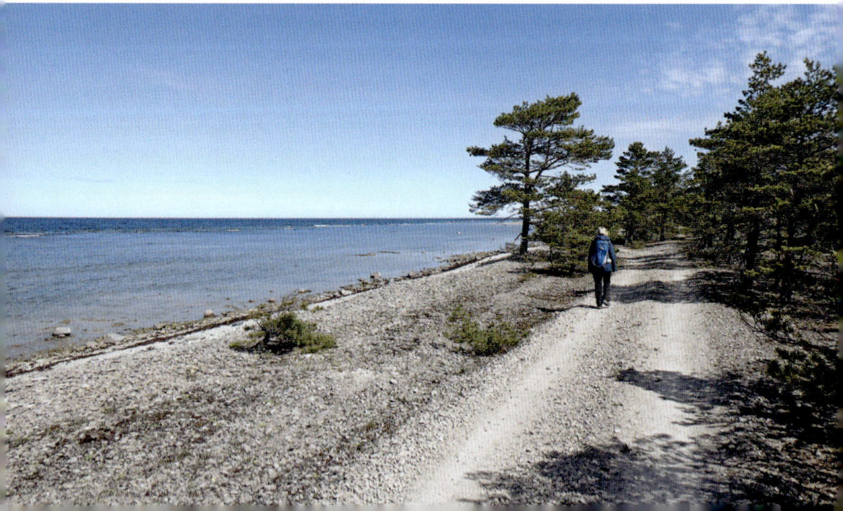

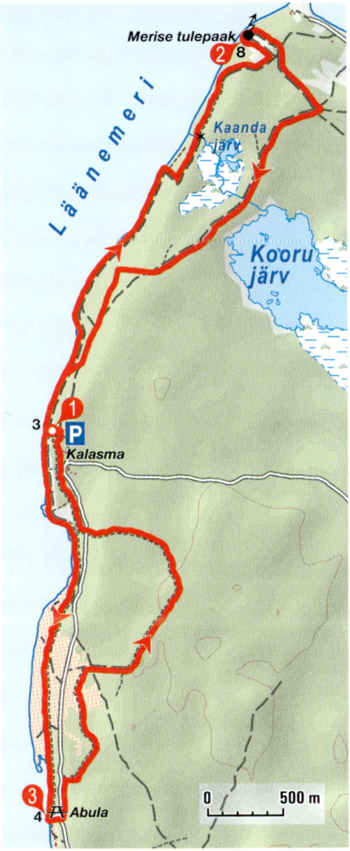

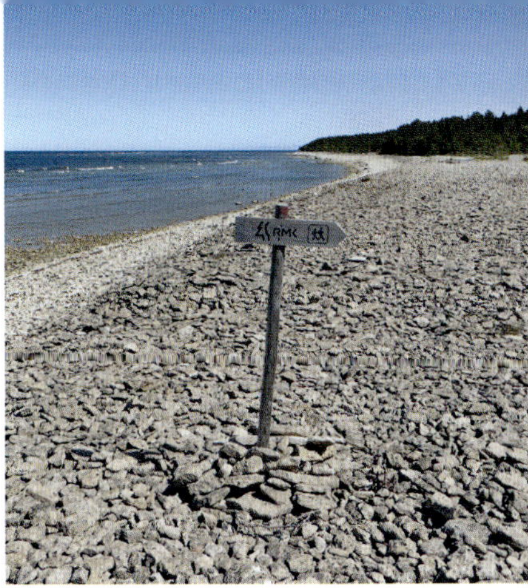

Hier führt die Route von der Küste in den Wald.

Über freies Gelände wandert man in südlicher Richtung weiter, bis man wieder ans Meer gelangt. Dort verläuft über mehrere Kilometer die »Steilküste« Abula Pank, eine etwa 2 m hohe Geländestufe. Am Ende erreicht man den Rastplatz **Abula** ❸ mit einer Infotafel.

Vom Rastplatz geht man ein paar Schritte in Richtung Osten zur unbefestigten Straße und biegt links ab. Nach knapp 300 m nimmt man den Forstweg nach rechts, an dessen Ende nach 100 m zweigt nach schräg links ein etwas undeutlicher Waldpfad ab. Entlang der blauen Markierungen geht es rund 10 Min. durch den Wald, dann erreicht man eine Ebene und hält sich praktisch weglos weiter in nördlicher Richtung, bis man auf einen quer verlaufenden Weg trifft. Diesen schlägt man nach rechts ein, geht über eine Kreuzung und wechselt 200 m danach schräg links auf einen Waldpfad. In einem großen Bogen zieht sich der Pfad in einigem Auf und Ab durch abwechslungsreichen Wald, blaue Markierungen an den Bäumen helfen bei der Wegfindung. Schließlich überquert man die unbefestigte Straße und folgt weiter den Markierungen zum Rastplatz **Kalasma** ❶.

↗ 50 m | ↘ 50 m | 20.0 km

43 Nationalpark Vilsandi: Halbinsel Harilaid

4.30 h

Zum schiefen Leuchtturm und durch dichten Wald

Am westlichen Rand von Saaremaa befindet sich der Nationalpark Vilsandi, die unbewohnte Insel Nootamaa bildet dort gleichzeitig den westlichsten Punkt Estlands. Die Küste ist in diesem Bereich sehr flach, zahlreiche kleine Inseln ragen in Ufernähe aus dem Wasser. Das Schutzgebiet erstreckt sich auch über das Meer, in dem zahlreiche Robben leben. Die größte Artenvielfalt findet sich allerdings bei den Vögeln, die man praktisch überall antrifft. Die Vegetation hat sich den Bedingungen angepasst, wie starkem Wind und sandigem Boden. Im Sommer blüht die Flora auf, z. B. Mannstreu, Kleiner Klappertopf oder 32 Orchideenarten wachsen hier. Der Wald wird überwiegend von Kiefern gebildet, mehrere Seen verstecken sich in ihm.

Das auffälligste Bauwerk im Nationalpark Vilsandi ist der 26 m hohe Leuchtturm Kiipsaare tuletorn. Bei seiner Fertigstellung 1933 hatte er gut 100 m Abstand zum Ufer. Heute ragt er mit deutlicher Schräglage aus dem Wasser.

Die beschriebene Wanderung ist aus zwei Rundtouren zusammengesetzt, die beide am Wanderparkplatz vor der Halbinsel Harilaid beginnen. Wer nur eine davon unternehmen möchte, sollte bei gutem Wetter die Runde um Harilaid machen, bei starkem Wind ist die Waldrunde angenehmer. Auf dieser erreicht man relativ schnell den rund 40 ha großen See Saripiku järv; hier bewegt man sich im Grenzbereich des Nationalparks.

Ausgangspunkt: Parkplatz Harilaiu matkarada, 5 m. Anfahrt mit Pkw: ab Kuressare auf der Landstraße 78 der Beschilderung nach Kihelkonna folgen und 10 km nach dem Ort links abbiegen; nach knapp 3 km links und nach 600 m rechts halten. Bei der Verzweigung nach 600 m rechts und knapp 2 km später schräg rechts abbiegen. Nach 1,2 km schräg links halten, 500 m darauf erreicht man den kostenlosen Wanderparkplatz vor der Halbinsel Harilaid. Eingabe bei Google Maps: »Harilaiu matkarada«. Rund 45 Min./50 km.

Anforderungen: Relativ einfache Wanderung, die Waldwege können abschnittsweise nach Regenfällen matschig werden.

Orientierung: Die Wegweiser der Runde auf der Halbinsel (»Harilaiu matkarada«) zeigen die Route gegen den Uhrzeigersinn an. Hier wird die Tour im Uhrzeigersinn beschrieben. Die Wanderung durch

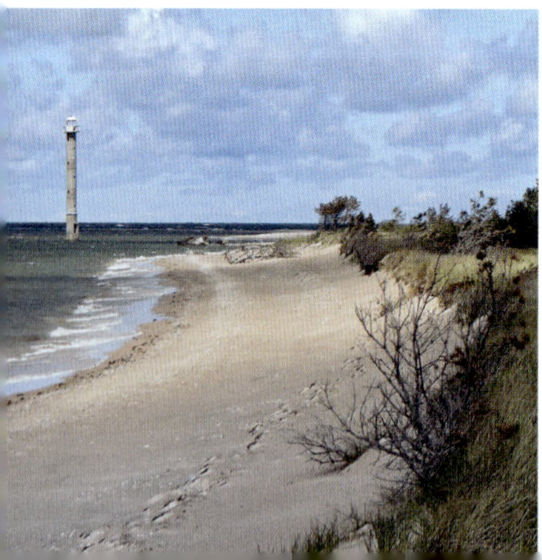

Der schiefe Leuchtturm Kiipsaare tuletorn steht im Wasser.

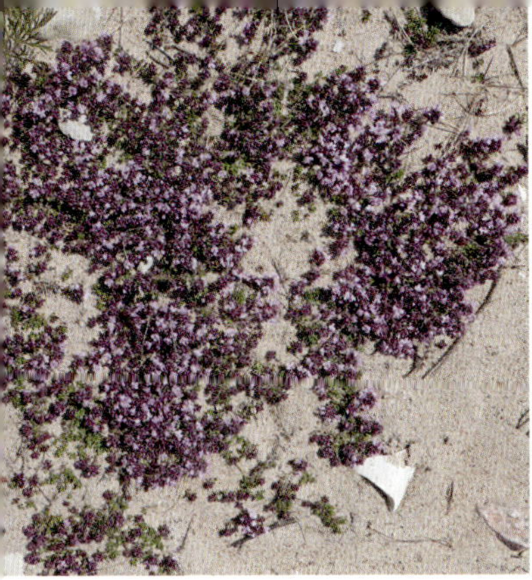

Sandthymian.

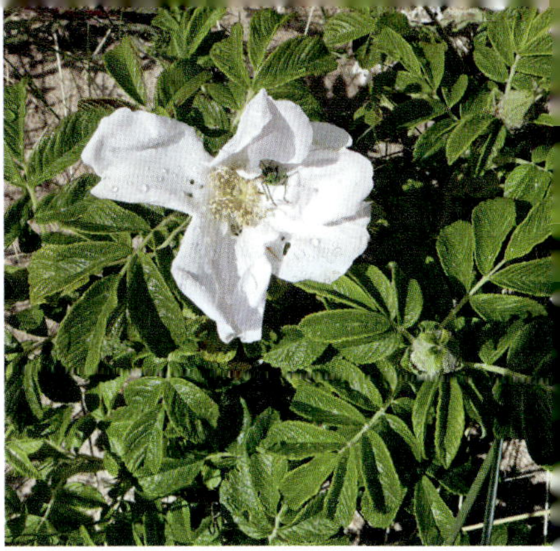

Kartoffel-Rose (weiß).

den Wald ist nur sporadisch beschildert, mithilfe der Wegbeschreibung findet man aber die Route relativ leicht.
Einkehr/Unterkunft: Keine.
Hinweis: Das Besucherzentrum des Nationalparks (Juni–Aug. tgl. 10–18 Uhr, Sept.–Mai Mo–Fr 9–17 Uhr, loodusegakoos.ee) befindet sich südlich von Kihelkonna (Eingabe bei Google Maps: »Vilsandi rahvuspargi külastuskeskus«).
Tipp: Die Halbinsel Harilaid bildet den nördlichen Teil des Nationalparks Vilsandi. Zum Wandern bestens geeignet ist auch die Insel Vilsandi. Wenn es die Wassertemperatur im Hochsommer zulässt, kann man zu Fuß vom Festland über kleine Inseln bis zur Hauptinsel wandern und steht dabei stellenweise hüfthoch im Meerwasser. Oder mit dem Boot ab Papissaare zur Hauptinsel fahren (Fahrplan: saarelaevapiletid.ee) und dort vor allem den westlichen Teil zu Fuß erkunden.
Karte: Im Besucherzentrum des Nationalparks Vilsandi gibt es gegen eine kleine Gebühr eine Übersichtskarte mit Wanderwegen im Maßstab 1:60.000.

Vom Parkplatz **Harilaiu matkarada** ❶ geht man in westlicher Richtung über flaches Gelände auf die Halbinsel. Nach 600 m gabelt sich der Weg (Wegweiser): hier links halten (oder die Runde dem Wegweiser folgend »gegen den Uhrzeigersinn« gehen). Der Weg verläuft immer in der Nähe der Küste zur Bucht Haagilõugas, gelegentlich ist die Route mit Holzpfählen markiert. Eine Landzunge, eigentlich nur ein aus dem Wasser ragender Streifen aus Sand, lässt man links liegen und folgt dem Weg bzw. den deutlichen Spuren. Ein Markierungsstein einer geodätischen Linie wird passiert, rechts wächst flacher Kiefernwald. Ohne größere Probleme bei der Wegfindung erreicht man schließlich das nördliche Ende der Halbinsel, wo der Leuchtturm **Kiipsaare tuletorn** ❷ schief aus dem Wasser ragt.
Die Spuren verlaufen noch rund 400 m weiter nach Norden bis ganz zur Nordspitze. Auf demselben Weg zurück und am Leuchtturm vorbei, 300 m weiter schließt sich ein breiter Weg an, der sich dem östlichen Rand der

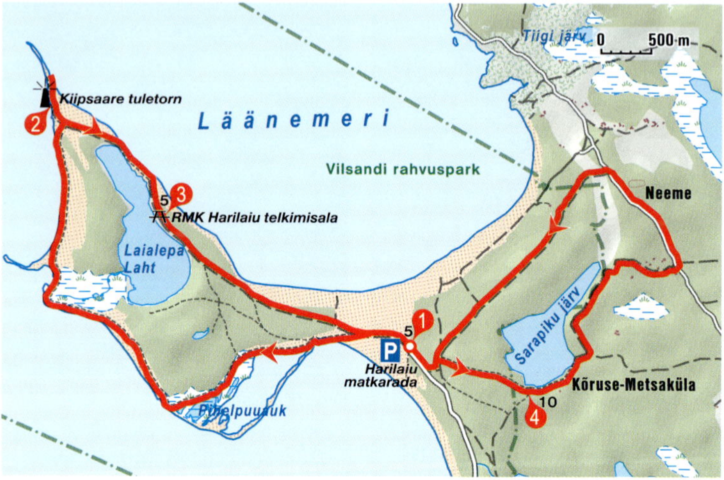

Halbinsel nähert. Rechts wird bald der Strandsee Laialepa Laht sichtbar; über den sandigen Weg zwischen offenem Meer und dem See wandert man weiter in Richtung Südosten. Auf der rechten Seite befindet sich am Rande des Kiefernwaldes der überdachte Rastplatz **RMK Harilaiu telkimisala** ❸. Der breite Weg führt in fast direkter Linie durch den Wald zurück bis zur Gabelung am Beginn der Halbinsel, wenige Minuten später ist der Parkplatz **Harilaiu matkarada** ❶ wieder erreicht.

Der zweite Teil der Doppeltour verläuft zunächst über die unbefestigte Zufahrtsstraße in Richtung Südosten, nach 300 m zweigt links ein Weg in den Wald ab. 100 m weiter biegt man erst links und 100 m darauf (vor der Weggabelung) nach rechts ab. Nach gut 1 km erreicht der Waldweg das Südufer des **Sarapiku järv** ❹.

Die Wanderung setzt sich in gleicher Grundrichtung fort. Der Weg verläuft rund 600 m nahe dem Ufer und entfernt sich dann von diesem, nach 100 m biegt man links ab und bleibt immer auf diesem Weg. Etwa 20 Min. später kommt man an einigen Häusern vorbei, anschließend trifft der nun breite Weg auf eine unbefestigte Straße. Hier zweigt man links ab und wandert

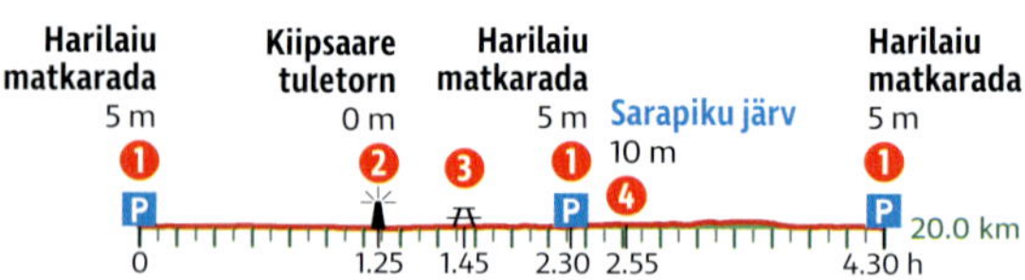

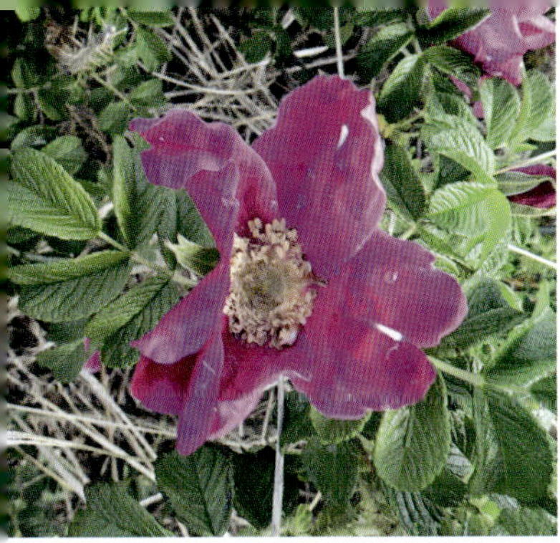

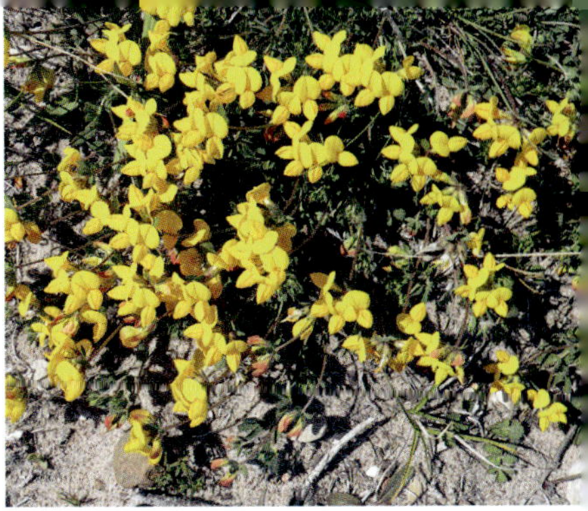

Kartoffel-Rose (lila).

Dornginster.

rund 1 km am Rand der kaum befahrenen Straße weiter. Dann schlägt man nach links einen Waldweg ein, der nach 50 m auf einen breiten Weg trifft. Diesem folgt man nach links (Westen); vor allem nach Regenfällen kann auf kurzen Abschnitten Wasser stehen, wobei es meistens eine gute Umgehungsmöglichkeit gibt. Nach gut 2,5 km trifft von scharf links der Hinweg auf die Route, 100 m danach biegt man rechts in den bereits bekannten Weg ein und ist wenige Minuten später wieder am Parkplatz **Harilaiu matkarada** ❶.

Schiffswrack auf der Halbinsel Harilaid.

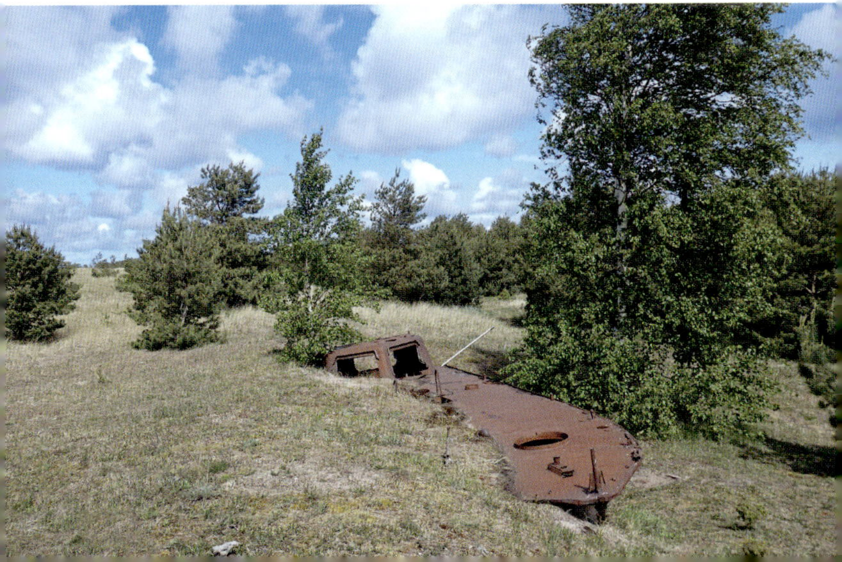

↗ 20 m | ↘ 20 m | 6.4 km

44 Naturschutzgebiet Laidevahe

1.45 h

Weglose Wanderung durch unberührte Natur

An der Südküste von Saaremaa, etwa 20 km östlich von der Inselhauptstadt Kuressaare entfernt, ist der Übergang vom Meer zum Land fließend: Dutzende kleine Inseln ragen aus dem Wasser, weite Flächen sind mit Schilf überwachsen. Dieses unberührte Naturidyll bietet vor allem Vögeln einen idealen Lebensraum, u. a. Seeadler, Sumpfhühner und Alpenstrandläufer brüten dort. Auch die vom Aussterben bedrohten Fischotter finden hier ideale Bedingungen, vor der Küste leben Kegelrobben.

Das Naturschutzgebiet Laidevahe darf betreten werden, allerdings gibt es keine für Wanderungen eingerichtete Infrastruktur wie Wegweiser oder Markierungen. Ein Teil der vorgeschlagenen Route ist völlig weglos. In diesen Bereichen sollte man sich möglichst geräuschlos bewegen, um die schreckhaften Tiere nicht zu stören.

Ausgangspunkt: Väljamõisa, 3 m. Anfahrt mit Pkw: ab Kuressaare auf der parallel zur Küste verlaufenden Landstraße 133 in Richtung Rüha/Sandla/Kangrusselja. In Sandla beschildert rechts in Richtung »Väljamõisa« abbiegen. Nach knapp 2 km in einer engen Linkskurve parken (am Rand Briefkästen des Dorfs, geradeaus Privatweg). Fahrtdauer ab Kuressaare: 20 Min./24 km.
Anforderungen: Guter Orientierungssinn in dem abschnittsweise weglosen Gelände.
Orientierung: Die Wegfindung ist schwierig. Da es keinerlei Orientierungshilfen gibt und das Gelände in einigen Bereichen sehr unübersichtlich ist, sollte man diese Tour nur mit GPS-Unterstützung unternehmen.
Einkehr/Unterkunft: Keine, die nächstgelegenen Unterkünfte und Restaurants gibt es in Kuressaare.
Hinweise: 1. Buslinie 6101 fährt 3x tgl. von Kuressaare nach Sandla, ab dort sind es allerdings noch 2,5 km zu Fuß bis zum Ausgangspunkt. Fahrplan: gobus.ee.
2. Mit einem Fernglas und etwas Geduld wird man z. B. vom Vogelbeobachtungsturm aus interessante Tiere im Naturschutzgebiet sehen können.

In der Kurve vor dem kleinen Dorf **Väljamõisa** ❶ betritt man bei einer provisorischen Absperrung in südöstlicher Richtung das Naturschutzgebiet und wandert auf dem anfangs deutlichen Weg erst durch ein Waldstück, dann über freies Gelände. Nach rund 800 m erreicht man bereits die Uferzone, an der sich mehrere kleine Landzungen und Buchten gebildet haben. In östlicher Grundrichtung folgt man dem kurvigen Verlauf des Ufers, die etwas größeren Landzungen lassen sich gut abkürzen. Bei der vierten Landzunge gelangt man rund 250 m nach rechts (Südosten) zum etwas versteckt stehenden alten Vogelbeobachtungsturm **Linnuvaatlustorn** ❷. Anschließend geht es zunächst auf demselben Weg zurück, dann orientiert man sich am weiteren Uferverlauf in nördlicher Richtung. Dabei lässt man die folgenden Buchten und Landzungen rechts liegen. Eine kleine Stein-

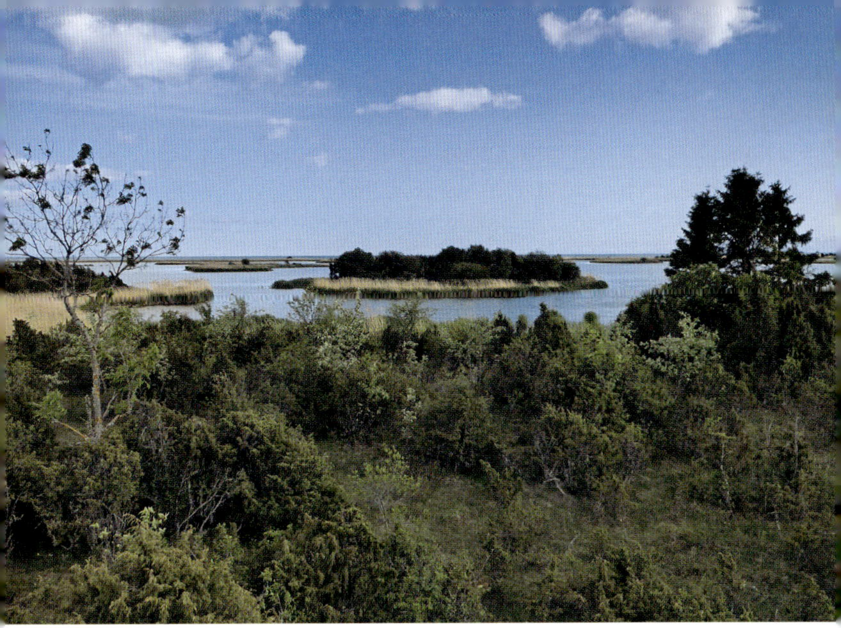

Blick vom Vogelbeobachtungsturm über die Inseln.

mauer wird überquert, danach geht es in dem unübersichtlichen Gelände in nördlicher Richtung weiter, bis man schließlich einen deutlichen Weg erreicht. Hier biegt man rechts ab und folgt dem Wegverlauf durch das bewaldete Gelände, bis man nach 900 m den Fluss **Lõve jõgi** ❸ erreicht, der quer über den Weg fließt. Diese Stelle bietet sich als Umkehrpunkt an. Auf derselben Route geht es zurück, wobei man nicht wieder das unwegsame Gelände betritt, sondern immer auf dem Weg bleibt. Auf einer Wiese verliert sich die bis dahin deutliche Spur etwas, dahinter liegt eine kleine Siedlung. Über deren Durchgangsweg gelangt man zum Ausgangspunkt bei **Väljamõisa** ❶.

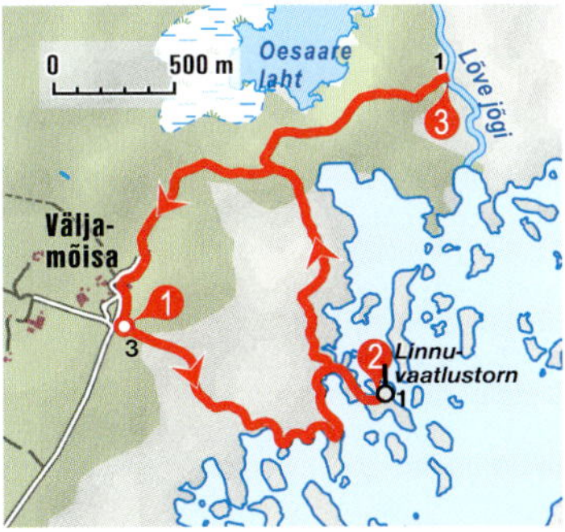

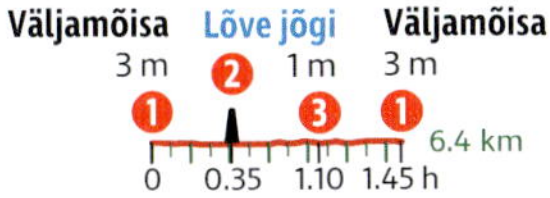

↗ 100 m | ↘ 100 m | 10.8 km

2.45 h

45 Insel Hiiumaa: Leuchtturm Tahkuna

Vom Leuchtturm entlang der Küste in den Wald mit Relikten der Roten Armee

Estlands zweitgrößte Insel Hiiumaa steht etwas im Schatten zur fast dreimal größeren Nachbarinsel Saaremaa. Auf Hiiumaa leben nur rund 10.000 Menschen, verteilt auf etwas mehr Fläche als auf Deutschlands größter Insel Rügen, wo etwa 225.000 Einwohner leben. Auf dem estnischen Eiland dominiert die Natur, weite Flächen sind mit einem dichten Kiefernwald bedeckt, an der langen Küste begegnet man nur selten jemandem.
Diese Rundtour im Norden Hiiumaas führt aber auch an einigen von Menschenhand erschaffenen Objekten vorbei, wie am markantesten Bauwerk der Insel, dem 43 m hohen und rund 150 Jahre alten Leuchtturm Tahkuna. Dies ist gleichzeitig der Name der breiten Halbinsel, die im Mittelpunkt dieser Wanderung steht. Etwas versteckt im Wald trifft man auf Relikte der Roten Armee, wie verrostete Panzer und anderes Militärgerät. Den nachhaltigsten Eindruck hinterlässt jedoch der Bilderbuch-Küstenstreifen mit langen, von Kiefernwald gesäumten Stränden.

Ausgangspunkt: Tahkuna tuletorn, 2 m, an der Nordspitze der Insel Hiiumaa. Anfahrt mit Pkw: zunächst mit der Fähre vom Hafen Rohuküla (rund 100 km von Tallinn entfernt) nach Heltermaa auf Hiiumaa (Abfahrt im Sommer tagsüber etwa alle 1.30 Std.; Fahrzeit 1.15 Std., einfache Fahrt 15 €/Pkw und 5 €/pro Person; außerhalb der Saison ist der Fahrplan etwas ausgedünnt. Alle Infos bei praamid.ee). Zwischen der Nachbarinsel Saaremaa und Hiiumaa verkehrt im Sommer 4x tgl. eine Fähre; Infos auf kihnu.ee. Von Heltermaa auf der Inselhauptstraße 25 km bis zur Inselhauptstadt Kärdla (Anfahrt mit ÖPNV nur bis hierher möglich). Rund 6,5 km nach dem Ortsende nach rechts in die Sackgasse zum Leuchtturm Tahkuna (Schild: »Tahkuna«) und 11 km bis zum Ausgangspunkt mit kostenlosen Parkplätzen.
Anforderungen: Einige Abschnitte auf sandigem Boden, sonst überwiegend gutes Gehgelände mit Forstwegen und Waldpfaden.
Orientierung: Der grün-weiß markierte RMK-Wanderweg verläuft im Wald mit etwas Abstand parallel zur Küste. Die Rundtour startet auf dem unmarkierten, aber näher am Ufer gelegenen Weg entlang der östlichen Küste. Auf diesem Abschnitt ist die Wegfindung leicht. Die Querung durch den Wald am Militärmuseum vorbei ist ebenfalls nicht markiert und nicht ganz so leicht zu finden. GPS-Unterstützung ist deshalb sehr zu empfehlen. Der Rückweg entlang dem westlichen Küstenstreifen erfolgt auf dem grün-weiß markierten RMK-Wanderweg.
Einkehr/Unterkunft: Direkt vor dem Eingang zum Leuchtturm befinden sich ein kleines Café und ein Souvenirladen. In der knapp 20 km vom Ausgangspunkt entfernten Inselhauptstadt Kärdla gibt es Unterkünfte, Restaurants und Geschäfte.
Hinweise: 1. Am 28. September 1994 sank die Fähre »Estonia« auf der Überfahrt von Tallinn nach Stockholm. 852 Menschen verloren dabei ihr Leben. Die Spitze der Halbinsel Tahkuna ist der dem Unglück nächstgelegene Ort an Land,

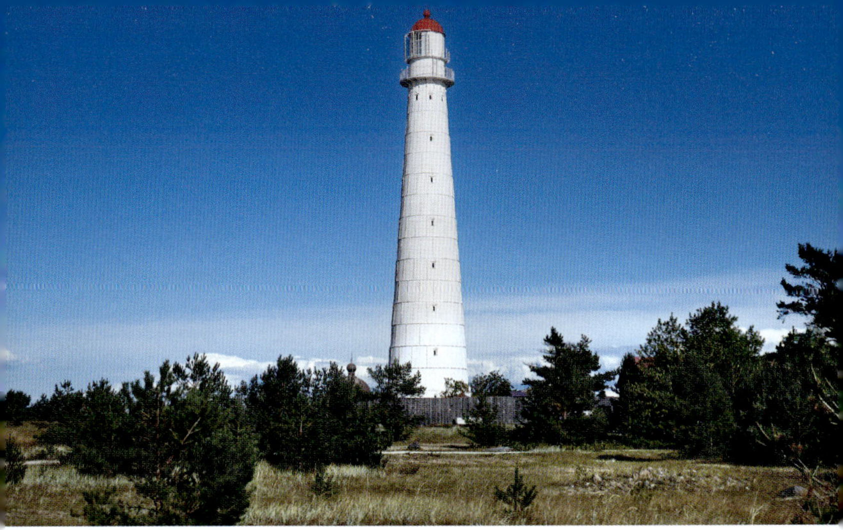

Der 43 m hohe Leuchtturm Tahkuna.

deswegen steht nördlich des Leuchtturms ein Denkmal, das an die Kinder unter den Opfern erinnert.
2. Auf dem alten Militärgelände im Wald stößt man auch auf ungesicherte Schächte. Falls kleine Kinder mitwandern, sollte man dort besonders Acht auf sie geben.
Tipps: 1. Es lohnt sich bei guter Sicht unbedingt, den Tahkuna-Leuchtturm zu besteigen. Rund 200 Treppenstufen führen zum luftigen Rundbalkon auf über 40 m Höhe (im Sommer ab 10 bis max. 19 Uhr; der Eintritt von 4 € wird im Café vor dem Turm bezahlt).
2. Militärmuseum (Mitte Mai–Mitte Sept. 10–18 Uhr, Eintritt 5 €).
3. Bei Kärdla gibt es einen Meteoritenkrater mit 4 km Durchmesser. Der Einschlag fand vor 455 Mio. Jahren statt. Wenige Kilometer südöstlich vom Zentrum der Inselhauptstadt kann man einen Modellkrater besuchen. Anfahrt: bei Google Maps »Kärdla meteoriidikraatri mudelväljak« eingeben.
4. Auf der Insel Hiiumaa verläuft ein vom RMK markierter, über 200 km langer Wanderweg, der weite Abschnitte der Küste abdeckt. Die Karte von der Touristinformation zeigt Details.
5. Bei der Touristinformation in Kärdla (am zentralen Platz) sind eine Übersichtskarte im Maßstab 1:125.000 kostenlos erhältlich. Sie liegt mit anderen Broschüren auch außerhalb der Öffnungszeiten (Di–Sa 10–16.30 Uhr) am Eingang aus.

Südlich des Leuchtturms **Tahkuna tuletorn** ❶ folgt man der Zufahrtsstraße und zweigt nach gut 200 m schräg links auf einen deutlich erkennbaren Weg ab. Er beschreibt nahe dem östlichen Ufer auf streckenweise sandigem Untergrund einen weiten Rechtsbogen. Dabei hat man einen sehr schönen Blick zurück über die Bucht zum Leuchtturm. Nach knapp 3 km bzw. 40 Min. biegt man rechts auf einen schmalen Pfad ab. Leider gibt es bei dieser Ab-

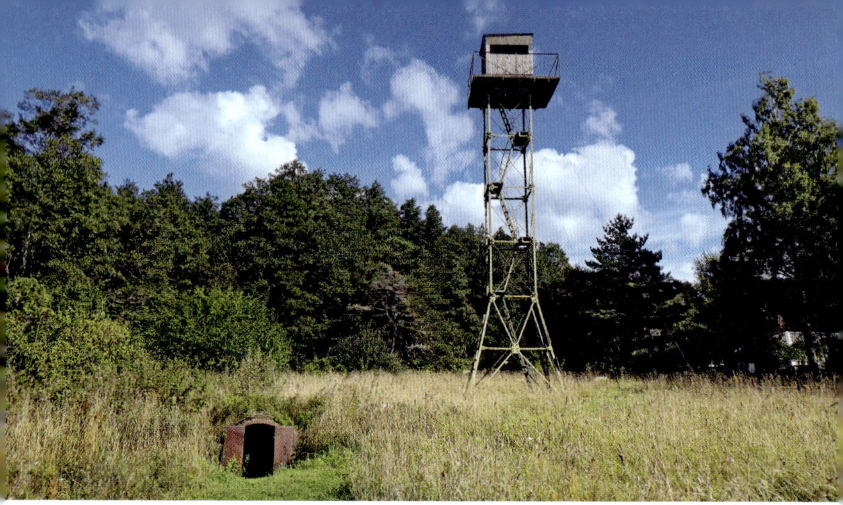

Eingang zu einem Bunker (links) und ein Wachturm vor dem Militärmuseum.

zweigung keine Markierung. Wer ohne GPS unterwegs ist, wird möglicherweise etwas zu früh oder zu spät abzweigen. In jedem Fall trifft man nach ca. 400 m auf einen quer verlaufenden Weg. Wenn man den richtigen Pfad getroffen hat, dann sieht man kurz vor dem Weg Überreste einer Stellung der Roten Armee mit einem Schacht. Die **Bunkerstellung** ❷ liegt direkt am breiten Weg. Ab jetzt wandert man auf diesem breiten Weg bzw. der eher nicht asphaltierten Straße nach rechts in nordwestlicher Richtung. Nach knapp 2 km trifft man auf die – sehr schwach befahrene – Zufahrtsstraße zum Leuchtturm. Man folgt ihr rund 200 m nach links, dann steht auf der linken Seite ein Panzer, dessen Kanonenrohr in Richtung des **Hiiumaa militaarmuuseum** ❸, des Militärmuseums, zeigt, das nach 300 m erreicht ist. Anschließend geht es in gleicher Richtung über einen Waldpfad weiter. 5 Min. später hält man sich links und wandert auf einem Pfad in Richtung Süden. Nach gut 1 km trifft man erneut auf die Zufahrtsstraße, biegt aber sofort in den nach rechts weiterführenden Pfad ab. Dieser trifft kurz vor der Küste auf die grün-weiß markierte Route. Die Markierungen leiten einen nach rechts durch den Wald, nach etwa 800 m berührt der schmale Weg den **Strand** ❹.

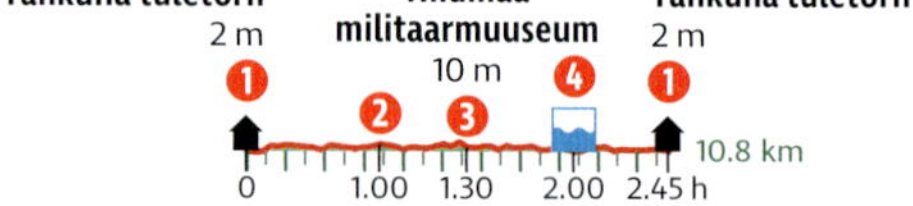

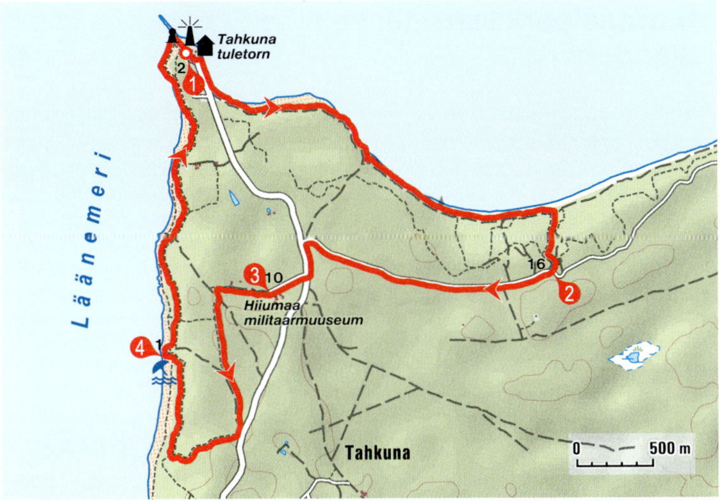

Nun wandert man entweder direkt an der Küste weiter oder man kehrt kurz zurück zur markierten Route und folgt dieser durch den Wald in Richtung Norden. Nach gut 20 Min. kommt man an einem Picknickplatz vorbei, später an einem Windrad. Die Spitze des Leuchtturms ist bald zu sehen, während man das letzte Stück direkt am Ufer zurücklegt. Wenige Meter nördlich des **Tahkuna tuletorn** ❶ steht das Denkmal für die Kinder unter den Opfern des Estonia-Unglücks 1994, eine Infotafel gibt Auskunft über die tragischen Hintergründe.

Endlich stößt der Pfad wieder auf die Küste.

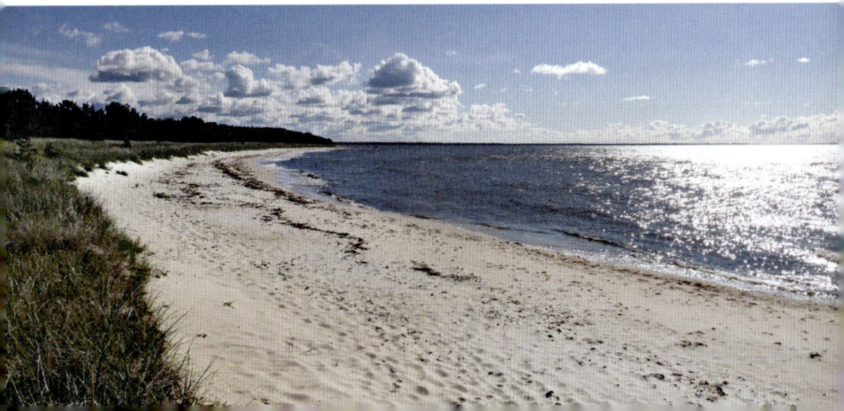

↗ 10 m | ↘ 10 m | 5.1 km

46 Nationalpark Matsalu: Penijõe-Wanderweg

1.15 h

Zum Beobachtungsposten vor den größten Auwiesen des Baltikums

Im flachen Mündungsgebiet des über 100 km langen Flusses Kasari hat sich eine gewaltige Bucht gebildet, die eines der wichtigsten Rückzugsgebiete für unzählige Tierarten ist. Das Gebiet des Nationalparks Matsalu umfasst in dieser Bucht die großen Auwiesen, die mit Schilf bestandenen Sumpfgebiete sowie zahlreiche Inseln. Am Rand der unwegsamen Fläche stehen mehrere Beobachtungstürme, von denen man mit etwas Glück auch Elche oder Wölfe beobachten kann, wenn sie über die Auwiesen ziehen. Vor allem niedriges Schilf scheint Elchen dabei eine willkommene Nahrung zu sein, am ehesten kann man sie im Frühsommer sehen. Praktisch jederzeit ziehen Vögel über das weitläufige Gelände, auch Seeadler haben dort ihr Brutgebiet.
Diese relativ kurze Rundtour folgt einem Lehrpfad am Rand der Auwiesen. Etwas Zeit sollte man allerdings einplanen, um auf dem Beobachtungsturm Penijõe auf interessante Momente zu warten, wenn sich Wildtiere zeigen.

Ausgangspunkt: Matsalu rahvuspargi külastuskeskus, 6 m, Besucherzentrum des Nationalparks Matsula. Anfahrt mit Pkw: ab Tallinn in Richtung Pärnu, dann in Richtung Virtsu. Bei Lihula rechts abbiegen, nach 2 km links in die Zufahrt zum Besucher- und Verwaltungszentrum des Nationalparks mit kostenlosem Parkplatz. Ab Tallinn: 1.40 Std./112 km; ab Pärnu: 45 Min./60 km; ab Haapsalu: 40 Min./52 km. Eingabe bei Google Maps: »Matsalu rahvuspargi külastuskeskus«.
Anforderungen: Einfache Wanderung über Wiesen- und Waldwege.
Orientierung: Wegweiser entlang der relativ problemlos zu folgenden Route.
Einkehr/Unterkunft: Keine.

Hinweis: Besucherzentrum: Mitte April–Sept. Mo–Fr 9–17 Uhr, Sa/Si 10–18 Uhr, Okt.–Mitte April Mo–Fr 9–17 Uhr.
Tipps: 1. Der 1995 aus Stahl errichtete Aussichtsturm Kloostri ist 16 m hoch und ermöglicht eine freie Sicht über die riesigen Auwiesen, auf denen man oft auch Elche sehen kann. Anfahrt: vom Besucherzentrum auf der Zufahrtsstraße weiter in nördlicher Grundrichtung, nach 3 km in einer Rechtskurve beschildert links abzweigen. Nach weiteren 2 km rechts Parkplatz, die letzten 200 m zu Fuß.
2. Im Besucherzentrum des Nationalparks gibt es gegen eine kleine Gebühr eine Übersichtskarte im Maßstab 1:100.000.

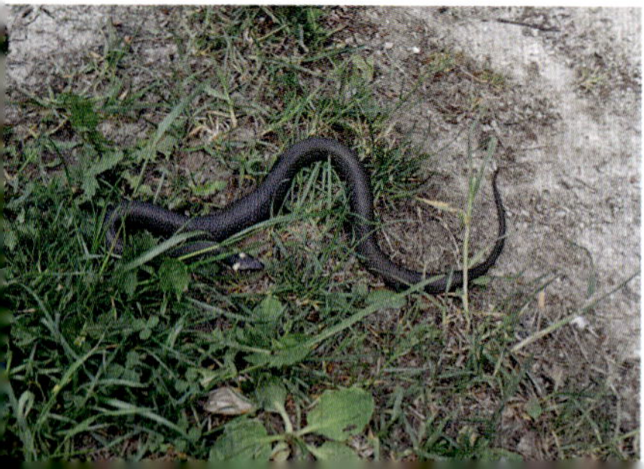

Am **Besucherzentrum Matsalu rahvuspargi külastuskeskus ❶** vorbei folgt man der Straße noch 100 m in Richtung Südwesten, bis in der Rechtskurve links beschildert der Wanderweg abzweigt. Über zwei Brücken überquert man den Fluss

Eine Ringelnatter nahe dem Bach Penijõe.

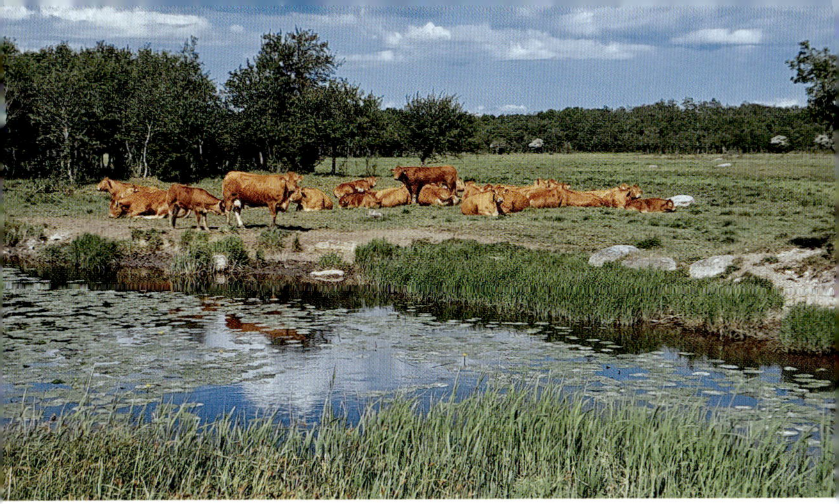

Rinderherde am Penijõe.

Penijõe, danach geht es nach rechts und wenige Meter weiter bei einer Verzweigung mit einer Infotafel nach links auf den Feldweg. Nach rund 500 m zweigt man bei einem Wegweiser rechts ab. Der weitere Weg verläuft abschnittsweise über Holzbohlen, dann erreicht man freies Weidegelände. Über eine kleine Treppe besteigt man eine **Aussichtsplattform** ❷, die gleichzeitig den Weidezaun überbrückt. Auf der anderen Seite schließt sich ein Pfad an, der wenig später zwischen Grauerlen durch ein kleines Sumpfgebiet mit interessanter Vegetation, z. B. mit Sumpf-Schwertlilien, direkt zum Aussichtsturm **Penijõe** ❸ führt, der einen sehr weiten Blick über die Auwiesen gewährt.

Anschließend folgt man dem geradlinigen Weg neben dem Fluss Penijõe. Bei der Verzweigung trifft man auf den bereits bekannten Weg nahe der zwei kleinen Brücken und kehrt auf diesem zum **Matsalu rahvuspargi külastuskeskus** ❶ zurück.

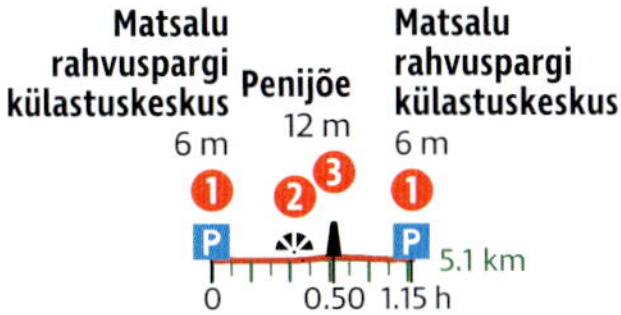

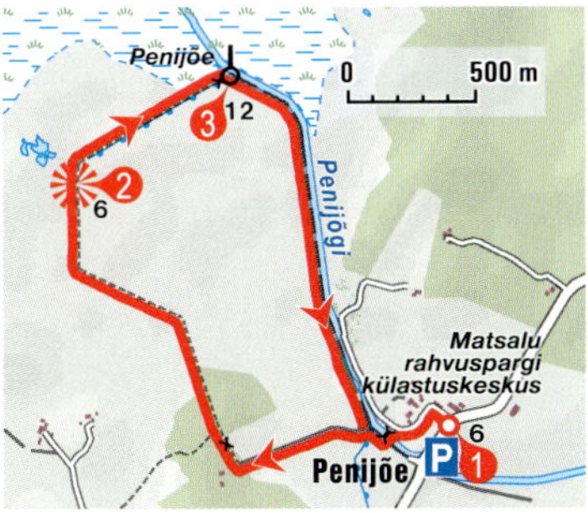

↗ 20 m | ↘ 20 m | 8.9 km

47 Hochmoor Marimetsa raba

2.00 h

Den Entstehungsprozess eines Hochmoors erleben

Knapp 40 km im Hinterland der Matsalu-Bucht (Tour 46) haben sich vor Jahrtausenden großflächige Moorflächen gebildet. Das mit rund 8000 Jahren älteste in der estnischen Westhälfte ist das Hochmoor Marimetsa raba (»Marimetsa-Moor). Die Oberfläche des Kernbereichs ist überwiegend mit Moormoos bewachsen, vereinzelt sieht man kleine Birken oder Kiefern, deren Wachstum durch den nährstoffarmen Boden extrem verlangsamt wird. Neben kleinen Moorseen steht ein 8 m hoher Aussichtsturm, zu dem ein Bohlenweg führt. Der Wanderweg beginnt aber im Außenbereich, sodass die verschiedenen Stadien bei der Entstehung von Mooren durchschritten werden: Zunächst durchwandert man Feuchtgebiete mit dichtem Nadel- und Birkenwald, dessen Höhe kontinuierlich nachlässt. Auf ein Sumpfgebiet folgt schließlich die letzte Entwicklungsstufe mit fast baumfreiem Gelände und einer dicken Schicht aus Torf, auf der nur sehr anspruchslose bzw. angepasste Vegetation gedeiht. Entlang der knapp 5 km langen Strecke vom Parkplatz bis zum Aussichtsturm stehen etliche kleine Infotafeln mit Details zu Flora und Fauna.

Ausgangspunkt: Parkplatz Marimetsa raba, 45 m. Anfahrt mit Pkw: ab Tallinn über die E67 in Richtung Süden; nach 20 km bei der Verzweigung in Richtung Haapsalu, nach weiteren 40 km in Richtung Virtsu und nach 3 km rechts abbiegen und noch 300 m bis zum kostenlosen Wanderparkplatz. Eingabe bei Google Maps: »Marimetsa raba matkarada«. Ab Tallinn 1 Std./84 km.

Anforderungen: Einfache Wanderung über Forst- und Bohlenwege.
Orientierung: Die Route ist bestens mit Wegweisern ausgestattet und kaum zu verfehlen.
Einkehr/Unterkunft: Keine.
Variante: Ursprünglich verlief vom Aussichtsturm ein schmaler Bohlenweg zunächst nach Süden und traf anschließend in einem weiten Linksbogen nahe

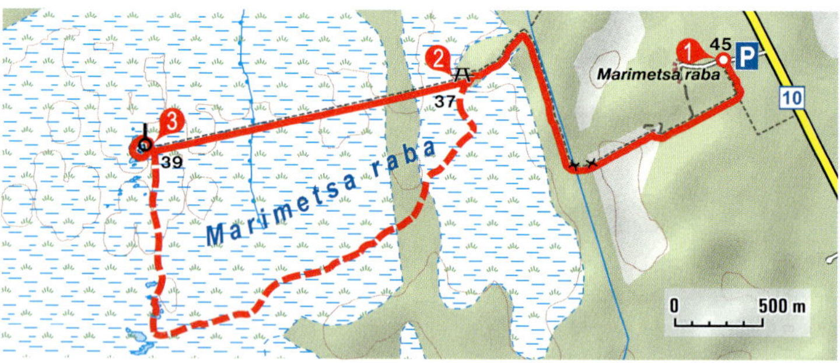

dem Rastplatz wieder auf die Hauptroute. Die altersschwachen Holzbohlen wurden entfernt, wodurch dieser Rundweg wegfiel. Möglicherweise wurden inzwischen neue Holzbohlen verlegt, ein Blick vom Aussichtsturm dürfte schnell für Klarheit sorgen. Falls der ursprüngliche Verlauf wiederhergestellt ist, ist die Tour insgesamt 11 km lang, der Mehraufwand beträgt rund 30 Min.
Hinweis: Die Tour kann in allen Jahreszeiten unternommen werden, am schönsten ist es aber in der Blütezeit von Sumpfporst und Rosmarinheide im Mai und Juni. Auf dem Abschnitt durch den Wald blühen dann Maiglöckchen.
Karte: Am Startpunkt Infotafel mit detaillierter Karte.

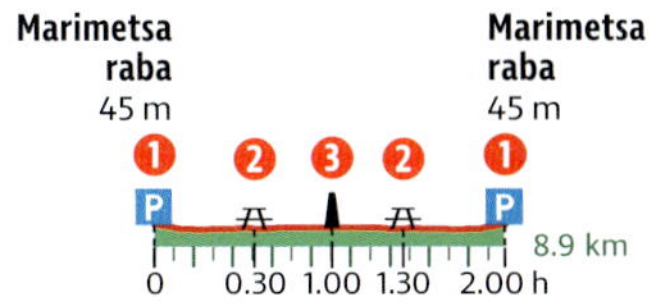

Vom Parkplatz **Marimetsa raba** ❶ folgt man dem Wegweiser über einen Pfad, nach 10 Min. steht ein Trocken-WC am Wegesrand. Die Route verläuft erst durch bewaldetes Gelände, dann am Rand einer großen Wiese und anschließend wieder durch dichten Wald. Dieser wird schließlich immer flacher, der Weg geht in einen Bohlenweg über. Am Rand der lichter werdenden Fläche bietet der **Rastplatz Marimetsa raba** ❷ mit Sitzbänken und Tisch die Möglichkeit zu einer kleinen Pause.
Der Bohlenweg zieht sich nun geradlinig in Richtung Westen, an besonders sumpfigen Stellen ist ein Geländer angebracht. Am Ende des Wegs steht der schon von Weitem sichtbare **Aussichtsturm Marimetsa raba** ❸. Die solide Konstruktion aus Holz ermöglicht einen schönen Blick über die davor liegenden kleinen Seen und die Weite des freien Moorgeländes. Um den direkt vor dem Turm befindlichen See verläuft ein schmaler Weg über Holzbretter, anschließend geht es auf der bekannten Route wieder zurück zum Parkplatz **Marimetsa raba** ❶.

Der knapp 8 m hohe Aussichtsturm vor den Moorseen.

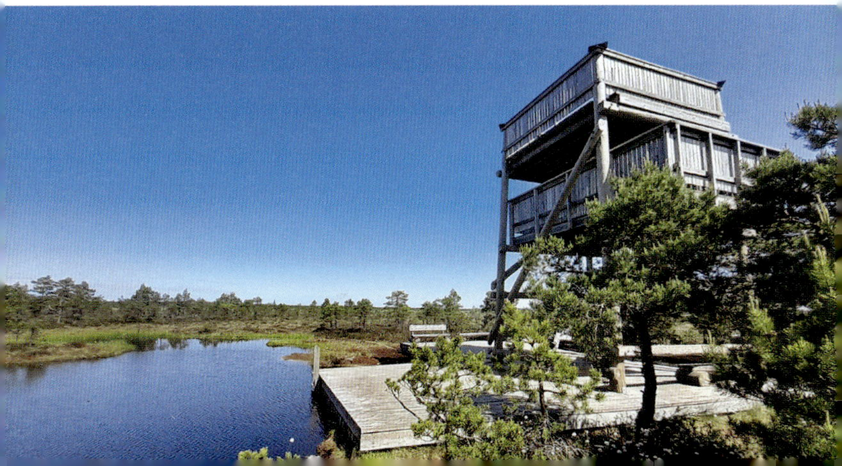

↗ 40 m | ↘ 40 m | 11.4 km

48 Insel Naissaar

2.45 h

Die Wanderinsel vor Tallinn

Rund 16 km trennen den alten Hafen von Tallinn von der Anlegestelle der Insel Naissaar (deutscher Name: Nargen), die mit knapp 19 km² Estlands fünftgrößtes Eiland ist. Ein großer Kiefernwald bedeckt das sehr flache Gelände, flachwüchsige Heidelbeeren und Wildrosen bereichern die Vegetation auf dem sandigen Boden.

Ganz unberührt ist die Insel jedoch nicht: Die Sowjets legten versteckt im Wald ein großes Depot an Seeminen und anderer Munition an, außerdem gab es mehrere Geschützstellungen. Während der Zeit als Sowjetrepublik durfte ohne Genehmigung niemand Naissaar betreten, das Ausmaß der Aktivitäten trat erst nach dem Ende der UdSSR ans Tageslicht. Selbst heute liegen noch verrostete Minengehäuse und Raketen im Zentrum von Naissaar. Selbst die Fahnen des Hafens haben Minengehäuse als Verankerung.

Auf Wandertouren können aber auch einige hübsche Bauwerke entdeckt werden. Während der 45 m hohe Leuchtturm an der Nordspitze recht weit vom Hafen entfernt ist, stößt man auf der hier beschriebenen Rundtour über die südliche Inselhälfte auf zwei kleinere Leuchttürme und die Kapelle der Hl. Maria aus der Mitte des 19. Jh. Eine Skurrilität liegt außerdem auf der Route: der gigantische »Feuer-Fels« Põlendikukivi. Während eines Brandes im 18. Jh. zersprang der große Brocken, was ihm seinen Namen einbrachte.

Im Hintergrund ist der Hafen zu erkennen.

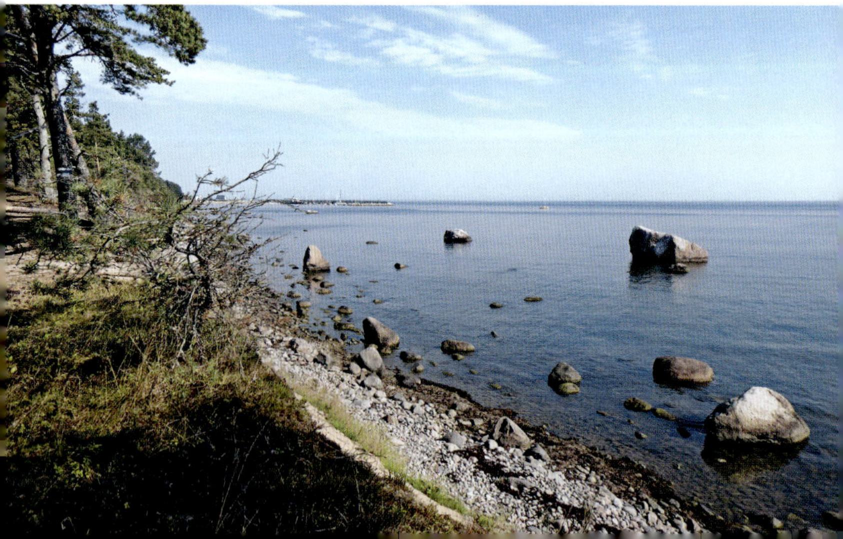

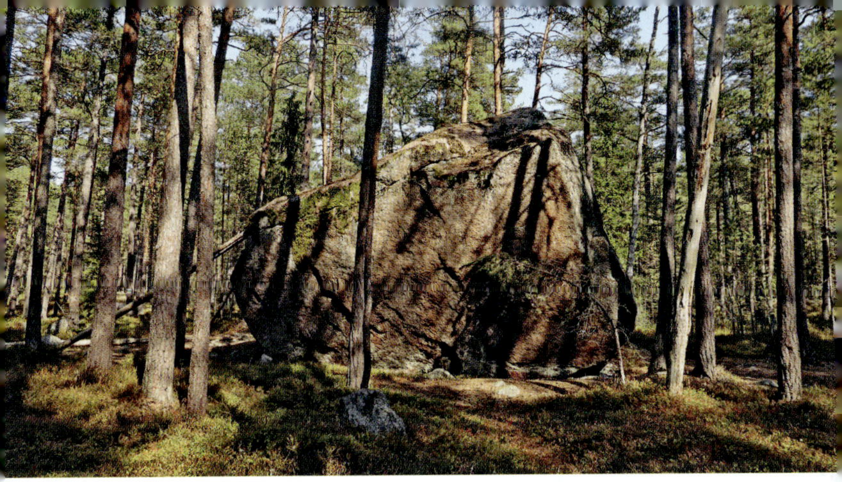

Ein großer Brocken: der »Feuer-Fels«.

Ausgangspunkt: Hafen von Naissaar, 2 m. Vom Fischereihafen Kalasadam nahe der Altstadt Tallinns zumindest Mai–Sept. tgl. mehrere Fähren. Buchung online (z. B. bei sunlines.eu) oder direkt bei der Anlegestelle vor dem Schiff ein Ticket lösen (Hin- und Rückfahrt rund 30 €). Fahrtzeit 1 Std., mit Schnellboot 30 Min.
Anforderungen: Leichte Wanderung, z. T. auf sandigen Wegen.
Orientierung: Markierungen mit blauen und weißen Streifen an den Bäumen (zumindest auf dem ersten Abschnitt bis zum Leuchtturm an der Südostspitze, danach nur noch sporadisch). Mithilfe der Karte und der Wegbeschreibung sollte die Wegfindung nicht sehr schwer sein.
Einkehr/Unterkunft: Am Hafen von Naissaar gibt es ein WC sowie kühle Getränke, Kaffee und Snacks.
Hinweis: An Wochenenden können die Fähren bei gutem Wetter durchaus ausgebucht sein, eine Online-Reservierung verhindert die Enttäuschung am Hafen. Selbst wenn viele Ausflügler auf der Insel sind, bleiben die Wanderwege meist völlig ruhig.
Tipp: Wer mit der Fähre um 10 Uhr in Tallinn startet und um 14.30 Uhr die Rückfahrt antritt, hat ausreichend Zeit für diese Tour und eine Pause am Strand.
Karte: Mit dem Erwerb des Tickets für die Überfahrt erhält man eine Karte, auf der die wichtigsten Wege sowie alle Sehenswürdigkeiten eingezeichnet sind.

Vom Hafen von **Naissaar** ❶ folgt man kurz dem Weg entlang der Anlegeplätze, dann biegt man nach links in den breiten Weg ein. Nach 250 m zweigt links ein Pfad ab, der deutlich mit blau-weißen Markierungen versehen ist. Auf halbem Weg zur Südostspitze steht links ein kleiner Leuchtturm, außerdem kommt man an einer Gedenkstelle für gefallene französische Soldaten vorbei. Der teilweise wegen des weichen Sandes etwas mühsam begehbare Pfad bleibt immer nahe der Küstenlinie, bis schließlich der Leuchtturm am **Hülkarneem** ❷ (Kap Hülkar) an der Südostspitze der

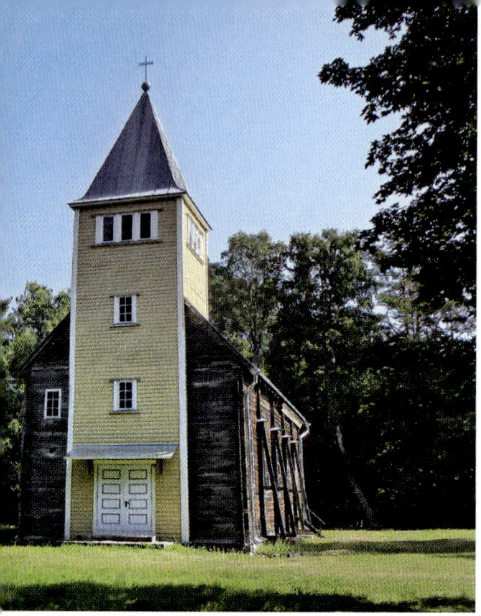

Die 1853 aus Holz erbaute Marienkirche.

Insel erreicht ist. Sitzgelegenheiten sowie eine Feuerstelle können hier genutzt werden.

Eine breite und sandige Piste führt anschließend in westlicher Richtung weiter, bis man die Häuser des Dorfs Männiku erreicht, das vor allem aus unansehnlichen Baracken, aber auch einigen neu errichteten Häusern besteht. In gleicher Grundrichtung geht es auf einem breiten Weg mit nun festem Untergrund weiter. 25 Min. nach dem Leuchtturm passiert man die Holzkirche **Naissaare Püha Maarja kabeli** 3, die ursprünglich 1853 erbaut wurde, aber im Ersten Weltkrieg niederbrannte. Die Sowjets nutzten den Kirchturm als Beobachtungsposten. Im weiteren Verlauf hält sich der Weg in etwa 100 bis 200 m Entfernung zur Küste, an mehreren Stellen wird das Meer

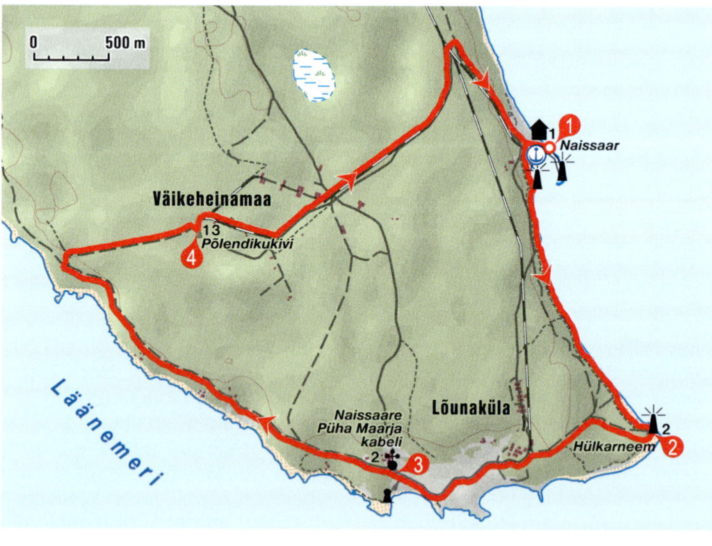

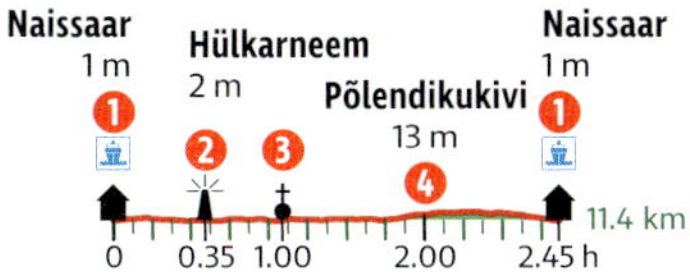

sichtbar. Rund 2,7 km nach der Holzkirche zweigt rechts ein Forstweg ab. Da es in der Nähe keine weiteren Abzweigungen gibt, dürfte keine Gefahr bestehen, den falschen Weg zu nehmen. In einem Rechtsbogen wechselt nun die Grundrichtung auf Ost. Etwa 1 km nach der Abzweigung liegt im dichten Wald rechts der riesige **Põlendikukivi** 4 (Feuer-Fels), ein schmaler Pfad führt vom Hauptweg zu ihm.

Danach geht es wieder zurück auf den breiten Weg, wenige Schritte weiter verlässt man diesen auf einem Pfad schräg rechts. Nach knapp 500 m biegt man links in einen breiten Weg ein, nach noch einmal knapp 500 m erreicht man das alte Militärgelände mit dem Seeminendepot. Die verrosteten Minengehäuse und einige Raketen liegen frei zugänglich auf dem Boden verteilt. Bald trifft man auf schmale Gleise. An einer Verzweigung hält man sich rechts und folgt zwischen den Schienen nun deren Verlauf, später geht es über eine Kreuzung mit einer Piste hinweg. An einer weiteren Kreuzung auf die Markierungen achten, denn ab dort verläuft ein breiter Weg parallel zu den Gleisen, die allmählich von dichter Vegetation überwachsen werden. Kurz vor dem Erreichen der Küste quert der breite Weg Gleise, rund 40 m weiter geht es rechts auf einen sandigen Weg, dann sind es nur noch wenige Minuten bis zum Hafen von **Naissaar** 1.

Relikt der UdSSR: verrostete Rakete im Minendepot.

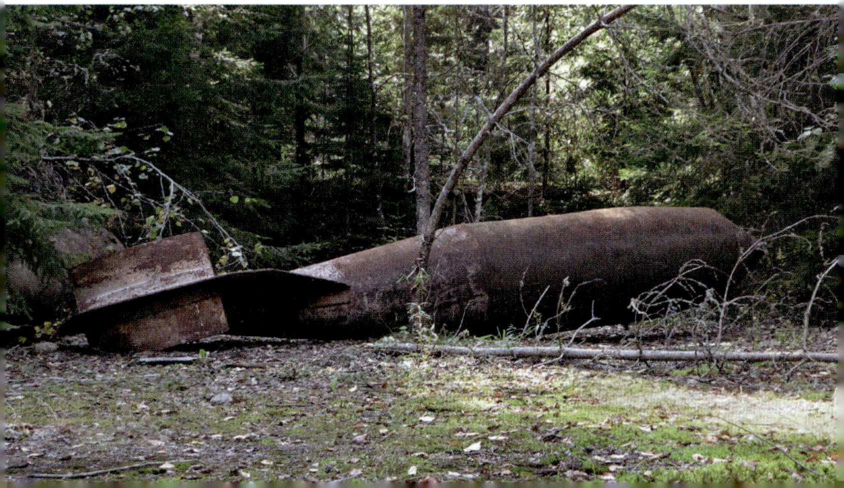

↗ 15 m | ↘ 15 m | 6.0 km

49 Nationalpark Lahemaa: Hochmoor Viru raba

1.30 h

Rundtour mit Aussichtsturm

Auf einer Fläche von knapp 2,5 km² breitet sich im Süden des Nationalparks Lahemaa das Hochmoor Viru raba (»Viru-Moor«) aus, das für Besucher gut erschlossen wurde und auf einem rund 3 km langen Bohlenweg erkundet werden kann. Anfangs gab es noch Zweifel, ob das Hochmoor überhaupt jemanden interessieren könnte – heute ist es der am häufigsten besuchte Bereich des Nationalparks Lahemaa. Infotafeln geben über viele Hintergründe detailliert Auskunft, auch in englischer Sprache. Ein Aussichtsturm aus Holz mit zwei Ebenen bietet unterwegs eine gute Möglichkeit, das Gelände zu überschauen. Die etwa 6 m dicke Torfschicht ist natürlich nicht zu sehen, wohl aber zahlreiche kleine Seen und 100 Jahre alte Kiefern, die nur wenige Meter hoch sind. Durch die speziellen Bedingungen, wie nährstoffarmen Boden und den sehr hohen Grundwasserspiegel, ist das Wachstum der Bäume extrem gebremst. Ein dichter Teppich aus verschiedenen Pflanzen wie Torfmoosen oder Heidekraut bedeckt den Boden in dem sauren, nährstoff- und sauerstoffarmen Milieu. Im Gegensatz zu den Niedermooren gibt es bei Hochmooren keine Zu- und Abflüsse, sie beziehen ihre Feuchtigkeit allein aus Niederschlägen und der hohen Luftfeuchtigkeit.

Ausgangspunkt: Parkplatz Viru raba, 55 m. Anfahrt mit Pkw: ab Tallinn über die E20 in Richtung Narva. Rund 50 km östlich von Tallinn bei der Ausfahrt beschildert in Richtung Loksa ausfahren, ca. 1 km nördlich der Schnellstraße ist der kostenlose Parkplatz gut erkennbar.
Anforderungen: Leichte Wanderung, auf dem Hinweg über Holzbohlen und zurück über einen Forstweg.
Orientierung: Wegweiser; Markierungs-Symbol für den Lehrweg: weißer Kreis mit grünem Streifen. Einfache Wegfindung.
Einkehr/Unterkunft: Am Parkplatz steht oft ein Imbisswagen (Kaffee, Eis etc.).
Hinweis: Vor allem an Wochenenden ist die Route sehr stark frequentiert.
Tipps: 1. Das Besucherzentrum des Nationalparks Lahemaa zählt zu den besten im gesamten Baltikum, die Anfahrt lohnt sich unbedingt. Außer freundlicher Beratung, Karten und Broschüren gibt es kostenlose Ausstellungen und Filmvorführungen. Adresse: Palmse, Lääne-Viru. Anfahrt über die E20 Tallinn–Narva, Abfahrt Vitna. Das Besucherzentrum befindet sich rund 7 km nördlich der Abfahrt (Mitte Mai–Sept. tgl. 9–17 Uhr, Okt.–Mitte Mai nur Mo–Fr). Eingabe bei Google Maps: »Lahemaa rahvuspargi külastuskeskus«.
2. Die Anfahrt mit ÖPNV ist nicht möglich, bei verschiedenen Anbietern kann aber ein Tagesausflug ab Tallinn zum Hochmoor Viru raba gebucht werden.
Karte: »Lahemma Rahvuspark« im Maßstab 1:60.000 mit Detailkarten der wichtigsten Bereiche, für 2€ erhältlich im Nationalpark-Besucherzentrum (siehe Tipp 1).

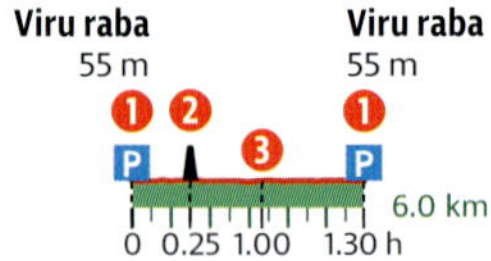

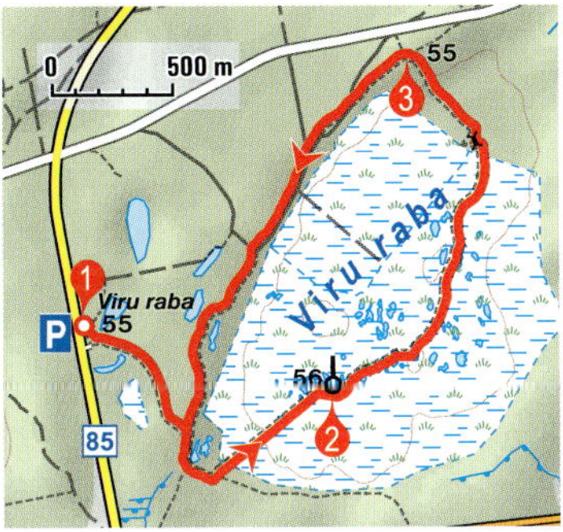

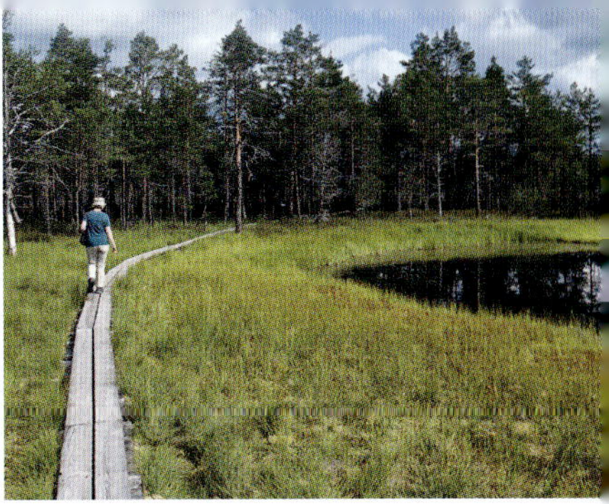

Bohlenweg im Hochmoor Viru raba.

Beim Parkplatz **Viru raba** ❶ zweigt bei einer Infotafel unübersehbar ein breiter Weg in den Wald ab. Nach knapp 1 km beginnt bei einer beschilderten Weggabelung links der eigentliche Rundweg durch das Moor. Der zunächst breite Bohlenweg verläuft in gerader Linie zwischen niedrigen Kiefern. Nach 600 m erreicht man den hölzernen **Aussichtsturm** ❷; bereits in diesem Bereich gibt es zahlreiche Moortümpel zu sehen.
Anschließend schlängelt sich der nun schmalere Bohlenweg durch das Gelände und geht dann in einen weiten Linksbogen über. Nach rund 2,5 km auf dem hölzernen Weg erreicht man das **Ende des Lehrwegs** ❸ vor einem natürlichen Wall. Nun folgt man dem Weg nach links auf weichem Waldboden immer in gleicher Grundrichtung. Schließlich trifft man wieder auf den Verbindungsweg und geht auf diesem nach rechts in wenigen Minuten zum Parkplatz **Viru raba** ❶.

Blick vom Aussichtsturm über das Hochmoor.

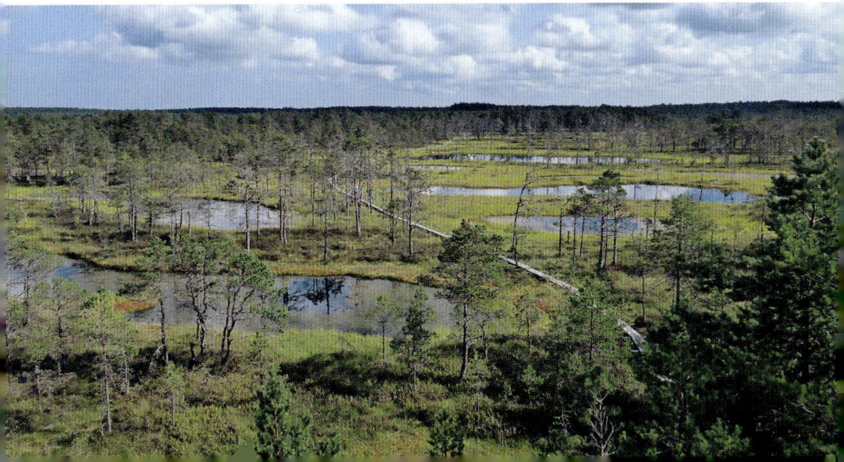

TOP

50

↗ 60 m | ↘ 60 m | 15.6 km

Nationalpark Lahemaa: Halbinsel Käsmu

3.45 h

Auf dem Küstenpfad um die kleine Halbinsel

Von den vier Halbinseln, die den Nationalpark Lahemaa bilden, ist Käsmu die kleinste. Dennoch gibt es dort das am besten ausgebaute Netz an Wanderwegen, vor allem der Küstenpfad ist einer der schönsten im ganzen Baltikum. Einem der rund 700 Braunbären, die im Nationalpark leben, wird man sicherlich nicht begegnen, auch keinen Luchsen, Elchen oder Wölfen. Was es aber außer dem schönen Küstenstreifen garantiert zu sehen gibt, ist der riesige Findling Meremunk, der in der Eiszeit vor mehr als 10.000 Jahren von Skandinavien aus durch Naturgewalten hierher bewegt wurde.
Rund 10 km verläuft diese Wanderung entlang der Küste, immer in der Nähe des Meeres. Am Kap Palganeem ist die kleine Insel Mohni gut zu erkennen, die auch Teil des Nationalparks Lahemaa ist. Dieser bildet zwar den nördlichsten Abschnitt des estnischen Festlands, aber er umfasst zudem noch drei relativ weit entfernte Inseln, die noch nördlicher liegen als Mohni. Das nur 6 ha große Eiland Vailoo ist die nördlichste Insel Estlands. Im kleinen Ort Käsmu am Startpunkt der Tour treffen sich an Wochenenden gerne die etwas wohlhabenderen Menschen aus Talllinn, um Tennis zu spielen.

Ausgangspunkt: Käsmu, 10 m, Parkplatz am Ende der Durchgangsstraße. Anfahrt mit Pkw: ab Tallinn über die E20 in Richtung Narva. Nach 50 km beschildert in Richtung Loksa abbiegen. Nach rund 11 km links (beschildert) nach Käsmu abbiegen. Nach 5 km durch den Ort bis zum großen kostenlosen Parkplatz am Ende der Durchgangsstraße. Ab Tallinn gut 1 Std./80 km.

Anforderungen: Relativ leichte Tour auf breiten Forstwegen im Wald und einem schmalen Pfad entlang der Küste.

Orientierung: Wegweiser (»Käsmu väike ring« = Käsmu-Rundwanderweg) entlang der Route; auf dem Abschnitt im Wald sind bei Verzweigungen farbige Streifen an den Bäumen angebracht. Insgesamt ist die Wegfindung sehr einfach.

Einkehr/Unterkunft: Auf Onlineportalen findet man in Käsmu mehrere Übernachtungsmöglichkeiten in Pensionen oder Ferienwohnungen. Zur Einkehr empfiehlt sich das Restaurant Restoran kaspervik in Käsmu (Neeme tee 70; tgl. 12–22 Uhr, So bis 19 Uhr). Vom Wanderparkplatz aus ist das nicht ganz billige, aber sehr gute Restaurant zu Fuß schnell erreichbar.

Variante: Verkürzung der Tour um rund

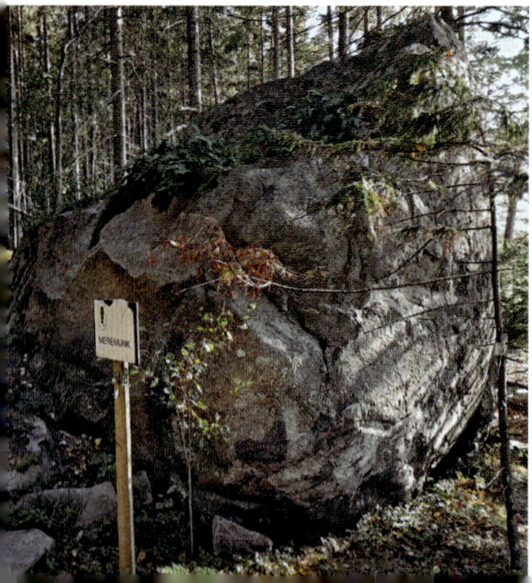

Der riesige Felsbrocken Meremunk.

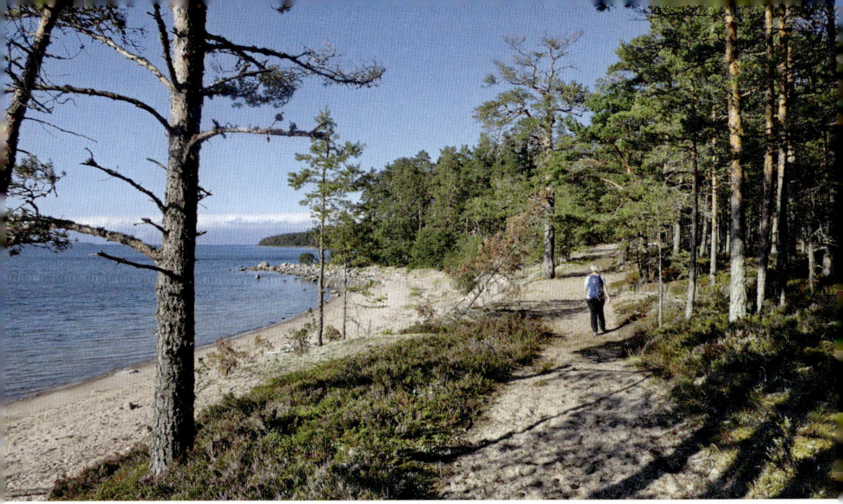

Auf dem westlichen Abschnitt des Küstenwanderwegs.

45 Min./3,9 km: rund 2,5 km nach Eintritt in den Wald an einer Kreuzung rechts abbiegen, nach 500 m auf dem Küstenpfad an der Westküste nach rechts weiter.
Hinweis: Ab Tallinn (Haltestelle in der Balti jaam 5, in Richtung Aseri) gibt es tgl. eine oder zwei Direktverbindungen mit Buslinie 18V nach Käsmu. Der Bus hält in Käsmu an der Durchgangsstraße, rund 300 m südlich der beschriebenen Route. Fahrzeit 1.20 Std. (nur wenig länger als mit Pkw). Auch ab Busbahnhof Tallinn Verbindungen nach Käsmu, allerdings mit Zwischenstopp und Umsteigen in Viitna. Fahrplan: rome2rio.com.
Tipp: Das Besucherzentrum des Nationalparks Lahemaa zählt zu den besten im gesamten Baltikum, die Anfahrt lohnt sich unbedingt. Außer freundlicher Beratung, Karten und Broschüren gibt es kostenlose Ausstellungen und Filmvorführungen. Adresse: Palmse, Lääne-Viru. Anfahrt über die E20 Tallinn–Narva, Abfahrt Vitna. Das Besucherzentrum befindet sich rund 7 km nördlich der Abfahrt (Mitte Mai–Sept. tgl. 9–17 Uhr, Okt.–Mitte Mai nur Mo–Fr). Eingabe bei Google Maps: »Lahemaa rahvuspargi külastuskeskus«.
Karte: »Lahemma Rahvuspark« im Maßstab 1:60.000 mit Detailkarten der wichtigsten Bereiche, für 2€ erhältlich im Nationalpark-Besucherzentrum (s. Tipp).

Unmittelbar hinter dem Wanderparkplatz in **Käsmu** ❶ beginnt an einer Schranke der Rundweg eigentlich in nördlicher Richtung. Begeht man die Runde aber – wie hier beschrieben – in entgegengesetzter Richtung, dann erlebt man eine Steigerung vom nicht ganz so spannenden Abschnitt durch den Wald bis zum attraktiven Küstenpfad.
Zunächst folgt man der Dorfstraße rund 800 m in südlicher Richtung, bis erstmals Straßen rechts abzweigen. An der zweiten der beiden kurz hintereinander folgenden Abzweigungen biegt man rechts in die Straße

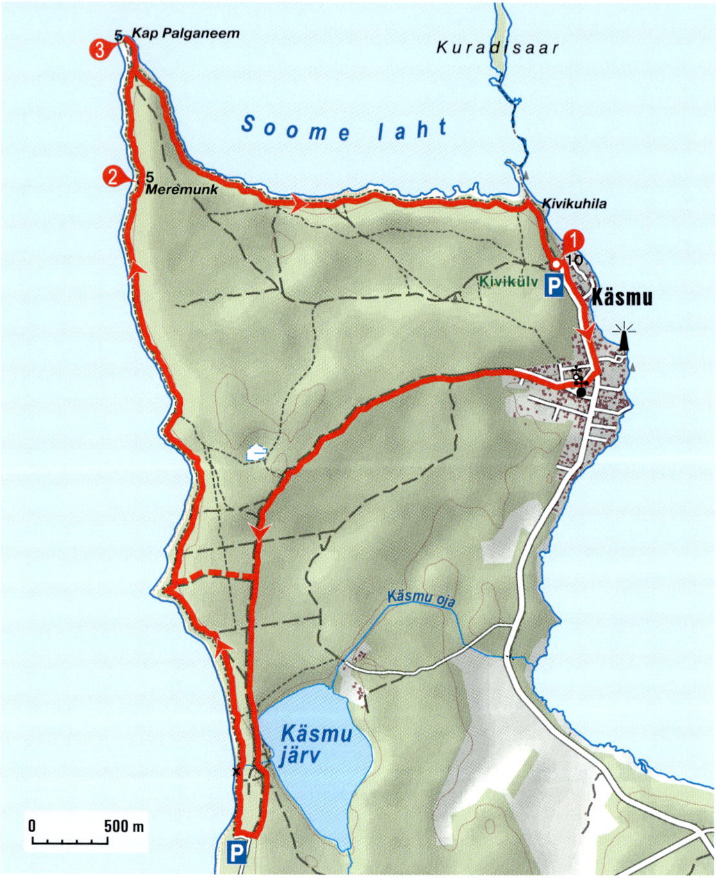

»Lille« ein. In dieser steht nach 200 m auf der rechten Seite eine Kapelle, einige Minuten später geht die Straße in einen Forstweg über (Markierungen, Infotafel). Rund 4 km weit folgt man nun dem fast ebenen Weg durch den Wald (nach 2,5 km rechts: Beginn der Variante), dann zweigt die Route rechts ab. Nach 100 m erreicht man einen Parkplatz mit WC, dahinter verläuft bereits der Strand. Dort hält man sich rechts und folgt dem meist gut erkennbaren Pfad entlang der Küste. Ebene Abschnitte wechseln mit leicht gewelltem Gelände, wobei sich der enge Pfad immer die günstigste

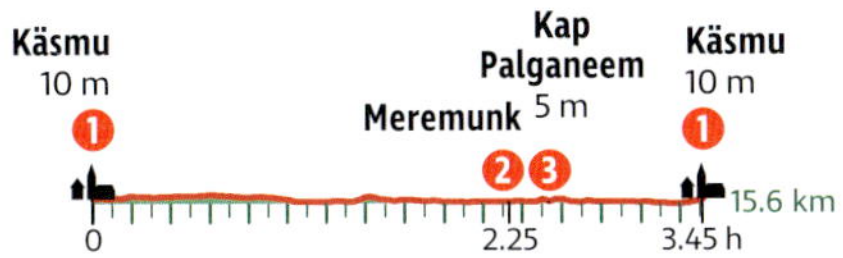

Route durch die Vegetation sucht. Nach 5 km entlang der Küste liegt etwas versteckt im Wald der riesige Findling **Meremunk** ❷. Der Weg führt direkt daran vorbei. 900 m danach trifft der Pfad auf einen Forstweg, kurz darauf steht man am **Kap Palganeem** ❸. Eine Infotafel vermittelt Fakten zur Halbinsel Käsmu und zum Kap Palganeem.

Ein Wegweiser markiert den Anfang des weiteren Küstenwegs, der zunächst noch ein schmaler Pfad ist, im weiteren Verlauf wird er zu einem bequem begehbaren Weg. Der nächste markante Punkt der Wanderung ist die von Weitem erkennbare Landzunge Kuradisaar. Während ihr nördlicher Teil bewaldet ist, ist der südliche Bereich lediglich ein schmaler Streifen, teilweise schauen nur einige Felsen aus der Meeresoberfläche heraus. Die Landzunge links liegen lassend trifft man bald auf den auffälligen Steinhaufen **Kivikuhila**. Auf einer Infotafel erfährt man Details über die Mythen, die sich darum ranken.

Die letzte Etappe verläuft über einen breiten Forstweg, nach rund 500 m ist der Wanderparkplatz in **Käsmu** ❶ wieder erreicht.

In der letzten Eiszeit aus dem Norden angespülte Steine.

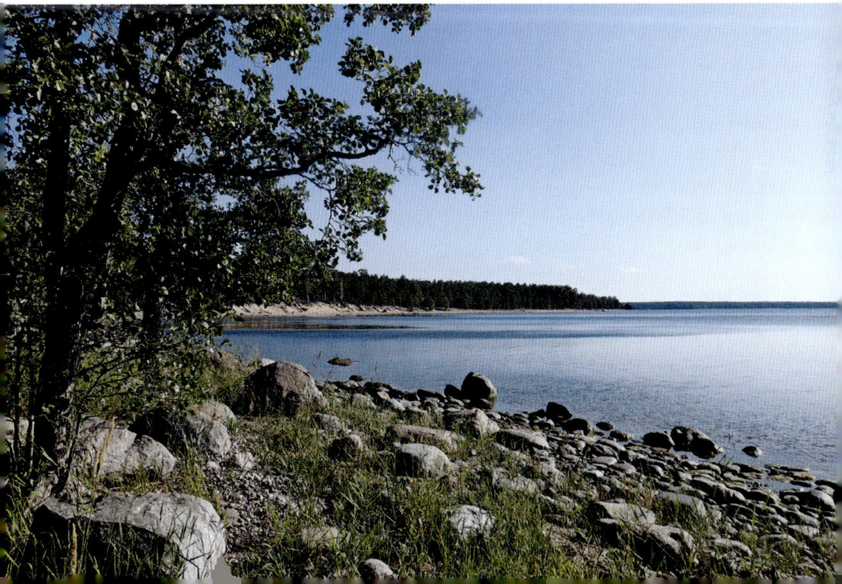

WORTSCHATZ FÜR WANDERUNGEN IM BALTIKUM

Deutsch	Litauisch	Lettisch	Estnisch
Grußformeln			
Guten Tag	Laba diena	Labdien	Tere päevast!
Hallo	Labas	Sveiks!; Sveika!	Tere!
Tschüss	Viso	čau	Nägemist!
Auf Wiedersehen	Iki pasimatymo	Uz redzēšanos	Head aega!
Ja	Taip	jā	ja
Nein	Ne	nē	ei
Bitte	Prašom	lūdzu	Palun
Danke	Ačiū	paldies	aitäh
heute	Šiandien	šodien	täna
morgen	Rytas	rīts	hommikul
Wo ist ...?	Kur yra ...?	Kur ir ...?	Kus on ...?
Entschuldigung	Atsiprašau	Atvainojiet	Vabandust
Hilfe!	Pagalbos!	Palīdzība	Aidake!
Toilette	Tualetas / WC	Tualete	WC
Wie viel kostet ...?	Kiek kainuoja ...?	cik tas maksā ...?	Palju ... maksab?
Zahlen bitte	Norėčiau už simokėti	Es gribu maksāt	Ma tahan maksta
Ich spreche kein ...	Aš nekalbu ...	Es nerunāju ...	Ma ei räägi ...
... Litauisch/Lettisch/ Estnisch	lietuviškai	latviski	eesti keelt
Zahlen			
eins	vienas	viens; viena	üks
zwei	du	divi; divas	kaks
drei	trys	trīs	kolm
vier	keturi	Četri; četras	neli
fünf	penki	Pieci; piecas	viis
sechs	šeši	seši, sešas	kuus
sieben	septyni	septiņi, septiņas	seitse
acht	aštuoni	astoņi; astoņas	kaheksa
neun	devyni	deviņi, deviņas	üheksa
zehn	dešimt	desmit	kümme
Unterwegs			
Bach	srautas	straume	oja
Baum	medis	koks	puu
Düne	kopa	kāpa	luide
Fluss	upė	plūsma	voolu
Hügel	kalnas	kalns	mägi
Küste	pakrantė	piekraste	rannikul
Meer	jūra	jūra	meri
Moor	pelkė	tīrelis	rabas

Deutsch	Litauisch	Lettisch	Estnisch
Pfad, Wanderweg	takas	taka	rada
Rastplatz	Poilsio vieta	atpūtas zona	puhkeala
Regen	lietus	lietus	vihma
See	ežeras	ezers	järv
Sonne	saulė	saules	päike
Strand	paplūdimys	pludmale	rand
Wald	miškas	mežs	metsa
Waldweq	miško takas	meža taciņa	metsarada
Wanderung	migracija	pārgājiens	matkama
Weg	kėlias	ceļš	tee
In der Stadt			
Apotheke	vaistinė	aptieka	apteek
Arzt	gydytojas	ārsts	arst
Bahnhof	geležinkelio stotis	dzelzceļa stacija	raudteejaam
Bus	autobusas	autobuss	buss
Dorf	kaimas	ciems	küla
Fähre	keltas	prāmis	parvlaev
Hafen	uostas	osta	sadam
Hotel	viešbutis	viesnīca	hotell
Kirche	bažnyčia	baznīca	kirik
Krankenhaus	ligoninė	limnīca	haiglasse
Parkplatz	stovėjimo vieta	parkošanās vieta	parkimiskoht
Polizei	policija	policija	politsei
Stadt	miestas	pilsēta	linn
Straße	gatvė	iela	tee
Straßenbahn	tramvajus	tramvajs	tramm
Tankstelle	Degalinė	degvielas uzpildes stacija	Bensiinijaam
Taxi	taksi	taksi	takso
Zug	traukinys	vilciens	rong
Essen und Trinken			
Bar	baras	bārs	baar
Bäckerei	kepykla	maizes ceptuve	pagariäri
Café	kavinė	kafejnīca	kohvik
Frühstück	pusryčiai	brokastis	Hommikusöök
Lebensmittel	bakalėjos	pārtikas preces	toidukaubad
Preis	kaina	cena	hind
Restaurant	restoranas	restorāns	restoran
Supermarkt	prekybos centras	lielveikals	supermarket
vegetarisch	vegetaras	veģetārietis	taimetoitlane
Wasser	vandens	ūdens	vesi

STICHWORTVERZEICHNIS

Umschlagbild: Das Ufer des Engure-Sees ist über weite Strecken mit dichtem Schilf bewachsen (Tour 24).

Bild im Innentitel: Kiefern im Dünenwald hinter der Küste (Tour23).

Bild S. 7: Bohlenweg im estnischen Hochmoor Viru raba (Tour 49).

Bild S. 48/49: Rückblick über eine kleine Bucht zum Leuchtturm Tahkuna (Tour 45).

180 Fotos stammen vom Autor, das Umschlagfoto von Algirdas Panavas, das Foto S. 106 von Lietuvos gyventojų genocido ir rezistencijos tyrimo centras (The Genocide and Resistance Research Centre of Lithuania, LGGRTC).

Kartografie:
50 Wanderkärtchen im Maßstab 1:25.000 / 1:50.000 / 1:75.000
Geodaten © OpenStreetMap und Mitwirkende
Kartografisches Design: SHOCart (CZ), www.shocart.cz
sowie zwei Übersichtskärtchen im Maßstab 1:4.500.000 und 1:6.000.000 © Freytag & Berndt, Wien

Werk-Nr.: 4745

1. Auflage 2024

ISBN 978-3-7633-4745-2

MIX
Papier | Fördert gute Waldnutzung
FSC® C147178

Wir freuen uns über jeden Korrekturhinweis zu diesem Wanderführer!
Bitte per E-Mail an: leserzuschrift@rother.de

ROTHER BERGVERLAG · Keltenring 17 · D-82041 Oberhaching
Tel. +49 89 608669-0 · rother.de